Photoshop 6.0

Heico Neumeyer

So machen Sie aus Ihren Fotos tolle Bilder!

Photoshop 6.0

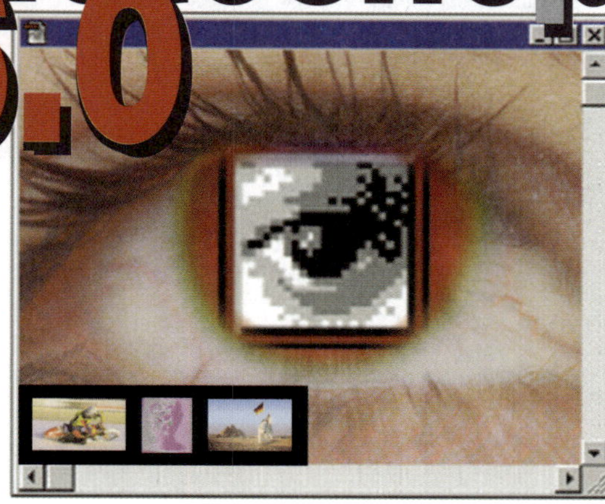

Markt+Technik Verlag

Die Deutsche Bibliothek – CIP-Einheitsaufnahme

Ein Titeldatensatz für diese Publikation ist bei Der Deutschen Bibliothek erhältlich

Die Informationen in diesem Produkt werden ohne Rücksicht auf einen eventuellen Patentschutz veröffentlicht.
Warennamen werden ohne Gewährleistung der freien Verwendbarkeit benutzt.
Bei der Zusammenstellung von Texten und Abbildungen wurde mit größter Sorgfalt vorgegangen.
Trotzdem können Fehler nicht vollständig ausgeschlossen werden.
Verlag, Herausgeber und Autoren können für fehlerhafte Angaben und deren Folgen weder eine juristische Verantwortung noch irgendeine Haftung übernehmen. Der Verlag übernimmt keine Gewähr für die Funktion einzelner Programme oder von Teilen derselben. Insbesondere übernimmt er keinerlei Haftung für eventuelle, aus dem Gebrauch resultierende Folgeschäden.
Für Verbesserungsvorschläge und Hinweise auf Fehler sind Verlag und Herausgeber dankbar.

Fast alle Hardware- und Softwarebezeichnungen, die in diesem Buch erwähnt werden, sind gleichzeitig auch eingetragene Warenzeichen oder sollten als solche betrachtet werden.

Umwelthinweis:
Dieses Buch wurde auf chlorfrei gebleichtem Papier gedruckt.
Die Einschrumpffolie – zum Schutz vor Verschmutzung – ist aus umweltverträglichem und recyclingfähigem PE-Material.

10 9 8 7 6 5 4 3 2 1

05 04 03 02 01

ISBN 3-8272-5889-8

Einbandgestaltung: Grafikdesign Heinz H. Rauner, Gmund
Lektorat: Veronika Gerstacker, vgerstacker@pearson.de
Herstellung: Anja Zygalakis, azygalakis@pearson.de
Satz: C. Neumann, München
Druck und Verarbeitung: Media-Print, Paderborn
Printed in Germany

Inhaltsverzeichnis

3 Kugel mit Polarkoordinaten 37

4 Aus Neu wird Alt 53

5 Bildausschnitt mit Form-Werkzeug 67

6

Ein flaues Bild auffrischen 75

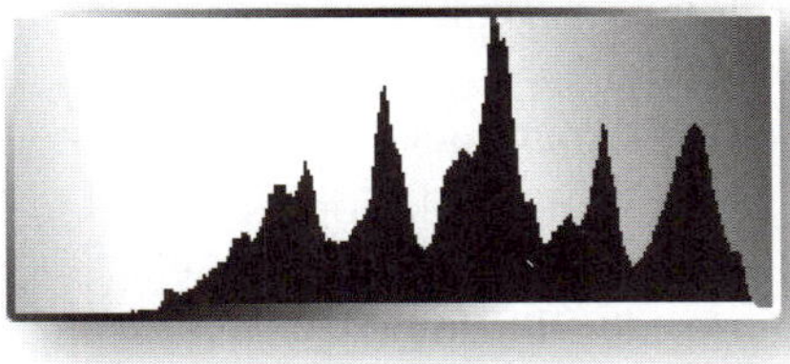

7

Montieren und Umfärben 91

8

Ist Ihnen dieser Strand zu voll? 109

9 Zoomeffekt spezial 113

10 Text und Bild 123

11 Kontrastkorrektur mit Füllmethode 143

12 Form-Werkzeug 153

13 Pickel entfernen 165

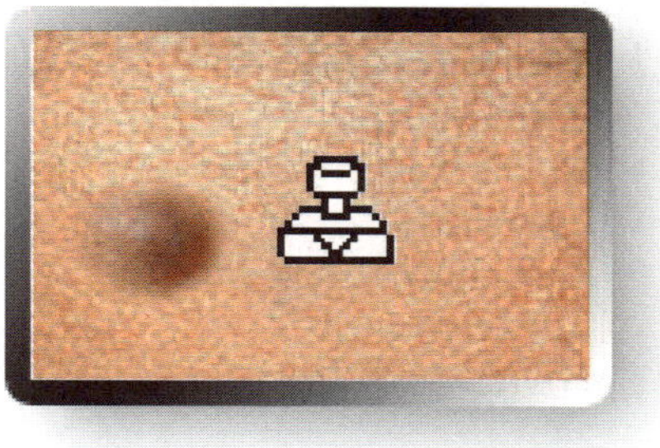

14 Freisteller für das Internet 171

Boot_2.jpg
Neulich in der Südsee... traten wir in einen See-Igel.
Colosseum.jpg
Das Colosseum zählt zu den Hauptattraktionen in Rom.
Eiffelturm.jpg
Wo war das gleich wieder - auf der Expo 2000?

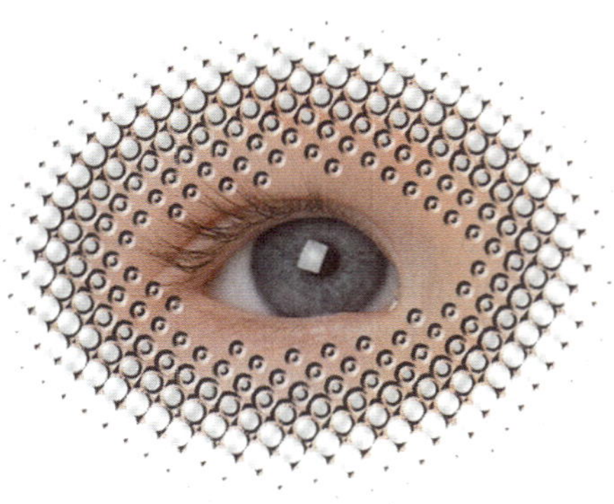

17 Befehlsfolge aufzeichnen (Aktion) 215

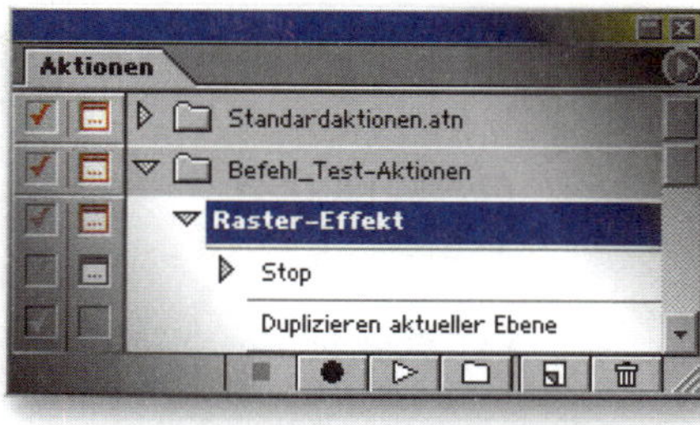

18 Grundlagen: das Wichtigste kompakt 235

19 Service 321

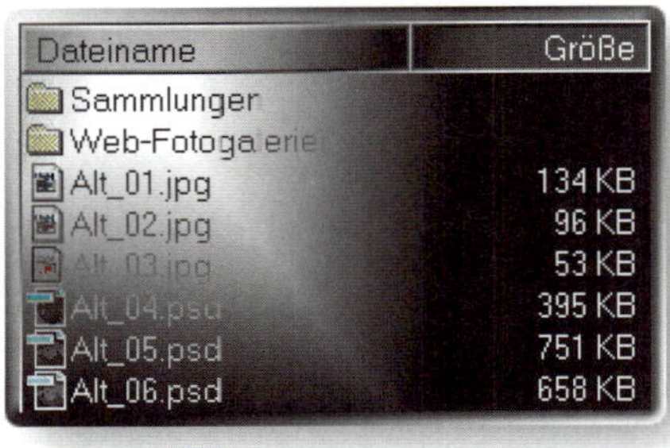

Stichwortverzeichnis 347

HEICO Neumeyer

Schon immer war Buchautor Heico Neumeyer Feuer und Flamme für Fotografie und Bildbearbeitung – ob in der Dunkelkammer oder am PC. Als freiberuflicher Fachjournalist und als Software-Trainer ist Neumeyer einer der profiliertesten Kenner der Imaging-Szene, und dabei hat der Autor besonders den Photoshop im Blick. Er hat beim Verlag Markt+Technik zahlreiche erfolgreiche Bücher zu Bildprogrammen veröffentlicht. Computer- und Fotozeitschriften drucken Neumeyers Testberichte und Praxistipps.

Neumeyer war Redakteur bei einer Fotozeitschrift. Die Leser erwärmen sich besonders für seinen unterhaltsamen, stets klaren und leicht verständlichen Stil, der nichts anbrennen lässt. Heico Neumeyer lebt in Süddeutschland.

Guten Tag,

Erster Workshop 1

viel Spaß mit Photoshop 6! Dieses Buch macht den Einstieg in Photoshop 6.0 (und Vorversionen) zum Vergnügen. Die meisten Funktionen lernen Sie in Form von Projekten kennen – als Praxisübungen also, die an einer konkreten Aufgabe die Möglichkeiten von Photoshop 6 ausreizen. Hier geht es direkt zur Sache: Laden Sie die erforderlichen Bilddateien von der beiliegenden CD oder verwenden Sie eigenes Material – und Schritt für Schritt kommen Sie zu verblüffenden Ergebnissen. Blättern Sie weiter! Sie finden sofort im Anschluss an diesen Vorspann Themen wie:

- Montieren und Umfärben
- Raster-Effekt
- Pickel entfernen

Besprechen wir zunächst die Themen in diesem Buch. Anschließend erfahren Sie, welche Projekte auch mit älteren Photoshop-Versionen wie 5.0, 5.5 oder LE gelingen.

Links: Die klassische Fotomontage stellen wir im Projekt »Montieren und Umfärben« ab Seite 91 vor. Rechts: Um sanfte Überblendung geht es im Kapitel »Weicher Übergang« ab Seite 25.

1.1 Rundgang durch das Buch

Montagen, Korrekturen, Internet-Design und verblüffende Effekte – das sind einige der Schwerpunkte in diesem Buch. »Learning by doing« heißt hier das Prinzip: Wir halten uns nicht lange mit Erläuterungen zu einzelnen Funktionen auf, wir wenden sie einfach an. Sie lernen so mühelos alle wichtigen Photoshop-Werkzeuge kennen. Und wo es mehr zu einer Funktion zu sagen gibt, erfahren Sie das auch.

Montagen – klassisch bis extravagant

Wer Fotos montieren will, Hintergründe und Hauptmotive neu kombinieren möchte, der ist mit diesem Buch gut bedient. Das klassische Fotomontage-Handwerk lernen Sie im Projekt »Montieren und Umfärben« (Seite 91); ungewöhnlicher wirken die Collagen der Projekte »Raster-Effekt« (Seite 203), »Weicher Übergang« (Seite 25), »Text und Bild« (Seite 123) und »Bildausschnitt mit Form-Werkzeug« (Seite 67). Ein Schwerpunkt hier: wie Sie die Montagen so anlegen, dass Sie Bildteile zwar verbergen oder weich ausblenden, aber bei Bedarf immer wieder voll anzeigen können. Nichts wird dauerhaft gelöscht. Ebenenmaske, Ebenen-Beschneidungspfad und Beschnittgruppe, das sind hier die Stichworte. Beachten Sie in diesem Zusammenhang auch unseren »Grundlagen«-Abschnitt über Speichern und Dateiformate (Seite 266).

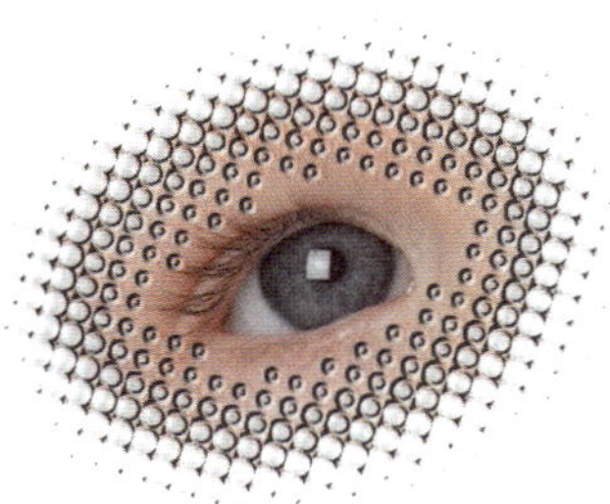

Links: Einen verblüffenden Bildrand zeigt das Projekt »Raster-Effekt« ab Seite 203. Wie Sie knackige Bildfiguren mit dem Form-Werkzeug ausstanzen, lesen Sie im Kapitel »Bildausschnitt mit Form-Werkzeug« ab Seite 67.

Präzise Korrekturen

Bilddateien vom Scanner und von der Digitalkamera wirken immer wieder flau und farbstichig, doch hier bietet Photoshop optimale Gegenmittel. Eine typische, vielseitige Kontrast- und Schärfekorrektur erleben Sie im Projekt »Ein flaues Bild auffrischen« ab Seite 75. Im Projekt »Pickel entfernen« (Seite 165) geht es um Gesichtskosmetik, im Projekt »Ist Ihnen dieser Strand zu voll« (Seite 109) verschwindet ein ganzer Mensch. Eine ganz ungewöhnliche, schnelle Art der Bildaufwertung zeigt der Text »Kontrastkorrektur mit Füllmethode« ab Seite 143.

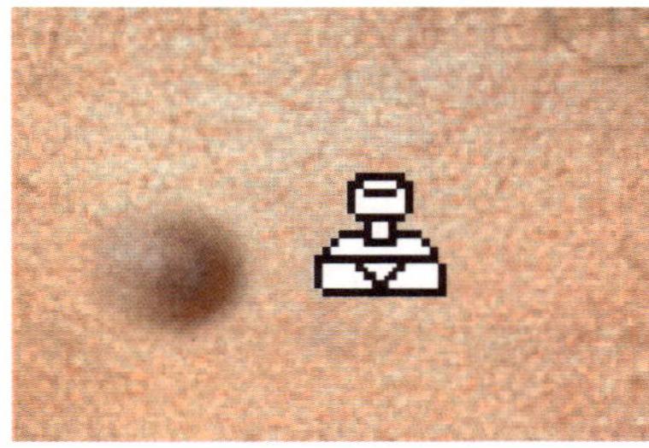

Links: Kontrast-, Farb- und Schärfekorrektur Schritt für Schritt zeigt das Projekt »Ein flaues Bild auffrischen« (Seite 75). Rechts: Mit dem Kopierstempel lassen sich Pickel entfernen (ab Seite 165).

Verblüffende Effekte

Jedes Bildprogramm hat so genannte Effektfilter, die Ihre Vorlagen mehr oder weniger schrill verfremden. Bei Photoshop sind es sogar mehr als 90 Befehle im FILTER-Menü. Doch das ist alles längst abgenutzt. In diesem Buch lernen Sie einige echte Hingucker kennen, die mehr als nur einen einzigen Klick erfordern – aber dennoch Ihr Zeitbudget nicht überstrapazieren. So spannen Sie im Projekt »Kugel mit Polarkoordinaten« (Seite 37) die Stadt New York auf einen Globus. Im Projekt »Aus Neu wird Alt« (Seite 53) trimmen wir ein modernes Foto auf Uralt – Dunkelkammerfehler, Kratzer und ausgewaschener Rand inklusive. Wollen Sie jedoch zusätzliche Effektfilter aus dem Internet in Photoshop verwenden – der Abschnitt »Zusatzmodule« liefert ab Seite 290 die technischen Hinweise und Internet-Adressen für kostenlose Software.

**Links: Aus Neu wird Alt, so heißt das Motto ab Seite 53. R
echts: Die Welt ist eine Kugel, den Beweis führen wir ab Seite 37.**

Text und Form

Photoshop beherrscht nicht nur meisterlich die Arbeit mit typischen Bilddateien, die aus Millionen von Bildpunkten zusammengesetzt sind. Auch Textebenen und gut formbare Vektorgrafiken gehören zum Repertoire der Software aus Kalifornien. Wie Sie einen Schriftzug gestalten und raffiniert mit Bildebenen mischen, das zeigt unser Projekt »Text und Bild« ab Seite 123. Eine raffinierte Figur mit dem Form-Werkzeug entsteht ab Seite 153.

Links: Text und Bild mischen wir ab Seite 123. Rechts: Mit dem Form-Werkzeug entstehen raffinierte Figuren (ab Seite 153).

Internet-Design

Natürlich eignen sich Photoshop und vor allem das mitgelieferte Programm ImageReady auch für Internet-Grafiken. ImageReady und seine besondere Art der Bildvorschau lernen Sie im Projekt »Freisteller fürs Internet« ab Seite 171 kennen. Hier befassen wir uns auch mit den Tücken des GIF-Dateiformats mit seinen 256 Farben. Im Projekt »Web-Fotogalerie« ab Seite 189 legen Sie einen Bildkatalog an, mit dem Sie Ihr fotografisches Werk im Netz der Netze präsentieren.

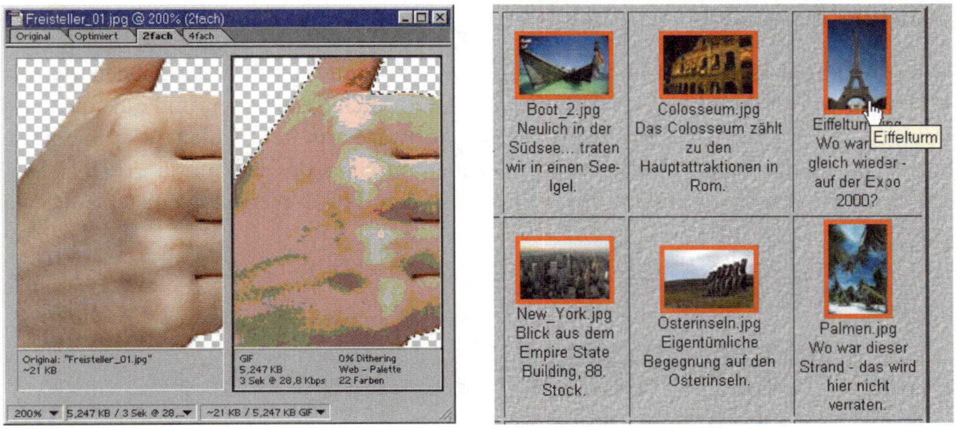

Links: Die Tücken von Farbbildern für WWW-Seiten besprechen wir im Projekt »Freisteller fürs Internet« ab Seite 171. Rechts: Stellen Sie Ihre herausragenden Werke ins Netz der Netze; das Verfahren besprechen wir im Projekt »Web-Fotogalerie« ab Seite 189.

Bedienung und technische Hintergründe

Es gibt Aspekte, die kehren fast bei jedem Projekt wieder: Wie drucke ich das Bild, wie mache ich das Programm schneller und übersichtlicher, wie gehe ich mit Paletten und Bibliotheken um? Diese Fragen besprechen wir im »Grundlagen«-Kapitel ab Seite 235. Dort geht es auch um Dateiformate, Farbmodi und um die wichtige Protokollpalette, mit der Sie fast beliebige Zwischenschritte Ihrer Arbeit wieder herstellen und sogar unterschiedliche Bildstadien mischen können.

Ebenso wichtig ist die Aktionen-Palette. Sie erlaubt es, Routine-Befehlsfolgen aufzuzeichnen und an beliebig vielen Bildern auf einen Schlag zu wiederholen. Wer sich einmal mit dieser denkbar unkomplizierten Technik vertraut macht, spart später jede Menge Zeit – ob beim Experimentieren oder bei wiederkehrenden Routinejobs. Deshalb besprechen wir die Aktionen-Palette in einem eigenen Projekt ab Seite 215. Als Beispiel für die Arbeit mit der Aktionen-Palette zeigen wir hier, wie Sie das Projekt »Raster-Effekt« (Seite 203) automatisieren.

Doch die »Grundlagen« des Photoshoppings vermitteln wir Ihnen nicht nur im »Grundlagen«-Kapitel. So lernen Sie Allgemeingültiges über Werkzeugspitzen und Bibliotheken im Projekt »Aus Neu wird Alt« (Seite 53) und die verschiedenen Arten, wie Sie generell Bildfassungen mischen, testen wir systematisch im Projekt »Zoomeffekt spezial« (Seite 113). Die Tipps zur Retusche von Ebenenmasken oder Alphakanälen aus den Projekten »Montieren und Umfärben« (Seite 91) oder »Weicher Übergang« (Seite 25) gelten natürlich auch für andere Projekte, etwa den Raster-Effekt.

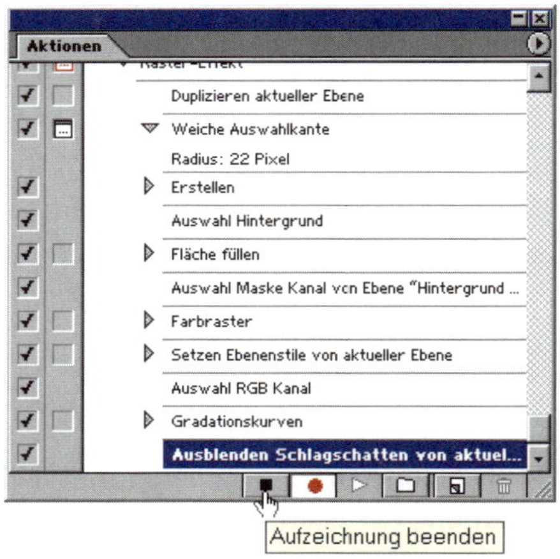

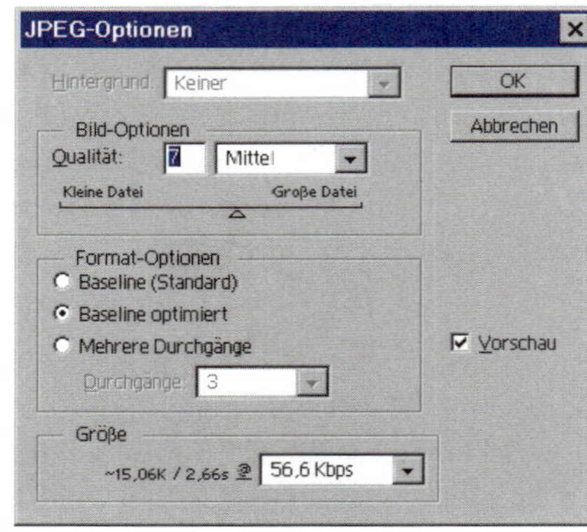

Links: Wie Sie mit der Aktionen-Palette Routineaufgaben automatisieren, zeigt das Kapitel »Befehlsfolgen aufzeichnen« ab Seite 215. Rechts: Wichtige Funktionen wie die JPEG-Optionen behandeln wir im Grundlagen-Kapitel ab Seite 235.

Gesucht – gefunden

Suchen Sie ein Projekt oder Informationen zu einem ganz speziellen Befehl? Verwenden Sie das Stichwortverzeichnis ganz am Schluss des Buchs mit über 500 Einträgen oder orientieren Sie sich ganz vorn im illustrierten Inhaltsverzeichnis. Im Buch selbst finden Sie immer wieder nützliche Querverweise zu anderen Kapiteln. Ebenfalls ganz am Ende lesen Sie mehr zum Inhalt der beiliegenden CD, die neben den Projektfotos auch kostenlose Software und professionelle Agenturbilder enthält. Und wenn Ihnen etwas Englisch vorkommt – das »Lexikon« im Service-Teil liefert die Erklärung.

1.2 Was geht mit älteren Photoshop-Versionen?

Mit jeder neuen Version lernt Photoshop gehörig dazu und wir nutzen die Talente des Photoshop 6 in diesem Buch natürlich voll aus. Dennoch: Einige Projekte eignen sich durchaus auch für ältere Photoshop-Versionen, so etwa für Photoshop 5.0, Photoshop 5.5 und Photoshop LE.

Wir stellen Ihnen hier vor, welche Projekte aus diesem Buch auch mit Vorgängerfassungen prinzipiell machbar sind. Wenn wir ein Projekt für eine ältere Photoshop-Fassung empfehlen, so heißt das: Sie erhalten ungefähr das hier gezeigte Bildergebnis, und das ungefähr auf dem hier gezeigten Weg. Aber eventuell müssen Sie auf einzelne Funktionen und Gestaltungsmerkmale verzichten; Befehle und Werkzeuge können überdies umbenannt, verschoben und verändert worden sein.

Was geht mit Photoshop LE?

Die Light-Version Photoshop LE kursiert als Scanner- und Kamerabeilage, man kann sie auch einzeln kaufen. Sie bietet im Kern einen drastisch abgespeckten Photoshop 5.0. So unterstützt Photoshop LE weder die Farbmodelle CMYK, Lab und Duotone noch die Dateiformate PDF und Illustrator. Photoshop LE widerruft nur einen einzigen Arbeitsschritt, verzichtet auf die Aktionen-Palette zur Aufzeichnung von Befehlsfolgen sowie auf Ebeneneffekte und speichert Schriftzüge nicht im korrigierbaren Textmodus.

Das Programm speichert Auswahlinformationen weder als Alphakanal noch als Pfad (hier kann man sich aber mit Ebenenmasken oder freigestellten Ebenen behelfen). Zudem fehlt eine Möglichkeit, eingefügte Objekte perspektivisch zu verzerren. Die Vorschau für GIF-Dateien ist unbequem, für JPEG gibt es gar keine. Jegliche Internet-Spezialitäten wie Animation, Rollover-Effekt oder Mehrfach-Vorschau während der Bearbeitung fehlen. Dennoch, einige Projekte aus diesem Buch lassen sich prinzipiell auch mit Photoshop LE realisieren, darunter »Weicher Übergang« (Seite 25), »Ein flaues Bild auffrischen« (Seite 75), »Ist Ihnen dieser Strand zu voll« (Seite 109) und »Pickel entfernen« ab Seite 165.

Was geht mit Photoshop 5.0?

Photoshop 5.0 bietet keine Funktionen für ernsthaftes Internet-Design. Montage- und Korrekturtechnik sind aber schon gut entwickelt; auch die Benutzeroberfläche unterscheidet sich nicht allzu sehr vom Sechser-Modell. So können Sie hier nicht nur alle Projekte überwiegend nachvollziehen, die auch in Photoshop LE möglich sind. Überdies eignet sich die 5.0er-Fassung für die Projekte »Montieren und Umfärben« (Seite 91), »Befehlsfolgen aufzeichnen« (Seite 215), »Aus Neu wird Alt« (Seite 53) und für den Raster-Effekt (Seite 203). Außerdem können Sie den größeren Teil des Grundlagen-Kapitels (ab Seite 235) auch für Photoshop 5.0 nutzen.

Was geht mit Photoshop 5.5?

Photoshop 5.5 eignete sich erstmals ernsthaft fürs Internet-Design. Prinzipiell funktionieren hier nicht nur Projekte, die wir auch schon für die Fassungen 5.0 und LE genannt haben, sondern darüber hinaus auch »Web-Fotogalerie« (Seite 189) und der Freisteller fürs Internet auf Seite 171.

Was geht nur mit Photoshop 6.0?

Einige Projekte lassen sich zum größeren Teil oder komplett nur mit Photoshop 6.0 verwirklichen, so etwa »Form-Werkzeug« (Seite 153), »Bildausschnitt mit Form-Werkzeug« (Seite 67) und »Text und Bild« ab Seite 123.

1.3 Hausmitteilungen

Folgende Anmerkungen haben noch mit dem Buch zu tun.

Mehr über Photoshop

Vom Autor dieses Buchs gibt es noch mehr Lesestoff über Photoshop 6. Wenn Sie das Programm systematisch erforschen und bis in die letzte Option kennen lernen wollen, prüfen Sie das »Photoshop-6-Kompendium«, das sich an Windows- und Mac-Nutzer gleichermaßen richtet. Es hat über 800 Seiten, mit 1700 zum größeren Teil farbigen Abbildungen. Dem Buch liegt eine CD bei mit allen Beispielbildern, kostenlosen Programmen und Profi-Fotos.

Alle Funktionen werden grundlegend erläutert, dazu erhalten Sie übersichtliche Befehle-Tabellen und viele Profi-Tipps. Intensiver als im vorliegenden Band werden zum Beispiel Pfad-Techniken, Animationen, Rollover-Effekte und Slices besprochen – einfach alles, was es gibt. Die genauen Angaben:

Heico Neumeyer:
Photoshop 6 Kompendium
Verlag Markt+Technik
ISBN 3-8272-5890-1

Windows und Mac

Photoshop läuft ebenso auf Windows-Rechnern wie auf Apple Macintosh. Die Photoshop-Varianten für die beiden Betriebssysteme unterscheiden sich dabei so gut wie gar nicht. Darum können Sie dieses Buch gleichermaßen mit Photoshop für Windows wie mit Photoshop für den Mac benutzen. Wo immer es wesentliche Unterschiede gibt – zum Beispiel bei der Einrichtung des Gesamtsystems –, finden Sie separate Hinweise für die beiden Rechnerwelten. Doch im Großen und Ganzen spielt es keine Rolle, welches Betriebssystem Sie verwenden. Einige der wichtigen Unterschiede zwischen Mac und Windows:

- Wo Sie unter Windows die [Strg]-Taste drücken, ist am Mac die [⌘]-Taste fällig.
- Kontextmenüs und alles andere, das Sie unter Windows mit der rechten Maustaste erreichen, erledigen Sie am Mac durch einen Mausklick bei gedrückter [Ctrl]-Taste.
- Was unter Windows auch mit der [Entf]-Taste verschwindet, wird am Mac nur mit der [←]-Taste entsorgt.
- Einige Elemente der Informationsleiste unter Windows – Zoomfaktor, Systembeanspruchung und Bildgröße – finden Sie am Mac im unteren Bilddatei-Rahmen.

Um uns nicht unentwegt zu wiederholen, verwenden wir in diesem Buch den Ausdruck »Strg-Taste«; wir erinnern nur gelegentlich noch daran, dass Mac-Nutzer hier die ⌘-Taste verwenden müssen. Ähnlich weisen wir auch sporadisch darauf hin, dass Sie als Mac-Anwender statt der rechten Maustaste zusätzlich zur Maustaste die Ctrl-Taste drücken müssen.

Bilder für Ihre Projekte

Praktisch alle Beispielbilder in diesem Buch, insgesamt über 100, finden Sie auch auf der beiliegenden CD im Verzeichnis »Projekte«. Sie können also Erklärungen sofort mit diesen Dateien nachvollziehen (weitere Hinweise zur CD und zu den »Projekt«-Bildern im »Service«-Teil ganz am Ende).

Wir haben überwiegend Bilder der Agentur PhotoDisc verwendet. Per Internet vertreibt PhotoDisc über 96.000 Bilder, insgesamt über 36.000 Werke erhalten Sie zudem auch auf CDs. Zahlreiche PhotoDiscs wurden für dieses Buch geplündert. Je nach CD finden Sie 100 bis 336 Bilder bis zur Dateigröße von 28,5 Mbyte, die sich meist problemlos in A4 oder größer drucken lassen. Neben der vorzüglichen gestalterischen Qualität überzeugen die Scans meist auch technisch. PhotoDisc präsentiert sein Angebot außerdem in einem eigenen Verzeichnis auf der beiliegenden CD. Die Adresse:

- PhotoDisc – Getty One GmbH, Bahrenfelder Chaussee 49, 22761 Hamburg, 00800-20003030 (gebührenfrei in Österreich, Schweiz und Deutschland), Fax: 00800-20003031, http://www.photodisc.de, E-Mail: service@photodisc.de

Unterstützt hat dieses Buch auch das CeWe-Labor mit seinem Photo-CD-Service. CeWe druckt überdies Bilddateien hochwertig auf Fotopapier aus. Sie können Ihre Motive über die Internet-Seite an CeWe übertragen. Die Adresse:

- CeWe Digital, Meerweg 30-32, 26133 Oldenburg, Telefon 0441-404-470, Fax 0441-404-299, http://www.cewecolor.de, E-Mail: info@cewecolor.de

Die Bilder im »Projekte«-Verzeichnis dürfen nur für den privaten Gebrauch zu Übungszwecken genutzt werden. Sie dürfen diese Bilder nicht weitergeben oder auf Papier, elektronisch oder sonst irgendwie veröffentlichen. Wenn Sie das möchten, kontaktieren Sie PhotoDisc. Zur Verwendung der Bilder in den anderen CD-Verzeichnissen lesen Sie bitte die zugehörigen Textdateien und die Anmerkungen zur CD im »Service«-Teil.

Internet-Adressen

An verschiedenen Stellen im Buch finden Sie Internet-Adressen – unter anderem für kostenlose Software, Gratis-Webspace und weiterführende Informationen. Bitte beachten Sie dabei:

- Diese Adressen können sich kurzfristig ändern oder verschwinden.
- Wir übernehmen keine Verantwortung, Kompetenz oder Beratung für den Inhalt dieser Seiten.

Danke

Und bedanken möchte ich mich: bei Herrn Karst und Frau Kohl von PhotoDisc, bei Herrn Blomberg von Softline, bei dem unfreiwilligen Windows- und Cappuccino-Berater Frank Thamm, bei Familie Dami, Willi Gerlach, Veronika Gerstacker von Markt+Technik, Mike Schelhorn und Cô Trang Thanh Hiề̀n. Danke auch an alle, die netterweise mitgeholfen haben, hier aber aus irgendeinem Grund nicht erscheinen – also, noch mal danke!

2 Zweiter Workshop

Weicher Übergang

Weiche Übergänge gehören zu den typischen Aufgaben der Bildbearbeitung. Sie lernen hier einen schnellen und flexiblen Weg kennen.

Übersicht

Das erwartet Sie:

- *Was kommt dran:* Lasso, Verschieben-Werkzeug; Ebenenmontage, Weichzeichner-Filter, Ebenenmaske, Maskenretusche mit Filter und Pinsel
- *Aufwand:* mittel
- *Kontext:* Bild-Auschnitt mit Form-Werkzeug, Seite 67; Zoomeffekt spezial, Seite 113; Raster-Effekt mit Ebenenmaske, Seite 203; Paletten, Seite 248; Bibliotheken und Vorgaben, Seite 249; Dateiformate, Seite 266
- *Projekt-Dateien*: Weich_01 bis Weich_05

Über den Wolken: Federweiche Übergänge erstellen Sie mit wenigen Schritten.

2.1 Die erste Montage

Zunächst öffnen Sie die beiden Vorlagen für diese Montage, »Weich_wolken« und »Weich_hafen« aus dem »Projekte«-Verzeichnis von der CD zu diesem Buch.

So geht's los: Sie klicken das »Hafen«-Bild mit dem Verschieben-Werkzeug an und ziehen es über die »Wolken«-Vorlage. Dateien: Weich_hafen, Weich_wolken

So legen Sie die zwei Vorlagen übereinander:

1. Schalten Sie das Verschieben-Werkzeug ein.
2. Klicken Sie in das »Hafen«-Bild.
3. Ziehen Sie dieses Motiv über das »Wolken«-Bild.
4. Rücken Sie das »Hafen«-Motiv so zurecht, dass es den Hintergrund gut überdeckt.

Holen Sie jetzt die Ebenenpalette auf den Schirm, entweder mit FENSTER: EBENEN EINBLENDEN oder mit [F7]. Sie erkennen, dass das Hafen-Motiv eine neue »Ebene 1« innerhalb des Wolkenfotos darstellt (Details zur Arbeit mit Paletten ab Seite 248). Beide Ebenen lassen sich unabhängig voneinander bearbeiten.

Rücken Sie die Hafenszene mit dem Verschieben-Werkzeug über dem Hintergrund zurecht. Die Ebenenpalette zeigt, dass die Wolken auf der »Hintergrund«-Ebene ganz vom Hafenbild überdeckt werden. Datei: Weich_0

Das Hafenbild schließen Sie jetzt, um Bildschirmfläche und Arbeitsspeicher zu sparen. Das Wolkenbild sollten Sie sicherheitshalber neu speichern. Verwenden Sie dabei das Photoshop-Dateiformat, um unkompliziert alle Montage-Ebenen zu erhalten (Details zu Dateiformaten ab Seite 266).

2.2 Neue Ebenenmaske

Zur Vorbereitung der geplanten Ebenenmaske schalten Sie das Lasso ein (am schnellsten mit der Taste [L]). Ziehen Sie einen engen Rahmen um das Paar. Sobald Sie die Maustaste loslassen, zeigt Photoshop einen schwarzweiß gestreiften Rahmen um Ihre Auswahl. Die Füße liegen hier teilweise außerhalb der Auswahl.

Beachten Sie oben die Optionen-Leiste: Wir verwenden keinerlei Weichen Rand (»0 px«), die »Glätten«-Option ist hier ohne Bedeutung.

HINweis

Den weichen Übergang erreichen Sie bei Bedarf etwas schneller auch ohne Ebenenmaske: Wählen Sie die Darsteller mit weicher Auswahlkante aus, vertauschen Sie die Auswahlwirkung mit dem Befehl Auswahl: Auswahl umkehren und löschen Sie die Umgebung mit der [Entf]-Taste. Allerdings ist dann die Nachbearbeitung komplizierter oder unmöglich. Ein Beispiel ohne Ebenenmaske: Zoomeffekt spezial, Seite 113.

Ziehen Sie mit dem Lasso einen engen Rahmen um das Hauptmotiv.

Ebenenmaske anlegen

Nun legen Sie die Ebenenmaske an: Klicken Sie unten in der Ebenenpalette auf das Symbol MASKE HINZUFÜGEN. Sie erkennen zweierlei:

- Vom Hafenbild auf der »Ebene 1« bleibt nur der Bereich sichtbar, der innerhalb der Lasso-Auswahl lag.
- Die Ebenenpalette zeigt auf »Ebene 1« eine neue Miniatur für die entstandene Ebenenmaske.

Die neu entstandene Ebenenmaske verbirgt Teile der Ebene 1, die zuvor außerhalb der Lasso-Auswahl lagen. Photoshop signalisiert deutlich, dass momentan die Ebenenmaske und nicht etwa die Bildebene zur Bearbeitung aktiviert ist: Neben der Miniatur der »Ebene 1« in der Palette erscheint das Masken-Symbol, die Masken-Miniatur zeigt ein weißes Rähmchen und in der Titelzeile des Bildes erscheint der Hinweis EBENENMASKE. Datei: Weich_02

Die Ebenenmaske wirkt wie eine Schutzschicht, wie eine Schablone, die nur bestimmte Teile der Ebene zur Ansicht freigibt – im Grunde handelt es sich um ein Graustufenbild. Schwarz in der Ebenenmaske deutet auf verborgene Bildteile hin, Weiß steht für sichtbare Zonen der jeweiligen Ebene. Mit Graustufen stellen wir nun einen weichen Übergang her. Und wohlgemerkt: Das Hafenbild auf »Ebene 1« ist immer noch voll vorhanden – es wird nur teilweise per Ebenenmaske versteckt.

2.3 Ebenenmaske mit Filter-Befehl bearbeiten

Mit verschiedenen Photoshop-Funktionen bearbeiten wir jetzt die Ebenenmaske. Achten Sie stets darauf, dass jeweils die Maske und nicht die Bildebene selbst aktiviert ist. Sie erkennen dies zum Beispiel an dem Masken-Symbol neben der Miniatur oder am Hinweis Ebenenmaske in der Titelzeile des Bildes. Ein weiteres Beispiel für Filter-Bearbeitung einer Ebenenmaske finden Sie im Projekt »Raster-Effekt« ab Seite 203. Möchten Sie wieder die Bildebene selbst bearbeiten, klicken Sie die Bildminiatur in der Ebenenpalette an.

Der Gaussche Weichzeichner

Wir glätten nun den Übergang mit dem Befehl Filter: Weichzeichnungsfilter: Gaussscher Weichzeichner, wie die folgende Reihe zeigt.

Hinweis: Möchten Sie den letzten Filter-Befehl erneut anwenden? Drücken Sie Strg+F, um den letzten Filter-Befehl wieder anzuwenden; mit Strg+Alt+F rufen Sie das letzte Filter-Dialogfeld noch einmal auf den Bildschirm.

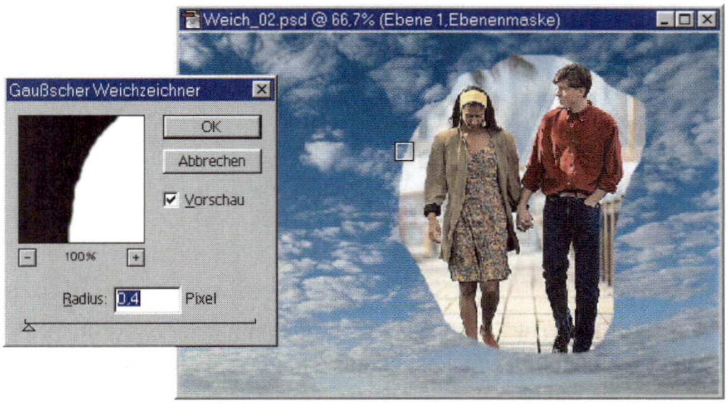

Der Filter Gaussscher Weichzeichner zeigt vermutlich zunächst einen sehr niedrigen Radius-Wert, in unserem Beispiel 0,4 Pixel. Deswegen erscheint das Bild kaum verändert. Klicken Sie ins Bild an den Übergang; damit erscheint der Schwarzweißübergang aus der Ebenenmaske innerhalb des Vorschau-Fensters im Dialogfeld.

Ein Radius-Wert von 6 sorgt bereits für eine gewisse Weichzeichnung in der Ebenenmaske und damit für einen weicheren Übergang im Bild. Achten Sie darauf, dass die Vorschau im Weichzeichner-Dialog eingeschaltet ist.

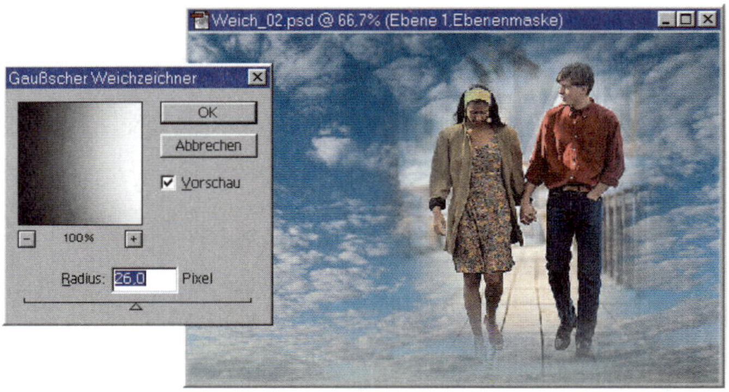

Wir verwenden letztlich einen Radius von 26. Sie können die Radius-Werte im Eingabefeld auch mit den Pfeiltasten herauf- oder heruntersetzen. Nehmen Sie die ⇧-Taste für größere Intervalle hinzu. Der Befehl Bearbeiten: Verblassen dämpft die Wirkung nachträglich. Datei: Weich_03

2.4 Ebenenmaske mit Pinsel bearbeiten

Ganz perfekt sitzt die Maske noch nicht, darum werden wir mit dem Pinsel nacharbeiten. Stellen Sie zunächst sicher, dass Werkzeugspitzen über dem Bild nicht mit dem starren Werkzeugsymbol, sondern in der aktuellen Größe der Spitze erscheinen. Dies regeln Sie mit dem Befehl Bearbeiten: Voreinstellungen: Bildschirm- & Zeigerdarstellung. Dort nutzen Sie die Vorgabe Grösse der Spitze (mehr Details zu dieser Option im Projekt »Pickel entfernen«, Seite 165).

Vorbereitungen

Schalten Sie den Pinsel in der Werkzeugleiste ein und richten Sie Weiß als so genannte Vordergrundfarbe ein. Dies geht am einfachsten, indem Sie in der Werkzeugleiste auf das Standardfarben-Symbol klicken oder einfach die Taste [D] drücken (für »Default Colors«). Klicken Sie auf das Dreieck in der Optionen-Leiste und schalten Sie in der Werkzeugspitzenbibliothek die Vorgabe Rund weich 200 Pixel ein (Details zum Umgang mit solchen Bibliotheken ab Seite 249).

Photoshop bietet hier Weiß als Standard-Vordergrundfarbe an, weil Sie eine Ebenenmaske bearbeiten. Haben Sie dagegen eine übliche Bildebene aktiviert, ist es umgekehrt: Weiß dient als Standard-Hintergrundfarbe, während Schwarz die Standard-Vordergrundfarbe ist.

WARNUNG

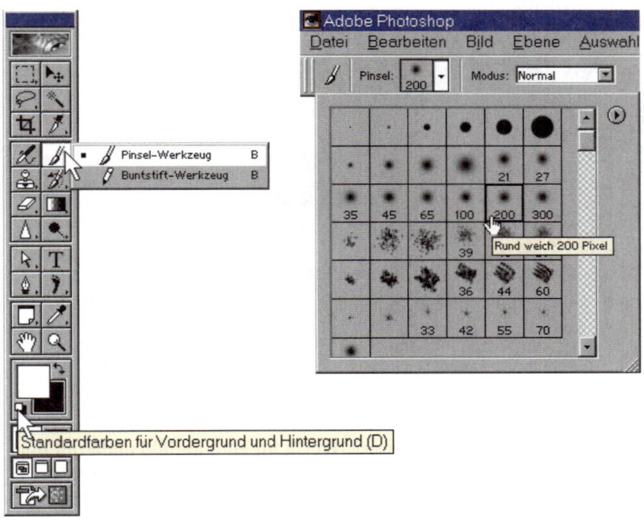

Schalten Sie den Pinsel ein, richten Sie die Standardvordergrundfarbe Weiß ein und wählen Sie eine größere Werkzeugspitze mit weichem Rand.

Großflächige Retusche in der Ebenenmaske

Wir erweitern zunächst die sichtbare Fläche der »Ebene 1«, natürlich mit weichem Rand. Klicken Sie mit dem Pinsel ins Bild – sofort vergrößert sich die sichtbare Fläche. Malen Sie von innen, aus dem sichtbaren Bereich heraus, nach außen; so wirkt zunächst der weiche, abgeschwächte Rand der Werkzeugspitze.

Wenn Ihnen das Ergebnis nicht gefällt, bieten sich folgende Korrekturen an:

- Nehmen Sie den letzten Schritt mit Strg+Z zurück.
- Nehmen Sie mehrere Schritte per Protokollpalette zurück (FENSTER: PROTOKOLL EINBLENDEN, Details zur Protokollpalette ab Seite 241).
- Schwächen Sie die Wirkung mit dem Befehl BEARBEITEN: VERBLASSEN ab.
- Malen Sie mit Schwarz, um den sichtbaren Bereich wieder zu verbergen. Um zur Standard-Hintergrundfarbe Schwarz zu wechseln, klicken Sie auf die kleine Schaltfläche VORDER- UND HINTERGRUNDFARBE VERTAUSCHEN neben den Farbfeldern oder drücken Sie das X auf Ihrer Tastatur (für »Exchange«).

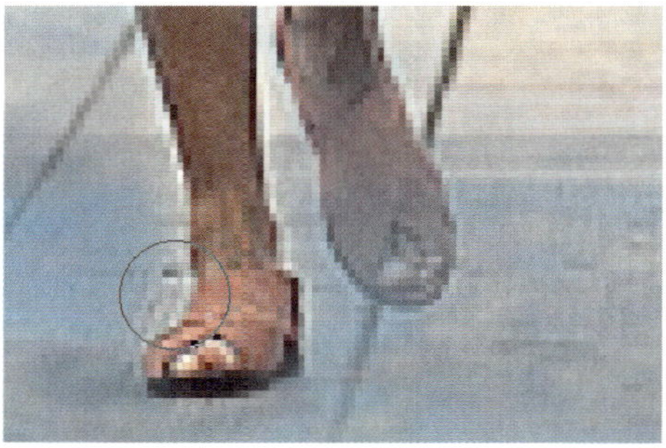

Links: Die Werkzeugspitze erscheint als Umriss über dem Bild; weißer Farbauftrag in der Ebenenmaske macht weitere Teile der »Ebene 1« sichtbar. Rechts: Mit stark verkleinerter Werkzeugspitze bearbeiten wir die Füße.

Detailretusche in der Ebenenmaske

Anschließend möchten wir die Füße aus der allgemeinen Überblendung herausholen und von jeder Wolkenüberlagerung befreien; die Protagonisten gehen quasi auf Wolken. Wir schalten zunächst mit Strg+Leertaste vorübergehend zur Vergrößerungslupe und rahmen das Bilddetail ein, das Photoshop vergrößert darstellen soll. Sobald Sie die Tasten loslassen, steht wieder der Pinsel zur Verfügung. Malen Sie mit Weiß im Fußbereich.

HINweis

Um die sichtbare Bildpartie im Fenster zu verschieben, drücken Sie vorübergehend die Leertaste, die zur Verschiebe-Hand wechselt.

Für die Detailretusche benötigen Sie eine viel kleinere Werkzeugspitze, eventuell auch mit härterem Rand. So wechseln Sie die Werkzeugspitze:

- Öffnen Sie wieder die Vorgabe-Bibliothek in der Optionen-Leiste und klicken Sie eine andere Werkzeugspitze an.
- Klicken Sie mit rechts ins Bild (am Mac mit gedrückter `Ctrl`-Taste). Im Kontextmenü wählen Sie WERKZEUGSPITZE bearbeiten. Im nun folgenden Dialogfeld stellen Sie DURCHMESSER und KANTENSCHÄRFE neu ein.
- Vergrößern Sie die aktuelle Werkzeugspitze schrittweise durch Drücken der Komma-Taste oder verkleinern Sie die Spitze mit der Punkt-Taste.

Mit Rechtsklick blenden Sie das Kontextmenü zum Pinsel ein. Der Befehl WERKZEUGSPITZE BEARBEITEN zeigt ein Dialogfeld, in dem Sie KANTENSCHÄRFE und DURCHMESSER ändern. Datei: Weich_04

Ebenenmaske darstellen

Sie können die Maske auf verschiedene Arten ins Bild einblenden, um sie eventuell leichter zu bearbeiten:

- `Alt`-Klick auf die Miniatur der Ebenenmaske stellt allein die Maske in Graustufen dar. Wiederholen Sie den Griff, um zur normalen Darstellung nur der Ebene zu gelangen.
- `Alt`-`⇧`-Klick blendet die Maske halbdeckend als »Schutzlack« über die Ebene. In beiden Fällen können Sie die Maske weiter retuschieren. (Farbe und Deckkraft einer eingeblendeten Ebenenmaske legen Sie nach Doppelklick auf die Masken-Miniatur fest.)

- [⇧]-Klick auf die Miniatur der Ebenenmaske schaltet die Maske aus, ohne sie zu löschen; sie erscheint durchgestrichen in der Palette. (Einige dieser Funktionen enthält auch das Kontextmenü, das Sie mit einem Rechts-Klick über der Ebenenmasken-Miniatur zum Vorschein bringen.)
- Photoshop meldet die Ebenenmaske zudem in der Kanäle-Palette (FENSTER: KANÄLE EINBLENDEN), sofern Sie eine Ebene mit Ebenenmaske bearbeiten. Auch in der Kanäle-Palette lässt sich die Maske durch Anklicken aktivieren und per Augensymbol ein- und ausblenden.

HINweis

Zeigen Sie zwei Darstellungen ein- und desselben Bildes nebeneinander mit dem Befehl FENSTER: NEUE ANSICHT. Sie können nun in einem Fenster die Ebenenmaske anzeigen, im anderen nicht, und nach Bedarf in beiden Fenstern arbeiten. Sie können auch unterschiedliche Zoomstufen verwenden.

2.5 Weißer Hintergrund

Manchmal soll das Hauptmotiv nicht in ein anderes Bild übergehen, sondern sanft in weißen Hintergrund münden. Hier bietet Photoshop für unser Zwischenergebnis »Weich_04« verschiedene Alternativen:

- Blenden Sie die »Hintergrund«-Ebene mit dem Augen-Symbol in der Ebenenpalette aus und speichern Sie das Bild in einem Dateiformat ohne Ebenen, zum Beispiel JPEG. Photoshop füllt den »leeren« Hintergrund weiß auf.
- Aktivieren Sie die »Hintergrund«-Ebene in der Ebenenpalette, wählen Sie BEARBEITEN: FLÄCHE FÜLLEN ([⇧]+[←]-Taste), machen Sie im Klappmenü FÜLLEN MIT die Vorgabe WEISS und klicken Sie auf OK. Dabei wird jedoch die Wolkenfüllung überschrieben.

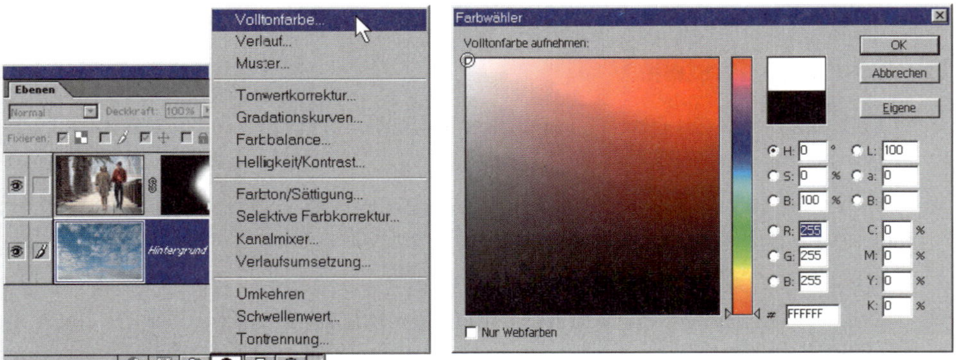

Im Menü zur Schaltfläche NEUE FÜLLEBENE ODER EINSTELLUNGSEBENE ERSTELLEN nehmen Sie die VOLLTONFARBE. Im Farbwähler geben Sie reines Weiß an.

Weißer Hintergrund mit Füllebene

Wir gehen hier einen anderen Weg: Wir legen eine neue, weiße Ebene zwischen Hauptdarsteller und Wolken. Diese neue Ebene könnten wir mit der Schaltfläche NEUE EBENE ERSTELLEN anlegen und dann wie beschrieben mit Weiß füllen. Wir verwenden jedoch elegant eine Füllebene:

1. Aktivieren Sie die »Hintergrund«-Ebene durch einen Klick in der Ebenenpalette. (Denn neue Ebenen rangieren in der Ebenenpalette immer unmittelbar über der zuletzt aktivierten Ebene.)
2. Klicken Sie unten in der Palette auf die Schaltfläche NEUE FÜLLEBENE ODER EINSTELLUNGSEBENE ERSTELLEN und wählen Sie im Menü die VOLLTONFARBE. Damit entsteht eine Ebene, die jederzeit komplett mit einer einzelnen Farbe gefüllt ist – auch wenn Sie zum Beispiel die Arbeitsfläche erweitern.
3. Photoshop blendet den Farbwähler ein. Klicken Sie in die Farbfläche und stellen Sie reines Weiß ein, so dass die R-G-B-Angaben jeweils auf dem Höchstwert »255« stehen. Noch während Sie hier eine Farbe suchen, sehen Sie das Resultat in der Bilddatei.
4. Klicken Sie auf OK. In der Ebenenpalette erkennen Sie die neue Ebene »Farbfüllung 1«.

Durch Klicken auf das Symbol für die Füllebene wechseln Sie jederzeit die Farbe. Verbergen Sie die Füllebene mit dem Augen-Symbol in der Ebenenpalette, um wieder die Hintergrundebene anzuzeigen. Retuschieren Sie die Maske mit Weiß oder Schwarz, um andere Partien der »Ebene 1« anzuzeigen.

HINweis

Beachten Sie, dass Ebene und Maske noch »verbunden« sind, erkennbar am Verbindungssymbol zwischen den beiden Miniaturen. Wenn Sie die Ebene verschieben, bewegt sich die Maske also mit. Mehr Details zum »Verbinden« wie auch zum LÖSCHEN und ANWENDEN einer Ebenenmaske zeigt das Kapitel »Raster-Effekt« ab Seite 203.

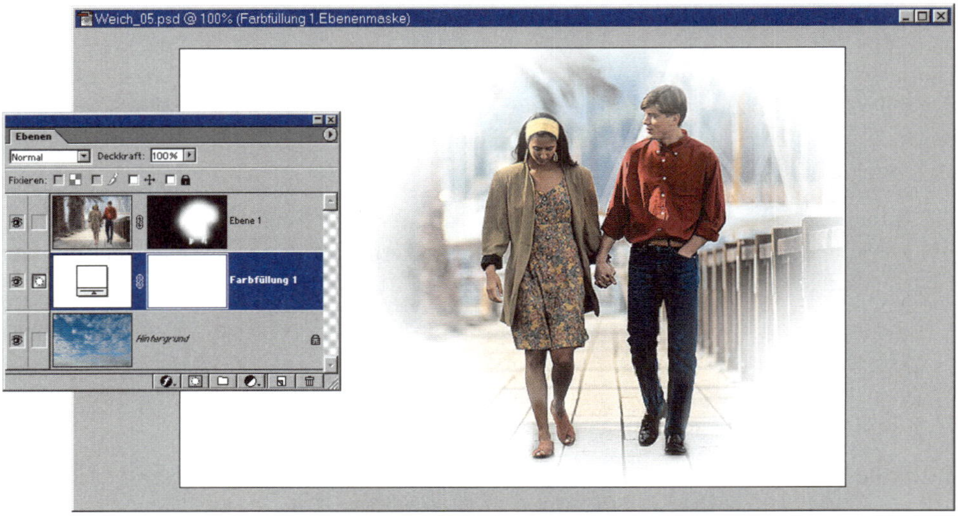

Die neue Füllebene erscheint in der Ebenenpalette. Sie überdeckt die »Hintergrund«-Ebene.
Datei: Weich_05

Kugel mit Polarkoordinaten

3 Dritter Workshop

Die Welt ist eine Kugel. Mit Photoshop stellen Sie auch wenige Quadratkilometer Erde in Planeten-Form dar – ein packendes Gestaltungsmittel für ganz ungewohnte Perspektiven.

Übersicht

Das erwartet Sie:

- *Was kommt dran:* FILTER-Befehle POLARKOORDINATEN und UNSCHARF MASKIEREN, Bearbeiten-Befehle FREI TRANSFORMIEREN und VOREINSTELLUNGEN; BILD-Befehle ARBEITSFLÄCHE DREHEN und ZUSCHNEIDEN; Freistellungswerkzeug; Messwerkzeug, Auswahlellipse; Kopierstempel, Fixieren, Ebeneneffekte
- *Aufwand:* mittel bis höher
- *Kontext:* Pickel entfernen, Seite 165; Befehlsfolge aufzeichnen, Seite 215; Paletten, Seite 248; Arbeitsfläche verkleinern, Seite 297
- *Projekt-Dateien*: Kugel_01 bis Kugel_10

Der Befehl POLARKOORDINATEN spannt Ihre Vorlage auf eine Kugel.

3.1 Den Horizont vorbereiten

Für dieses Projekt benötigen Sie ein Panorama mit hochliegendem und exakt horizontal verlaufendem Hintergrund – zumindest identische Höhen am linken und rechten Rand sind wichtig. Auch sonst sollten sich linker und rechter Rand nicht wesentlich unterscheiden, so dass man sie unkompliziert aneinander setzen kann. An diese Anforderungen passen wir die Vorlage erst an.

HINweis

Dieses Projekt fordert zu Experimenten mit verschiedensten Einstellungen heraus. Speichern Sie die Befehlsfolge gleich zu Anfang als Aktion; Sie können das Projekt dann bequemer durchspielen (Details zu Aktionen ab Seite 215).

Interpolationsmethode

Der folgende Befehl Arbeitsfläche drehen: Per Eingabe wie auch der spätere Befehl Bearbeiten: Frei transformieren zwingt Photoshop dazu, für Ihr Bild völlig neue Bildpunkte zu errechnen. Dazu gibt es verschiedene Methoden. Wählen Sie Bearbeiten: Voreinstellungen: Allgemeine (Strg + K) und richten Sie hier Bikubisch mit dem Klappmenü Interpolation ein.

INSIDER

Im Anschluss an eine Korrektur mit bikubischer Interpolation sollte man das Bild meist scharfzeichnen. Wir warten hier mit dem Schärfen bis zum Ende des Projekts.

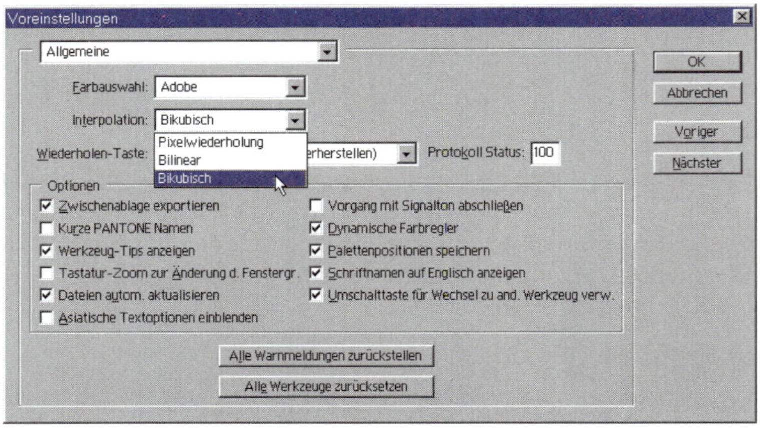

In den Voreinstellungen geben Sie die bikubische Interpolation an.

Messwerkzeug

Der Horizont in der Vorlage »Kugel_01« ist offenbar leicht geneigt – schlechte Bedingungen für die geplante Arbeit. Wir schalten das Messwerkzeug ein und ziehen eine Linie am Horizont entlang. Oben in der Optionen-Leiste sehen Sie die Meldung »W: 1,5°«. Das heißt, der Horizont ist um 1,5 Grad geneigt.

Mit dem Messwerkzeug ziehen Sie eine Linie am Horizont entlag. In der Optionen-Leiste meldet Photoshop, dass der Horizont um 1,5 Grad geneigt ist. Datei: Kugel_01

Arbeitsfläche drehen: Per Eingabe

Wählen Sie nun Bild: Arbeitsfläche drehen: Per Eingabe. Im Dialogfeld Arbeitsfläche drehen schlägt Photoshop gleich die passende Drehung vor, die Sie mit dem Messwerkzeug ermittelt haben: 1,55 Grad im Uhrzeigersinn. Nach einem Klick auf OK dreht Photoshop das Bild.

Sie erkennen, dass Photoshop hier die Bildfläche – die so genannte »Arbeitsfläche« – leicht erweitert; denn sonst würden die gedrehten Bildecken aus der Arbeitsfläche herausragen. Zum Füllen der neuen Bereiche verwendet Photoshop die aktuelle Hintergrundfarbe. Dies ist momentan Weiß, zu erkennen an dem unteren der zwei großen Farbfelder in der Werkzeugleiste.

Der Befehl Bild: Arbeitsfläche drehen stellt den Horizont gerade; dabei entstehen jedoch neue, weiße Ecken an den Bildrändern, die Arbeitsfläche vergrößert sich leicht.

Freistellungswerkzeug

Mit dem Freistellungswerkzeug (Taste C) ziehen Sie nun einen Rahmen um das innere Bild, so dass die neuen weißen Ecken außen vor bleiben. Dabei dunkelt Photoshop den äußeren Bildbereich ab. Nachdem Sie eine erste Auswahl erzeugt haben, verfeinern Sie die Auswahl mit diesen Techniken:

- Ziehen Sie an den Eck-Anfassern, um den Rahmen zu verkleinern oder zu vergrößern.
- Ziehen Sie im Innern des Rahmens – aber nicht am Referenzpunkt –, um den Rahmen zu verschieben.

Klicken Sie doppelt in den Rahmen oder drücken Sie die ↵-Taste – so entfernen Sie den Rand (mehr zum Freistellungswerkzeug und weiteren Freistell-Verfahren ab Seite 297).

WARNUNG

Achten Sie vor Aufziehen des Rahmens darauf, dass die Felder Breite und Höhe in der Optionen-Leiste vollständig leer sind. Löschen Sie eventuell vorhandene Einträge heraus. Nur so lässt sich der Freistellrahmen frei formen.

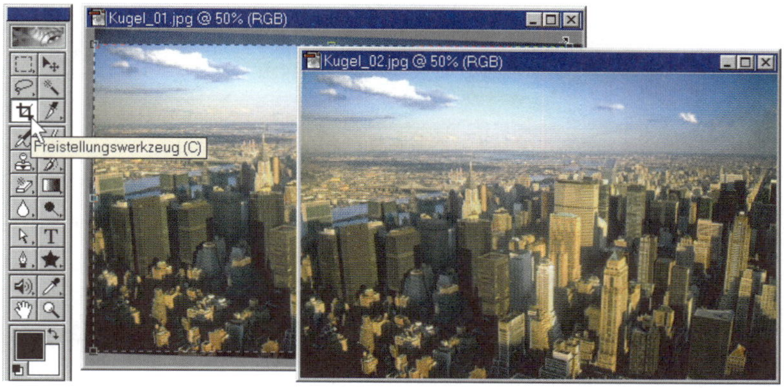

Links: Mit dem Freistellungswerkzeug rahmen Sie den inneren Bildbereich ein. Rechts: Nach einem Doppelklick in den Rahmen entfernt Photoshop die Zonen, die außerhalb des Freistellrahmens lagen. Datei: Kugel_02

3.2 Der POLARKOORDINATEN-Befehl

Weitere Vorbereitungen sind nötig, bis wir mit dem Filter POLARKOORDINATEN eine Kugel herstellen können.

Arbeitsfläche drehen: 180°

Der Himmel soll in unserem Kugel-Bild außen, nicht innen liegen. Dafür müssen wir das Foto auf den Kopf stellen. Dies erledigt der Befehl BILD: ARBEITSFLÄCHE DREHEN: 180°.

Auswahlellipse

Wir benötigen nun eine kreisförmige Auswahl. So geht's:

1. Schalten Sie in der Werkzeugleiste die Auswahlellipse ein.
2. Stellen Sie Folgendes oben in der Optionen-Leiste sicher: Das GLÄTTEN ist eingeschaltet, das ART-Klappmenü zeigt die Vorgabe NORMAL an.
3. Klicken Sie in die linke obere Bildecke und ziehen Sie bei gedrückter linker Maustaste ganz nach rechts unten.

Photoshop zeigt einen ovalen Auswahlrahmen; insbesondere Land und Wasser sollten erfasst werden, auf den Himmel kommt es weniger an. Achten Sie darauf, dass der Rahmen nirgends über die Bildgrenzen hinausragt.

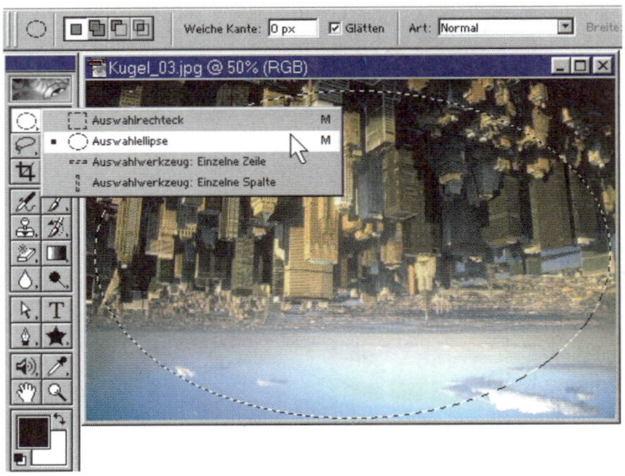

Die Vorlage wurde auf den Kopf gestellt, dann haben wir mit der Auswahlellipse einen Auswahlrahmen über den größten Bildteil gezogen. Datei: Kugel_03

So korrigieren Sie die Auswahl bei Bedarf:

- Klicken Sie ins Innere des Rahmens, um ihn zu verschieben.
- Entfernen Sie die Auswahl mit dem Befehl AUSWAHL: AUSWAHL AUFHEBEN ([Strg]+[D]) und ziehen Sie einen neuen Auswahlrahmen.
- Der Befehl AUSWAHL: AUSWAHL TRANSFORMIEREN erzeugt einen Begrenzungsrahmen mit Anfasspunkten; dehnen oder stauchen Sie die Auswahl und bestätigen Sie die Veränderung per [↵]-Taste oder Doppelklick in den Rahmen. Diese Funktion kann jedoch die Kantenglättung der Auswahl beschädigen und ist daher nicht erste Wahl.

INSIDER: Sie können auch von vornherein einen exakten Kreis mit den POLARKOORDINATEN bearbeiten. Dann müssen Sie das zunächst ovale Ergebnis später nicht mehr kreisförmig stauchen; allerdings erhalten Sie weniger Randpixel in der Auswahl. Für eine exakt kreisförmige Auswahl verwenden Sie die Auswahlellipse (◌) mit gedrückter [⇧]-Taste.

Polarkoordinaten

Rufen Sie im Untermenü FILTER: VERZERRUNGSFILTER die Funktion POLARKOORDINATEN auf und wählen Sie die Vorgabe RECHTECKIG -> POLAR. Die Funktion spiegelt Ihr Bild quasi in der Innenfläche eines Metalltrichters. Klicken Sie auf OK. Photoshop spannt Ihre Vorlage auf eine Kugel; doch weil wir eine elliptische Auswahl verwenden, erhalten Sie zunächst eher einen »Rugbyball«.

Der POLARKOORDINATEN-Filter spannt Ihr Bild auf eine Kugel.

3.3 Separate Ebenen

Heben Sie den ausgewählten, ellipsenförmigen Bildbereich schleunigst auf eine separate Bildebene; dann lässt er sich unabhängig vom umgebenden Bild bearbeiten.

Ebene durch Kopie

Nehmen Sie also den Befehl EBENE: NEU: EBENE DURCH KOPIE (Strg + J). Blenden Sie mit F7 die Ebenenpalette ein. Sie erkennen hier die neue »Ebene 1« über der ursprünglichen »Hintergrund«-Ebene. Die »Ebene 1« enthält nur noch den bisherigen Auswahlbereich. Allerdings sehen Sie immer noch den Bildhintergrund, der nicht durch die Auswahl mit erfasst worden war.

Ab hier sollten Sie Ihre Arbeit im Dateiformat PHOTOSHOP (*.PSD) speichern, um die verschiedenen Bildebenen separat zu erhalten (Details zu Dateiformaten ab Seite 266).

WARNUNG

Der Befehl EBENE DURCH KOPIE erzeugt die neue »Ebene 1« mit dem bisherigen Auswahlinhalt. Datei: Kugel_04

Weißer Hintergrund

Den Hintergrund des frischgebackenen »Planeten« färben wir weiß ein, um konzentrierter arbeiten zu können. So geht's:

1. Aktivieren Sie in der Ebenenpalette die »Hintergrund«-Ebene durch einen einzelnen Klick auf die Ebenenminiatur. Die »Hintergrund«-Ebene wird also in der Ebenenpalette hervorgehoben und auch in der Titelzeile des Bildes genannt.
2. Drücken Sie die Taste [D], um Weiß als Hintergrundfarbe festzulegen. Das untere der zwei großen Farbfelder in der Werkzeugleiste zeigt also auch Weiß an.
3. Die Tastenkombination [Strg]+[Entf] füllt die gesamte Ebene mit der aktuellen Hintergrundfarbe – also mit Weiß.

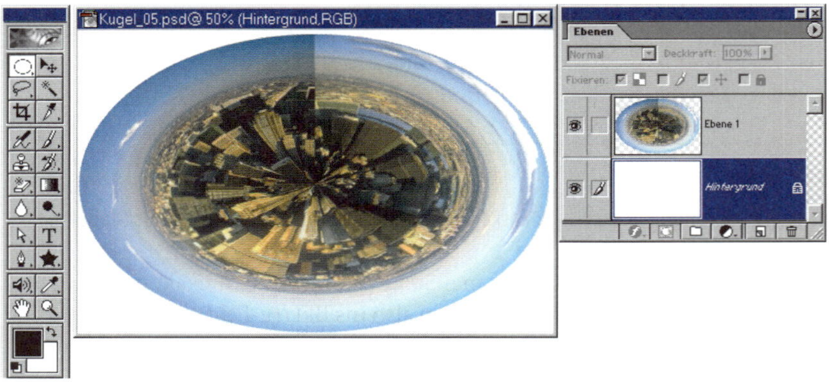

Wir färben die »Hintergrund«-Ebene weiß ein. Datei: Kugel_05

3.4 Proportionen korrigieren

Nun stauchen wir die Ellipse zu einem Kreis und passen die Arbeitsfläche an.

Korrigieren Sie die Proportionen

So bearbeiten Sie die Maße der Ellipse:

1. Aktivieren Sie in der Ebenenpalette durch einen Einzelklick die »Ebene 1«. Sie wird also in der Palette hervorgehoben und auch in der Titelzeile des Bildes genannt.
2. Wählen Sie BEARBEITEN: FREI TRANSFORMIEREN. Damit zeigt Photoshop eine Begrenzungsbox samt Anfasspunkten um die Ebene herum. Interessant für uns ist aber die Optionen-Leiste über dem Bild.

3. Beachten Sie die Eingabefelder B und H für Breite und Höhe. Hier sollten Zentimeter- oder Pixelwerte erscheinen, jedenfalls keine Prozent-Angaben. Wir klicken darum mit rechts in das Höhe-Feld (am Mac mit gedrückter [Ctrl]-Taste) und geben im Kontextmenü Pixel als Maßeinheit vor. Auch im Breite-Feld geben wir die Pixel-Maßeinheit an, so dass hinter den Werten jeweils »px« steht.

In der Optionen-Leiste zum Befehl Bearbeiten: Frei Transformieren verwenden wir Pixel als Maßeinheit.

4. Unsere Beispiel-Ellipse misst 854 Breite mal 546 Pixel Höhe. Um exakt eine Kugel zu erhalten, gleichen wir die Werte an. Wir tippen also ins Breite-Feld ebenfalls den Wert 546 ein. Photoshop zeigt sofort eine Vorschau der gestauchten Figur.

5. Um die Veränderung endgültig anzuwenden, haben Sie diese Möglichkeiten: Drücken Sie die [↵]-Taste oder klicken Sie doppelt in den Begrenzungsrahmen oder klicken Sie auf die Bestätigen-Schaltfläche ✓ in der Optionen-Leiste. (Wollen Sie den Rahmen jedoch folgenlos entfernen, ohne also die Ebene zu stauchen, drücken Sie die [Esc]-Taste.)

Bei dieser Veränderung der Proportionen darf die Schaltfläche Seitenverhältnis erhalten nicht aktiviert sein.

WARNUNG

Im Feld für BREITE (»B«) tragen wir denjenigen Wert ein, den Photoshop bereits für die HÖHE (»H«) nennt, hier also 546 Pixel. Photoshop staucht die bisherige Ellipse zu einer Kugel. Kugel_06

Weißen Rand kappen

Der überflüssige weiße Rand lässt sich leicht entfernen:

1. Wählen Sie BILD: ZUSCHNEIDEN zum Beispiel mit der Vorgabe FARBE PIXEL OBEN LINKS.
2. Klicken Sie auf OK.

Photoshop entfernt nun sämtliche Bildränder, die exakt die Farbe des Bildpunkts ganz links oben haben. Dabei spielt es keine Rolle, welche Ebene aktiviert ist. Unser Bild wird exakt auf den gefüllten Bereich der »Ebene 1« zugeschnitten (mehr Details über diesen Befehl und andere Verfahren zur Verkleinerung der Arbeitsfläche ab Seite 297).

Der Befehl BILD: ZUSCHNEIDEN kappt den weißen Rand. Datei: Kugel_07

3.5 Stempel-Retusche

Nun reparieren wir die harte Naht im Bild.

Transparente Pixel fixieren

Bevor wir die »Ebene 1« mit dem Stempel bearbeiten, schalten wir oben in der Ebenenpalette die Option TRANSPARENTE PIXEL FIXIEREN ein. Photoshop zeigt ein Vorhängeschloss neben dem Namen der Ebene in der Palette.

Sie können im Folgenden weiterhin die Bildfüllung retuschieren; aber die durchsichtigen Bereiche um die Kugel herum sind gesperrt. Sie verhindern so, dass fehlplatzierte Stempelstriche die Kugelform zerstören und in die Transparenzfläche um die Kugel herum geraten.

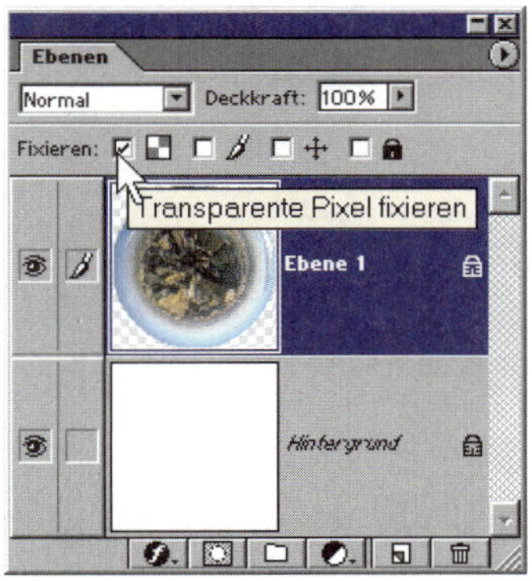

Die Option TRANSPARENTE BEREICHE FIXIEREN schützt den nicht gefüllten Bereich um die Kugel herum vor Veränderung.

Stempel-Retusche

Oben im Ergebnis stoßen linker und rechter Bildrand des Originals hart aneinander. Wir kaschieren diese Stelle, indem wir mit dem Kopierstempel Bildpunkte in beide Richtungen kopieren; dabei öffnen wir mit dem PINSEL-Klappmenü die Werkzeugspitzen-Bibliothek und wählen eine weiche, größere Werkzeugspitze (Details zur Werkzeugspitzenwahl und zu Bibliotheken ab Seite 53 und 249). Weitere Tipps:

- Nehmen Sie eventuell mit den Zifferntasten auf der Tastatur die Deckkraft des Stempels zurück, um nur ganz behutsam zu retuschieren.
- Mit Punkt- beziehungsweise Komma-Taste ändern Sie schrittweise die Werkzeugspitzen-Größe.
- Per Rechtsklick erhalten Sie im Kontextmenü den Befehl WERKZEUGSPITZE BEARBEITEN, mit dem Sie DURCHMESSER und KANTENSCHÄRFE ändern können.

- Markieren Sie eventuell kleine Bildbereiche mit weicher Auswahlkante und ziehen Sie sie mit dem Verschieben-Werkzeug bei gedrückter [Alt]-Taste als Duplikat an eine andere Stelle. Wählen Sie BEARBEITEN: FREI TRANSFORMIEREN ([Strg]+[T]), um den »Flicken« zu dehnen oder zu drehen.
- Radieren Sie eventuell mit dem Protokollpinsel stellenweise wieder zurück zum Original, eventuell bei gesenkter Deckkraft (Details zum Protokollpinsel ab Seite 113 und 251).

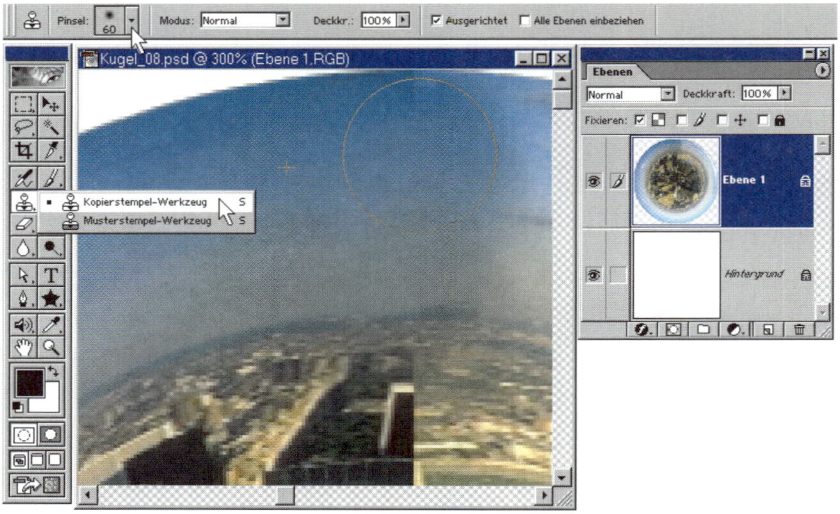

Mit dem Kopierstempel retuschieren Sie bei weicher Werkzeugspitze die harte Kante. Ein Kreuz kennzeichnet den Punkt, an dem Bildpunkte aufgenommen und in den Bereich der runden Werkzeugspitze übertragen werden. Datei: Kugel_08

3.6 Weitere Effekte

Zwei Effekte geben der Arbeit den letzten Schliff.

UNSCHARF MASKIEREN

Wir haben die Vorlage mehrfach verzerrt – mit den POLARKOORDINATEN und beim anschließenden TRANSFORMIEREN. Dabei kam es zwangsläufig zu Weichzeichnung. Deshalb verwenden wir jetzt – wenn das Foto nicht mehr retuschiert oder kontrastkorrigiert wird – einen Scharfzeichner. Wir nutzen hier die professionelle Funktion FILTER: SCHARFZEICHNUNGSFILTER: UNSCHARF MASKIEREN wie abgebildet (mehr Details zu diesem Befehl ab Seite 75).

Zum Abschluss der Retusche- und Filter-Arbeiten ist ein Scharfzeichner sinnvoll. Datei: Kugel_09

Verlaufsüberlagerung einrichten

Wir wollen die Farben noch auffrischen und unseren frischgebackenen »Planeten« nach außen abdunkeln. Zur Vorbereitung richten Sie Schwarz als Vordergrundfarbe ein, das erledigt ein Druck auf die Taste [D].

Während »Ebene 1« aktiviert ist, klicken wir unten in der Ebenenpalette auf die Schaltfläche Ebeneneffekt hinzufügen und wählen Verlaufsüberlagerung. Ein Graustufenverlauf überdeckt zunächst die gesamte Ebene (mehr Details zu Ebeneneffekten wie der Verlaufsüberlagerung im Projekt »Form-Werkzeug« ab Seite 153).

Nun geht es im Dialogfeld Ebenenstil so weiter:

1. Geben Sie als Füllmethode das Weiche Licht an. Jetzt wird die Bildebene sichtbar.
2. Senken Sie die Deckkraft auf 80 Prozent.
3. Öffnen Sie das Verlauf-Klappmenü mit dem gekippten Dreieck ▼ neben dem Verlauf-Balken und wählen Sie den Verlauf Vordergrundfarbe zu Transparent.

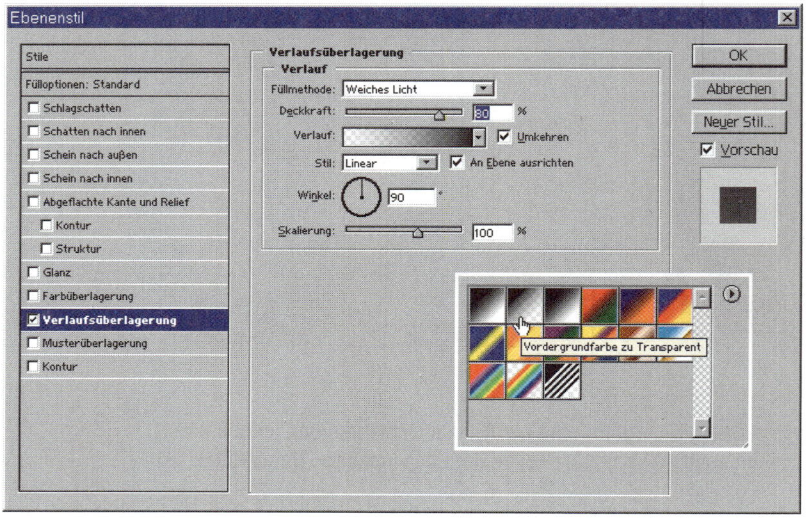

Der Ebeneneffekt VERLAUFSÜBERLAGERUNG erzeugt einen Verlauf, der mit der richtigen FÜLLMETHODE die Kontraste verändert.

VERLAUFSÜBERLAGERUNG variieren

Photoshop zeigt die VERLAUFSÜBERLAGERUNG jetzt auch in der EFFEKTE-Leiste in der Ebenenpalette Mit dem Augen-Symbol blenden Sie den Effekt bei Bedarf aus. Durch Doppelklick auf den Namen des Effekts öffnen Sie wieder das Dialogfeld. Sie haben nun zahlreiche Möglichkeiten, das Ergebnis zu variieren:

- Testen Sie als FÜLLMETHODE auch HARTES LICHT und INEINANDERKOPIEREN bei unterschiedlichen Vorgaben für DECKKRAFT.
- Variieren Sie die Position des Verlaufs, indem Sie bei geöffnetem Dialogfeld EBENENSTIL/VERLAUFSÜBERLAGERUNG direkt im Bild ziehen.
- Drehen Sie mit der UMKEHREN-Option die Verlaufsrichtung um, spreizen oder stauchen Sie den Verlauf mit dem Regler SKALIERUNG, verändern Sie auch den WINKEL.
- Wechseln Sie von der STIL-Vorgabe LINEAR zu RADIAL. Damit geht der Verlauf nicht mehr von oben nach unten, sondern von innen nach außen. Experimentieren Sie neu mit Optionen wie UMKEHREN und SKALIERUNG.

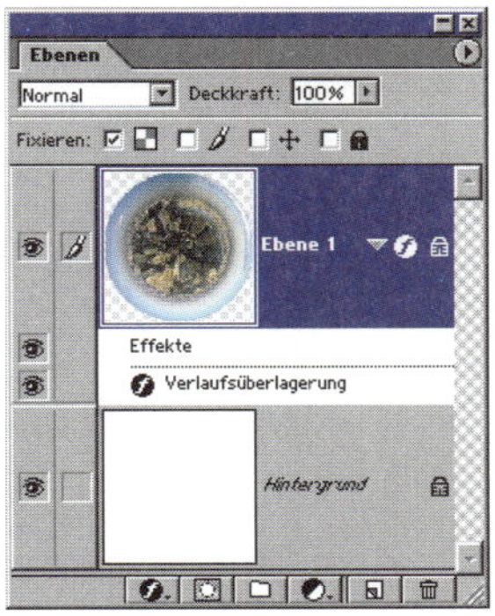

Der Effekt VERLAUFSÜBERLAGERUNG sorgt für eine zusätzliche Lichtstimmung und Kontraststeigerung. Er erscheint auch in der EFFEKTE-Leiste der Ebenenpalette. Datei: Kugel_10

Aus Neu wird Alt

In diesem Projekt stellen wir die nostalgische Wirkung eines historischen, handentwickelten und getonten Schwarzweißfotos her – Laborfehler und Kratzer inklusive.

Übersicht

Das erwartet Sie:

- *Was kommt dran:* Pinsel, FILTER-Befehle KÖRNUNG und WOLKEN, Ebenenmaske, BILD-Befehle KANALMIXER, FARBTON/SÄTTIGUNG
- *Aufwand:* mittel bis hoch
- *Kontext:* Weicher Übergang, Seite 25; Ein flaues Bild auffrischen, Seite 75; Paletten, Seite 248; Bibliotheken und Vorgaben, Seite 249; Farbmodus, Seite 258
- *Projekt-Dateien*: Alt_01 bis Alt_09

Schritt für Schritt verwandeln Sie die Farbfotografie in ein historisches Schwarzweißbild.

4.1 Wechsel zur Graustufendarstellung

Wir machen die Vorlage immer »schlechter«: Wir rechnen Filmkorn, Unschärfe und Entwicklungsfehler ins Bild, bis es nach einem historischen Handabzug aus Daguerres Zeiten aussieht. Sogar eine Schwefeltonung gehört zum Parcours, natürlich chemiefrei am PC. Lassen Sie bei Bedarf einige dieser Veränderungen weg, um die ursprüngliche Qualität stärker zu wahren. Beschränken Sie sich beispielsweise ganz auf den hingetuschten Rand und auf die Tonung.

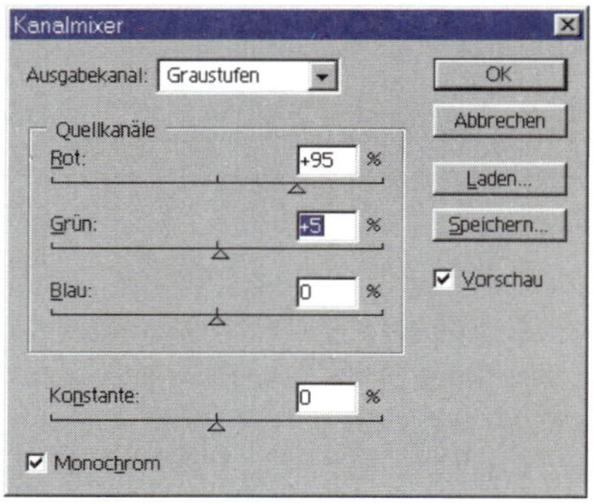

Der Befehl BILD: EINSTELLEN: KANALMIXER erzeugt mit der Option MONOCHROM eine maßgeschneiderte Graustufenwirkung.

Der KANALMIXER

Für die Farbvorlage benötigen Sie zunächst die Wirkung eines Schwarzweißfotos. Der Befehl BILD: MODUS: GRAUSTUFEN reicht zwar theoretisch, doch vielseitiger ist ein anderes Verfahren: Klicken Sie im Untermenü BILD: EINSTELLEN auf den Befehl KANALMIXER. Im Dialogfeld schalten Sie zunächst das MONOCHROM-Kästchen ein. Die Vorlage sieht nun nach einem üblichen Graustufenfoto aus.

In der Grundeinstellung beginnt der Kanalmixer nur mit der Grundfarbe ROT, sie ist auf 100 Prozent eingestellt. Das eignet sich für unsere Zwecke gar nicht schlecht, denn so erscheint das Gesicht besonders hell. Wir heben noch den GRÜN-Anteil leicht an und senken Rot etwas. Generell sollten die drei Grundfarben auf insgesamt etwa 100 Prozent kommen; die Gesamthelligkeit lässt sich noch mit dem KONSTANTE-Regler verändern.

WARNUNG

Wenn Sie die MONOCHROM-Vorgabe ein- und wieder ausschalten und danach einen Regler verändern, erhalten Sie ein getontes Farbbild.

Nach Anwendung des KANALMIXERS wählen Sie den Befehl BILD: MODUS: GRAUSTUFEN. Dateien: Alt_01, Alt-02

Der GRAUSTUFEN-Befehl

Nach dem Klick auf OK im KANALMIXER sieht das Foto zwar wie ein Graustufenbild aus; technisch befindet es sich jedoch weiterhin im Modus RGB-FARBE, Sie könnten also Farbelemente einfügen. Um zwischenzeitlich Speicher zu sparen und als Vorbereitung für den Filter KÖRNUNG wechseln Sie mit dem Untermenü BILD: MODUS zu GRAUSTUFEN. Das Bild sieht genauso aus wie vorher, beansprucht aber gegenüber dem bisherigen Farbmodus nur noch ein Drittel des Arbeitsspeichers. Den Wechsel des Farbmodus erkennen Sie auch an der Meldung in der Titelzeile des Bildes (mehr Details zu Farbmodi ab Seite 258).

4.2 Kontrast und Schärfe verringern

Wir wollen die Wirkung betagter Aufnahmen deutlicher herauskehren und senken Kontrast und Bildschärfe geringfügig. Überspringen Sie diesen Schritt eventuell.

Wir beginnen mit dem Befehl BILD: EINSTELLEN: TONWERTKORREKTUR. Ziehen Sie die zwei Dreiecke ganz unten – unter dem Schwarzweißverlauf – nach innen. Damit verbannen Sie tiefes Schwarz und helles Weiß aus Ihrem Motiv. Die anderen Regler dieses Befehls besprechen wir detaillierter im Projekt »Ein flaues Bild« auffrischen ab Seite 75.

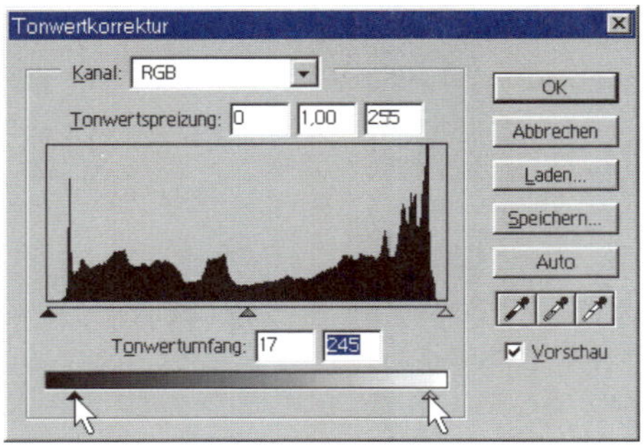

Mit den TONWERTUMFANG-Reglern des Befehls BILD: EINSTELLEN: TONWERTKORREKTUR dämpfen Sie hellste und dunkelste Helligkeitsstufen; das Bild verliert an Kontrast.

Nun folgt FILTER: WEICHZEICHNUNGSFILTER: GAUSSSCHER WEICHZEICHNER. Stellen Sie einen niedrigen Wert wie 0,9 ein und schalten Sie die VORSCHAU aus und wieder ein, um die Wirkung zu beurteilen.

WARNUNG

Für eine präzise Beurteilung der Weichzeichnung sollten Sie das Bild in der Zoomstufe 100 Prozent betrachten. Dies erreichen Sie mit einem Doppelklick auf die Lupe 🔍 in der Werkzeugleiste oder mit dem Befehl ANSICHT: TATSÄCHLICHE PIXEL (Strg+Alt+0). Er lässt sich auch bei geöffnetem WEICHZEICHNER-Dialog anwählen.

Nach der Kontrastabsenkung bringt der GAUSSSCHE WEICHZEICHNER noch einen leichten Unschärfe-Effekt. Datei: Alt_03

4.3 Ebenen anlegen

Die geplanten Bildstörungen wollten wir nicht unmittelbar in die Vorlage selbst hineinpinseln, sondern auf eine Ebenenmaske anwenden. Eine Ebenenmaske macht wählbare Bereiche einer Ebene vorübergehend halb- oder ganz durchsichtig und lässt sich jederzeit abschalten. So bleibt das Portrait stets unversehrt und Sie können die Entstellungen in der Ebenenmaske unabhängig vom Foto korrigieren; das Bild selbst bleibt voll erhalten. Die Ebenenmaske lässt sich später überdies abschalten oder auf andere Fotos übertragen. Weitere Beispiele und mehr Tipps für die Arbeit mit Ebenenmasken liefern die Kapitel »Weicher Übergang«, Seite 25 und »Raster-Effekt«, Seite 203. In diesem Abschnitt legen wir eine neue Ebene und eine Ebenenmaske an.

Neue Ebene anlegen

Falls noch nicht auf dem Schirm zu sehen, rufen Sie mit der Taste F7 die Ebenenpalette auf den Schirm (Details zum Umgang mit solchen Paletten ab Seite 248). Ziehen Sie die »Hintergrund«-Ebene auf das Symbol NEUE EBENE ERSTELLEN. Dadurch entsteht die neue Ebene »Hintergrund Kopie«, wie Sie in der Palette erkennen.

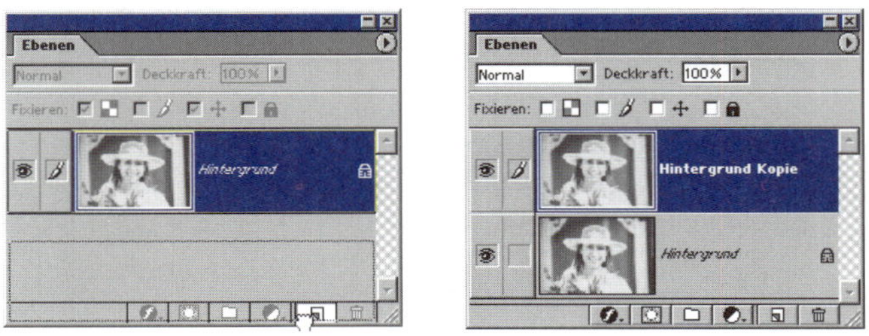

Links: Ziehen Sie die »Hintergrund«-Ebene auf das Symbol »Neue Ebene erstellen«. Rechts: Dadurch entsteht eine neue Ebene »Hintergrund Kopie«.

Weiße Füllung

Anschließend aktivieren Sie die »Hintergrund«-Ebene durch einen Klick, so dass sie in der Ebenenpalette hervorgehoben und in der Titelzeile des Bildes genannt wird. Verwenden Sie den Befehl BEARBEITEN: FLÄCHE FÜLLEN; im Bereich FÜLLEN MIT machen Sie die Vorgabe »Weiß«. Dieses Weiß benötigen wir als Grundfarbe für die Bildstörungen. Damit erscheint die »Hintergrund«-Ebene als weiße Fläche in der Ebenenpalette. Die Bildwirkung hat sich jedoch nicht verändert, weil es ja noch die darüber liegende Ebene »Hintergrund Kopie« gibt.

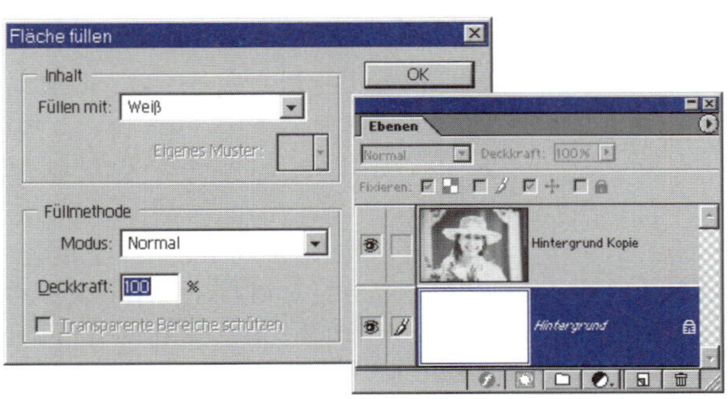

Wenn die »Hintergrund«-Ebene in der Palette aktiviert ist, wenden Sie den Befehl BEARBEITEN: FLÄCHE FÜLLEN an. Er färbt die »Hintergrund«-Ebene weiß.

Ebenenmaske anlegen

Jetzt aktivieren Sie in der Ebenenpalette wieder die Ebene »Hintergrund Kopie«, so dass sie in der Palette farblich hervorgehoben wird. Klicken Sie unten in der Ebenenpalette auf das Symbol MASKE HINZUFÜGEN. Damit erscheint eine vollständig weiße Ebenenmasken-Miniatur rechts oben in der Palette. Die Bildwirkung verändert sich nicht, denn Weiß in der Ebenenpalette bedeutet, dass der entsprechende Bereich der Ebene vollständig sichtbar ist.

WARNUNG

Ab jetzt sollten Sie Ihre Arbeit in einem Dateiformat speichern, das Ebenentechnik erlaubt, am besten im Photoshop-Dateiformat (Details zu Dateiformaten ab Seite 266).

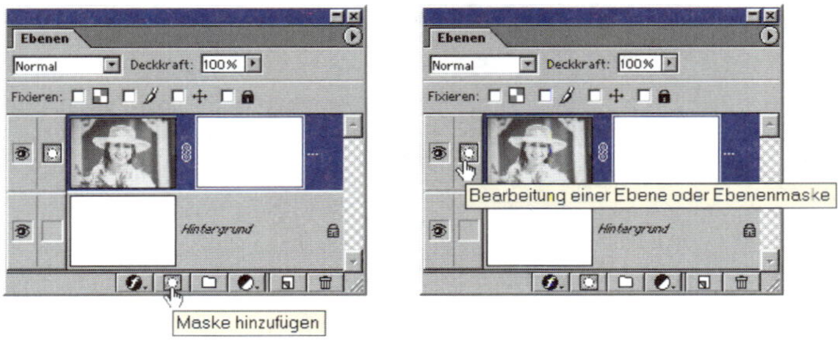

Links: Die Ebene »Hintergrund Kopie« wurde aktiviert; nach einem Klick auf das Symbol »Maske hinzufügen« erscheint eine Ebenenmasken-Miniatur in der Palette. Rechts: Im Folgenden bearbeiten wir die Ebenenmaske, nicht die Bildfüllung selbst. Achten Sie also darauf, dass Sie in der Ebene »Hintergrund Kopie« stets das schraffierte Symbol für Maskenbearbeitung sehen, nicht das »Pinsel«-Symbol für die Bearbeitung der Bildfüllung. Datei: Alt_04

4.4 Beschädigung des Bildes

Nun beschädigen Sie das Motiv. Dabei arbeiten Sie stets nur in der Ebenenmaske, nicht in der Bildfüllung selbst. Das Prinzip: Wir blenden per Maske einzelne Details des Bildes auf der Ebene »Hintergrund Kopie« halb oder ganz aus, so dass darunter das Weiß der »Hintergrund«-Ebene erscheint.

WARNUNG

Achten Sie stets darauf, dass die Palette neben der »Kopie«-Ebene das schraffierte Symbol für die Maskenbearbeitung zeigt. Sonst bearbeiten Sie womöglich statt der Maske das eigentliche Foto – und zerstören es wirklich. Der Hinweis EBENENMASKE erscheint auch in der Titelleiste des Bildes.

Schlieren mit dem Wolken-Filter

Richten Sie Schwarz und Weiß als Vorder- und Hintergrundfarbe ein, drücken Sie also die Taste »D«; damit erscheinen diese zwei Farben unten in den Farbfeldern der Werkzeugleiste.

Für erste Schlieren, die auf eine ungleichmäßige Entwicklung des Bildes bei einem Handabzug hinweisen, nehmen Sie die Funktion Filter: Renderingfilter: Wolken. Ohne jedes Dialogfeld zaubert Photoshop ein luftiges Wolkenmuster in die Ebenenmaske. An dunklen Stellen der Ebenenmaske sieht man das Bild nur blass, dort tritt stärker die weiße Hintergrundfläche hervor. Klar sichtbar bleibt das Bild nur dort, wo die Maske Weiß zeigt.

Der Wolken-Filter erzeugt eine Wolkenstruktur in der Ebenenmaske, wie Sie an der Maskenminiatur rechts oben in der Palette erkennen. In den dunkleren Bereichen der Maske wird das Bild besonders stark unterdrückt, so dass die weiße »Hintergrund«-Ebene stärker hervortritt. Insgesamt wirkt die Maske hier aber zu stark. Datei: Alt_05

Allerdings wirkt der Effekt zu stark. Rufen Sie darum den Befehl Bild: Einstellen: Helligkeit/Kontrast auf. Heben Sie Helligkeit wie auch Kontrast um jeweils 50 Prozent an. Damit haben Sie die ganz dunklen Partien der Ebenenmaske aufgehellt, folglich wird das Bild über die gesamte Fläche besser erkennbar; durch die Kontrast-Steigerung treten die Schlieren gleichwohl immer noch markant hervor.

Verwandeln Sie die Ebenenmaske versuchsweise in ihr Negativ; dies erledigt der Befehl Bild: Einstellen: Umkehren (Strg+I).

Wir heben Kontrast und Helligkeit der Ebenenmaske deutlich an. Das Bild ist nun wieder besser zu erkennen, dennoch bleiben die Schlieren sichtbar.

Schlieren korrigieren

Gibt es noch Stellen, die von der Ebenenmaske zu stark verdrängt werden, zum Beispiel im Gesicht? Schalten Sie in der Werkzeugleiste den Pinsel ein und wählen Sie in der Optionen-Leiste eine große, weiche Werkzeugspitze. Weiß muss als Vordergrundfarbe eingeschaltet sein. In der Ebenenpalette ist noch die Maske, nicht das Bild selbst aktiviert.

Malen Sie nun bei aktivierter Ebenenmaske im Bildfenster, treten abgeschwächte Bildpartien wieder deutlicher hervor. Malen Sie umgekehrt mit Schwarz, um Bildteile zu verbergen. Um zwischen Schwarz und Weiß als Vordergrundfarbe zu wechseln, klicken Sie auf das Symbol Vorder- und Hintergrundfarbe vertauschen oder drücken Sie einfach die Taste [X]. Wohlgemerkt: Sie arbeiten hier jeweils an der Maske, nicht am Bild selbst; die Maske selbst ist nicht im Bildfenster zu sehen, Sie erkennen nur die Auswirkung der Maske auf die Bildebene. (Wie Sie die Ebenenmaske selbst im Bildfenster sichtbar machen, erklärt das Projekt »Weicher Übergang« ab Seite 25.)

INSIDER

Oft wirken Schwarz oder Weiß zu stark für die Maskenretusche, also sollten Sie die Deckkraft senken. Dazu können Sie neue Werte in der Optionen-Leiste eintippen, einfacher geht es jedoch mit den Zifferntasten: 5 steht für 50 Prozent, 2 für 20 Prozent, 0 für 100 Prozent. Mehrfaches Übermalen bei gesenkter Deckkraft steigert die Wirkung.

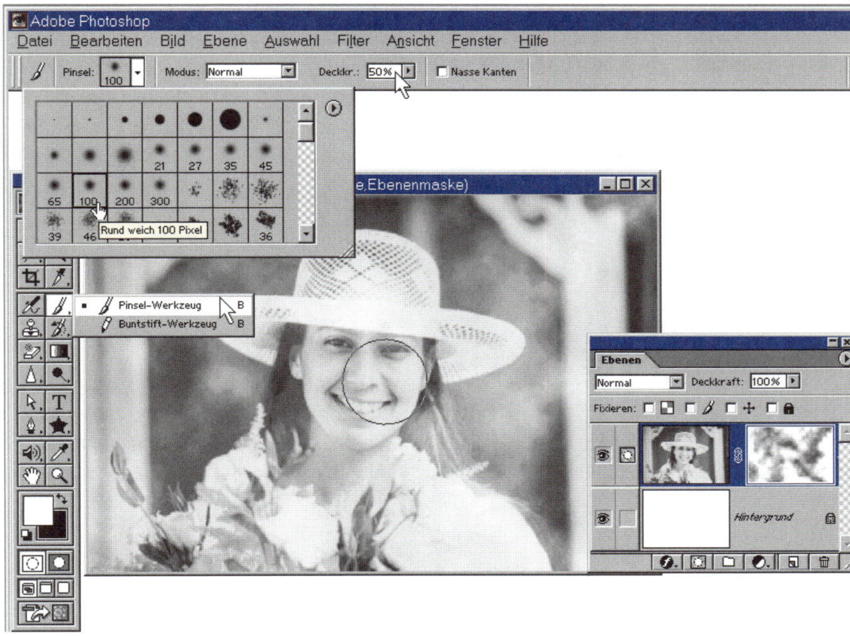

Schalten Sie in der Werkzeugleiste den Pinsel und weiße Vordergrundfarbe ein, wählen Sie in der Optionen-Leiste eine große Werkzeugspitze mit weicher Kante und malen Sie über der Bildfläche. Durch weiße Farbe in der Maske wird das Bild deutlicher sichtbar. Der Pinsel erscheint hier als Umriss in der aktuellen Werkzeuggröße über dem Bild. In der Optionen-Leiste haben wir zudem die DECKKRAFT gesenkt, um die Wirkung des Pinsels abzuschwächen. Datei: Alt_06

Kratzer

Malen Sie mit kleiner, harter Werkzeugspitze Kratzer in die Ebenenmaske. Verwenden Sie die Werkzeuge Pinsel und Buntstift bei schwarzer Vordergrundfarbe. Schwarz macht die Bildebene durchsichtig, die »Hintergrund«-Ebene scheint mit ihrer weißen Füllung durch – als weiße Kratzer. Dämpfen Sie die Wirkung der Kratzer, indem Sie die DECKKRAFT der Werkzeuge deutlich reduzieren, zum Beispiel auf 50 Prozent. Wechseln Sie gelegentlich Spitzengröße, Werkzeug und Deckkraft.

Wirken die Kratzer zu hart? Bearbeiten Sie die Ebenenmaske eventuell mit dem Befehl FILTER: WEICHZEICHNUNGSFILTER: GAUSSSCHER WEICHZEICHNER, den Sie in diesem Projekt bereits kennen gelernt haben.

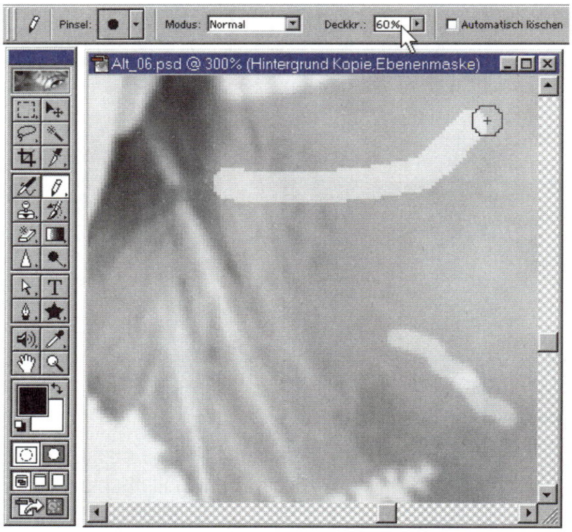

Mit Buntstift und Pinsel malen Sie bei kleiner Werkzeugspitze und reduzierter Deckkraft Kratzer in die Ebenenmaske. Als Vordergrundfarbe ist Schwarz gewählt.

4.5 Handgemalter Rand

Der Bildrand unseres »Handabzugs« soll an die Schwammtechnik erinnern, bei der Laboranten den Fotopapierentwickler mit dem Schwamm nur auf einzelne Bildpartien auftragen; damit entsteht ein ansprechender, wie hingetuschter Bildrand.

Werkzeugspitzen vorbereiten

Wir bereiten zunächst die erforderlichen Werkzeugspitzen vor:

1. Schalten Sie den Pinsel ein, am schnellsten mit der Taste B (für »Brush«).
2. Öffnen Sie oben in der Optionen-Leiste die PINSEL-Bibliothek mit den Werkzeugspitzen.
3. Öffnen Sie das Menü zur Bibliothek durch einen Klick auf das eingekreiste Dreieck.
4. Unten im Menü bietet Photoshop weitere Bibliotheken mit Werkzeugspitzen an. Klicken Sie zunächst NATÜRLICHE SPITZEN.ABR an (weitere Details zu Bibliotheken und Vorgaben ab Seite 249).
5. Nun fragt Photoshop, ob Sie die aktuellen Werkzeugspitzen ersetzen wollen. Klicken Sie auf ANFÜGEN. Das bedeutet: Die bereits vorhandenen Werkzeugspitzen bleiben erhalten, die neue Bibliothek wird angehängt. Sie haben also hinterher mehr Werkzeugspitzen zur Verfügung.
6. Laden Sie auf gleiche Art auch NATÜRLICHE SPITZEN 2.ABR und VERSCHIEDENE SPITZEN.ABR.

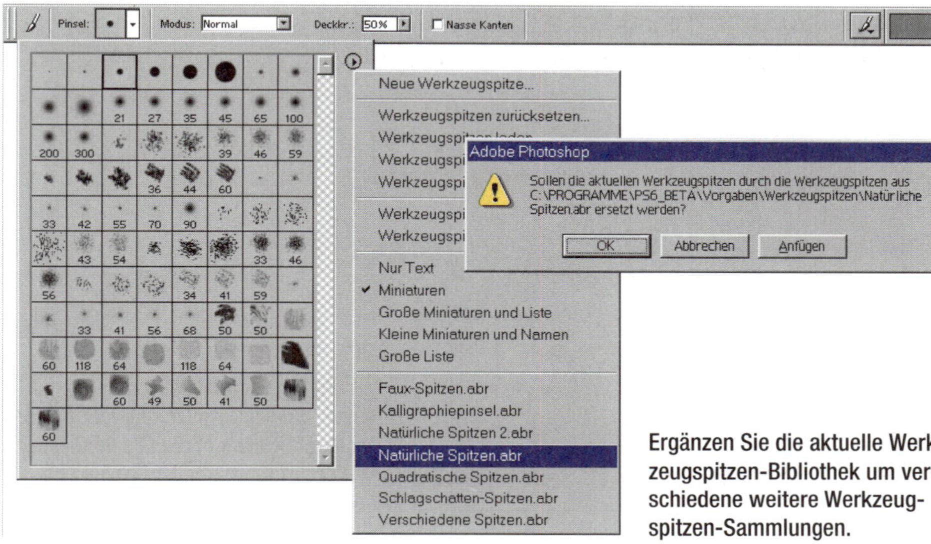

Ergänzen Sie die aktuelle Werkzeugspitzen-Bibliothek um verschiedene weitere Werkzeugspitzen-Sammlungen.

Farbauftrag

Sie benötigen wieder Schwarz als Vordergrundfarbe und erhöhte Deckkraft, um den Rand des Bildes per Ebenenmaske auszublenden. Verwenden Sie verschiedene schraffierende und unregelmäßige Werkzeugspitzen und ziehen Sie einen unregelmäßigen Bildrand in die Ebenenmaske. Der Rand erscheint weiß im Gesamtbild. Mischen Sie unterschiedliche Größen und Formen und experimentieren Sie mit verschiedenen Vorgaben für die DECKKRAFT.

HINWEIS: Testen Sie auch die Option NASSE KANTEN. Sie schwächt den Farbauftrag in der Mitte der Werkzeugspitze und sorgt nur an den Rändern für volle Deckkraft.

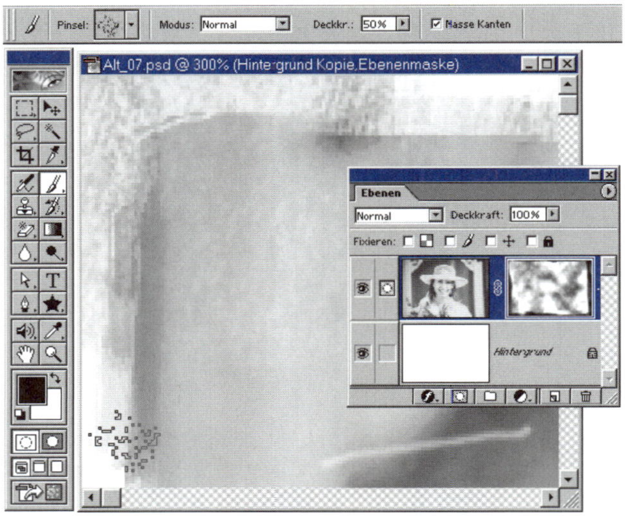

Mit verschiedenen unregelmäßigen Werkzeugspitzen erzeugen Sie einen handgemalten Rand, indem Sie mit schwarzer Vordergrundfarbe in der Ebenenmaske malen. Links unten im Bildfenster sehen Sie Umriss und Größe der aktuellen Werkzeugspitze. Datei: Alt_07

4.6 Körnung und Tonung

Für die folgenden Schritte wechseln wir von der Maske zum eigentlichen Bild zurück. Klicken Sie also die Miniatur des Fotos »Hintergrund Kopie« in der Ebenenpalette an. Neben der Miniatur soll der Pinsel, nicht das Masken-Symbol zu sehen sein.

Der Filter Körnung

Für den folgenden Schritt muss sich das Bild im Modus Graustufen befinden, da der Filter Körnung in einem Farbfoto anders wirkt. Den Graustufen-Modus haben wir oben ja bereits eingerichtet.

Wählen Sie Filter: Strukturierungsfilter: Körnung. Die Funktion bringt die Wirkung von Filmkorn und Entwicklungsfehlern ins Bild. Wir verwenden die Vorgabe Klumpig; aber andere Varianten wie Spritzer oder Regelmässig eignen sich auch. Bei Bedarf schwächen Sie den Effekt nachträglich mit dem Befehl Bearbeiten: Verblassen ([Strg]+[⇧]+[F]). Stellen Sie Ihr Bild in der Zoomstufe 100,00 Prozent dar ([Strg]+[Alt]+[0]), um die Wirkung des Körnung-Filters genau beurteilen zu können.

Der Filter Körnung bildet die Kornstruktur von altem Filmmaterial und Entwicklungsfehlern nach. Datei: Alt_07

Tonung

Zum Schluss folgt die Farbtonung. Dafür benötigen Sie wieder einen Farbmodus; wählen Sie also Bild: Modus: RGB-Farbe. Photoshop fragt hier: Möchten Sie die Ebenen auf eine Hintergrundebene reduzieren? Nein, wir wählen Nicht reduzieren.

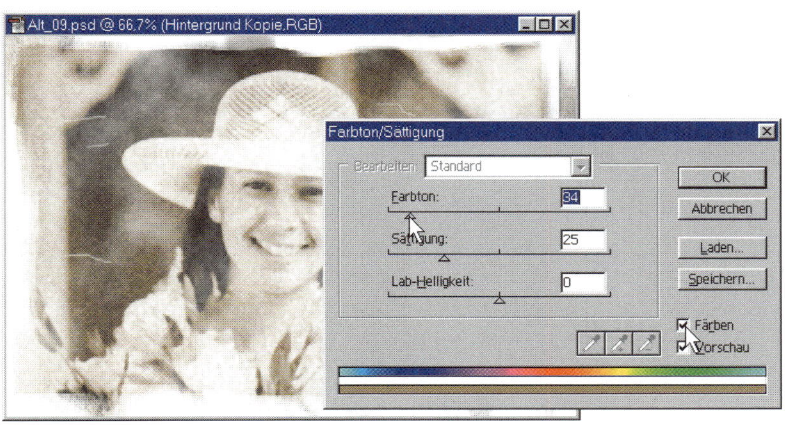

Der Färben-Modus im Dialogfeld Farbton/Sättigung sorgt für eine nostalgische Brauntonung. Datei: Alt_09

Im Untermenü BILD: EINSTELLEN klicken Sie danach auf FARBTON/SÄTTIGUNG (oder kurz [Strg]+[U]). Schalten Sie zunächst das FÄRBEN ein. Photoshop überzieht Ihr Bild nun mit einer Tonung. Mit dem FARBTON-Regler bestimmen Sie die gewünschte Farbe: Nostalgisches Sepia liegt bei einem Wert von etwa 34, kaltes Blau bei 200. Senken Sie die SÄTTIGUNG auf 20 bis 30 Prozent und experimentieren Sie auch mit der LAB-HELLIGKEIT.

Bildausschnitt mit Form-Werkzeug

In diesem Projekt stellen Sie Ihr Motiv in einen frei formbaren Umriss.

Übersicht

Das erwartet Sie:

- *Was kommt dran:* Werkzeug EIGENE FORM, Ebenen-Beschneidungspfad, BEARBEITEN-Befehl FREI TRANSFORMIEREN, Verschieben-Werkzeug
- *Aufwand:* gering
- *Kontext:* Form-Werkzeug, Seite 153; Raster-Effekt, Seite 203; Paletten, Seite 248; Bibliotheken und Vorgaben, Seite 249
- *Projekt-Dateien*: Ausschnitt_01 bis Ausschnitt_06

Mit wenigen Schritten stellen Sie Ihr Hauptmotiv in eine Form.

5.1 Vorbereitung der Ebenen

Treffen Sie diese Vorbereitungen:

- Laden Sie die Vorlage »Ausschnitt_01«, die ursprünglich im Projekt »Kontrastkorrektur mit Füllmethode« (Seite 143) entstand.
- Falls noch nicht auf dem Bildschirm zu sehen, laden Sie die Ebenenpalette mit F7 oder mit dem Befehl FENSTER: EBENEN EINBLENDEN (Details zu Paletten ab Seite 248).

Der geplante Ebenen-Beschneidungspfad funktioniert nicht mit »Hintergrund«-Ebenen; wir erzeugen deshalb zunächst eine Normalebene. Dazu ziehen Sie die vorhandene »Hintergrund«-Ebene in der Ebenenpalette auf das Symbol NEUE EBENE ERSTELLEN; dabei entsteht die Duplikat-Ebene »Hintergrund Kopie«. Aktivieren Sie per Einzelklick wieder die »Hintergrund«-Ebene und wählen Sie BEARBEITEN: FLÄCHE FÜLLEN mit der Vorgabe WEISS. Detaillierter besprechen wir das Prozedere im Projekt »Raster-Effekt« ab Seite 203.

Links: Ziehen Sie die »Hintergrund«-Ebene auf das Symbol »Neue Ebene erstellen«. Mitte: Dadurch entsteht die neue Ebene »Hintergrund Kopie«. Rechts: Aktivieren Sie wieder die »Hintergrund«-Ebene, und füllen Sie diese mit Weiß. Datei: Ausschnitt_02

5.2 Ebenen-Beschneidungspfad

In diesem Abschnitt legen wir einen leeren Ebenen-Beschneidungspfad an und erzeugen anschließend eine Form innerhalb des Pfads.

Leeren Ebenen-Beschneidungspfad anlegen

So legen Sie den Ebenen-Beschneidungspfad an:

1. Aktivieren Sie in der Ebenenpalette per Einzelklick wieder die Ebene »Hintergrund Kopie«. Der Name erscheint also in der Titelleiste der Datei.
2. Wählen Sie EBENE: EBENEN-BESCHNEIDUNGSPFAD HINZUFÜGEN: ALLES EINBLENDEN. Eine Miniatur für den Ebenen-Beschneidungspfad erscheint neben der Ebenenminiatur.

Die Bildansicht verändert sich nicht. An der komplett weißen Miniatur für den Ebenen-Beschneidungspfad erkennen Sie, dass momentan nichts verborgen wird.

Form-Werkzeug vorbereiten

Um das Form-Werkzeug im Ebenen-Beschneidungspfad zu nutzen, treffen Sie diese Vorbereitungen:

- Klicken Sie in die Miniatur des Ebenen-Beschneidungspfads, so dass dort ein schmales weißes Rähmchen erscheint. Die Optionen-Leiste am oberen Programmfensterrand sollte zugleich weitgehend so aussehen wie im folgenden Bild; eventuell müssen Sie mehrfach in die Miniatur klicken.
- Schalten Sie das Werkzeug EIGENE FORM in der Werkzeugleiste ein.
- In der FORM-Bibliothek wählen Sie den STERN MIT 10 ZACKEN.

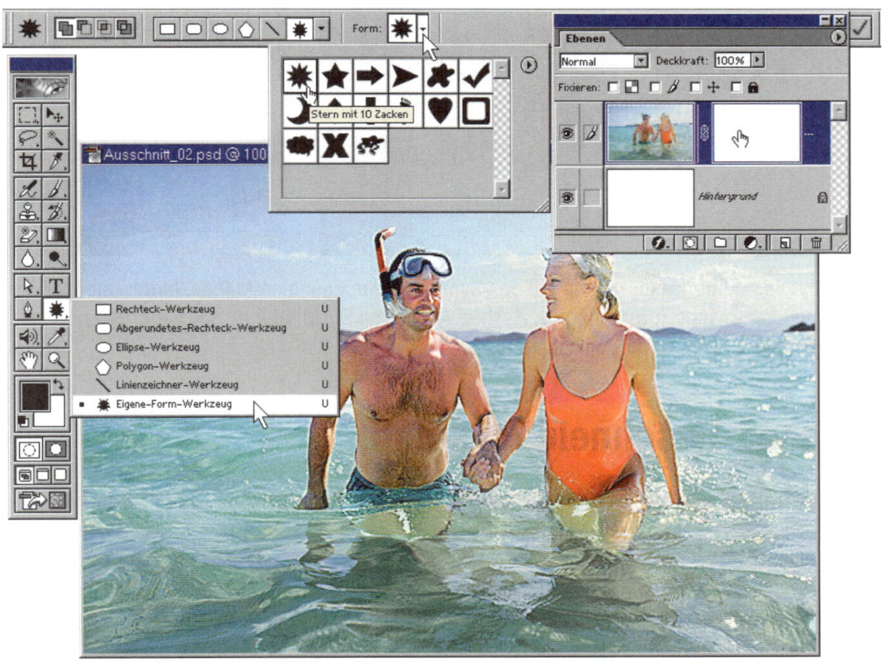

Aktivieren Sie den Ebenen-Beschneidungspfad in der Ebenenpalette, dann schalten Sie das Werkzeug EIGENE FORM und die Form STERN MIT 10 ZACKEN ein.

Form-Werkzeug im Ebenen-Beschneidungspfad anwenden

So bringen Sie eine erste Form ins Bild:

1. Stellen Sie sicher, dass das Werkzeug EIGENE FORM wie beschrieben aktiviert ist.
2. Klicken Sie links oben neben das Hauptmotiv.
3. Ziehen Sie den Mauszeiger bei gedrückter Maustaste nach rechts unten. Dabei zeigt Photoshop bereits eine dünne Linie mit der entstehenden Form.
4. Sobald Sie die Maustaste loslassen, korrigiert Photoshop den Ebenen-Beschneidungspfad: Nur noch Bildbereiche innerhalb der Form sind sichtbar.

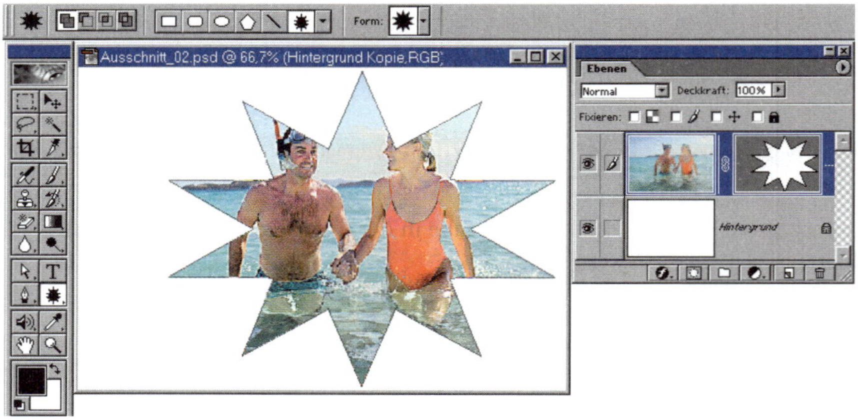

Mit dem Werkzeug EIGENE FORM entsteht ein Ebenen-Beschneidungspfad, der Bildbereiche außerhalb der Form unterdrückt. Datei: Ausschnitt_03

Ebenen-Beschneidungspfad korrigieren

Wir formen den Ebenen-Beschneidungspfad geringfügig um. Stellen Sie zunächst sicher, dass Form-Werkzeug und Pfad-Miniatur noch aktiviert sind. So geht's weiter:

1. Wählen Sie BEARBEITEN: FREI TRANSFORMIEREN PFAD oder kurz [Strg]+[T]. Damit zeigt Photoshop einen Begrenzungsrahmen.
2. Ziehen Sie an einer Rahmenkante, um den Umriss – nicht den Bildinhalt – zu stauchen oder zu dehnen.
3. Ziehen Sie außen, um den Umriss zu drehen.

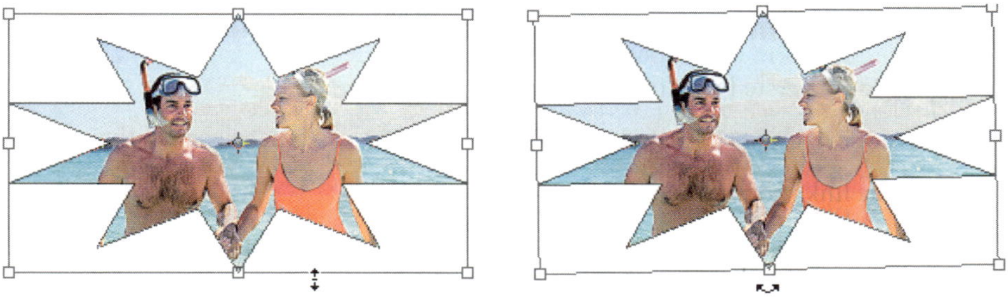

Mit der Funktion FREI TRANSFORMIEREN PFAD formen Sie den Ebenen-Beschneidungspfad um.

Weitere Bearbeitung

Weitere Aspekte der Pfad-Bearbeitung werden im Kapitel 12 »Form-Werkzeug« besprochen:

1. Sie können einzelne Pfadteile mit dem Direkt-Auswahlwerkzeug markieren und umformen.
2. Sie können die neue Figur als Form-Vorgabe in der aktuellen Formen-Bibliothek abspeichern.

5.3 Form verschieben

Bevor wir die Ebene verschieben, klären wir, ob sich Bildebene und Ebenen-Beschneidungspfad gemeinsam verschieben lassen.

Verbindung

Sie erkennen am Verbindungssymbol zwischen den Miniaturen für Bildfüllung und Ebenen-Beschneidungspfad, dass die beiden Ebenenbestandteile aneinander gekoppelt sind. Mit dem Verschieben-Werkzeug können Sie darum Pfadform und Bildfüllung gemeinsam verschieben. Detailliert erklären wir dieses Verbinden im Zusammenhang mit der Ebenenmaske im Projekt »Raster-Effekt« ab Seite 203.

Ebene in neues Bild verschieben

So kopieren Sie den Form-Ausschnitt in eine neue Ebene:

1. Wir laden die neue Vorlage »Ausschnitt_04«, eine Variante des Projekts »Text und Bild« (ab Seite 123).

2. Aktivieren Sie hier in der Ebenenpalette per Einzelklick die oberste Ebene, damit anschließend die Form noch oberhalb dieser Ebene rangiert.
3. Schalten Sie das Verschieben-Werkzeug in der Werkzeugleiste ein.
4. Aktivieren Sie die Form-Ebene im Ausgangsbild, hier »Ausschnitt_03«.
5. Klicken Sie die Ebene im Bildfenster an und ziehen Sie die Ebene in das Bild »Ausschnitt_04«. Die Ebene gelangt vollständig mit Bildfüllung und separatem Ebenen-Beschneidungspfad in die Zieldatei, wie Sie in der Ebenenpalette feststellen können.
6. Sie können die Ebene im Zielbild verschieben und TRANSFORMIEREN.

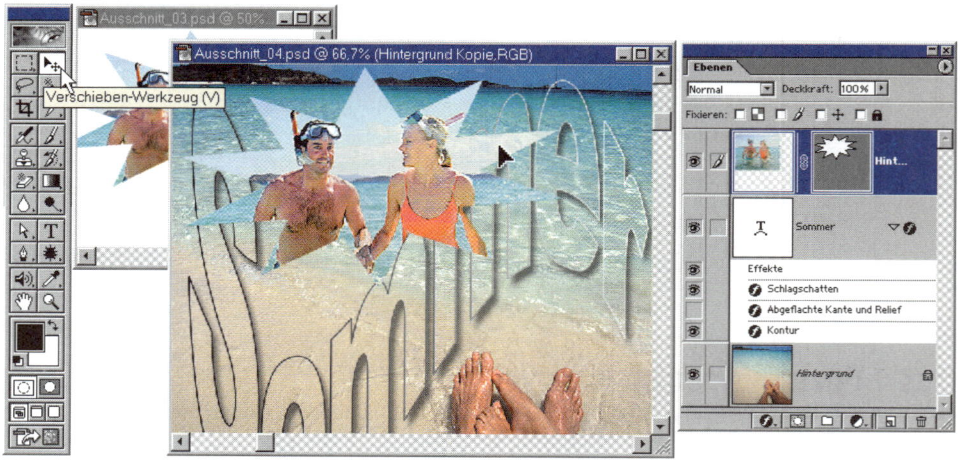

Mit dem Verschieben-Werkzeug ziehen Sie die Ebene in die neue Datei. Datei: Ausschnitt_05

Ebeneneffekte

Um die Figur deutlicher vom Hintergrund abzuheben, wenden wir mehrere Ebeneneffekte an. Dazu aktivieren wir die Ebene in der Ebenenpalette und klicken auf die Schaltfläche EBENENEFFEKT HINZUFÜGEN. Wir verwenden die Effekte SCHEIN NACH AUSSEN, KONTUR und ABGEFLACHTE KANTE UND RELIEF. Detailliert besprechen wir die Anwendung von Ebeneneffekten und die Speicherung als Ebenenstil im Projekt »Form-Werkzeug« ab Seite 153.

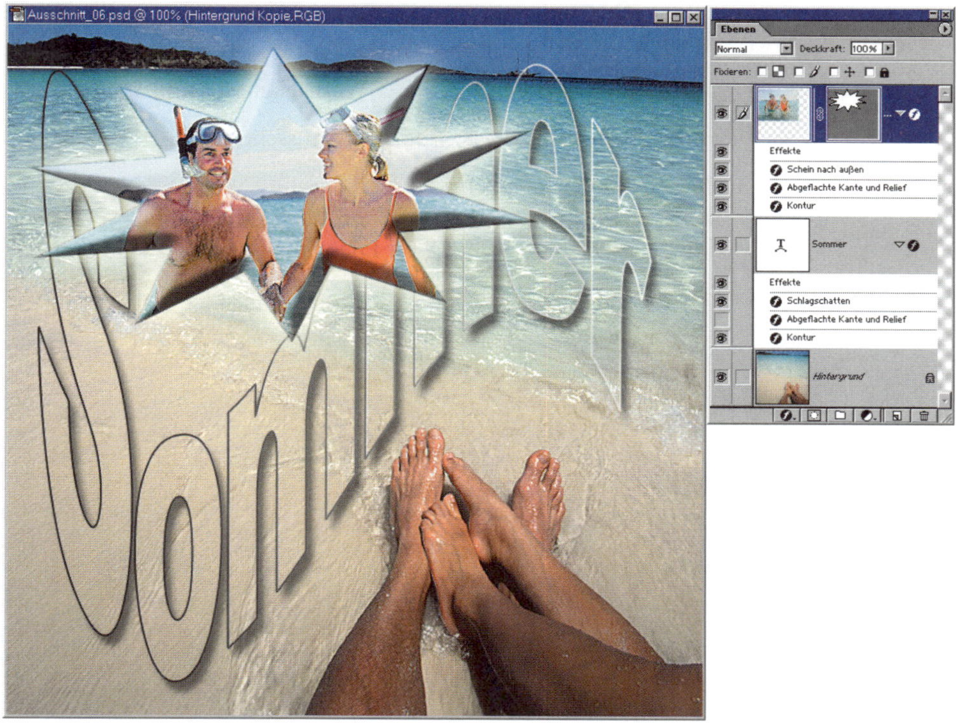

Ebeneneffekte heben die Ebene deutlicher vom Untergrund ab. Datei: Ausschnitt_06

6 Sechster Workshop

Ein flaues Bild auffrischen

Digitale Fotos wirken oft farbstichig, unscharf und flau. Hier reizen wir Photoshops Möglichkeiten zur Kontrastverbesserung aus.

Übersicht

Das erwartet Sie:

- *Was kommt dran:* BILD-Befehle GRADATIONSKURVEN, TONWERTKORREKTUR, AUTO-TONWERTKORREKTUR, AUTO-KONTRAST, ANGLEICHEN, HELLIGKEIT/KONTRAST, VARIATIONEN, FARBBALANCE; FILTER-Befehl UNSCHARF MASKIEREN
- *Aufwand:* mittel
- *Kontext:* Montieren und Umfärben, Seite 91; Kontrastkorrektur mit Füllmethode, Seite 143; Farbmodus, Seite 258
- *Projekt-Dateien*: Scan_01 bis Scan_09

Mit wenigen Schritten bringen Sie Knack und Frische in flaue Vorlagen.

6.1 Die richtige Reihenfolge

Sie erfahren hier, wie Sie die Befehle TONWERTKORREKTUR, GRADATIONSKURVEN, VARIATIONEN oder FARBBALANCE einsetzen, und lernen den Umgang mit dem vielleicht wichtigsten Befehl überhaupt, der FILTER-Funktion UNSCHARF MASKIEREN.

Reihenfolge

Bei Ihren Korrekturarbeiten sollten Sie die folgende Reihenfolge wählen. Nicht immer sind alle Schritte erforderlich.

1. Drehen Sie bei Bedarf das Bild mit dem Befehl BILD: ARBEITSFLÄCHE DREHEN (Details im Projekt »Kugel mit Polarkoordinaten«, Seite 37).
2. Schneiden Sie überflüssigen Rand ab, zum Beispiel mit dem Freistellungswerkzeug (vergleiche Seite 297).
3. Erweitern Sie den Tonwertumfang mit der TONWERTKORREKTUR.
4. Hellen Sie Bildbereiche auf oder dunkeln Sie Bildbereiche ab mit den GRADATIONSKURVEN oder mit dem Neutraltonregler in der TONWERTKORREKTUR.

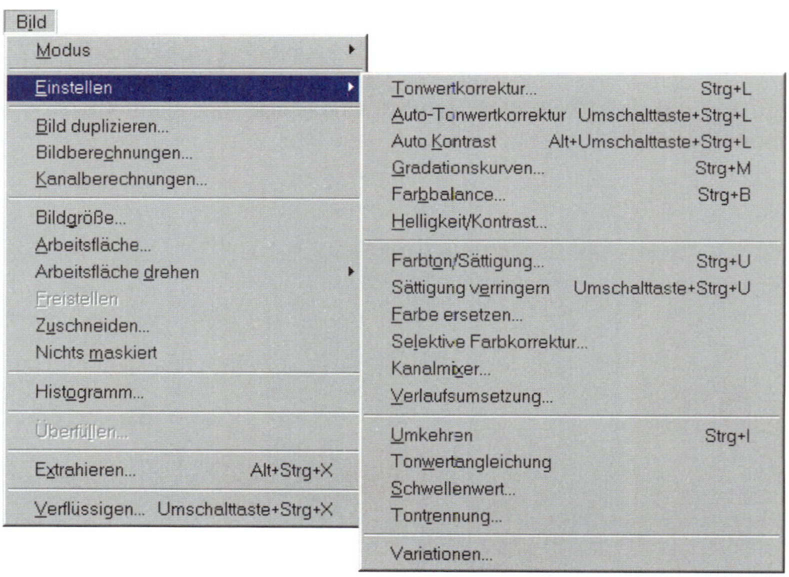

Die Befehle zur Korrektur von Kontrast und Farbton finden Sie im Photoshop-Untermenü BILD: EINSTELLEN.

5. Sie korrigieren Farbstiche zum Beispiel mit der Mittelton-Pipette in den Dialogfeldern für TONWERTKORREKTUR oder GRADATIONSKURVEN, mit VARIATIONEN oder FARBBALANCE.
6. Ändern Sie gezielt Farben, etwa in Himmelspartien oder Gebäuden, zum Beispiel mit dem Dialogfeld für FARBTON/SÄTTIGUNG.
7. Rechnen Sie nun in den CMYK-Modus um, falls das für Ihre Produktion erforderlich ist.
8. Erst dann schärfen Sie das Bild, am besten mit UNSCHARF MASKIEREN.

6.2 So erweitern Sie das Tonwertspektrum

256 Helligkeitsstufen kann eine Bilddatei haben, von 0 für Schwarz bis 255 für Weiß – mit allen Möglichkeiten dazwischen. Doch viele Digitalfotos nutzen dieses Spektrum gar nicht aus. Der dunkelste Tonwert hat zum Beispiel den Wert 50, der hellste Tonwert hat den Wert 210. Ein solches Werk wirkt zwangsläufig flau, Brillanz wird verschenkt. Ihre erste Aufgabe bei der Tonwertkorrektur lautet also: Machen Sie die vorhandenen dunklen Tonwerte noch dunkler und die vorhandenen hellen Tonwerte noch heller – so entsteht ein größerer Tonwertumfang, der das Bild wesentlich aufwertet. Dazu verwenden Sie den Befehl BILD: EINSTELLEN: TONWERTKORREKTUR (Strg+L, für Levels).

Die folgenden Befehle TONWERTKORREKTUR, GRADATIONSKURVEN und FARBBALANCE können Sie auch als so genannte Einstellungsebene anlegen; dann wird Ihr Bild zwar korrigiert angezeigt, aber nicht ein für alle Mal verändert. Eine Einstellungsebene nutzen wir auch im Projekt »Montieren und Umfärben« (ab Seite 91).

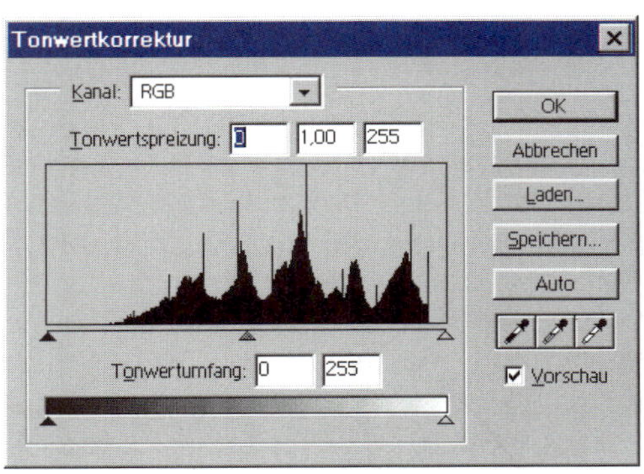

Der Befehl BILD: EINSTELLEN: TONWERTKORREKTUR stellt dar, wie stark der Anteil von dunklen oder hellen Bildpunkten am Gesamtbild ist. Ausgangsbild: Scan_01

Wie man das Balkendiagramm interpretiert

Bevor Sie hier die Regler bedienen, werten Sie die Informationen aus dem Balkendiagramm, dem Histogramm, aus. Diese Grafik zeigt, welche Helligkeitswerte wie stark im Bild vertreten sind.

Ganz links im Histogramm, über dem dunkelsten Teil des Grauverlaufs sehen Sie gar keine Ausschläge. Das bedeutet: Besonders dunkle Bildpunkte – vielleicht bis herunter zum niedrigsten Tonwert 0 – gibt es im Bild gar nicht; darum wirkt die Vorlage eher flau, das Bild hat keine Kraft, keine Tiefe.

Und auch ganz rechts, über dem hellsten Bereich des Graustufenverlaufs, klafft eine Lücke: Hier fehlen die extrem hellen Bildpunkte. Darum sieht die Vorlage so matt aus, lässt jegliche Brillanz vermissen. Sie erkennen außerdem einzelne Tonwertspitzen – einzelne Helligkeitsstufen, die weitaus häufiger im Bild vorkommen als ähnliche Helligkeitswerte. Dies stört im Druck zumeist nicht, ebenso wenig wie schmale Tonwertlücken; es lässt aber darauf schließen, dass das Bild bereits bearbeitet wurde.

So bringen Sie mehr Tiefe ins Bild

Zunächst sorgen Sie also mit dem Befehl BILD: EINSTELLEN: TONWERTKORREKTUR dafür, dass die vorhandenen dunklen Tonwerte ganz bis auf den niedrigsten Wert 0 abgesenkt werden. So erhält das Werk mehr Tiefe, mehr Knack.

Zur Erweiterung des Tonwertspektrums nach unten klicken Sie auf das linke, schwarze Dreieck direkt unter dem Histogramm. Ziehen Sie es nach innen, bis es den äußersten linken Rand des Histogramms erreicht hat. Das linke Eingabefeld neben dem Wort TONWERTSPREIZUNG sollte den Wert 38 zeigen.

Sofern Sie die VORSCHAU eingeschaltet haben, sehen Sie sofort, wie das Bild dunkler, aber auch kontrastreicher wirkt. Bildpunkte, die zuvor den Helligkeitswert 38 hatten, haben Sie auf den Minimalwert 0 abgesenkt. Alle weiteren Helligkeitsstufen wurden mit nach unten korrigiert. Das Tonwertspektrum ist weiter geworden: Es begann vormals erst bei 38, jetzt beginnt es schon bei 0. Deswegen nennt Photoshop diesen Vorgang auch TONWERTSPREIZUNG.

HINweis

Möchten Sie die letzte Regler-Veränderung im Dialogfeld rückgängig machen, drücken Sie wie immer [Strg]+[Z]. Möchten Sie sämtliche Einstellungen wieder auf den ursprünglichen Wert zurücksetzen, drücken Sie die [Alt]-Taste. Die Schaltfläche ABBRECHEN zeigt jetzt die Beschriftung ZURÜCK; klicken Sie ZURÜCK an, um alle Veränderungen im Dialogfeld aufzuheben. Diese Rücknahmen funktionieren bei vielen Dialogfeldern.

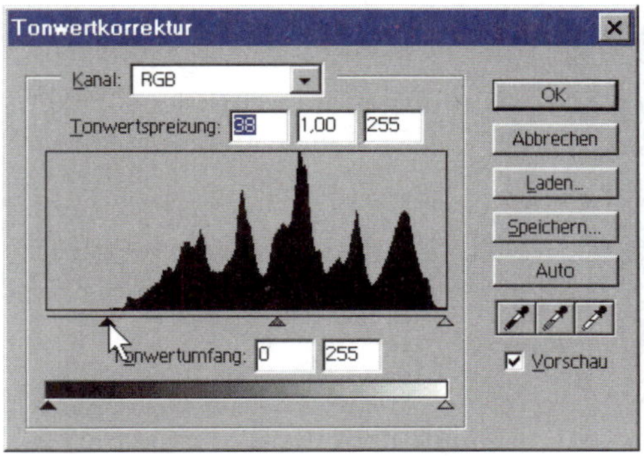

Ziehen Sie in der TONWERTKORREKTUR den linken, schwarzen Regler nach innen. Dadurch werden dunkle Bildpunkte weiter abgedunkelt, das Bild wirkt dunkler und kontrastreicher. Zwischenergebnis: Scan_02

Helles heller machen

Nun sorgen Sie auch für mehr hellere Bildpunkte in Ihrem Werk, damit es brillanter und lichter daherkommt. Dazu dient der rechte, weiße Regler direkt unter dem Balkendiagramm. Ziehen Sie ihn nach innen, bis der äußerste rechte Rand des Histogramms erreicht ist. Dies ist bei dem Wert 245 im Eingabefeld oben rechts. Die hellen Bildpunkte mit dem Wert 245 hebt Photoshop damit auf 255 an, also auf weißestes Weiß. Alle weiteren Helligkeitswerte werden nach oben mitkorrigiert, so dass das Bild insgesamt heller und kontrastreicher wirkt.

In diesem Fall reicht uns das Ergebnis aber noch nicht. Ziehen Sie den weißen Regler noch ein Stück weiter nach innen, bis zum Wert 235. Damit gerät das Bild nochmals ein Stück brillanter. Insgesamt haben Sie jetzt ein Bild, das den gesamten möglichen Tonwertumfang von 0 bis 255 ausnutzt.

INSIDER

Wenn Sie, wie im letzten Absatz beschrieben, den Regler bis auf 235 ziehen, kommt es zu Informationsverlust: Die unterschiedlichen vorhandenen Tonwerte von 235 bis 245 werden einheitlich auf 255 angehoben, die Differenzierung zwischen den Tonwerten von 235 bis 245 geht also verloren. Dieser Vorgang heißt bei Photoshop auch Beschneidung, er ist meist unkritisch.

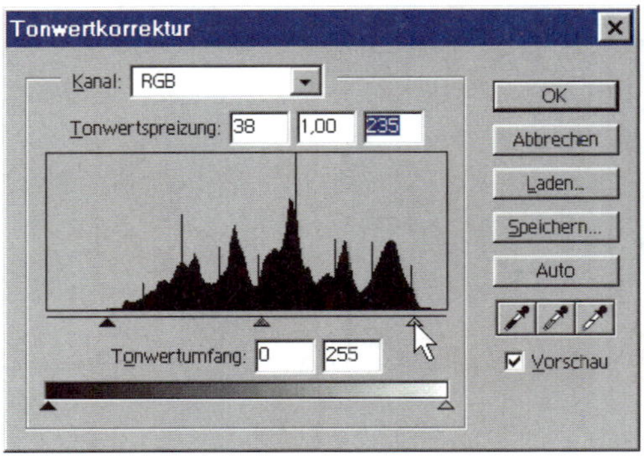

In der Tonwertkorrektur ziehen Sie den rechten, weißen Regler nach innen. Dadurch werden helle Bildpunkte weiter aufgehellt, das Bild wirkt heller und kontrastreicher. Zwischenergebnis: Scan_03

Es geht auch automatisch

Sie müssen nicht immer von Hand an den Reglern in der Tonwertkorrektur ziehen. Photoshop kann auch automatisch dafür sorgen, dass Ihr Bild das gesamte Tonwertspektrum ausnutzt. Dazu drücken Sie im Dialogfeld Tonwertkorrektur die Schaltfläche Auto.

Dies ist eine schnelle Möglichkeit, eine flaue Bilddatei deutlich aufzuwerten. Dabei ist der Eingriff freilich oft zu stark – nicht immer soll das gesamte Spektrum überhaupt erreicht werden. Auch kann es zu Veränderungen der Farbstimmung kommen, weil der Eingriff ja in den drei oder vier Grundfarben eines Bildes unterschiedlich stark wirkt. Die Auto-Schaltfläche wie auch die Pipetten finden Sie mit völlig identischer Funktion auch bei dem Befehl Bild: Einstellen: Gradationskurven (siehe unten).

Außerdem können Sie auch einen Bildpunkt mit einer gewünschten Helligkeit im Bild anklicken mit der Maßgabe: Photoshop soll alle Bildpunkte dieser Helligkeit auf Schwarz absenken beziehungsweise auf Weiß anheben. Dazu verwenden Sie die schwarz gefüllte Pipette und die weiß gefüllte Pipette in der Tonwertkorrektur. Ziehen Sie eine dieser Pipetten bei gedrückter Maustaste über das Bild, um die Wirkung zu erkennen.

Exakt dasselbe wie die Auto-Schaltfläche erledigt der Befehl Bild: Einstellen: Auto-Tonwertkorrektur (⇧+Strg+L). Hier kann es jedoch zu Farbstichen kommen, die Sie mit dem Befehl Bild: Einstellen: Auto-Kontrast garantiert vermeiden. Eine weitere schnelle Automatikkorrektur, die einen Versuch lohnt, heißt Bild: Einstellen: Angleichen.

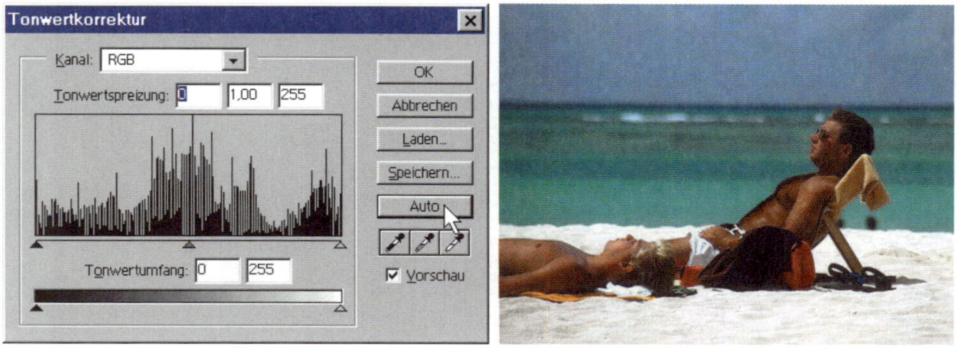

Die Schaltfläche AUTO im Dialogfeld TONWERTKORREKTUR erweitert das Tonwertspektrum automatisch; dasselbe erledigt der Befehl BILD: EINSTELLEN: AUTO-TONWERTKORREKTUR. Der Effekt ist jedoch oft zu stark. Zwischenergebnis: Scan_04

6.3 So regeln Sie den Kontrast

Nun hat das Bild sein gewünschtes, weites Tonwertspektrum. Es wirkt jedoch noch zu dunkel. Sie wollen nun nicht mehr die besonders hellen und die besonders dunklen Bildpunkte antasten, die Sie soeben erst eingerichtet haben. Sie wollen das Bild aufhellen, indem Sie nur die mittleren Tonwerte verändern, Lichter und Schatten aber kaum noch antasten – eine sehr schonende, aber gleichwohl wirkungsvolle Art der Helligkeitskorrektur.

Kontraststeuerung mit den GRADATIONSKURVEN

Besonders präzise steuert man die Kontraste mit dem Befehl BILD: EINSTELLEN: GRADATIONSKURVEN ([Strg]+[M]). Wir korrigieren hier die Datei »Scan_03« weiter.

Die Gradationskurve zeigt das Verhältnis zwischen den ursprünglichen Tonwerten und den Helligkeitsstufen nach der Veränderung an. Zu Beginn läuft die Kurve schnurgerade im 45-Grad-Winkel durch das Diagramm. Das bedeutet: Es wurde noch gar nichts verändert.

Klicken Sie bei geöffnetem Dialogfeld auf den Bildpunkt mit einem Helligkeitswert, den Sie verändern möchten. Hier möchten wir die ungesund gebräunte Haut der Sonnenanbeter etwas aufhellen und klicken deshalb eine der Figuren an. Der Mauszeiger erscheint dabei als Pipette. Dabei erscheint ein Kreis auf der Gradationskurve, der die Helligkeit des angeklickten Tonwerts nennt. Photoshop meldet dabei etwas wie: EINGABE: 140; AUSGABE: 140. Das bedeutet, der angeklickte Bildpunkt hat bei Öffnen des Dialogfelds den Helligkeitswert 140 (EINGABE-Wert). Da Sie noch nichts manipuliert haben, wird er auch nach Schließen des Dialogfelds den Wert 140 haben (AUSGABE-Wert).

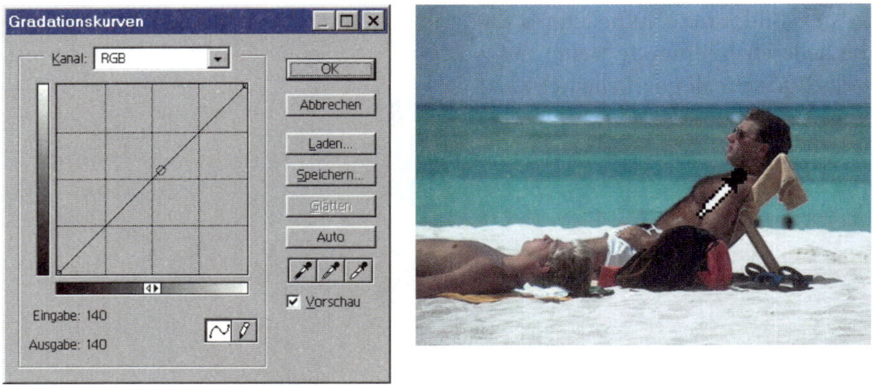

Bei geöffnetem Dialogfeld GRADATIONSKURVEN klicken Sie ins Bild. Der Zeiger erscheint hier als Pipette. Photoshop kennzeichnet den gewählten Helligkeitswert auf der Gradationskurve mit einem Kreis und nennt auch den genauen Wert, hier 140.

Klicken Sie jetzt ungefähr auf einen Platz in der Kurve, die zuvor durch den Kreis signalisiert wurde, und ziehen Sie die Kurve vorsichtig nach oben. Dadurch werden die Mitteltöne aufgehellt. Sie erkennen aber, wie auch die umliegenden Bereiche der Kurve angehoben werden. Sofern Sie die VORSCHAU eingeschaltet haben, sehen Sie, dass sich das Bild deutlich aufhellt.

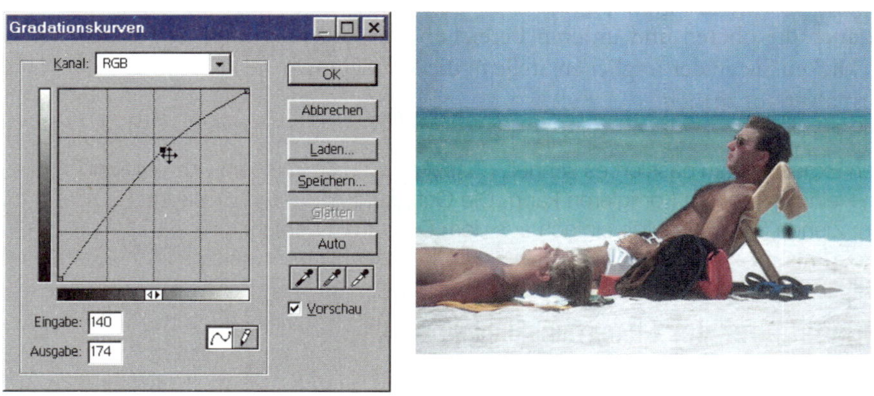

Ziehen Sie die Kurve an der gewünschten Stelle nach oben, um diesen Helligkeitsbereich anzuheben. Zwischenergebnis: Scan_05

Bei diesem Vorgang werden weder die dunkelsten Schatten angehoben noch die hellsten Bildbereich großflächig auf Weiß gesetzt. Sie ändern nur die mittleren Tonwerte. Trotz der deutlichen Veränderung der Bildwirkung bleibt der Bildcharakter gut erhalten. Dagegen würde der Helligkeitsregler des Befehls BILD/EINSTELLEN/HELLIGKEIT-KONTRAST auch die dunkelsten Bildpunkte aufhellen, so dass das Bild sofort zu flau aussieht; er würde zudem die helleren Bildpunkte weiter aufhellen und auf ein einheitliches Weiß setzen, wodurch das Bild schnell überbelichtet wirkt.

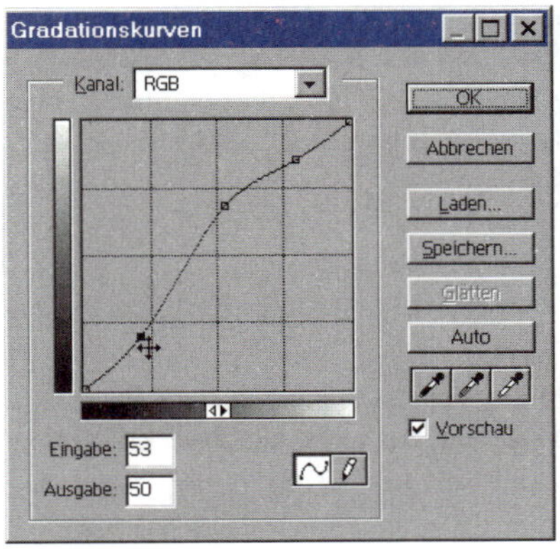

Weil der Eingriff einen weiteren Helligkeitsbereich anhebt, wird die Kurve im oberen und unteren Bereich wieder zurückkorrigiert. Zwischenergebnis: Scan_06

Sie sehen auch, dass keinesfalls nur der Tonwert 140 angehoben wird, sondern dass Photoshop ein weites Tonwertspektrum anhebt – deswegen wölbt sich die Gradationskurve in großem Bogen. Das heißt, nicht nur die gewünschten Mitten werden angehoben, sondern auch die oberen und unteren Bereiche. Um die Änderung hier rückgängig zu machen, klicken Sie an der fraglichen Stelle in die Kurve und ziehen Sie die Kurve fast bis zum Normalverlauf zurück.

Bei diesen Experimenten passiert es schnell, dass man zu viele Griffpunkte anlegt und nur noch kleine Segmente korrigieren kann. Die Griffpunkte lassen sich jedoch leicht entfernen: Ziehen Sie die Punkte einfach aus dem Diagramm heraus.

HINweis

Die Eingabefelder der Gradationskurven

Sie müssen nicht unbedingt an der Kurve ziehen, sondern können auch direkt Werte in die Eingabefelder unten im Dialogfeld tippen. Photoshop zeigt diese Eingabefelder, sobald Sie das erste Mal in die Kurve geklickt haben. In unserem Beispiel erscheint dort zunächst das Wertepaar Eingabe: 140, Ausgabe: 140. Tippen Sie hier einfach für Ausgabe den Wert 170 ein. Damit werden Bildpunkte der Helligkeitsstufe 140 bis auf 170 angehoben; die benachbarten Helligkeitswerte liftet Photoshop etwas weniger stark mit. Sie erkennen dies an der bauchigen Kurve, die nach Eintippen des Werts 170 erscheint.

Natürlich können Sie auch zunächst neue EINGABE-Werte festlegen. Tippen Sie zum Beispiel als EINGABE 50 ein. Damit haben Sie die dunkleren Tonwerte um 50 erfasst. Wollen Sie diese geringfügig anheben, nennen Sie für AUSGABE den Wert 65.

Photoshop legt einen Ankerpunkt und die Datenfelder für EINGABE und AUSGABE auch schon früher an als nach dem ersten Klick in die Kurve: Sobald Sie das Dialogfeld GRADATIONSKURVEN geöffnet haben, klicken Sie über einem interessanten Helligkeitswert bei gedrückter [Strg]-Taste ins Bild. Damit entsteht ein Griffpunkt auf der Kurve, gleichzeitig blendet Photoshop die Datenfelder EINGABE und AUSGABE ein.

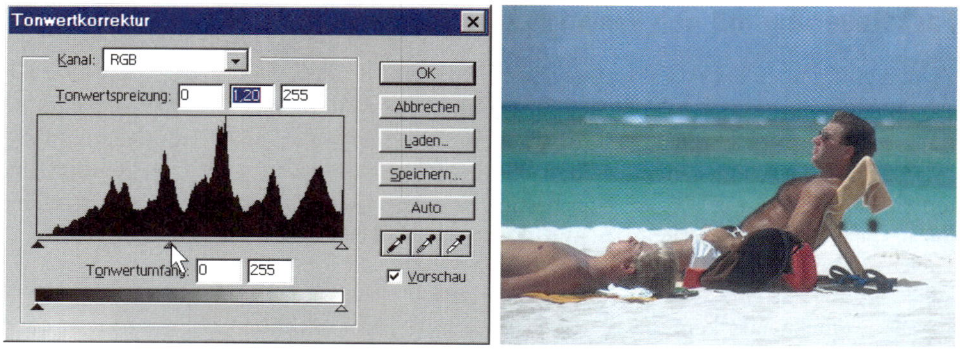

Mit dem grauen Regler der TONWERTKORREKTUR heben Sie die Mitteltöne an, ohne Lichter und Schatten deutlich mit zu verändern. Zwischenergebnis: Scan_07

Mittelton-Steuerung mit der TONWERTKORREKTUR

Sie haben nun die GRADATIONSKURVEN kennen gelernt. Sie haben gesehen, wie Sie zum Beispiel nur die Mitten oder nur die Schatten aufhellen oder abdunkeln, ohne die anderen Helligkeitsbereiche des Bildes mit anzugreifen. Diese Funktion ist sehr komplex – manchmal zu komplex.

Es geht auch schneller: Der Befehl BILD: EINSTELLEN: TONWERTKORREKTUR bietet einen so genannten Gamma-Regler. Damit heben Sie die Mitten an (Werte über 1,0) oder senken sie ab (Werte unter 1,0), ohne die extremen Lichter und Schatten mit zu verändern. Häufig ist diese Korrektur sinnvoll unmittelbar im Anschluss an eine Erweiterung des Tonwertumfangs, wie sie oben beschrieben wurde. Sie sparen sich damit den Wechsel zu den GRADATIONSKURVEN.

Wir korrigieren hier noch einmal den »Scan_03«. Wählen Sie den Befehl BILD: EINSTELLEN: TONWERTKORREKTUR ([Strg]+[L]). Schieben Sie den grauen Regler direkt unter der Balkengrafik nach links, um die Mitteltöne anzuheben oder nach rechts, um die Mitteltöne abzusenken.

Eine gänzlich andere, aber verblüffend wirkungsvolle Art der Tonwertbearbeitung beschreibt das Projekt »Kontrastkorrektur mit Füllmethode« ab Seite 143.

6.4 So verändern Sie die Farbstimmung

Photoshop bietet verschiedenste Möglichkeiten, die Farbstimmung zu ändern. Wir verwenden hier den »Scan_06«, also jene Bildfassung, die zuletzt mit den GRADATIONSKURVEN angepasst wurde.

Farbsteuerung mit den VARIATIONEN

Zu den einfachsten Farbkorrekturen gehört der Befehl BILD: EINSTELLEN: VARIATIONEN. Sie erhalten hier eine Vielfach-Vorschau für verschiedene Änderungen von Farben und Kontrast. Meist macht es Sinn, zuerst die wichtigen MITTELTÖNE zu korrigieren, dann an die LICHTER und TIEFEN zu gehen und danach die MITTELTÖNE erneut zu überprüfen. Beachten Sie den FEIN...GROB-Regler: Hier bestimmen Sie, wie stark die Unterschiede zwischen der ursprünglichen Version und den Korrekturvorschlägen ausfallen.

Der Befehl VARIATIONEN zeigt ein Tableau unterschiedlicher Korrekturen. Klicken Sie die gewünschte Fassung an.

So geht's: Wollen Sie in Ihrem Bild MEHR GRÜN, dann klicken Sie auf das Bildchen mit der entsprechenden Unterschrift. Das korrigierte Bild erscheint jetzt auch in der Mitte und oben links jeweils als AKTUELLE WAHL; daneben zeigt Photoshop das ORIGINAL. Reicht Ihnen der Effekt noch nicht, klicken Sie erneut auf MEHR GRÜN. Wollen Sie weniger Grün, klicken Sie auf das Farbfeld gegenüber, in diesem Fall MEHR MAGENTA; Sie entfernen wie immer eine Farbe durch Hinzufügen der Gegenfarbe. Nach jeder Korrektur ändern sich alle Vorschaubilder.

Wenn Sie alles verwerfen und zurück zum Ursprung wollen, dann klicken Sie auf das ORIGINAL. Oder Sie drücken wie üblich die Alt-Taste, um aus dem Schalter ABBRECHEN eine ZURÜCK-Fläche zu machen; diese annulliert ebenfalls Ihre Eingriffe.

Die Korrektur per VARIATIONEN ist allerdings eher grob: Die Bildchen erscheinen nur klein und zumindest auf die Befehle HELLER und DUNKLER sollten Sie zugunsten einer differenzierten Kontrastkorrektur mit Gammaregler oder GRADATIONSKURVEN verzichten (siehe oben).

INSIDER

Per Klick kann man sich die BESCHNEIDUNG ZEIGEN lassen. Beschneidung meint, dass durch die Kontrastkorrektur bestimmte unterschiedliche Tonwerte auf einen identischen Extremwert gehoben werden; Helligkeitsunterschiede werden also entfernt – »beschnitten«. So geht beispielsweise die Differenzierung zwischen den sehr dunklen Tonwerten 0 und 15 verloren, weil Sie alle Tonwerte unterhalb 16 gleich auf tiefstes Schwarz, also Null, absenken. Diese »beschnittenen« Bereiche stellt Photoshop auf Wunsch in Alarmfarben dar. Folglich entsteht Beschneidung nur bei Bearbeitung der LICHTER und TIEFEN, nicht bei den Mitten.

Farbsteuerung mit der FARBBALANCE

Der Befehl BILD/EINSTELLEN/FARBBALANCE (Strg+B, für Balance) korrigiert Farbstiche oder schafft neue Farbstimmungen. Dabei wirkt er jeweils nur auf TIEFEN, MITTELTÖNE oder LICHTER. Ein Motiv wirkt wärmer, wenn Sie das Farbgewicht nach Rot und Gelb verlagern, Cyan- und Blauschwerpunkte führen zu kaltem Look. So nutzen Sie die Regler:

- Wenn Sie den ersten Schieber auf ROT zu bewegen, entfernen Sie ihn gleichzeitig von der Gegenfarbe CYAN (Blaugrün).
- Verlagern Sie in der mittleren Reihe das Gewicht in Richtung GRÜN, entfernen Sie gleichzeitig MAGENTA (Purpur) aus der Aufnahme.
- Steuern Sie unten verstärkt auf BLAU zu, entfernen Sie automatisch GELB, das auf dem Farbkreis gegenüber liegt.

Wir machen hier das Bild wärmer, indem wir LICHTER und MITTELTÖNE von CYAN weg auf ROT zu bewegen.

HINweis

Wählen Sie die Option LUMINANZ ERHALTEN, um nur die Farben, nicht aber auch die Helligkeitswerte anzugreifen; diese Option erhält die Tonwertbalance im Bild.

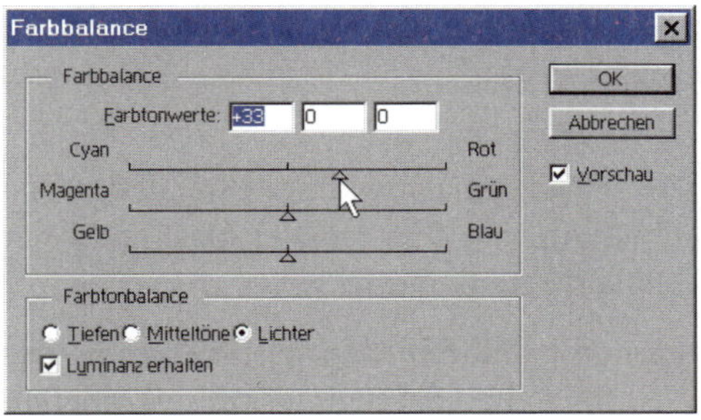

Der Befehl FARBBALANCE sorgt für eine wärmere Farbstimmung, wenn Sie den Regler auf ROT zu bewegen. Datei: Scan_08

Weitere Möglichkeiten der Farbkorrektur

Es gibt viele weitere Möglichkeiten der Farbkorrektur. Zum Beispiel:

- Sollte Ihr Bild allgemein zu blass oder zu farbsatt sein, verwenden Sie den Regler SÄTTIGUNG aus dem Befehl BILD: EINSTELLEN: FARBTON-SÄTTIGUNG ([Strg]+[U]) – aber sachte.
- Eher für den Farbmodus CMYK gedacht ist der Befehl BILD: EINSTELLEN: SELEKTIVE FARBKORREKTUR.
- Manchmal bearbeitet man direkt einzelne Grundfarben (Farbkanäle) wie Rot oder Cyan. Bei TONWERTKORREKTUR und GRADATIONSKURVEN können Sie die Kanäle mit einem Klappmenü einzeln anwählen.

6.5 Unscharfes wird scharf

Es ist immer wieder verblüffend: Verschwommene Bilder werden am Monitor plötzlich gestochen scharf, wenn man einen Scharfzeichnungsfilter startet. Photoshop bietet eine Reihe solcher Funktionen im Untermenü FILTER: SCHARFZEICHNUNGSFILTER. Die meisten von ihnen kommen ganz ohne Dialogfeld aus. Sie eignen sich für die schnelle Korrektur zwischendurch.

Feine Regelmöglichkeiten bietet dagegen die Funktion FILTER: SCHARFZEICHNUNGSFILTER: UNSCHARF MASKIEREN. Auch hierbei handelt es sich wohlgemerkt um einen Scharfzeichner (benannt nach einer alten Dunkelkammertechnik). Sämtliche Scharfzeichner sollten Sie generell erst am Ende einer Bildbearbeitung anwenden. Und noch ein Tipp: Prüfen Sie eine scharfgezeichnete Datei am besten im Vergrößerungsmaßstab 100 Prozent. Den richten Sie mit einem Doppelklick auf die Lupe 🔍 in der Werkzeugleiste ein.

HINweis

Wollen Sie den letzten Filter erneut aufrufen? Dann drücken Sie [Strg]+[Alt]+[F]. Um den Filter gleich noch einmal mit den zuletzt gültigen Einstellungen anzuwenden, reicht [Strg]+[F].

Der Befehl UNSCHARF MASKIEREN

Generell entsteht der Eindruck der Scharfzeichnung dadurch, dass das Programm die Kontraste an ohnehin kontrastierenden Linien erhöht. Wir bearbeiten hier den »Scan_08« weiter, das Resultat des Befehls FARBBALANCE (siehe oben).

Diese Reihe arbeitet die Möglichkeiten des Befehls UNSCHARF MASKIEREN heraus. Generell sollten Sie eher eine STÄRKE zwischen 100 und 200 anstreben und mit geringem SCHWELLENWERT wie 1 oder 2 arbeiten. Denn heben Sie den Wert für STÄRKE allzu kräftig an, stehen Sie schnell vor verschiedenen Problemen:

- Im Bild zeigt sich eine unschöne Körnung.
- Lichtsäume treten überdeutlich hervor.

Diese Störungen können Sie jedoch mit den Reglern im Dialogfeld UNSCHARF MASKIEREN beheben.

HINweis

Klicken Sie bei geöffnetem Dialogfeld ins Bildfenster. Die gewählte Bildstelle erscheint in der Vorschau des Dialogfeldes.

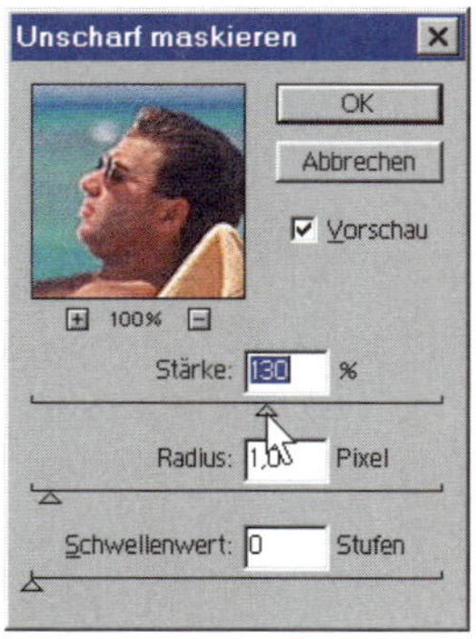

Ziehen Sie den STÄRKE-Regler des Befehls FILTER: SCHARFZEICHNUNGSFILTER: UNSCHARF MASKIEREN zunächst auf den mittleren Wert 130. Die Scharfzeichnung ist bereits deutlich zu erkennen. Schalten Sie die VORSCHAU aus und wieder ein, um die Wirkung zu erkennen.

Unerwünschte Körnung? Erhöhen Sie den SCHWELLENWERT

Bei hoher STÄRKE kristallisiert sich schnell eine Bildkörnung heraus, Unreinheiten, Flusen und andere Scanfehler treten überdeutlich hervor – kleine Bildmängel, die vor der Scharfzeichnung überhaupt nicht ins Gewicht fielen. Die Körnung nimmt ab, wenn Sie den SCHWELLENWERT heraufsetzen, zum Beispiel auf die Werte 5 oder 10.

Ein kleiner SCHWELLENWERT bedeutet: Schon ein kleiner Kontrastunterschied zwischen benachbarten Bildpunkten löst eine Scharfstellung aus. Wollen Sie die Körnung verringern, ohne die Stärke wieder zurückzufahren, dann heißt das für Sie: Erhöhen Sie den SCHWELLENWERT. Kleinere Flusen und Unreinheiten fallen dann nicht mehr ins Gewicht. Sie reduzieren die Scharfstellung auf wirklich harte Kontraste.

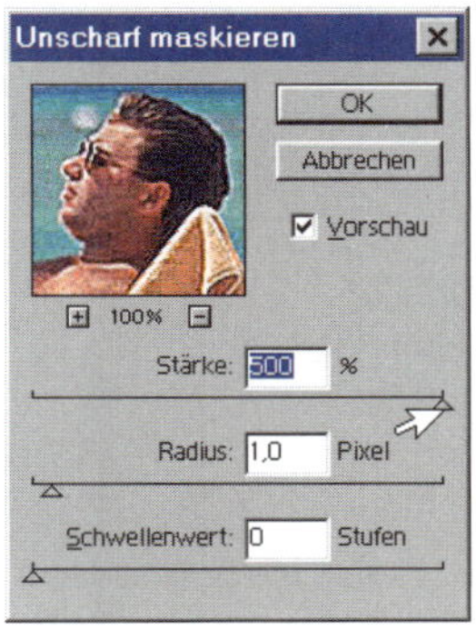

Ziehen Sie den STÄRKE-Regler auf den Wert 500, damit die Wirkung herausgearbeitet wird. Sie erkennen jetzt, dass nicht nur Konturen geschärft werden: Eine bisher kaum sichtbare Körnung im Bild tritt nun unschön hervor.

Störender Lichtsaum? Verkleinern Sie den RADIUS

Aber auch die hart kontrastierenden Bildzonen, die tatsächlich scharfgestellt werden sollen, sind anfällig für Fehler: Hier erscheinen plötzlich unerwünschte Lichtsäume. Diese können Sie mit reduziertem RADIUS verkleinern.

Mit dem RADIUS legen Sie fest, in welchem Umkreis einer Kontur Bildpunkte scharfgestellt werden sollen. Je höher der Radius, desto mehr Bildpunkte links und rechts der Kontur werden mit erfasst und desto eher erhalten Sie die Lichtsäume um eine Kontur herum. Zumeist arbeitet man mit einem Radius von etwa 2 Pixeln. Um die Lichtsäume zu verkleinern, ohne die Stärke zurückzunehmen, verringern Sie den RADIUS.

Bedenken Sie, dass die Wirkung des Filters im Druck von der Druckauflösung abhängt. Drucken Sie 300 Bildpunkte pro Zoll (300 dpi), dann wirkt die STÄRKE 130 nicht so deutlich wie bei einer Druckauflösung von nur 200 Punkten pro Zoll. Führen Sie vor wichtigen Projekten Probedrucke unter Auflagenbedingungen mit verschiedenen Scharfzeichner-Vorgaben durch.

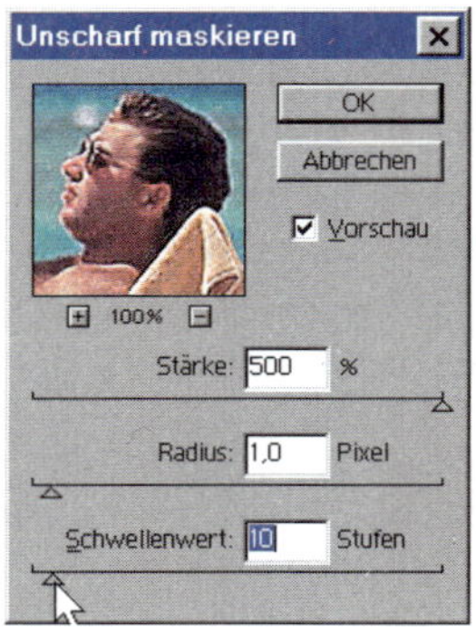

Dämpfen Sie die Körnung bei gleichbleibender STÄRKE durch Erhöhen des Werts für SCHWELLENWERT. Dadurch muss der Kontrastunterschied höher sein, der eine Scharfstellung auslöst. Kleinere Kontrastunterschiede verursachen keine Scharfstellung mehr. Ergebnis: Scan_09

Montieren und Umfärben

Setzen Sie die Person vor einen neuen Hintergrund und färben Sie das Trikot um.

Übersicht

Das erwartet Sie:

- *Was kommt dran:* Zauberstab, Alphakanäle, AUSWAHL-Befehle ABRUNDEN und AUSWAHL VERGRÖSSERN, BILD-Befehle UMKEHREN und FARBTON/SÄTTIGUNG, Einstellungsebenen
- *Aufwand:* mittel bis hoch
- *Kontext:* Aus Neu wird Alt, Seite 53; Pickel entfernen, Seite 165; Freisteller für das Internet, Seite 171; Paletten, Seite 248
- *Projekt-Dateien*: Sport_1 bis Sport_8

Mit Photoshop entscheiden Sie selbst über Ihre Trainingsbedingungen.

7.1 Wählen Sie die Person aus

Hans trägt das falsche Trikot und das am falschen Ort. Mit Photoshop färben Sie nicht nur das Hemd um – Sie beamen Hans samt Sportgerät ins Trainingslager Süd. In diesen Schritten machen wir uns an die Aufgabe:

1. Die Person wird ausgewählt.
2. Die Person wird in ein neues Foto eingesetzt.
3. Wir färben das Trikot um.

Dabei lernen Sie zunächst eine Reihe interessanter Auswahltechniken kennen, etwa das Erweitern und Verkleinern per Zauberstab und die Auswahlspeicherung im Alphakanal. Schließlich erfahren Sie, wie man einen Bildteil unauffällig umfärbt – und diesen Eingriff jederzeit mit einer Einstellungsebene korrigiert. Das Erlernte können Sie vielseitig für beliebige andere Montagen mit Personen oder Sachaufnahmen verwenden.

Klicken Sie mit dem Zauberstab in den Bildhintergrund. Ausgewählte Zonen umgibt Photoshop mit einer schwarzweißen Fließmarkierung. Mit der Option Der Auswahl hinzufügen erweitern Sie den Auswahlbereich. Datei: Sport_1

Erstellen Sie eine erste Auswahl

Zunächst brauchen wir aber eine saubere Auswahl des Fußballers, damit wir ihn vor einen gefälligeren Hintergrund ziehen können – ins Strand-Trainingslager. Wir nutzen hier ein Vorgehen, das auch bei vielen Portraits und Sachaufnahmen mit homogenem Hintergrund passt:

1. Wir wählen mit dem Zauberstab nicht das Hauptmotiv aus, sondern den Hintergrund.
2. Dann kehren wir die Auswahl um, so dass das Hauptmotiv ausgewählt ist und verschoben werden kann.

Schalten Sie den Zauberstab in der Werkzeugleiste ein oder drücken Sie kurz die Taste [W]. Der Zauberstab markiert farbähnliche Bildpunkte. Beachten Sie die Optionen-Leiste oben im Programmfenster:

- Wie hoch die Ähnlichkeit sein darf, definieren Sie mit der TOLERANZ-Einstellung oben in der Optionen-Leiste. Wir beginnen mit einem mittleren Wert von 33. Höhere Werte bringen mehr Bildpunkte in die Auswahl – meist zu viele.
- Schalten Sie das GLÄTTEN ein; es sorgt für eine hauchdünne halbdurchsichtige Auswahlkante, die erst für wirklich nahtlose Montagen sorgt und verhindert, dass Ihr Objekt vor dem neuen Hintergrund wie aufgeklebt wird.
- Verwenden Sie auch die Option BENACHBART; so sucht der Zauberstab nicht farbähnliche Bildpunkte quer durchs Bild. Stattdessen werden nur Bildpunkte erfasst, die an die angeklickte Stelle angrenzen. Sie verhindern, dass auch größere Teile der Person mit ins Bild gelangen.

Klicken Sie bei gedrückter [⇧]-Taste mit dem Zauberstab in weitere Teile des Hintergrunds. Der Zauberstab erscheint hier mit Plus-Zeichen über dem Bild, um anzuzeigen, dass Sie die vorhandene Auswahl erweitern und nicht etwa ersetzen.

Verfeinern Sie die Auswahl

Es mag zunächst schwierig wirken, den Hintergrund exakt zu erfassen. Es gibt aber verschiedene Techniken, wie man eine Auswahl unkompliziert verfeinert:

- Drücken Sie die [⇧]-Taste, um die Auswahl mit einem Werkzeug zu erweitern – mit dem Zauberstab, aber bei Bedarf auch mit dem Lasso. Alternativ verwenden Sie die Schaltfläche DER AUSWAHL HINZUFÜGEN in der Optionen-Leiste.
- Drücken Sie die [Alt]-Taste, um unerwünschte Bereiche wieder aus der Auswahl herauszunehmen. Alternativ verwenden Sie die Schaltfläche VON AUSWAHL SUBTRAHIEREN. Zum Beispiel ist ein Teil von Hans Kopf mit in die Auswahl hineingeraten. Sie können ihn mit dem Lasso und der ABZIEHEN-Option wieder aus der Auswahl entfernen. Rahmen Sie diesen Teil ein.
- Verwenden Sie den Befehl AUSWAHL: AUSWAHL VERGRÖSSERN. Er wählt Bildbereiche aus, die an die vorhandene Auswahl angrenzen. Dabei gilt die aktuelle Zauberstab-TOLERANZ.
- Nutzen Sie AUSWAHL: AUSWAHL VERÄNDERN: ABRUNDEN, um kleine Auswahllücken zu tilgen, wenn die äußeren Auswahlgrenzen bereits stimmen. Je größer die Lücken, umso höher der PIXEL-RADIUS, den Sie vorgeben.

HINweis Wann immer die Auswahlwirkung zu stark war, widerrufen Sie den Schritt mit [Strg]+[Z] und versuchen es bei kleinerer Toleranz erneut. Mit der Protokollpalette können Sie auch mehrere Auswahlschritte zurückgehen (Details zur Protokollpalette ab Seite 241).

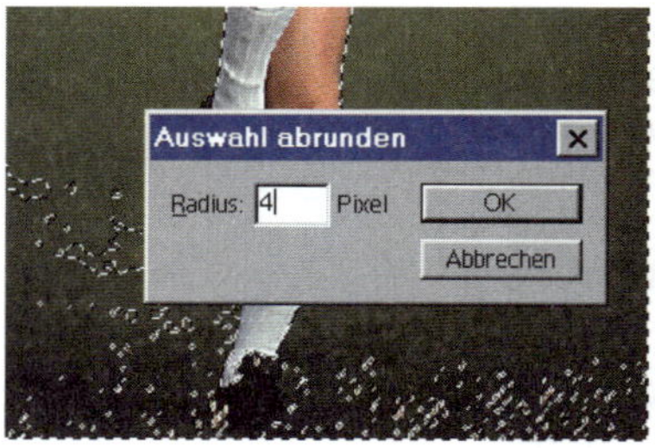

Der Befehl AUSWAHL: AUSWAHL TRANSFORMIEREN: ABRUNDEN entfernt Auswahllücken – der äußere Auswahlrand sollte, wie hier, schon korrekt erfasst sein.

Wie Sie einen Alphakanal erzeugen

Richtig komfortabel ist die Auswahlkorrektur erst, wenn Sie die Auswahl in einem Alphakanal speichern. Dazu rufen Sie die Kanäle-Palette mit dem Befehl FENSTER: KANÄLE EINBLENDEN auf. Sofern eine Auswahl im Bild ist, klicken Sie auf das schraffierte Symbol AUS-

WAHL ALS KANAL SPEICHERN unten in der Kanäle-Palette. Sie erkennen in der Kanäle-Palette, dass Photoshop einen neuen Kanal »Alpha 1« anlegt.

Dieser Alphakanal ist quasi ein Abbild Ihrer Auswahl in Schwarz und Weiß. Ausgewählte Bildteile erscheinen weiß, nicht-markierte Bereiche zeigen sich schwarz. Sie können diesen Alphakanal über das Bild blenden, mit Mal-Werkzeugen korrigieren und das verfeinerte Ergebnis wieder als Auswahl laden.

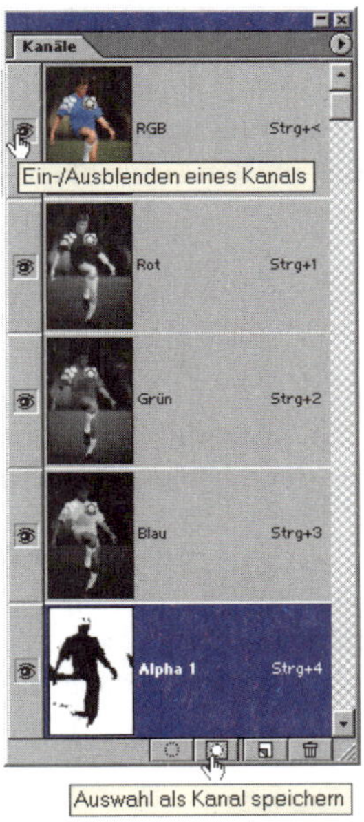

Der neue Alphakanal erscheint in der Kanäle-Palette. Er lässt sich über das vorhandene Bild blenden und ist offensichtlich noch nicht perfekt. Hier ist bereits der Alphakanal zur Bearbeitung aktiviert. Das Bild selbst wurde zwar mit der Augen-Leiste eingeblendet. Es kann jedoch nicht bearbeitet werden, da es nicht aktiviert ist, wie man in der Kanäle-Palette erkennt. Datei: Sport_2

So blenden Sie den Alphakanal über das Bild, um ihn zu korrigieren:

1. Drücken Sie zunächst `Strg`+`D` (für Deselect), um die noch vorhandene Auswahlmarkierung zu entfernen.
2. Klicken Sie auf die Miniatur des Alphakanals in der Kanäle-Palette; damit wird der Alphakanal aktiviert und zur Bearbeitung freigegeben. Jetzt erscheint der Alphakanal schwarzweiß im Bildfenster.

3. Klicken Sie oben in der Kanäle-Palette neben der »RGB«-Miniatur in die Augen-Leiste . Damit zeigen Sie das eigentliche Foto zwar zur Orientierung an, aber es kann nicht bearbeitet werden. Nun erscheint das Foto wieder im Bildfenster und der Alphakanal wird halbdeckend rot darüber geblendet. Ausgewähltes – der Hintergrund – ist frei sichtbar. Nicht Ausgewähltes wird rot abgedeckt.

INSIDER

Die Alphakanal-Darstellung mit halbtransparentem Rot ist Photoshops Einstellung ab Werk. Sie können diese Darstellung ändern. Dazu rufen Sie durch einen Doppelklick auf den Alphakanal in der Palette die KANAL-OPTIONEN auf.

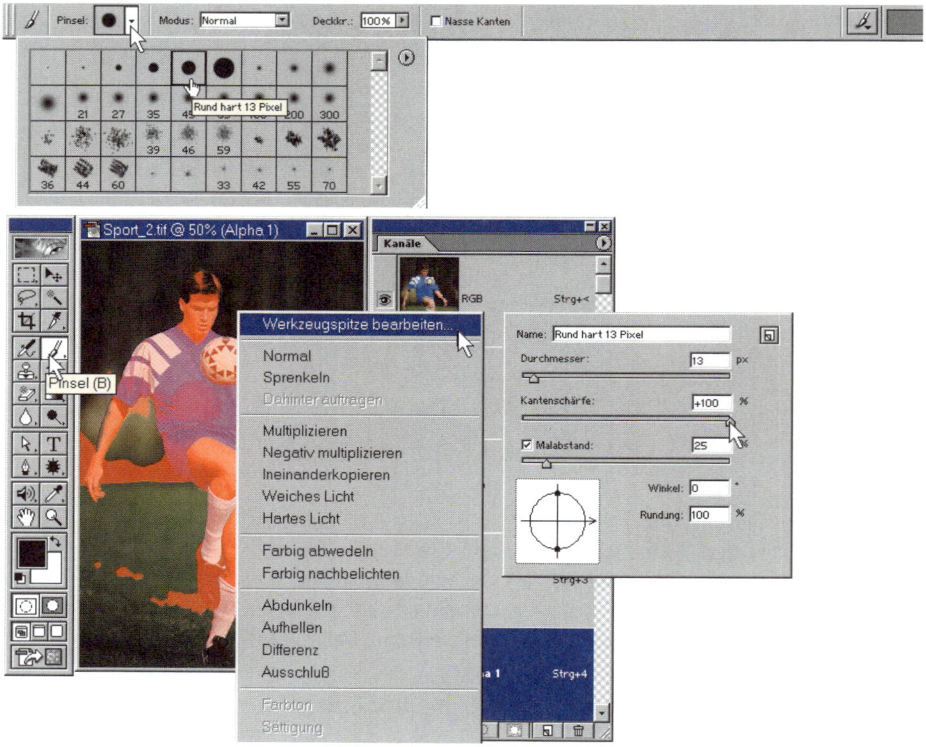

Bei der Alphakanal-Retusche verwenden Sie den Pinsel. In den Optionen stellen Sie 100 Prozent Deckkraft ein. Wählen Sie Werkzeugspitze in der passenden Größe aus. Überprüfen Sie, ob die Spitze 100 Prozent KANTENSCHÄRFE hat.

Korrigieren Sie die Auswahl im Alphakanal

Nun retuschieren Sie den Alphakanal mit dem Pinsel. Auch wenn Photoshop den Alphakanal in Rot einblendet, gilt bei der Alphakanal-Retusche:

- Tragen Sie die Vordergrundfarbe Schwarz auf, um die entsprechenden Bildbereiche aus der Auswahl herauszunehmen. Dieses Schwarz zeigt Photoshop im Bildfenster über dem Foto als halbdeckendes Rot.
- Tragen Sie die Vordergrundfarbe Weiß auf, um die entsprechenden Bildbereiche mit in die Auswahl zu nehmen. Die im Alphakanal weiß markierten Partien sind im Bildfenster frei sichtbar, ohne rote Abdeckung.

Bei der Alphakanal-Retusche wechselt man häufig zwischen Schwarz und Weiß. Am schnellsten gelingt das mit der Taste [X], die Vorder- und Hintergrundfarbe vertauscht; alternativ klicken Sie auf die Schaltfläche VORDER- UND HINTERGRUNDFARBE VERTAUSCHEN in der Werkzeugleiste.

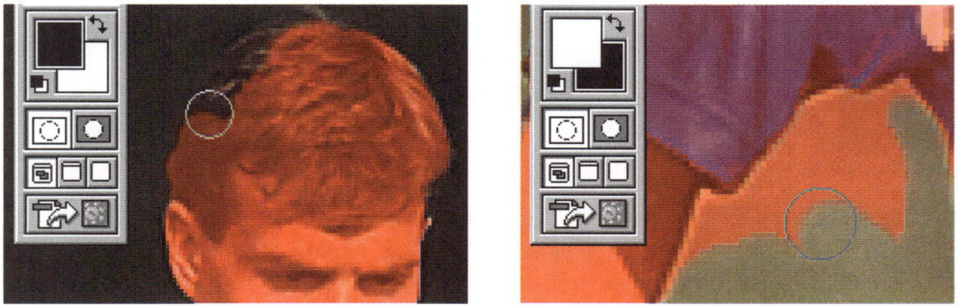

Links: Hier wird der Haarschopf aus der Auswahl entfernt. Dabei trägt der Pinsel Schwarz als Vordergrundfarbe auf; dieses Schwarz bildet Photoshop über dem Foto als halbdeckendes Rot ab. Rechts: Wir fügen noch Hintergrund zur Auswahl hinzu. Hier malt der Pinsel mit Weiß; diese Bereiche sind in der Bilddarstellung frei sichtbar. Datei: Sport_3

Bei der Alphakanalretusche verwenden Sie den Pinsel (Taste [B], für Brush). Machen Sie folgende Vorgaben:

- In der Optionen-Leiste achten Sie auf 100 Prozent DECKKRAFT, die Option NASSE KANTE machen Sie unwirksam.
- Öffnen Sie die Werkzeugspitzen-Bibliothek mit dem Dreieck ▼ im PINSEL-Bereich der Werkzeugspitzen-Palette und wählen Sie für den Pinsel per Mausklick eine runde Werkzeugspitze aus. Die Spitze sollte 100 Prozent KANTENSCHÄRFE haben, also keinen weichen Rand zeigen. Sind Sie sich dessen nicht sicher, klicken Sie mit rechts ins Bild, wählen WERKZEUGSPITZE BEARBEITEN und prüfen den Wert für KANTENSCHÄRFE. Nur so stellen Sie sicher, dass wieder ein nahtlos geglätteter Auswahlrand entsteht, der nicht zu hart und nicht zu weich ausfällt.

HINweis

Mehr zum Umgang mit Werkzeugspitzen finden Sie in den Projekten »Pickel entfernen«, Seite 165, und »Aus Neu wird Alt«, Seite 53. Bibliotheken und Vorgaben allgemein erläutern wir ab Seite 249.

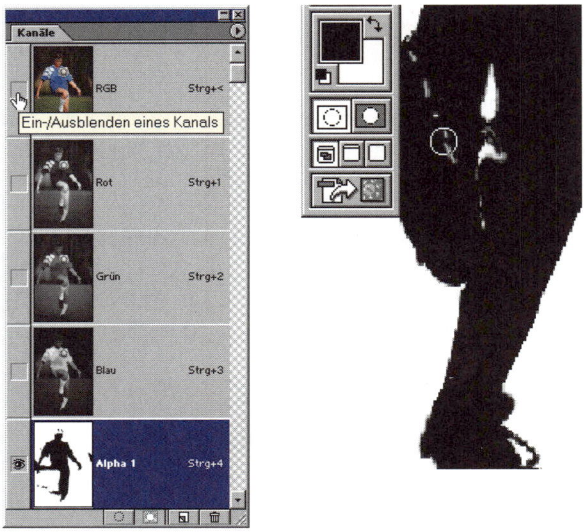

Hier wurde das Farbbild durch Klick auf das Augensymbol neben der »RGB«-Miniatur ausgeblendet. Somit ist nur noch der Alphakanal aktiv und sichtbar; Photoshop zeigt ihn jetzt schwarzweiß. In dieser Darstellung sieht man leichter feine Auswahlfehler, hier die weißen Lücken. Sie werden mit Pinsel und schwarzer Vordergrundfarbe getilgt.

Letzte Korrekturen am Alphakanal

Überprüfen Sie Ihre Arbeit genau und immer wieder in hohen Zoomstufen. Es ist keine Schande, wenn eine gute Auswahl 20 Minuten oder länger dauert. Steht die Auswahl? Dann bleibt nur noch ein Schritt zu tun.

Bis jetzt haben Sie ja stets den Hintergrund ausgewählt. Letztlich wollen Sie natürlich die Person markieren, nicht das unscharfe Gebüsch dahinter. Darum kehren Sie jetzt die Auswahlwirkung des Alphakanals um. Dabei muss der Alphakanal in der Palette aktiviert sein, die Bildkanäle sind nicht aktiviert. Nun verwenden Sie den Befehl BILD: EINSTELLEN: UMKEHREN (Strg + I). Damit kehren sich die Verhältnisse um: Der Sportler ist frei sichtbar – weil ausgewählt; der Hintergrund ist abgedeckt, denn er ist nicht mehr ausgewählt. Das Miniaturbild der Kanäle-Palette zeigt Hans als weißen Umriss, denn dieser Bereich ist ausgewählt. Dagegen erscheint der Hintergrund schwarz.

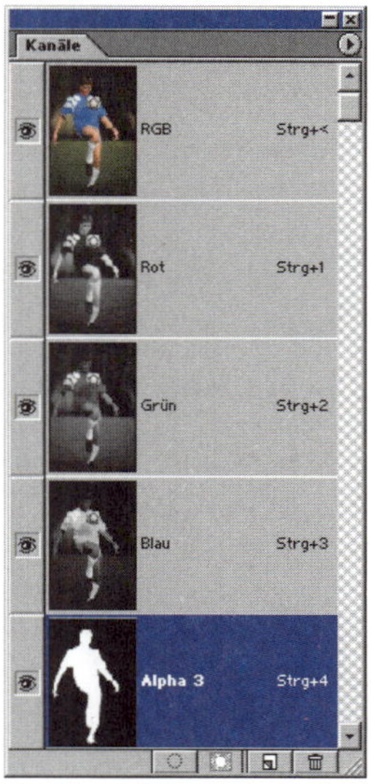

Nach dem Befehl Bild: Einstellen: Umkehren ist der Sportler frei erkennbar, weil er jetzt selbst ausgewählt ist. Datei: Sport_4

So speichern Sie das Bild mit Alphakanal

Haben Sie schon versucht, das Bild mit dem Alphakanal zu speichern? Weil ein Alphakanal im Bild ist, können Sie nur noch wenige Dateiformate verwenden, BMP, JPG und GIF scheiden zum Beispiel aus. In erster Linie bieten sich die Dateiformate TIFF und Photoshop an. Mit TIFF sparen Sie Speicherplatz ohne jeden Qualitätsverlust, wenn Sie die Option LZW-Komprimierung verwenden (vergleiche Speichern und Dateiformate, Seite 266).

Andere Programme, etwa zur Seitengestaltung, öffnen eventuell Bilddateien mit Alphakanal nicht oder fehlerhaft und fürs Internet eignen sich die Kanäle auch nicht. Möchten Sie also ein Duplikat ohne Alphakanal erstellen, wählen Sie Datei: Speichern unter und die Alphakanäle ab. Oder Sie klicken in diesem Dialogfeld ein beliebiges Dateiformat an, das keine Alphakanäle zulässt, zum Beispiel JPEG. Dann werden Alphakanäle automatisch gelöscht. Photoshop verwendet nun automatisch die Option Als Kopie. Dabei entsteht eine Kopie auf der Festplatte; das aktuelle Bild auf dem Schirm verändert sich in keiner Weise und lässt sich unter dem ursprünglichen Namen weiterbearbeiten.

7.2 Die Montage

Die Auswahl steht, jetzt ist es soweit: Hans geht an den Strand.

Auswahl laden

Zunächst laden Sie die Auswahl, die Sie im Alphakanal verfeinert haben:

1. Klicken Sie bei gedrückter [Strg]-Taste auf die Alphakanal-Miniatur in der Kanäle-Palette. (Alternativ verwenden Sie AUSWAHL: AUSWAHL LADEN.)
2. Aktivieren Sie in der Kanäle-Palette das »RGB«-Bild. Der Kanal »Alpha 1« soll nicht aktiviert sein. Die Titelleiste der Datei meldet also »(RGB)« und nicht etwa »(Alpha 1)«.

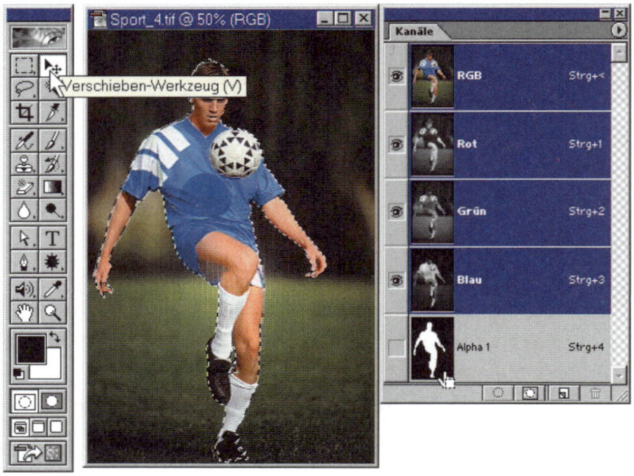

Laden Sie die Auswahl für den Fußballer durch einen [Strg]-Klick auf die Alphakanal-Miniatur. Achten Sie darauf, dass anschließend in der Kanäle-Palette das »RGB«-Bild aktiviert ist und nicht etwa der Kanal »Alpha 1«; die Kanäle-Palette soll also so aussehen wie in unserer Abbildung. Dann aktivieren Sie das Verschieben-Werkzeug.

Person montieren

So bewegen Sie die Person weiter:

1. Aktivieren Sie das Verschieben-Werkzeug durch einen Klick in der Werkzeugleiste oder mit der Taste [V].
2. Öffnen Sie das neue Hintergrundbild; hier ist es »Sport 5« vom »Projekte«-Verzeichnis der CD-ROM zu diesem Buch.

3. Aktivieren Sie wieder das vorhergehende Bild mit dem ausgewählten Fußballer.
4. Klicken Sie in die Auswahl mit dem jungen Mann.
5. Ziehen Sie die Figur in das Strandfoto und rücken Sie die Figur dort zurecht.
6. Blenden Sie mit [F7] die Ebenenpalette ein; der Fußballer erscheint dort als neue »Ebene 1«.

HINweis

Möchten Sie die Größe der Person noch anpassen, drücken Sie [Strg]+[T] und ziehen an den Griffpunkten der Rechteckbox. Drücken Sie dabei die [⇧]-Taste, damit die Proportionen nicht verzerrt werden (Details zu diesem »Transformieren« im Projekt »Form-Werkzeug«, Seite 153). Ziehen Sie außerhalb der Rechteckbox, können Sie Hans auch drehen – bis zu einem Fallrückzieher.

Ziehen Sie die Figur mit dem Verschieben-Werkzeug aus dem Ursprungsbild vor das neue Zielbild und rücken Sie den Darsteller dort noch zurecht. Der Fußballer erscheint in der Ebenenpalette als »Ebene 1«. Hintergrund: Sport_5; Zwischenergebnis: Sport_6

7.3 Färben Sie das Hemd um

Hans braucht ein anderes Trikot, schon weil sich Rot besser vom Hintergrund abhebt. Wir werden das vorhandene Trikot umfärben und dabei zwei unterschiedliche Wege vorführen:

- Das übliche, dauerhafte Umfärben eines Bildteils mit dem Befehl FARBTON/SÄTTIGUNG.
- Das Umfärben mit einer so genannten Einstellungsebene. Dann wird das Leibchen nicht dauerhaft verändert. Sie können die Korrektur jederzeit abschalten oder anpassen.

Beide Verfahren eignen sich natürlich auch, um beliebige andere Motive umzufärben, etwa Autos, Häuser oder Augen.

Erst wählen Sie das Hemd aus ...

Zunächst wählen Sie das Hemd mit dem Zauberstab aus. Dieses Instrument haben Sie im vorhergehenden Abschnitt schon ausführlich kennen gelernt.

In den Optionen zum Zauberstab geben Sie eine relativ hohe Toleranz vor, so dass bereits beim ersten Klick ein großer Bereich des Trikots ausgewählt wird.

1. Aktivieren Sie den Zauberstab in der Werkzeugleiste.
2. Weil sich die blaue Farbe des Hemds deutlich von allen anderen Farbtönen dieser Ebene abhebt, können Sie diesmal in den Optionen eine hohe TOLERANZ von zum Beispiel 55 vorgeben.
3. Nun klicken Sie einmal in das Hemd. Markierte Bereiche kennzeichnet Photoshop mit einer Fließmarkierung.
4. Drücken Sie die [⇧]-Taste oder verwenden Sie die Schaltfläche DER AUSWAHL HINZUFÜGEN. Klicken Sie Bereiche an, die bis jetzt noch nicht von einer Fließmarkierung eingefasst sind.

5. Markieren Sie weitere angrenzende Bildpunkte mit dem Befehl AUSWAHL: AUSWAHL VERGRÖSSERN. Sie können sogar AUSWAHL: ÄHNLICHES AUSWÄHLEN verwenden; dabei werden farbähnliche Bildpunkte – in diesem Fall blaue Bildpunkte – in der gesamten Ebene gesucht.

Weiß oder Neutralgrau verändert sich beim geplanten Umfärben nicht. Dennoch sollten Sie auch die weißen Streifen des Hemds mit auswählen, sofern Sie diese nicht separat umfärben wollen.

... dann färben Sie es

Wenn die Auswahl sitzt, wählen Sie den Befehl BILD: EINSTELLEN: FARBTON-SÄTTIGUNG (Strg+U). Mit dem FARBTON-Regler färben Sie den ausgewählten Bereich um. Bei einem Wert von +130 erhalten wir den gewünschten Rotton. Sie können noch leicht die SÄTTIGUNG anheben und behutsam mit der LAB-HELLIGKEIT experimentieren. (Die FÄRBEN-Option dieses Befehls lernen Sie im Projekt »Aus Neu wird Alt« kennen, ab Seite 53.)

HINweis

Beim Umfärben stört oft der Anblick der schwarzweiß schillernden Fließmarkierung. Um diese Auswahllinie zu verstecken, wählen Sie ANSICHT: EINBLENDEN: AUSWAHLKANTEN – auch bei geöffnetem Dialogfeld.

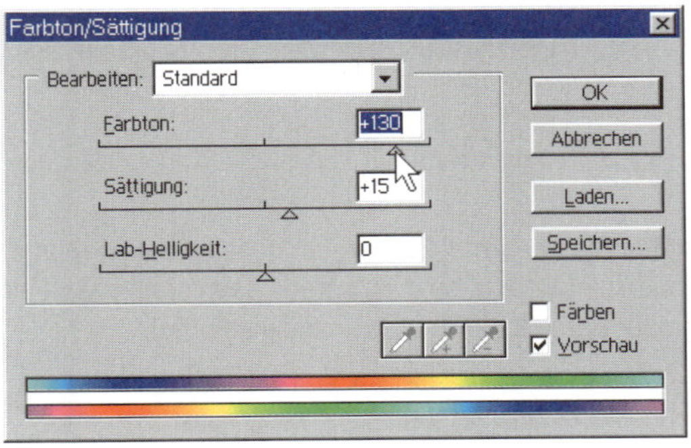

Der Befehl FARBTON/SÄTTIGUNG färbt den ausgewählten Bildteil um. Datei: Sport_7

Färben Sie mit Rücknahmegarantie

Sie haben gerade den schnellen Weg zum Umfärben kennen gelernt. Sofern Sie das folgende Verfahren mit vollziehen wollen, heben Sie die Farbänderung wieder mit Strg+Z auf, so dass auf dem Schirm ein blaues Hemd mit Auswahllinie prangt.

Wir erproben hier die Möglichkeit, den Befehl FARBTON/SÄTTIGUNG als so genannte Einstellungsebene über das Bild zu legen. Damit betrachten Sie das blaue Trikot sozusagen durch die Brille dieses Befehls – und sehen das Textil rot. Aber Sie können die Brille auch weglegen – dann erscheint die Sportbekleidung wieder blau. Und Sie können die Brille wechseln – wenn Sie das Trikot grün sehen möchten. Bei diesem Verfahren beeinflussen Sie die Originalbildpunkte nicht; sie werden nur verändert angezeigt.

So beginnt die Arbeit an der Einstellungsebene: Das Trikot ist ausgewählt, die Ebene mit dem Sportler ist aktiviert. Sie klicken in der Ebenenpalette auf die Schaltfläche NEUE FÜLLEBENE ODER EINSTELLUNGSEBENE ERSTELLEN und wählen FARBTON/SÄTTIGUNG.

Sie haben den blau gewandeten Fußballer vor sich, das blaue Trikot ist ausgewählt, die »Ebene 1« mit dem Fußballer ist aktiviert. Nun beginnt die Arbeit an der Einstellungsebene:

1. Klicken Sie unten in der Ebenenpalette auf die Schaltfläche NEUE FÜLLEBENE ODER EINSTELLUNGSEBENE ERSTELLEN ◐.
2. Wählen Sie FARBTON/SÄTTIGUNG. Nun präsentiert Photoshop das Dialogfeld FARBTON/SÄTTIGUNG.
3. Um ein rotes Hemd zu erhalten, stellen Sie den FARBTON auf etwa +130 und experimentieren mit vorsichtigen Änderungen an SÄTTIGUNG und LAB-HELLIGKEIT.
4. Klicken Sie auf OK.

Der Sportsmann tritt jetzt mit rotem Hemd auf, weil dies die Einstellungsebene vorgibt – aber ein Blick in die Ebenenpalette zeigt, dass das Textil die Farbe Blau beibehält. In der Ebenenpalette erkennen Sie die neue Einstellungsebene »Farbton/Sättigung 1«.

Die Einstellungsebene erscheint als neues Objekt in der Ebenenpalette. Weil wir eine Auswahl angelegt hatten, entsteht sofort eine Ebenenmaske; sie sorgt dafür, dass nur Bildteile im zuvor ausgewählten Bereich umgefärbt werden. Datei: Sport_8

Nun arbeiten Sie mit der Einstellungsebene nach Belieben:

- Machen Sie die Einstellungsebene unwirksam, indem Sie in der Ebenenpalette neben der Einstellungsebene auf das Augensymbol klicken. So sehen Sie wieder das rote Tuch.
- Oder ändern Sie die FARBTON-Justierung der Einstellungsebene, wenn das Leibchen zum Beispiel grün sein soll. Klicken Sie dazu doppelt auf das Symbol der Einstellungsebene in der Palette (nicht auf die Masken-Miniatur, nicht auf den Namen); Sie können dann den FARBTON korrigieren.

Machen Sie die Einstellungsebene durch Abschalten des Augensymbols unwirksam, erscheint im Bild wieder das ursprüngliche, blaue Trikot.

- Schwächen Sie die Wirkung der FARBTON-Korrektur, indem Sie die DECKKRAFT der Ebene reduzieren.

Wollen Sie den Fußballer noch durchs Bild bewegen, verkleinern, drehen oder spiegeln? Dann müssen Sie die Einstellungsebene und den Sportler »verbinden« (wohlgemerkt nicht »gruppieren«); dann kann man sie gemeinsam verändern. Wenn Sie auf diesen Schritt verzichten, verändern sich die beiden Ebenen nicht synchron und sind kurzum nicht mehr deckungsgleich. So geht's:

1. Aktivieren Sie die Einstellungsebene »Farbton/Sättigung 1«.
2. Klicken Sie in der »Ebene 1« des Sportlers in die Verbinden-Leiste unmittelbar neben dem Miniaturbild. Dort erscheint das Verbindungssymbol.

Hier wurde der Sportler bewegt und gespiegelt (BEARBEITEN/TRANSFORMIEREN/HORIZONTAL SPIEGELN). Damit sich die Maske der Einstellungsebene entsprechend mitverändert, wurde sie mit der Ebene des Sportlers »verbunden«. Datei: Sport_9

Wie Sie Einstellungsebenen verschmelzen und löschen

Die Maske der Einstellungsebene kostet natürlich Speicherplatz. Möchten Sie den Sportler dauerhaft umfärben und auf den Rücknahmekomfort der Einstellungsebene verzichten, können Sie die Änderung dauerhaft anwenden und die Einstellungsebene mit dem Darsteller verschmelzen. Wir haben die Ebenen im vorhergehenden Schritt bereits »verbunden«. So geht es weiter:

1. Aktivieren Sie eine der fraglichen Ebenen durch einen Einzelklick in der Ebenenpalette.
2. Verwenden Sie den Befehl EBENE: VERBUNDENE AUF EINE EBENE REDUZIEREN.

Damit haben Sie das Sporthemd dauerhaft rot eingefärbt. Wollen Sie die Einstellungsebene indes einfach löschen und nichts mehr von einem roten Hemd wissen, dann ziehen Sie die Einstellungsebene auf das Mülleimer-Symbol 🗑 unten rechts in der Ebenenpalette.

INSIDER

Sie haben nun eine Einstellungsebene mit dem Befehl FARBTON/SÄTTIGUNG kennen gelernt. Sie können jedoch auch viele andere Funktionen des Untermenüs BILD: EINSTELLEN als Einstellungsebene verwenden – also lauter Kontrast- oder Farbtonkorrekturen, wie wir sie im Projekt »Ein flaues Bild auffrischen« kennen lernen (ab Seite 75). Diese Arbeit mit einer Einstellungsebene empfiehlt sich immer dann, wenn Sie eine Kontraständerung vielleicht noch einmal nachjustieren oder ganz abschalten möchten.

Ist Ihnen dieser Strand zu voll?

Störende Bilddetails lassen sich manchmal ganz einfach entfernen, Sie brauchen nicht erst den Kopierstempel zu bemühen.

Ist Ihnen dieser Strand zu voll?

Genießen Sie mit Photoshop die Einsamkeit.

Übersicht

Das erwartet Sie:

- *Was kommt dran:* störende Bildteile überdecken; Bildteile auswählen, duplizieren, bewegen; Auswahlrechteck; Verschieben-Werkzeug
- *Aufwand:* sehr gering
- *Kontext:* Weicher Übergang, Seite 25; Pickel entfernen, Seite 165
- *Projekt-Dateien*: Strand_01 bis Strand_04

8.1 Das Verfahren

Manchmal stört an der Bucht selbst eine einzelne Person. Mit Auswahlrechteck und Verschieben-Werkzeug erhalten Sie schnell einen menschenleeren Strand, wie die folgende Sequenz zeigt:

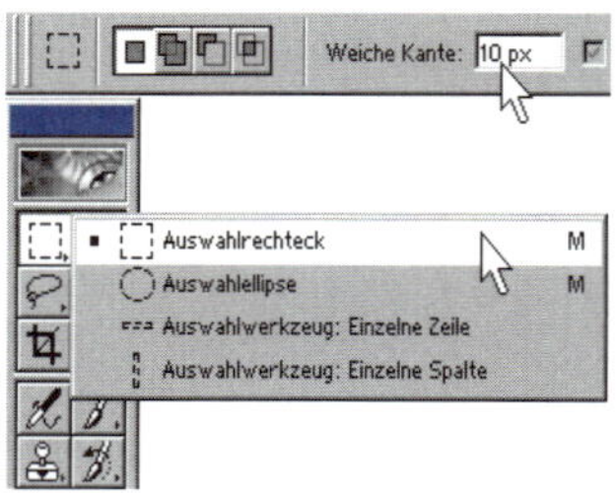

Aktivieren Sie das Auswahlrechteck. Drücken Sie die [↵]-Taste, um die Optionen-Leiste anzuzeigen, falls sie nicht ohnehin zu sehen ist. Stellen Sie eine WEICHE KANTE von mindestens 10 Pixeln ein, tippen Sie also »10 px«. Vorlage: Strand_01

Nun ziehen Sie einen Rahmen um den Bildteil, der sich eignet, den unerwünschten Strandgänger zu überdecken. Weil Sie eine weiche Kante eingestellt haben, erscheint der Rahmen mit gerundeten Ecken. Rechts: Danach aktivieren Sie das Verschieben-Werkzeug (am schnellsten mit der Taste [V], für Move Tool).

Drücken Sie die Alt-Taste. Dann klicken Sie in die Auswahl und bewegen den markierten Bereich nach links. Weil Sie die Alt-Taste gedrückt haben, erzeugt Photoshop ein Duplikat des markierten Bereichs, den Sie nun ganz über die Person ziehen. Drücken Sie außerdem die ⇧-Taste, damit sich das Duplikat exakt waagerecht bewegt. Verstecken Sie die Fließmarkierung mit dem Befehl ANSICHT: EINBLENDEN: AUSWAHLKANTEN AUSBLENDEN (Strg+H, für Hide), um den Übergang besser zu beurteilen. Zur Feinpositionierung bewegen Sie den Ausschnitt mit den Pfeiltasten oder – in größeren Schritten – mit ⇧+Pfeiltaste. Dann nutzen Sie den Befehl AUSWAHL: AUSWAHL AUFHEBEN (Strg+D, für Deselect). Damit ist die Person endgültig gelöscht, das Duplikat mit dem Hintergrund verschmolzen. Wieder mal niemand am Wasser, keine Spuren im Sand. Datei: Strand_02

Oder war Ihnen der Strand zu leer?

Der einsame Steg bei Sonnenuntergang bereitet etwas mehr Arbeit. Dateien: Strand_03, Strand_04

Zoomeffekt spezial

FILTER-Befehle wie RADIALER WEICHZEICHNER oder BEWEGUNGSUNSCHÄRFE peppen Ihre Vorlagen mit Dramatik und Dynamik auf. Meist sollten Sie die Funktionen jedoch nur auf einen Teil des Bildes anwenden. Sie lernen hier verschiedene Methoden kennen, wie man Eingaben zurücknimmt und Bildvarianten mischt.

Übersicht

Das erwartet Sie:

- *Was kommt dran:* FILTER-Befehle RADIALER WEICHZEICHNER und BEWEGUNGSUNSCHÄRFE; Lasso mit WEICHER KANTE, Protokollpinsel, Radiergummi), Ebenentechnik
- *Aufwand:* gering
- *Kontext:* Weicher Übergang, Seite 25; Paletten, Seite 248; Protokollfunktionen, Seite 241
- *Projekt-Dateien*: Zoom_01 bis Zoom_07

Wenden Sie den Zoomeffekt nur auf Teile des Bildes an.

9.1 Ohne Auswahl

Der Befehl FILTER: WEICHZEICHNUNGSFILTER: RADIALER WEICHZEICHNER eignet sich für dramatische Effekte. Wir laden unsere Vorlage »Zoom_01« aus dem »Projekte«-Verzeichnis, nutzen im Dialogfeld die Option STRAHLENFÖRMIG und eine STÄRKE von 20. Wir verwenden die Qualitätsstufe GUT, deren Ergebnisse sich nicht wesentlich von der Vorgabe SEHR GUT unterscheiden. Das Ergebnis enttäuscht jedoch, weil auch die Hauptdarstellerin verzerrt erscheint.

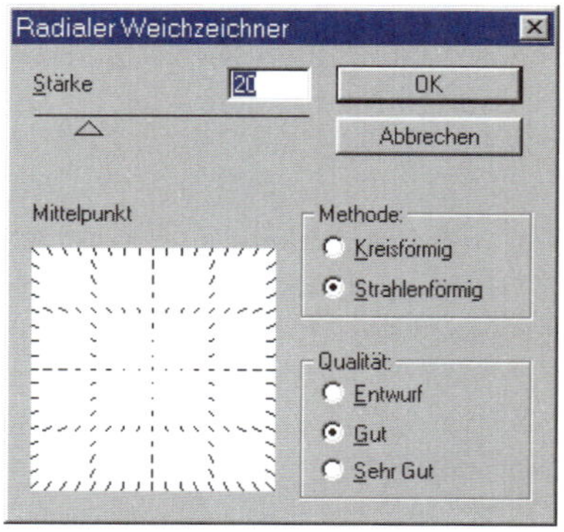

Der Befehl RADIALER WEICHZEICHNER wurde auf das gesamte Bild angewandt. Das Ergebnis wirkt zu entstellend. Vorlage: Zoom_01; Ergebnis: Zoom_02

Zeit sparen

Der RADIALE WEICHZEICHNER arbeitet ausgesprochen langsam. Folgende Maßnahmen schonen Ihr Zeitbudget:

- Verwenden Sie für Tests die Option ENTWURF, die allerdings relativ grobe Ergebnisse bringt.
- Es nutzt nichts, einen Bildteil auszuwählen und nur diesen zu bearbeiten. Möglich ist es jedoch, ein Duplikat des Originals auf weniger Bildpunkte herunterzurechnen, damit es sich schneller bearbeiten lässt. Das erledigt der Befehl BILD: BILDGRÖSSE (Details ab Seite 310); dort schalten Sie die Option BILD NEUBERECHNEN ein und geben im oberen Bereich neue PIXELMASSE an, zum Beispiel eine BREITE von nur noch 400 Pixeln.

HINweis

Mit Strg+F lassen Sie den letzten Filter-Befehl erneut ablaufen. Strg+Alt+F bringt den letzten Filter-Dialog wieder her.

9.2 Ohne Auswahl, mit Protokollpinsel

Sie könnten jetzt die gesamte Filterwirkung mit BEARBEITEN: VERBLASSEN abschwächen, doch das macht Ihr Bild nicht besser. Interessanter ist eine andere Lösung: Setzen Sie mit dem Protokollpinsel nur einzelne Zonen der gefilterten Bilddatei zurück. So geht's:

1. Schalten Sie in der Werkzeugleiste den Protokollpinsel ein.
2. Falls noch nicht auf dem Schirm zu sehen, öffnen Sie die Protokollpalette mit dem Befehl FENSTER: PROTOKOLL EINBLENDEN.
3. Legen Sie in der Protokollpalette eine Quelle für den Protokollpinsel fest. Diesen älteren Zwischenschritt werden Sie in die aktuelle Fassung hineinmalen. Klicken Sie also links neben dem Palettenobjekt ÖFFNEN – das den Urzustand der Datei festhält – in das Kästchen WÄHLT QUELLE FÜR DEN PROTOKOLLPINSEL; dort erscheint also das Symbol für den Protokollpinsel. Aktiviert – also blau unterlegt – bleibt aber wohlgemerkt der Zustand RADIALER WEICHZEICHNER. (Mehr Hinweise auf die Protokollpalette finden Sie im Projekt »Befehlsfolge aufzeichnen« ab Seite 215 und im Grundlagenteil ab Seite 241.)

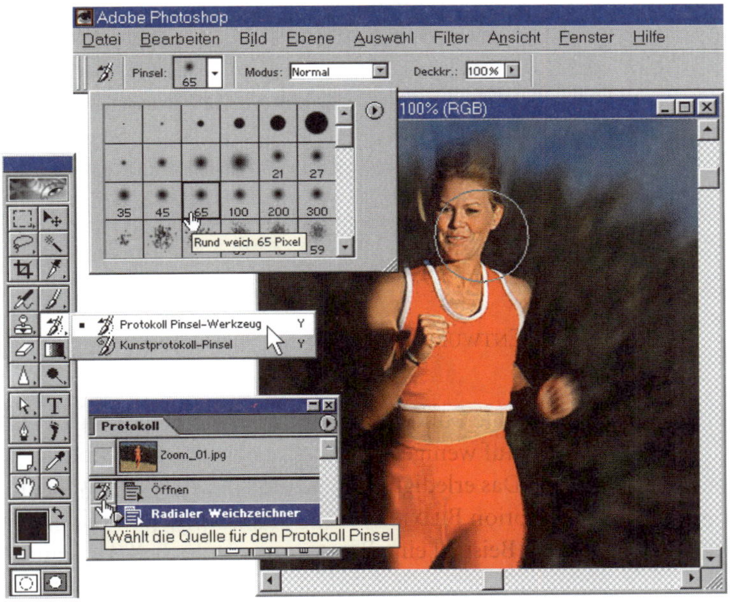

Aktivieren Sie den Protokollpinsel und legen Sie die ursprüngliche Bildfassung des Zustands ÖFFNEN in der Protokollpalette als »Protokollquelle« fest. Wählen Sie eine Werkzeugspitze mit weichem Rand, um die ursprüngliche Fassung wieder ins Bild zu retuschieren. Hier erscheint der Protokollpinsel über der Datei nicht als Pinselsymbol, sondern als Umriss in der aktuellen Größe; nähere Erklärungen zu dieser Darstellungsweise liefert das Projekt »Pickel entfernen« ab Seite 165.

4. Öffnen Sie in der Optionen-Leiste das Pinsel-Klappmenü mit der Werkzeugspitzen-Bibliothek und aktivieren Sie eine größere Werkzeugspitze mit weichem Rand, zum Beispiel Rund weich 65 Pixel. (Weitere Hinweise zur Verwendung von Werkzeugspitzen liefern die Projekte »Weicher Übergang«, Seite 25, und »Pickel entfernen«, Seite 165; Details zur Handhabung von Bibliotheken finden Sie ab Seite 249.)

5. Malen Sie nun behutsam in der Bildmitte über der Darstellerin – die ursprüngliche Fassung kommt wieder hervor.

HINweis

Um die Wirkung eventuell abzuschwächen, senken Sie die Deckkraft des Protokollpinsels; dies gelingt auch per Zifferntasten: Tippen Sie eine 5 für 50 Prozent, eine 2 für 20 Prozent oder eine 0 für 100 Prozent. Nachträglich dämpfen Sie die Wirkung auch mit Bearbeiten: Verblassen, dies verändert allerdings nur den allerletzten Klick.

9.3 Mit Auswahl

Mit der Protokollpalette oder mit dem Befehl Datei: Zurück zur letzten Version bringen wir unsere Vorlage »Zoom_01« wieder in den ursprünglichen Zustand und fangen von vorn an. Nun versuchen wir es von vorne, diesmal mit einer Auswahl:

1. Aktivieren Sie das Lasso.

2. Geben Sie oben in der Optionen-Leiste eine Weiche Kante von 20 Bildpunkten vor (»20 px«). Dies bedeutet, dass die Wirkung des Filters schon 20 Pixel außerhalb der Auswahl beginnt und erst 20 Pixel innerhalb der Auswahllinie voll zur Geltung kommt.

3. Ziehen Sie einen engen Auswahlrahmen um die Person. Photoshop zeigt nun eine schwarzweiße Fließmarkierung an, wegen der Weichen Kante mit abgerundeten Ecken.

4. Da Sie ja nicht die Person, sondern nur deren Umgebung bearbeiten wollen, verwenden Sie den Befehl Auswahl: Auswahl umkehren (Strg+Alt+I). Damit ist nur noch der Hintergrund ausgewählt.

5. Wenden Sie den Befehl Filter: Weichzeichnungsfilter: Radialer Weichzeichner wie bisher an. Das Bildinnere bleibt vom Effekt ausgespart.

6. Um das Ergebnis besser zu beurteilen, verbergen Sie die Auswahllinien mit dem Befehl Ansicht: Einblenden: Auswahlkanten; dabei bleibt die Auswahlwirkung wohlgemerkt erhalten. Oder entfernen Sie die Auswahl ganz mit Auswahl: Auswahl aufheben (Strg+D).

HINweis

Möchten Sie die zuletzt entfernte Auswahl wiederverwenden? Das erledigt der Befehl Auswahl: Erneut wählen (Strg+⇧+D).

Das Hauptmotiv wurde mit dem Lasso bei weicher Auswahlkante ausgewählt, anschließend haben wir die Auswahl umgekehrt. Die Fließmarkierung umgibt also nur noch die äußeren Bildzonen, der RADIALE WEICHZEICHNER kann nur noch diesen Bereich verändern. Datei: Zoom_03

9.4 Mit Ebene und Radiergummi

Eine separate Ebene gibt Ihnen mehr Flexibilität als eine separate Auswahl. Wir arbeiten darum im Folgenden mit Ebenentechnik. Zur Abwechslung verwenden wir überdies ein anderes Bild und einen etwas anderen Befehl, nämlich FILTER: WEICHZEICHNUNGSFILTER: BEWEGUNGSUNSCHÄRFE.

Für die BEWEGUNGSUNSCHÄRFE gelten die gleichen Regeln wie schon für den zuvor verwendeten RADIKALEN WEICHZEICHNER: Auch die BEWEGUNGSUNSCHÄRFE wirkt dramatisch, sollte aber am besten nur Teile des Bildes verfremden. Wir testen also weitere Mischungen von Original und gefilterter Version, jetzt mit der BEWEGUNGSUNSCHÄRFE und der neuen Vorlage »Zoom_04«. Alle Schritte eignen sich aber ebenso gut für den RADIALEN WEICHZEICHNER wie auch für viele andere Befehle aus dem FILTER-Menü und aus dem Untermenü BILD: EINSTELLUNGEN.

Eine neue Ebene

So geht's:

1. Öffnen Sie die Vorlage »Zoom_04« aus dem »Projekte«-Verzeichnis der CD zu diesem Buch.
2. Wählen Sie das Gesamtbild aus mit dem Befehl AUSWAHL: ALLES AUSWÄHLEN ([Strg]+[A]). Photoshop umgibt das Gesamtbild mit einer Fließmarkierung.
3. Kopieren Sie das Gesamtbild mit [Strg]+[C] in die Zwischenablage.
4. Falls noch nicht auf dem Monitor zu sehen, blenden Sie die Ebenenpalette ein, meist genügt [F7].
5. Fügen Sie mit [Strg]+[V] das Gesamtbild aus der Zwischenablage ein. Sie erkennen in der Ebenenpalette, dass dadurch eine neue »Ebene 1« entsteht.
6. Während noch »Ebene 1« in der Palette aktiviert ist, nehmen Sie den Befehl FILTER: WEICHZEICHNUNGSFILTER: BEWEGUNGSUNSCHÄRFE mit einem WINKEL von minus 20 und einer DISTANZ von 25 Pixeln. Klicken Sie auf eine interessante Stelle im Bildfenster, damit das Dialogfeld dieses gewählte Detail im Vorschaufenster anzeigt, und bestätigen Sie mit OK.

Wir haben das komplette Bild mit [Strg]+[A] ausgewählt und mit [Strg]+[C] wieder eingefügt; so entstand die neue »Ebene 1«, wie die Ebenenpalette zeigt. Dann haben wir auf der oberen Ebene die Bewegungsunschärfe verwendet. Sie verfremdet allerdings das komplette Bild, das Ergebnis überzeugt nicht. Dateien: Zoom_05, Zoom_06

Damit erscheint das gesamte Bild verzerrt – dieses Ergebnis enttäuscht ebenso wie unser erster Versuch mit dem Radialen Weichzeichner.

Der Radiergummi

Mit folgenden Schritten mischen Sie die gefilterte »Ebene 1« und die unveränderte »Hintergrund«-Ebene aus dem vorhergehenden Abschnitt:

1. Schalten Sie den Radiergummi ein.
2. Achten Sie auf die Optionen-Leiste: Im Modus-Klappmenü geben Sie den Pinsel an und verzichten auf die Vorgaben Nasse Kanten sowie Zurück zur letzten Version.
3. Jetzt geht es ähnlich weiter wie oben beim Protokollpinsel: Wählen Sie im Pinsel-Klappmenü eine größere Werkzeugspitze mit weichem Rand.
4. Ziehen Sie die Maus über die Person. Wie Sie in der Ebenenpalette erkennen, radieren Sie quasi ein Loch in die obere, von der Bewegungsunschärfe verzerrte »Ebene 1«. In diesem Bereich erscheint die unveränderte Figur von der »Hintergrund«-Ebene. Man sieht die Unschärfe also nur noch außen um die Hauptdarstellerin herum.
5. Schwächen Sie die Wirkung eventuell mit Protokollpinsel, Bearbeiten: Verblassen oder reduzierter Deckkraft des Radiergummis ab.

Wir schalten den Radiergummi ein und verwenden eine größere Werkzeugspitze mit weichem Rand. Das Werkzeug erscheint über der Bilddatei als Umriss in der aktuellen Größe. Wie Sie in der Ebenenpalette rechts erkennen, radieren wir quasi ein Loch in die obere »Ebene 1«, so dass in diesem Bereich die unveränderte »Hintergrund«-Ebene sichtbar wird. Datei: Zoom_07

HINweis

Senken Sie in der Ebenenpalette die DECKKRAFT der gesamten Ebene 1; dadurch reduzieren Sie die Bewegungsunschärfe über die gesamte Bildfläche. Dies erledigt auch der Befehl BEARBEITEN: VERBLASSEN unmittelbar nach der BEWEGUNGSUNSCHÄRFE; aber wenn Sie mit dem DECKKRAFT-Regler der Ebenenpalette arbeiten, können Sie jederzeit zu anderen Werten zurückkehren.

9.5 Mit Ebene und Ebenenmaske

Unschlagbar flexibel sind Sie mit der Ebenenmaske: Sie können jederzeit korrigierte und unveränderte Partien neu mischen; dabei arbeiten Sie mit Malwerkzeugen, aber auch Auswahlfüllungen, Filtern oder Korrekturbefehlen. Wir stellen Ebenenmasken ausführlich vor in den Projekten »Weicher Übergang«, Seite 25, und »Raster-Effekt«, Seite 203. Hier nur die Zusammenfassung einer möglichen Vorgehensweise:

1. Laden Sie die Vorlage »Zoom_04«.
2. Duplizieren Sie die »Hintergrund«-Ebene, indem Sie die Miniatur auf das Symbol NEUE EBENE ERSTELLEN in der Ebenenpalette ziehen. Dadurch entsteht die neue Ebene »Hintergrund Kopie«.
3. Bearbeiten Sie die neue »Kopie«-Ebene mit dem Filter BEWEGUNGSUNSCHÄRFE. Das gesamte Bild erscheint verändert.
4. Klicken Sie auf die Schaltfläche MASKE ERSTELLEN. Photoshop zeigt eine Ebenenmasken-Miniatur neben der »Kopie«- Ebene. Sie ist weiß, dass heißt, diese Maske verbirgt keinerlei Bildfläche. Das Bild zeigt sich unverändert.
5. Schalten Sie den Pinsel ein, wählen Sie eine größere, weiche Werkzeugspitze und vor allem Schwarz als Vordergrundfarbe.
6. Achten Sie darauf, dass weiterhin die Ebenenmaske und nicht die Bildebene aktiviert ist, dann malen Sie mit Schwarz über der Person: In den retuschierten Zonen blendet Photoshop die obere Ebene aus, die untere, unverzerrte Ebene scheint durch.

Wir haben die komplette obere Ebene mit der Bewegungsunschärfe verfremdet und dann eine zunächst weiße Ebenenmaske angelegt. Indem wir Schwarz in der Ebenenmaske auftragen, verbergen wir Teile der oberen Ebene; die unverzerrte, untere Ebene scheint durch. Die Mischung zwischen beiden Ebenen lässt sich jederzeit beliebig ändern. Datei: Zoom_08

Zehnter Workshop 10

Text und Bild

In diesem Projekt legen wir eine Textebene an, die wir mit überraschenden Effekten verfremden, montieren und umformen.

Übersicht

Das erwartet Sie:

- *Was kommt dran:* Text-Werkzeug T, Verschieben-Werkzeug, Textfunktion TEXT VERKRÜMMEN, Zeichenpalette, Beschnittgruppe, Verbindungsfunktion, ERWEITERTE FÜLLMETHODE, FILTER-Befehl DUNKLE BEREICHE VERGRÖSSERN
- *Aufwand:* mittel bis höher
- *Kontext:* Bildausschnitt mit Form-Werkzeug, Seite 67; Paletten, Seite 248
- *Projekt-Dateien*: Text_01 bis Text_14

Text as text can: Verzerrungen, Textfüllungen, 3D-Effekte gehören zu den Highlights dieses Projekts.

10.1 Textobjekt erstellen

In diesem Projekt reizen wir die Möglichkeiten der Textfunktion systematisch aus. Greifen Sie sich einfach für Ihre eigenen Vorhaben die interessantesten Bearbeitungsmöglichkeiten heraus.

Um ein erstes Textobjekt zu erstellen, laden wir die Datei »Text_01« aus dem »Projekte«-Verzeichnis der CD zu diesem Buch. Wir klicken in der Photoshop-Werkzeugleiste das Text-Werkzeug T an.

Textoptionen

In der Optionen-Leiste machen wir folgende Vorgaben:

- Wir verwenden die Modi TEXTEBENE ERSTELLEN und TEXT HORIZONTAL AUSRICHTEN, als Schriftart nehmen wir ARIAL BLACK mit einer Größe von 36 Punkt.
- Im Klappmenü für die Kanten-GLÄTTUNG wählen wir SCHARF, aber die anderen Verfahren eignen sich hier auch – Hauptsache Sie produzieren das Textobjekt nicht ganz OHNE Glättung.
- Überdies bemühen wir die Option TEXT LINKS AUSRICHTEN.
- Das Feld TEXTFARBE in der Optionen-Leiste zeigt Schwarz, weil dies die letzte Vordergrundfarbe war. Damit entstehen schwarze Lettern – wir belassen es dabei.

Textobjekt erstellen

Stimmen die Vorgaben? So kommt der Text ins Bild:

1. Klicken Sie an die Bildstelle, an der Ihr Text beginnen soll. Photoshop zeigt dort einen blinkenden Textcursor.
2. Tippen Sie Ihre Worte ein. Wie in einem Textprogramm markieren und löschen Sie bei Bedarf einzelne Buchstaben.
3. Beenden Sie die Texteingabe, indem Sie auf die BESTÄTIGEN-Schaltfläche ✓ in der Optionen-Leiste klicken oder indem Sie [Strg]+[↵]-Taste drücken.

Nun haben Sie einen schwarzen Schriftzug im Bild. Blenden Sie die Ebenenpalette mit [F7] ein; Sie zeigt das neue Textobjekt »Sommer« (Details zum Umgang mit Paletten finden Sie ab Seite 248).

Wir haben das Text-Werkzeug in der Werkzeugleiste angeklickt, dann ins Bild geklickt und den Text eingetippt. Der Schriftzug erscheint als neue Textebene in der Ebenenpalette. Optionen-Leiste und Zeichenpalette zeigen die Vorgaben für Schriftart, Schriftgröße und andere Texteigenschaften. Das Farbfeld oben rechts in der Optionen-Leiste ist schwarz, darum entstand ein schwarzer Schriftzug. Alle Eigenschaften lassen sich problemlos ändern. Datei: Text_02

WARNUNG

Während der unmittelbaren Texteingabe können Sie kaum andere Dinge in Photoshop tun, etwa andere Befehle wählen, zwischenspeichern oder eine neue Datei öffnen. Schließen Sie zunächst die Texteingabe ab wie in Schritt 3 geschildert.

10.2 Textformatierung

Das neue Textobjekt lässt sich vielseitig verändern, die Möglichkeiten sind besser als in manchem Textprogramm. Bei den folgenden Manipulationen verbleibt das Objekt stets im Textmodus – Sie können also jederzeit etwa Schriftart, Schriftgröße oder Wortlaut ändern.

Buchstabenabstand (Laufweite)

Die folgenden Korrekturen lassen sich nicht mit der Optionen-Leiste eingeben. Sie benötigen die Zeichenpalette, die Sie mit der Paletten-Schaltfläche aus der Optionen-Leiste einblenden, alternativ mit Strg+T.

Und noch etwas: Für die meisten Änderungen per Zeichenpalette markieren Sie zunächst diejenigen Buchstaben, die Sie tatsächlich bearbeiten wollen. Da wir den Buchstabenabstand im kompletten Wort verändern möchten, markieren wir das ganze Wort – wir klicken es mit dem Text-Werkzeug T doppelt an. Die markierten Buchstaben – hier das gesamte Wort – erscheinen im Bild farblich verändert. Klicken Sie nun auf das gekippte Dreieck ▼ neben dem Eingabefeld LAUFWEITE FÜR AUSGEWÄHLTE ZEICHEN EINSTELLEN. Hier wählen Sie die Vorgabe –50. Dadurch rücken die Buchstaben enger zusammen. Für die spätere Füllung mit Bildinhalt eignen sich breite und eng zusammenstehende Buchstaben am besten.

Das komplette Textobjekt wurde durch einen Doppelklick mit dem Textwerkzeug ausgewählt, so dass es hier hervorgehoben erscheint. Ein negativer Wert im Feld LAUFWEITE FÜR AUSGEWÄHLTE ZEICHEN EINSTELLEN der Zeichenpalette lässt die Buchstaben enger zusammenrücken.

Buchstabenhöhe (VERTIKALE SKALIERUNG)

Wir wollen den Anfangsbuchstaben »S« verlängern. Dazu markieren wir die Letter durch eine Bewegung mit dem Text-Werkzeug T bei gedrückter Maustaste. Alle folgenden Eingaben in der Zeichenpalette betreffen nur noch diesen gewählten Buchstaben. Wir erhöhen den Wert im Feld VERTIKALE SKALIERUNG auf 150 Prozent – der Buchstabe wächst dadurch in die Höhe, ohne zugleich breiter zu werden. Die anderen Buchstaben behalten die vorgewählte Größe.

HINweis

Wie immer in Photoshop und ImageReady können Sie die Werte in den Eingabefeldern auch mit den vertikalen Pfeiltasten senken beziehungsweise erhöhen. Pfeiltaste plus [⇧]-Taste erzeugen größere Intervalle.

Wir haben den ersten Buchstaben durch eine Bewegung mit dem Text-Werkzeug markiert und dann den Wert im Feld VERTIKALE SKALIERUNG der Zeichenpalette auf 150 Prozent erhöht. Dadurch verlängert sich der gewählte Einzelbuchstabe um 50 Prozent gegenüber der Schriftgröße, die für das gesamte Textobjekt gilt. Datei: Text_04

Weitere Zeichenformatierung

Im Folgenden lernen Sie weitere Möglichkeiten der Zeichenpalette kennen, die wir in diesem Projekt jedoch nicht verwenden. Markieren Sie die gewünschten Buchstaben und öffnen Sie das Menü zur Zeichenpalette mit dem eingekreisten Dreieck ▶, um diese Optionen zu erhalten:

- Sind zusätzlich zur normalen Schriftart keine gefetteten oder kursiven Schriftvarianten auf Ihrem Rechner installiert, die Sie mit dem Schriftart-Menü einstellen könnten, so errechnet Photoshop diese Schriftschnitte auf eigene Faust. Die entsprechenden Befehle heißen FAUX KURSIV und FAUX FETT. Achtung – Text-»Verkrümmung« ist hier nicht möglich (siehe unten).
- Benötigen Sie einen Text in Großbuchstaben, müssen Sie Ihre Worte nicht gleich bei gedrückter ⇧-Taste eintippen. Stattdessen lässt sich der Text auch für Großbuchstaben formatieren – so wechseln Sie durch einen einfachen Menübefehl bei Bedarf wieder zurück zur üblichen gemischten Schreibweise. Der Befehl GROSSBUCHSTABEN stellt alle markierten Zeichen in Großbuchstaben dar. Der Befehl KAPITÄLCHEN belässt die markierten Großbuchstaben in der üblichen Größe; die Kleinbuchstaben erscheinen als verkleinerte Großbuchstaben – je nach Schriftschnitt exakt so hoch wie zuvor die Kleinbuchstaben. Beachten Sie, dass sich die Breite des Gesamttextes ändern kann, wenn Sie zu GROSSBUCHSTABEN oder KAPITÄLCHEN wechseln.
- Sie können den Text auch hoch- oder tiefstellen und dabei die Buchstaben verkleinern – so wie es für wissenschaftliche Formeln erforderlich ist. Dies erledigen die Befehle HOCHGESTELLT und TIEFGESTELLT.

- Ab Werk verwenden ImageReady und Photoshop GEBROCHENE ZEICHENBREITEN. Die Abstände zwischen den einzelnen Textzeichen sind also unterschiedlich groß und betragen zwischen einigen Zeichen auch den Bruchteil eines Pixels. Dies ist meist die optimale Vorgabe. Kleine Schriftgrößen, die am Monitor dargestellt werden, können jedoch ineinander laufen. Sie können darum die GEBROCHENEN BREITEN abschalten und damit Buchstabenabstände von ganzen Pixeln erzwingen; dies erledigen Sie im Menü zur Zeichenpalette.
- Auch die Optionen UNTERSTRICHEN und DURCHGESTRICHEN gelten nur für den markierten Textteil.
- Mit der Vorwahl LIGATUREN im Palettenmenü rücken bestimmte Buchstabenpaare enger zusammen und verschmelzen fast, zum Beispiel »fi«. Die Option lässt sich jedoch nur für einige OpenType- und Type-1-Schriftarten nutzen, sofern Ligaturen enthalten sind.
- Die gleiche Einschränkung gilt auch für den MEDIÄVALSTIL, der Ziffern auf spezielle Art darstellt.

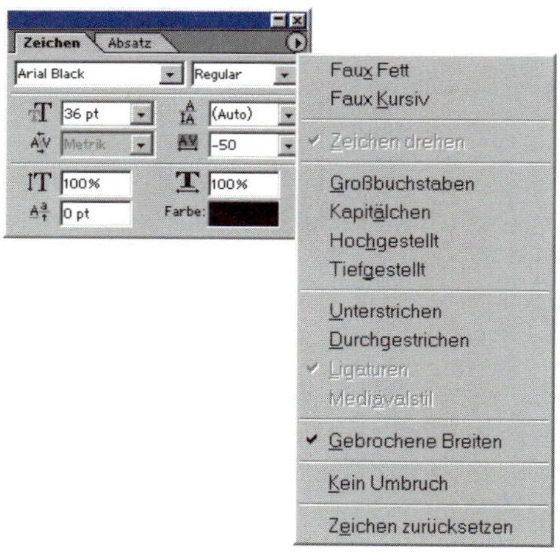

Mit der Zeichenpalette formatieren Sie die im Bild markierten Buchstaben.

Die folgenden Korrekturmöglichkeiten bieten die Eingabefelder in der Zeichenpalette:

- ABSTAND ZWISCHEN ZWEI ZEICHEN: Den individuellen Abstand zwischen zwei Buchstaben übernimmt Photoshop aus der Information, die im Schriftsatz gespeichert ist. Sie verändern den Abstand zwischen zwei Zeichen – oft auch »Kerning« genannt – nach eigenem Belieben. Negative Werte verringern die Distanz, positive Werte schaffen Freiraum. Achtung: Wollen Sie den Abstand zwischen zwei Lettern per KERNING korrigieren, muss sich der Mauszeiger zwischen den beiden Buchstaben befinden, es darf kein Text markiert sein.

- Zeilenabstand: Den Zeilenabstand regeln Sie mit der gleichen Maßeinheit wie die Schriftgröße, also meist Punkt, Pixel oder Millimeter. Zunächst verwendet Photoshop den zur Schriftart gehörigen Zeilenabstand – solange Sie als Eintrag Auto oder ein leeres Feld vorfinden. Ein Beispiel: Arbeiten Sie mit umbrochener 80-Punkt-Schrift, dann geben Sie einen Zeilenabstand von »60« vor, wenn die Zeilen besonders eng zusammenrücken sollen. Geben Sie »120« vor, wenn die Zeilen besonders weit auseinander liegen sollen. Lassen Sie das Feld leer oder klicken Sie auf Auto, wenn Sie den Standardabstand nutzen möchten.
- Grundlinie: Sie können einzelne Buchstaben über oder unter die Grundlinie stellen, so dass sie tiefer sinken oder höher rücken – zum Beispiel die Letter »S«, die Sie im vorhergehenden Schritt vergrößert haben. Markieren Sie die Buchstaben, dann tippen Sie einen Wert neben Grundlinie ein. Ein positiver Wert bugsiert üblichen horizontalen Text nach oben. Negative Eingaben schieben die Lettern nach unten.

Hinweis

Mit dem Befehl Zeichen zurücksetzen aus dem Menü zur Zeichenpalette setzen Sie sämtliche Einstellungen wieder auf Null zurück und machen auch völlig entstellte Schriftzüge wieder lesbar. Dabei darf sich der Textcursor nicht im Schriftzug befinden – wechseln Sie bei Bedarf zu einem anderen Werkzeug, schalten Sie dann wieder das Textwerkzeug ein und wählen Sie unmittelbar danach den Befehl Zeichen zurücksetzen.

10.3 Text verzerren

Jetzt verzerren wir den Text mit den Funktionen Frei transformieren und Text verkrümmen. Dabei bleibt jeweils der Textmodus erhalten, das heißt:

- Sie können weiterhin Texteigenschaften wie Schriftart oder Wortlaut ändern.
- In allen Fällen entstehen makellos glatte Textkonturen, es kommt nicht zu beschädigten Rändern wie beim übermäßigen Verzerren von üblichen Bildobjekten.

Frei transformieren

Für den nächsten Schritt beenden Sie den Texteingabe-Modus, zum Beispiel indem Sie ein anderes Werkzeug wie das Verschieben-Werkzeug einschalten. Die Textebene soll aber weiterhin in der Ebenenpalette aktiviert sein. Nun dehnen wir das Textobjekt. So geht's:

1. Wählen Sie Bearbeiten: Frei Transformieren oder kurz [Strg]+[T]; Photoshop garniert das Textobjekt durch einen Begrenzungsrahmen mit Anfasspunkten.

2. Klicken Sie auf die obere Linie des Begrenzungsrahmens und dehnen Sie das Textobjekt deutlich in die Höhe. Ziehen Sie an einem Eck-Anfasser bei gedrückter [⇧]-Taste, wenn Sie das Höhe-Breite-Seitenverhältnis nicht verändern möchten.

3. Schließen Sie die Bearbeitung ab, indem Sie auf die BESTÄTIGEN-Schaltfläche ✓ klicken oder indem Sie doppelt in den Rahmen klicken. Nun errechnet Photoshop wieder saubere Kanten für das Textobjekt.

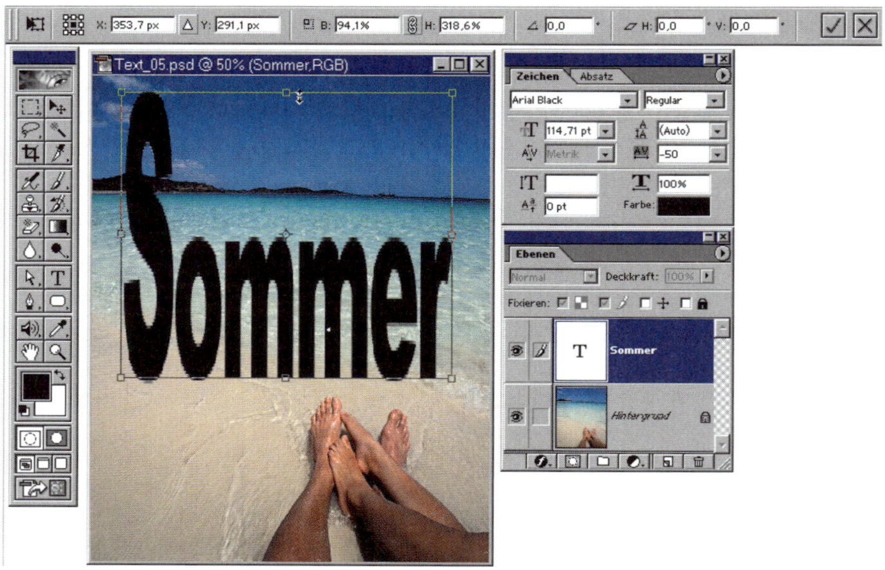

Mit dem Befehl BEARBEITEN: FREI TRANSFORMIEREN können Sie den Text frei verzerren. In der Vorschau sehen Sie hier einen Begrenzungsrahmen mit Anfasspunkten und verzerrte Textkanten; sobald Sie die Änderung durch Doppelklick in den Rahmen bestätigen, errechnet Photoshop makellos glatte Textkonturen. Datei: Text_05

HINweis

Statt an dem Begrenzungsrahmen zu ziehen, können Sie auch Werte in der Optionen-Leiste eintippen. Ausführlicher besprechen wir die Funktion FREI TRANSFORMIEREN im Projekt »Form-Werkzeug« ab Seite 153.

Text »verkrümmen«

Um den Text in Schwingungen zu versetzen, klicken Sie in der Optionen-Leiste zum Text-Werkzeug auf die Schaltfläche VERKRÜMMTEN TEXT ERSTELLEN T... So arbeiten Sie mit dem Dialogfeld TEXT VERKRÜMMEN:

1. Als STIL wählen Sie die WÖLBUNG.
2. Geben Sie eine BIEGUNG von 35 Prozent vor – damit legen Sie den Grad der Verzerrung fest.
3. Wir wählen eine HORIZONTALE VERZERRUNG von –60 Prozent. Damit wird das Textobjekt von links nach rechts deutlich schmaler.
4. Noch bei geöffnetem Dialogfeld zeigt Photoshop die Veränderungen im Bild. Ziehen Sie im Bild, um die Schrift neu zu platzieren.
5. Bestätigen Sie die Eingaben mit OK.
6. Prüfen Sie nach abgeschlossener »Verkrümmung«, ob Sie das Textobjekt erneut mit dem Befehl BEARBEITEN: FREI TRANSFORMIEREN (Strg + T) dehnen, drehen oder stauchen sollten.
7. Bei Bedarf markieren Sie einzelne Buchstaben, um sie mit der Zeichenpalette wie oben beschrieben umzuformatieren.

Wollen Sie den Text wieder gerade ausrichten und die »Verkrümmung« beenden? Dann klicken Sie erneut auf die Schaltfläche VERKRÜMMTEN TEXT ERSTELLEN T..., um das Dialogfeld TEXT VERKRÜMMEN zu öffnen. Im STIL-Klappmenü wählen Sie nun OHNE – damit erscheinen die Lettern wieder normal.

Die Funktion TEXT VERKRÜMMEN versetzt den Text in Schwingungen. Die Ebenenpalette zeigt für die »verkrümmte« Textebene ein besonderes Symbol. Datei: Text_06

10.4 Beschnittgruppe

Nun zeigen wir ein anderes Bild innerhalb des Schriftzugs in einer so genannten »Beschnittgruppe«.

Vorbereitungen

Treffen Sie diese Vorbereitungen:

1. Laden Sie die Vorlage »Text_07« mit dem Sonnenuntergang aus dem »Projekte«-Verzeichnis. Es ist ein sehr großes Bild, aber wir brauchen später die gesamte Fläche zum Ausprobieren.
2. Aktivieren Sie wieder das Bild mit der Textebene durch einen Klick auf die Titelzeile, hier also »Text_06«.
3. Aktivieren Sie dann die Textebene selbst durch einen Klick auf den Ebenen-Namen »Sommer« in der Ebenenpalette.
4. Schalten Sie in der Werkzeugleiste das Verschieben-Werkzeug ein.

Wir aktivieren das Verschieben-Werkzeug und ziehen das Sonnenuntergang-Motiv »Text_07« über die Textmontage. Der Sonnenuntergang erscheint dort als neue »Ebene 1« und überdeckt zunächst das gesamte Bild. Datei: Text_08

5. Klicken Sie in die Vorlage »Text_07«, und ziehen Sie den Sonnenuntergang in die Datei mit dem Schriftzug, hier in das Bild »Text_06«. Die Vorlage »Text_07« verändert sich dadurch nicht.

Der Sonnenuntergang landet als neue »Ebene 1« über dem Schriftzug und überdeckt zunächst das gesamte Bild. Schließen Sie den Sonnenuntergang »Text_07«, um Arbeitsspeicher und Bildschirmfläche zu sparen.

Beschnittgruppe herstellen

So stellen Sie die Beschnittgruppe her.

1. Führen Sie den Mauszeiger über die Ebenenpalette.
2. Halten Sie den Mauszeiger exakt über die Trennlinie zwischen der neuen »Ebene 1« und der darunter liegenden Textebene »Sommer«. Drücken Sie dabei die [Alt]-Taste, so dass der Mauszeiger als Pfeil mit Doppelkreis erscheint.
3. Klicken Sie. Der Sonnenuntergang ist jetzt nur noch innerhalb des Schriftzugs zu sehen.

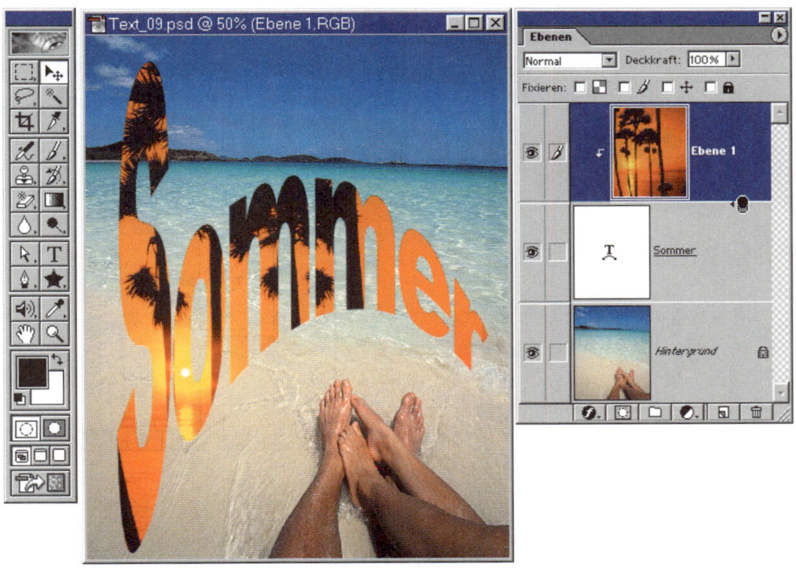

Durch [Alt]-Klick auf die Trennlinie zwischen den Ebenen »Ebene 1« und »Sommer« stellen wir die Beschnittgruppe her. Dabei erscheint der Mauszeiger als Doppelkreis. Den Sonnenuntergang von »Ebene 1« sehen Sie nur noch innerhalb der Basisebene »Sommer«. Datei: Text_09

Beachten Sie die Ebenenpalette:

- Die »Ebene 1« erscheint jetzt eingerückt und zeigt das Symbol für die Beschnittgruppe ↵. Diese Ebene gilt als »gruppiert«.
- Der Name der Textebene, also »Sommer«, erscheint unterstrichen, weil es sich um die so genannte »Basisebene« der Beschnittgruppe handelt. Alle »gruppierten« Ebenen erscheinen nur noch in den Umrissen dieser Basisebene.

Ebenen anpassen

Sie können die gruppierte »Ebene 1« innerhalb der Textumrisse noch anpassen. Dazu aktivieren Sie diese Ebene in der Ebenenpalette durch einen Einzelklick auf den Ebenen-Namen. Die Ebene erscheint also farblich hervorgehoben und wird auch in der Titelzeile des Bildes genannt. Denkbare Änderungen:

- Bewegen Sie die »Ebene 1« mit dem Verschieben-Werkzeug, bis der gewünschte Bildausschnitt sichtbar wird.
- Vergrößern, verkleinern oder drehen Sie die »Ebene 1« mit dem Befehl BEARBEITEN: FREI TRANSFORMIEREN. Auch Bildteile, die außerhalb der Dokumentgrenzen liegen, werden dauerhaft mitgespeichert und lassen sich wieder ins Bild ziehen.

Ebenso gut lässt sich auch die Basisebene, also die Textebene »Sommer«, verändern, bis eine passende Kombination aus Umriss und Bildfüllung entsteht. Sie können weiterhin auch Textfunktionen nutzen, etwa die Schriftart ändern oder die »Verkrümmung« bearbeiten.

10.5 Ebeneneffekte

Nun peppen wir das Ergebnis mit Ebeneneffekten auf. Wir legen zunächst mehr Effekte als nötig an und können später immer noch einzelne Effekte ausblenden. Wir wählen diese Schritte:

1. Aktivieren Sie die Textebene »Sommer« durch einen Einzelklick in der Ebenenpalette, so dass sie in der Ebenenpalette hervorgehoben wird.
2. Klicken Sie auf die Schaltfläche EBENENEFFEKT HINZUFÜGEN unten in der Ebenenpalette und wählen Sie KONTUR. Photoshop präsentiert das Dialogfeld EBENENSTIL mit dem Bereich KONTUR.

Im Dialogfeld Ebenenstil richten Sie die Ebeneneffekte Schlagschatten, Abgeflachte Kante und Relief sowie Kontur ein. Hier sehen Sie die Vorgaben für die Kontur.

3. Richten Sie die Kontur ein wie in der Abbildung oben zu sehen: Geben Sie also die Grösse von 2 Pixeln vor, als Position Mitte, als Füllmethode Hartes Licht, das für lebhafte Mischungen zwischen Kontur und dem Untergrund sorgt. Als Füllung wählen Sie den Verlauf. Öffnen Sie das Verläufe-Klappmenü mit dem gekippten Dreieck ▼ und nehmen Sie die Vorgabe Schwarz, Weiss mit dem Stil Gespiegelt und einem Winkel von –135 Grad.

4. Klicken Sie dann links auf Schlagschatten. Ziehen Sie den Schatten direkt bei geöffnetem Dialogfeld in die gewünschte Position. Wir senken die Deckkraft des Schattens im Dialogfeld auf 50 Prozent und geben eine Grösse von 8 Pixeln an.

5. Schließlich klicken Sie links auf Abgeflachte Kante und Relief. Als Stil nutzen wir Abgeflachte Kante innen, als Technik dient Weich meisseln. Wir nutzen eine Grösse von 16 Pixeln und einen Weichzeichnen-Wert von 5 Pixeln. Klicken Sie rechts auf OK.

Photoshop stellt alle Änderungen sofort im Bild dar. Die Effekte erscheinen als Balken in der Ebenenpalette und lassen sich dort mit dem Augen-Symbol einzeln ausschalten. Wollen Sie einen Effekt bearbeiten, klicken Sie den entsprechenden Balken in der Ebenenpalette doppelt an.

HINweis

Wollen Sie die Kombination dieser drei Ebeneneffekte auf weitere Ebenen übertragen? Dann speichern Sie die drei Effekte als Ebenenstil. Dazu wählen Sie FENSTER: STILE EINBLENDEN und klicken in der Stile-Palette auf die Schaltfläche NEUER STIL. Detaillierter besprechen wir das Verfahren im Projekt »Form-Werkzeug« ab Seite 153.

Mit drei Ebeneneffekten für Schlagschatten, Kontur und plastische Kante betonen wir den Schriftzug. Photoshop listet die Effekte auch in der Ebenenpalette auf. Datei: Text_10

10.6 Beschnittgruppe verbinden und verschieben

Möchten Sie die Textebene und die gruppierte Bildfüllung parallel verschieben?

Dazu verbinden Sie die beiden Ebenen.

Ebenen verbinden

So verbinden Sie zwei Ebenen:

1. Aktivieren Sie eine der gewünschten Ebenen, in unserem Beispiel die Ebene »Sommer«, durch einen Einzelklick in der Ebenenpalette.
2. Klicken Sie neben einer anderen Ebene, die Sie verbinden wollen, in die Verbinden-Leiste gleich links neben der Ebenenminiatur. Dort zeigt Photoshop nun das Verbindungssymbol.

Das Verbinden funktioniert wohlgemerkt nicht nur mit einer Beschnittgruppe oder mit Textebenen wie in unserem Beispiel. Sie können zwei beliebige Ebenen miteinander verbinden. Sie lassen sich dann nicht nur gemeinsam bewegen, sondern auch mit dem Befehl BEARBEITEN: FREI TRANSFORMIEREN gemeinsam drehen, verkleinern oder verzerren.

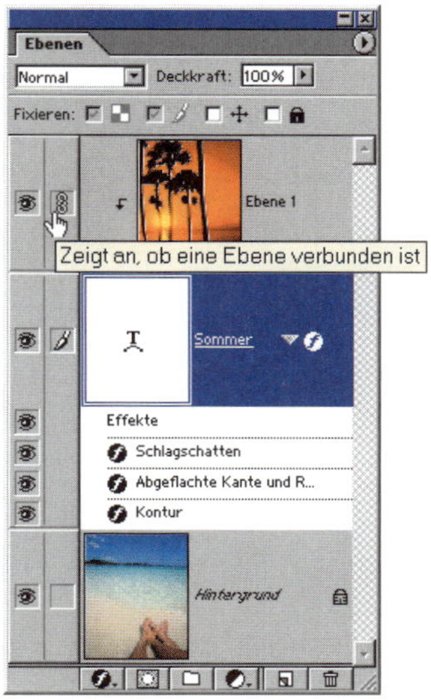

Die Textebene »Sommer« und die Bildfüllung aus der »Ebene 1« werden verbunden. Sie lassen sich nun gemeinsam bewegen und verzerren. Die Ebenenpalette zeigt hier das Verbindungssymbol.

Verbundene Ebenen verschieben

Sie können die verbundenen Ebenen nicht nur innerhalb des aktuellen Bildes verschieben, sondern auch in neue Dateien ziehen. Wir testen das mit folgendem Verfahren:

1. Öffnen Sie die neue Datei »Text_11« mit der Sonnenbadenden.
2. Aktivieren Sie durch einen Klick auf die Titelzeile wieder die Datei »Text_10« mit der Textebene.
3. Aktivieren Sie durch Einzelklick in der Ebenenpalette eine der verbundenen Ebenen, die Sie verschieben möchten, zum Beispiel die Ebene »Sommer«.
4. Schalten Sie das Verschieben-Werkzeug in der Werkzeugleiste ein.
5. Ziehen Sie die Ebenen aus dem Bild »Text_10« in die neue Vorlage »Text_11«. Dabei werden beide verbundenen Ebenen übertragen, sie erscheinen in der Ebenenpalette der Zieldatei. Die ursprüngliche Datei »Text_10« bleibt unverändert.

6. Platzieren Sie den Schriftzug nach Wunsch. Sie können die Lettern auch wie bereits gezeigt Transformieren oder mit der Funktion Text verkrümmen neu einrichten. Achtung: Beim Transformieren verändern sich Textumriss und Bildfüllung gemeinsam, solange Sie die beiden Ebenen verbunden lassen. Heben Sie die Verbindung bei Bedarf durch neuerlichen Klick auf das Verbindungssymbol auf.

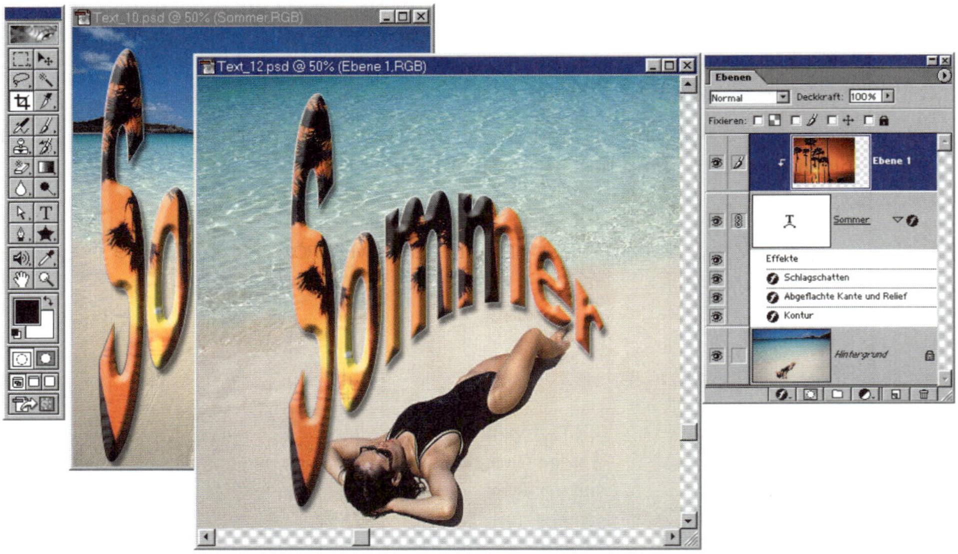

Wir haben die verbundenen Ebenen mit dem Verschieben-Werkzeug gemeinsam in die neue Vorlage »Text_11« gezogen. Sie erscheinen dort in der Ebenenpalette wieder als zwei verbundene Ebenen. Datei: Text_12

10.7 Weitere Verfremdung

Im letzten Abschnitt machen wir die Textkonturen fetter, anschließend blenden wir die Bildfüllung unabhängig von den Ebeneneffekten aus.

Dunkle Bereiche vergrössern

Textobjekte sollen oft so fett wie möglich erscheinen, damit man möglichst viel von der Bildfüllung sieht. Wir blasen die Lettern wie folgt auf:

1. Aktivieren Sie das Textobjekt durch Einzelklick in der Ebenenpalette, hier also per Klick auf »Sommer«.
2. Wählen Sie Filter: Sonstige Filter: Dunkle Bereiche vergrössern.

3. Photoshop zeigt nun eine wichtige Meldung: DIESE TEXTEBENE MUSS GERASTERT WERDEN... Das heißt, nach dem anschließenden, automatischen Rastern und dem FILTER-Befehl können Sie die Ebene nicht mehr im Textmodus bearbeiten, also zum Beispiel Schriftart oder Buchstabenabstand ändern oder mit der Text-»Verkrümmung« arbeiten. Klicken Sie auf OK. Das Dialogfeld DUNKLE BEREICHE VERGRÖSSERN erscheint.
4. Klicken Sie im Bild auf eine Buchstabenkante, damit Sie diesen Bereich im Vorschau-Fenster des Dialogfelds sehen.
5. Stellen Sie den RADIUS auf 5 Pixel.
6. Schalten Sie die Vorschau aus und wieder ein, um den Unterschied zur vorherigen Fassung zu erkennen, dann bestätigen Sie mit OK.

HINweis

Mit dem Befehl FILTER: SONSTIGE FILTER: HELLE BEREICHE VERGRÖSSERN sorgen Sie bei Bedarf für schlankere Lettern.

Der Befehl DUNKLE BEREICHE VERGRÖSSERN erzeugt fettere Buchstaben. Allerdings wird vorher die Ebene gerastert; Sie können die Ebene also nicht mehr im Textmodus bearbeiten. Datei: Text_13

Ebenenfüllung ausblenden

Sie können die Ebenenfüllung ausblenden, so dass nur noch das Licht- und Schattenspiel der Ebeneneffekte übrig bleibt – ein reizvoller Effekt, der den Hintergrund durchscheinen lässt. Hierzu eignet sich nicht der übliche DECKKRAFT-Regler, den die Ebenenpalette liefert.

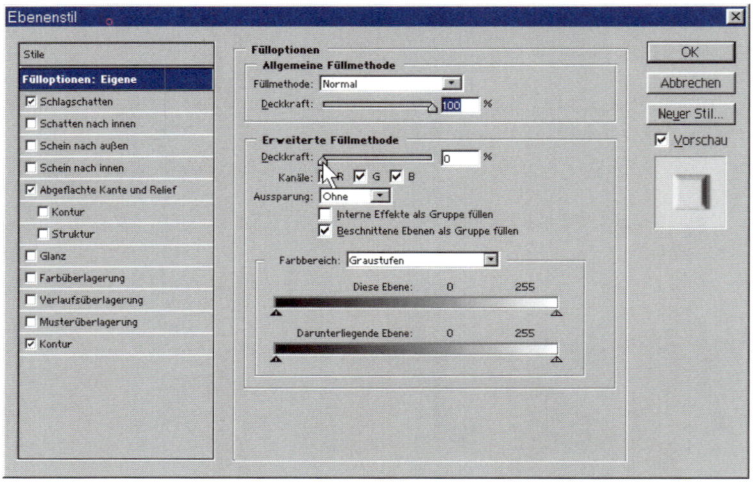

Senken Sie im Bereich ERWEITERTE FÜLLMETHODE der FÜLLOPTIONEN die DECKKRAFT auf 0, um die Bildfüllung unabhängig von den Ebeneneffekten zu verbergen.

So blenden Sie die Ebenenfüllung aus:

1. Aktivieren Sie die Textebene »Sommer« durch einen Einzelklick in der Ebenenpalette.
2. Klicken Sie auf das Symbol EBENENEFFEKTE HINZUFÜGEN und wählen Sie FÜLLOPTIONEN.
3. Ziehen Sie im Bereich ERWEITERTE FÜLLMETHODE – also nicht ganz oben im Bereich ALLGEMEINE FÜLLMETHODE – den DECKKRAFT-Regler nach links auf 0. Die Bildfüllung verschwindet, nur noch die Konturen der Ebeneneffekte sind sichtbar.
4. Prüfen Sie, ob Sie einzelne Ebeneneffekte korrigieren oder ausschalten sollten, etwa ABGEFLACHTE KANTE UND RELIEF. Eventuell wollen Sie auch die Schattenposition korrigieren.

Wir haben die Deckkraft der Textebene »Sommer« im Bereich Erweiterte Füllmethode auf 0 reduziert. So bleiben nur noch die Ebeneneffekte übrig. Zusätzlich schalten wir mit dem Augen-Symbol im Effekte-Bereich der Ebenenpalette den Effekt Abgeflachte Kante und Relief ab. Sie sehen nur noch die Effekte Kontur und Schlagschatten – unabhängig vom Bildinhalt der Ebene; die darunter liegende Ebene scheint durch. Ein weiteres Beispiel finden Sie auf Seite 123. Datei: Text_14

11

Elfter Workshop

Kontrastkorrektur mit Füllmethode

Diese Methode der Kontrastkorrektur ist wenig bekannt – aber sehr wirkungsvoll.

Übersicht

Das erwartet Sie:

- *Was kommt dran:* Füllmethoden, Ebenentechnik, Ebenenmasken, BILD-Befehl FARBTON/SÄTTIGUNG; Zauberstab
- *Aufwand:* gering bis mittel
- *Kontext:* Weicher Übergang, Seite 25; Aus Neu wird Alt, Seite 53; Bildausschnitt mit Form-Werkzeug 67; Zoomeffekt spezial, Seite 113; Freisteller für das Internet, Seite 171; Raster-Effekt, Seite 203; Paletten, Seite 248
- *Projekt-Dateien*: Füll_01 bis Füll_06

Mit wenigen Schritten korrigieren Sie die Unterbelichtung.

11.1 Neue Ebenen

Unsere Vorlage »Füll_01« zeigt einen typischen Fehler der Kameraautomatik: Die Landschaft wurde korrekt belichtet, die Personen im Gegenlicht wirken dagegen viel zu dunkel. Mit wenigen Schritten setzen Sie die Taucher ins rechte Licht, wie die folgende Sequenz zeigt:

Falls noch nicht auf dem Schirm zu sehen, blenden Sie die Ebenenpalette mit F7 ein. Ziehen Sie die »Hintergrund«-Ebene auf das Symbol NEUE EBENE ERSTELLEN.

Durch dieses Duplizieren der »Hintergrund«-Ebene entsteht die neue Ebene »Hintergrund Kopie«. Im Bildfenster ändert sich gar nichts, denn es liegen zwei identische Ebenen übereinander.

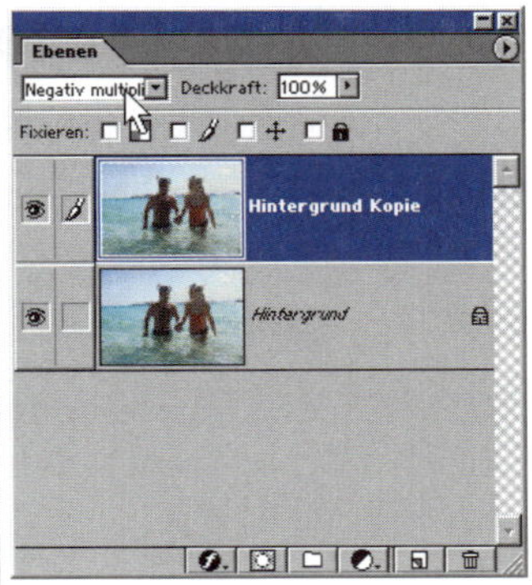

Ist die Ebene »Hintergrund Kopie« noch aktiviert? Dann öffnen Sie oben links in der Ebenenpalette das Klappmenü mit den Füllmethoden, das zunächst NORMAL anzeigt. Schalten Sie um auf NEGATIV MULTIPLIZIEREN. Dieser Modus verrechnet übereinanderliegende Bildpunkte in Richtung Aufhellung; das Pärchen wirkt deutlich heller. Oft reicht dieser Schritt schon für eine befriedigende Kontrastkorrektur.

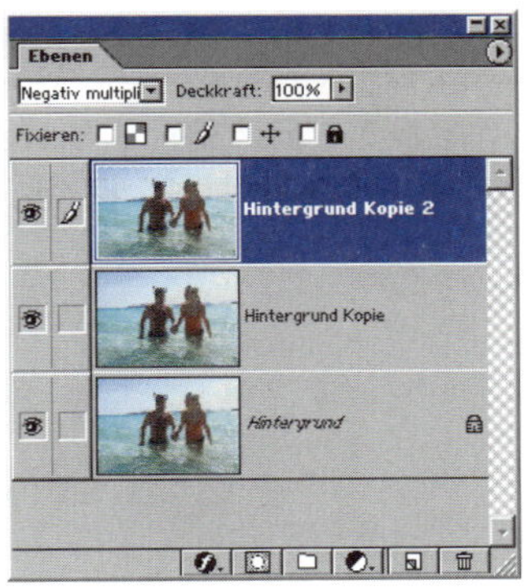

Wir wollen die Sommerfrischler aber noch weiter aufhellen. Wir ziehen darum die Ebene »Hintergrund Kopie« auf das Symbol NEUE EBENE ERSTELLEN. Dadurch entsteht eine weitere, dritte Ebene mit der Bezeichnung »Hintergrund Kopie 2«, ebenfalls mit der Füllmethode NEGATIV MULTIPLIZIEREN. Das Paar wirkt nun korrekt belichtet, die Umgebung ist allerdings zu hell. Datei: Füll_02

HINweis

Hier hellen wir eine unterbelichtete – zu dunkle – Bildpartie auf. Wollen Sie umgekehrt eine zu helle Partie abdunkeln, verwenden Sie die Füllmethode MULTIPLIZIEREN. Für allgemeine Kontraststeigerung testen Sie HARTES LICHT oder, schwächer, WEICHES LICHT.

Ebenen verschmelzen (1)

Wir wollen die Umgebung der unteren Ebene mit dem aufgefrischten Pärchen der oberen Ebenen mischen. Dazu verschmelzen wir jedoch zunächst die beiden oberen »Kopie«-Ebenen. So geht's:

- Achten Sie darauf, dass die oberste Ebene »Hintergrund Kopie 2« in der Ebenenpalette aktiviert ist und auch in der Titelzeile des Bildes genannt wird – so wie in der vorhergehenden Abbildung oben zu sehen.
- Wählen Sie den Befehl EBENE: MIT DARUNTERLIEGENDER AUF EINE EBENE REDUZIEREN, kurz [Strg]+[E].

Dadurch verschmelzen die beiden Ebenen zu einer Ebene namens »Hintergrund Kopie«. Am sichtbaren Bild ändert sich nichts.

Der Befehl MIT DARUNTERLIEGENDER AUF EINE EBENE REDUZIEREN verschmilzt die beiden oberen Ebenen zu einer. Datei: Füll_03

Sättigung anheben

Wir frischen die Farben auf der Ebene »Hintergrund Kopie« noch geringfügig auf. Dazu nutzen wir den Befehl BILD: EINSTELLUNGEN: FARBTON/SÄTTIGUNG (kurz [Strg]+[U]) und heben die SÄTTIGUNG auf den Wert 35 an.

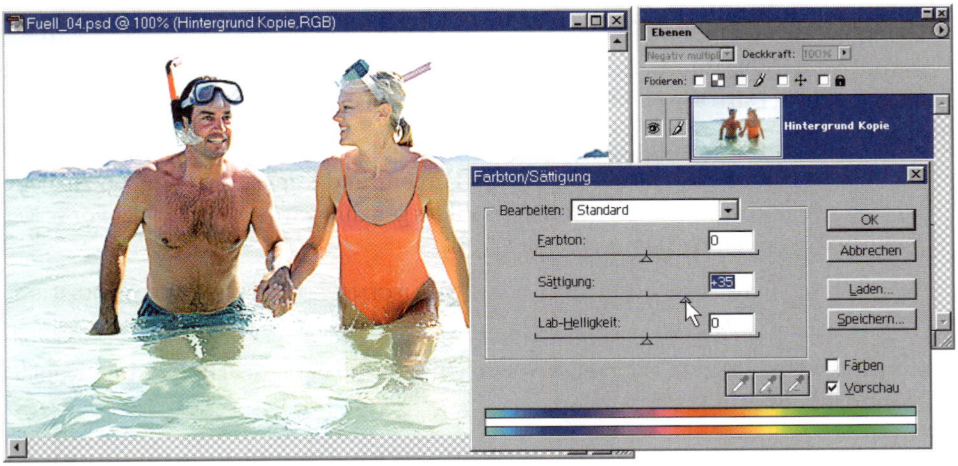

Der Sättigungsregler des Befehls FARBTON/SÄTTIGUNG frischt die Farben auf. Datei: Füll_04

11.2 Mischung per Ebenenmaske

Wir haben nun zwei Ebenen im Bild, die sich durch entgegengesetzte Mängel beziehungsweise Vorzüge auszeichnen:

- Die »Hintergrund«-Ebene zeigt das ursprüngliche Bild mit korrekter Umgebung, aber zu dunklen Hauptdarstellern.
- Die Ebene »Hintergrund Kopie« präsentiert aufgehellte Personen, aber das Umfeld wirkt hier deutlich ausgefressen.

Wir mischen nun beide Ebenen, indem wir Teile der Ebene »Hintergrund Kopie« durch eine Ebenenmaske verbergen.

HINweis

Falls Sie die Auswahl nicht wie hier gezeigt Schritt für Schritt erstellen möchten: Wir haben eine fertige Auswahl in der Datei »Füll_04« als Alphakanal angelegt. Öffnen Sie die Datei, wählen Sie AUSWAHL: AUSWAHL LADEN und wählen Sie im Klappmenü KANAL die Vorgabe »Auswahl Umgebung«. Sie erhalten eine Fließmarkierung, mit der Sie sofort eine Ebenenmaske erstellen, wie es der Abschnitt »Ebenenmaske anlegen« beschreibt.

Auswahl erstellen

Wir bereiten die Ebenenmaske vor, indem wir den zu verbergenden Teil auswählen:

1. Stellen Sie sicher, dass Sie die Ebene »Hintergrund Kopie« aktiviert haben.
2. Aktivieren Sie in der Werkzeugleiste den Zauberstab.
3. Richten Sie in der Optionen-Leiste eine Toleranz von 44 ein, aktivieren Sie die Optionen Glätten und Benachbart (mehr Details zu diesen Optionen im Projekt »Freisteller für das Internet« ab Seite 171).
4. Klicken Sie in die Bildumgebung. Photoshop umgibt farbähnliche Bereiche mit einer schwarzweiß schillernden Fließmarkierung.
5. Schalten Sie oben in der Optionen-Leiste die Vorgabe Der Auswahl hinzufügen ein. (Alternativ drücken Sie im Folgenden die ⇧-Taste.)
6. Durch weiteres Klicken in bisher nicht erfasste Bereiche nehmen Sie zusätzliche Bildteile um das Taucherpaar herum mit in die Auswahl. Dabei erscheint der Zauberstab mit einem Plus-Zeichen – das signalisiert, dass Sie die Auswahl erweitern und nicht etwa verkleinern oder ersetzen.

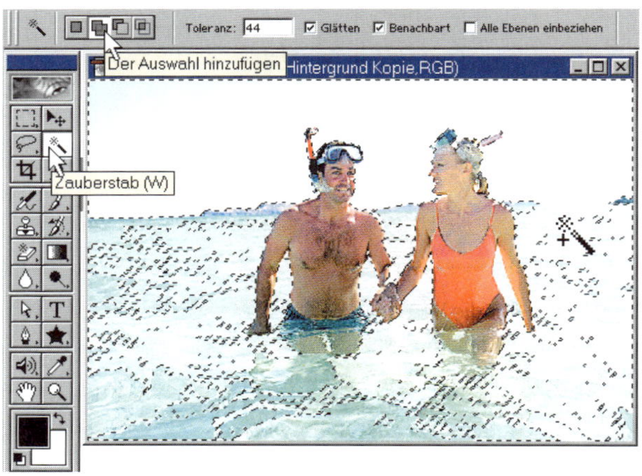

Mit dem Zauberstab wählen Sie nacheinander verschiedene Teile der Bildumgebung aus. Dabei nutzen Sie die Vorgabe Der Auswahl hinzufügen, um die Auswahl Klick für Klick zu erweitern.

Auswahl verfeinern

Es fällt schwer, mit dem Zauberstab die Umgebung der Taucher perfekt auszuwählen. Die folgenden Bilder zeigen mehrere Möglichkeiten, die Auswahl zu glätten und zu verfeinern:

Der Befehl AUSWAHL: AUSWAHL VERÄNDERN: ABRUNDEN tilgt Auswahllücken in der Mitte der Auswahl. Wir verwenden hier einen RADIUS von 8 Bildpunkten.

Wir haben das Lasso eingeschaltet, verwenden wieder die Vorgabe DER AUSWAHL HINZUFÜGEN und rahmen Bildbereiche ein, die komplett in die Auswahl aufgenommen werden sollen. Achten Sie auch auf die weiteren abgebildeten Optionen. Um möglichst umfassend auszuwählen, bewegen wir das Lasso auch durch Zonen außerhalb des Bildes. Das fällt leichter, wenn Sie das Bild, wie hier, mit der MAXIMIEREN-Schaltfläche rechts oben in der Titelleiste, zentral im Programmfenster darstellen. Das Lasso erscheint mit einem Plus-Zeichen. Sobald Sie es loslassen, wird die Auswahl geschlossen, der eingerahmte Bereich wird komplett in die Auswahl übernommen.

Arbeiten Sie nach Bedarf weiter mit dem Zauberstab oder mit dem ABRUNDEN-Befehl. Entfernen Sie zuviel Ausgewähltes im Bereich der Personen mit Lasso oder Zauberstab und der Vorgabe VON AUSWAHL SUBTRAHIEREN. Verbleibende Details können Sie auch noch in der nun folgenden Ebenenmaske mit in die Auswahl nehmen.

Die Auswahl ist fertig. Um eine Ebenenmaske auf Basis dieser Auswahl anzulegen, verwenden Sie in der Ebenenpalette das Symbol MASKE HINZUFÜGEN.

Ebenenmaske anlegen

Um die Ebenenmaske anzulegen, klickt man auf das Symbol MASKE HINZUFÜGEN unten in der Ebenenpalette. Aber Vorsicht: Dieser Klick erzeugt eine Ebenenmaske, die den ausgewählten Bildbereich sichtbar erhält – hier also die Umgebung der Taucher. Wir benötigen jedoch das umgekehrte Schema: Die ausgewählte, zu helle Umgebung soll verborgen werden, während die nicht ausgewählten Darsteller sichtbar bleiben sollen. Klicken Sie darum bei gedrückter Alt-Taste auf das Symbol MASKE HINZUFÜGEN.

Sie sehen nun das Ebenenmasken-Symbol in der Ebenenpalette. Sie erhalten eine Mischung der zwei Ebenen, die nur noch den gut belichteten Bildhintergrund und das aufgehellte Urlauberpaar anzeigt.

Die Ebenenmaske auf Basis der Auswahl erscheint in der Ebenenpalette. Sie verbirgt die zu helle Landschaft in der oberen Ebene, so dass eine Bildmischung mit zwei sinnvoll hellen Bereichen entsteht. Datei: Füll_05

Ebenenmaske korrigieren

Sie können die Ebenenmaske vielseitig korrigieren. Achten Sie stets darauf, dass bei dieser Arbeit die Ebenenmaske selbst aktiviert ist und nicht die Bildebene. Sie erkennen dies am Ebenenmasken-Symbol neben der Bildminiatur in der Ebenenpalette und am Hinweis EBENENMASKE in der Titelzeile des Bildes.

Ausführlich lernen Sie die Arbeit mit Ebenenmasken in den Projekten »Weicher Übergang« (Seite 25), »Raster-Effekt« (Seite 203) und »Aus Neu wird Alt« (Seite 53) kennen. Hier nur eine Zusammenfassung möglicher Verfahren:

- Malen oder füllen Sie mit Weiß, um weitere Teile der Ebene sichtbar zu machen. Schwarz verbirgt Teile der Ebene.
- Verwenden Sie den Befehl FILTER: SONSTIGE FILTER: DUNKLE BEREICHE VERGRÖSSERN, um schwarze Bereiche der Ebenenmaske gleichmäßig auszudehnen und so den sichtbaren Bereich zu verkleinern. Sie können diesen Filter auch per Auswahl auf gewählte Bereiche der Ebenenmaske einschränken. Umgekehrt dehnt der Filter HELLE BEREICHE VERGRÖSSERN weiße Bereiche aus und macht weitere Partien der Ebene sichtbar.
- Harte Übergänge glätten Sie mit dem Befehl FILTER: WEICHZEICHNUNGSFILTER: GAUSSSCHER WEICHZEICHNER oder mit dem Weichzeichner-Pinsel.

Weitere Möglichkeiten, zwei Ebenen zu mischen, spielen wir im Projekt »Zoomeffekt spezial« ab Seite 113 durch. Die Verfahren aus diesem Projekt sind schneller, bieten aber weniger Korrekturmöglichkeiten.

HINweis

Ebenen verschmelzen (2)

Um unkompliziert mit dem Gesamtergebnis arbeiten zu können, sollten Sie das Bild auf eine übliche »Hintergrund«-Ebene eindampfen. Dies erledigt der Befehl EBENE: AUF HINTERGRUNDEBENE REDUZIEREN. Das sichtbare Bild ändert sich in keiner Weise.

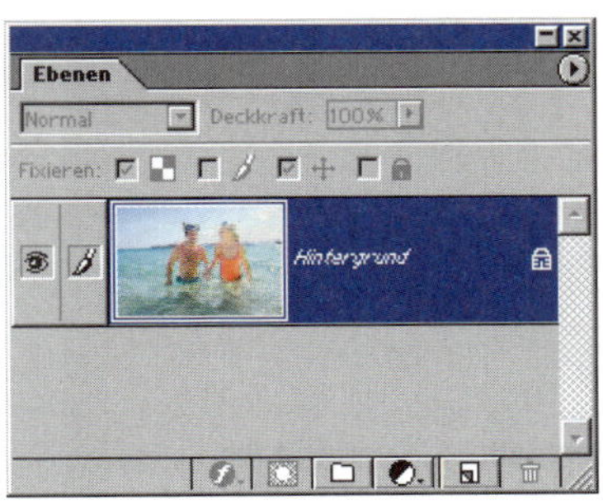

Der Befehl AUF HINTERGRUNDEBENE REDUZIEREN verschmilzt die bisher zwei Bildebenen zu einer üblichen Hintergrundebene; so lässt sich das Gesamtergebnis leichter weiterbearbeiten.

HINweis

Das Ergebnis dieses Projekts stanzen wir im Projekt »Bildausschnitt mit Form-Werkzeug« (Seite 67) in eine sternförmige Figur; diese Figur montieren wir schließlich vor einen neuen Hintergrund, der im Projekt »Text und Bild« (Seite 123) entstand.

12

Zwölfter Workshop

Form-Werkzeug

Benötigen Sie ein Logo oder eine peppige Form? Photoshop 6 hat die optimalen Werkzeuge für solche Grafikjobs. Schritt für Schritt erstellen wir mit den Pfad- und Form-Funktionen eine raffinierte Figur. Sie lässt sich vielseitig umgestalten und beliebig in Fotos einbauen.

Übersicht

Das erwartet Sie:

- *Was kommt dran:* Werkzeug EIGENE FORM; Werkzeuge zur Pfadauswahl; Ebenenstil; Ebeneneffekte
- *Aufwand:* gering; vielseitige Ergebnisse mit wenig Mühe
- *Kontext:* Bildausschnitt mit Form-Werkzeug, Seite 67; Raster-Effekt, Seite 203; Paletten, Seite 248; Bibliotheken und Vorgaben, Seite 249
- *Projekt-Dateien*: Form_01 bis Form_04

Raffinierte Figuren und Formen gelingen mit wenigen Schritten.

12.1 Die Grundform

Mit Datei: Neu legen Sie eine neue Datei im Modus RGB-Farbe an. Sie rufen den Befehl schneller mit [Strg]+[N] auf, am Mac wie immer [⌘]-Taste+[N]. Verwenden Sie als Inhalt Weiss und als Maße 700x700 Pixel. Sie können das Ergebnis später jederzeit ohne Qualitätsverlust beliebig vergrößern oder verzerren.

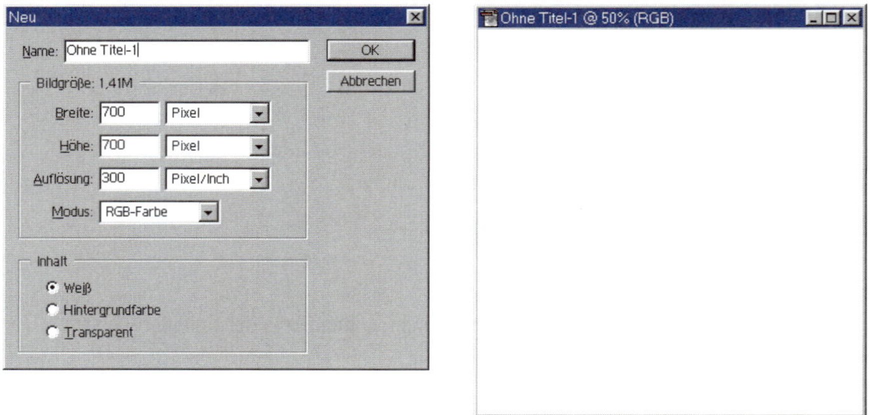

Mit dem Befehl »Datei: Neu« legen Sie eine neue, leere Datei an. Datei: Form_01

Das Werkzeug Eigene Form

In der Werkzeugleiste schalten Sie das Werkzeug Eigene Form ein. Oben in den Optionen verwenden Sie die Vorgabe Neue Formebene erstellen. Im Klappmenü Form geben Sie den Fleck an, im Klappmenü Ebenenstil verwenden wir Horizont (Text).

Nun ziehen Sie das Werkzeug durch das weiße Dateifenster – von links oben bis in die untere Mitte, wie auf dem nächsten Bild zu sehen. Noch bei gedrückter Maustaste gibt Photoshop eine Vorschau auf die entstehende Figur. Sobald Sie loslassen, präsentiert Photoshop das Objekt mit dem gewählten Ebenenstil: ein bläulicher Verlauf mit plastisch gewölbten Kanten.

Blenden Sie die Ebenenpalette ein, falls sie noch nicht zu sehen ist; dies erledigt der Befehl Fenster: Ebenen einblenden, meist reicht aber die Taste [F7]. Sie erkennen hier die neue Ebene »Form 1«. Photoshop baut den aktuellen Ebenenstil aus zwei Ebeneneffekten auf: Abgeflachte Kante und Relief sowie Verlaufsüberlagerung (Details zu Paletten ab Seite 248).

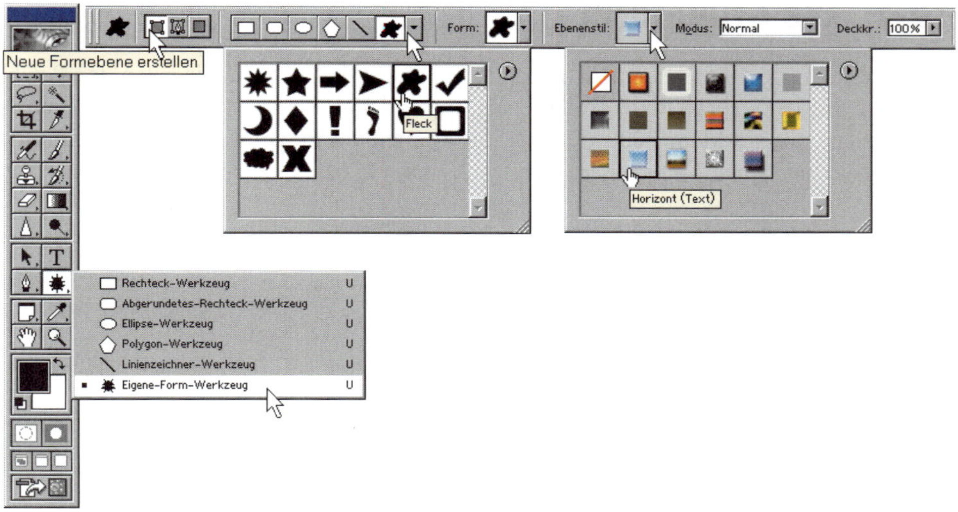

Nachdem Sie das Werkzeug Eigene Form eingeschaltet haben, geben Sie in der Optionen-Leiste Ebenenstil und die Form vor.

Wollen Sie das Ergebnis ein erstes Mal speichern? Verwenden Sie Datei: Speichern oder Datei: Speichern unter, am besten mit dem Photoshop-Dateiformat (Details zu Dateiformaten ab Seite 266).

Hinweis

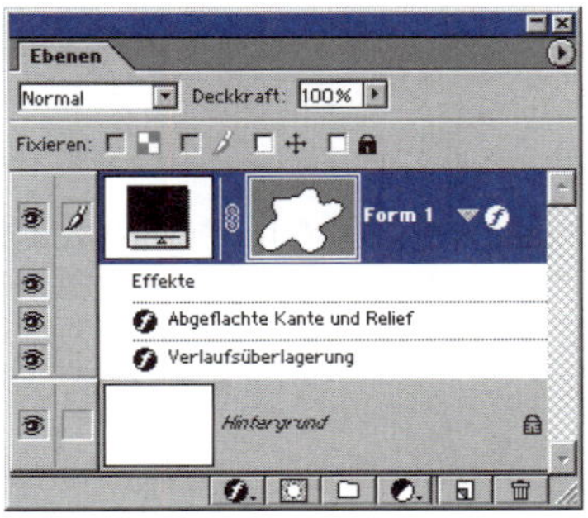

Links: Mit dem Werkzeug Eigene Form produzieren Sie eine Figur mit Verlauf-Füllung und plastischen Kanten. Rechts: In der Ebenenpalette erscheint die neue Figur als so genannte Formebene; Sie erkennen, dass die Ebeneneffekte Abgeflachte Kante und Relief sowie Verlaufsüberlagerung verwendet werden. Datei: Form_02

12.2 Ein neuer Stil

Nun bearbeiten wir das Aussehen des Ebenenstils. Klicken Sie in der Ebenenpalette auf die Leiste ABGEFLACHTE KANTE UND RELIEF. Damit erscheint das komplexe Dialogfeld EBENENSTIL, hier mit den Einstellungen für den Effekt ABGEFLACHTE KANTE UND RELIEF. Die folgende Bildreihe zeigt, wie wir die ABGEFLACHTE KANTE bearbeiten und weitere Effekte hinzufügen.

HINweis

Sie sehen permanent eine Konturlinie für den Pfad im Bild, die nicht mitgedruckt wird. Sie stört gelegentlich bei der Beurteilung. Der Befehl ANSICHT: EINBLENDEN: ZIELPFAD (Strg + ⇧ + H) verbannt die Linie vom Schirm.

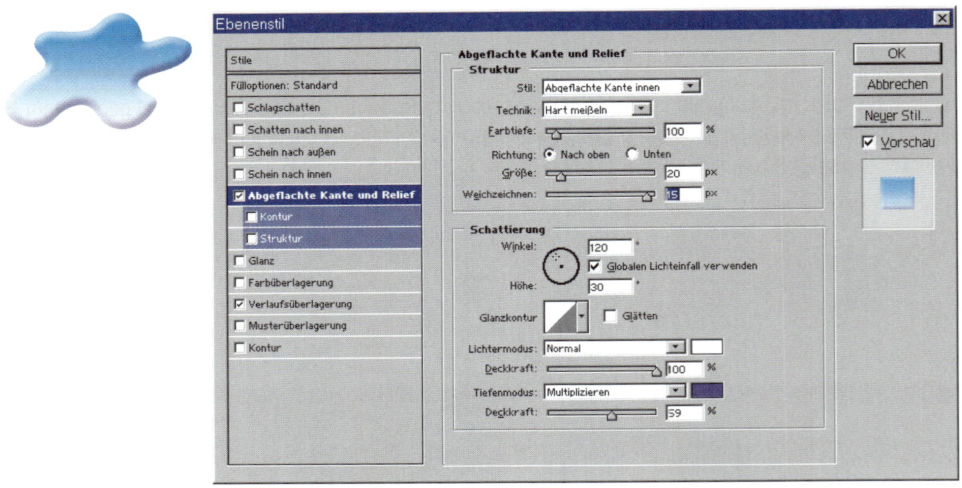

Erhöhen Sie für die ABGEFLACHTE KANTE im Dialogfeld EBENENSTIL den WEICHZEICHNEN-Wert auf 15, um die 3D-Kanten zu glätten, und setzen Sie die GRÖSSE der Kanten auf 20 Pixel. Der FARBTIEFE-Regler bestimmt die Kontraste zwischen Licht- und Schattenseiten. Testen Sie auch andere Regler – sofern Sie die VORSCHAU eingeschaltet lassen, stellt Photoshop sofort alle Änderungen an der Bilddatei dar.

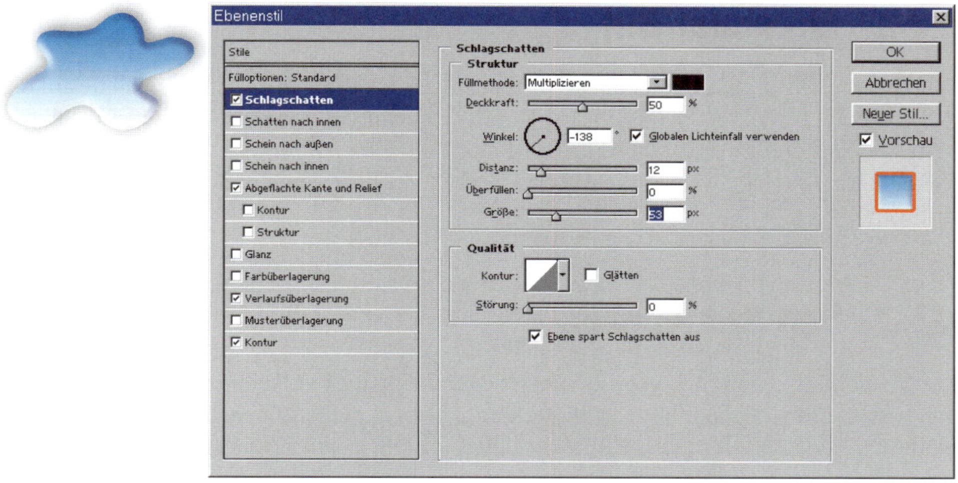

Klicken Sie links im Dialogfeld Ebenenstil auf Schlagschatten. Ziehen Sie den Schatten bei geöffnetem Dialog in die gewünschte Position, regeln Sie Grösse und Deckkraft. Es ist nicht problematisch, wenn Teile des Schattens zunächst über den Bildrand herausragen.

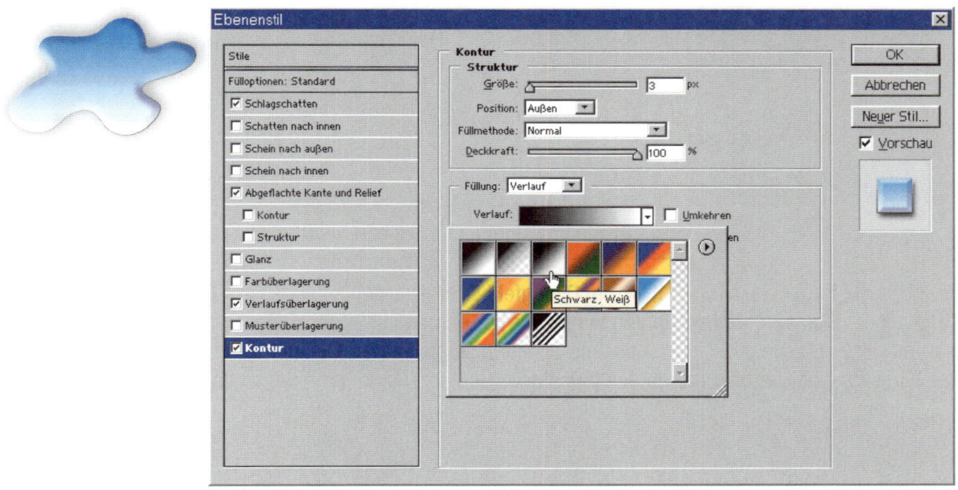

Klicken Sie links im Ebenenstil-Dialogfeld den Kontur-Balken an. Die Grösse dieses Konturrähmchen beschränken wir auf eine Breite von drei Pixeln; statt einer Einzelfarbe wählen wir im Füllung-Klappmenü einen Verlauf. Klicken Sie auf das gekippte Dreieck neben dem Verlaufsbalken und wählen Sie in der Bibliothek den Verlauf Schwarz, Weiss (Details zu solchen Bibliotheken ab Seite 249). Datei: Form_03

Globaler Lichteinfall

Mehrere Ebeneneffekte verwenden eine spezielle Lichtrichtung, so etwa SCHLAGSCHATTEN und ABGEFLACHTE KANTE UND RELIEF. Platzieren Sie beispielsweise den Schlagschatten auf einer Ebene neu, verändert sich automatisch auch im Ebeneneffekt ABGEFLACHTE KANTE UND RELIEF die Lichtrichtung – und zwar bei allen Ebenen im Bild. Um diese Koppelung der Lichtrichtung aller Ebenen und aller Effekte abzuschalten, schalten Sie die Option GLOBALEN LICHTEINFALL VERWENDEN aus.

12.3 Den Stil wahren

Die Kombination von mehreren Ebeneneffekten heißt auch »Ebenenstil«; zum Ebenenstil gehören überdies Füllmethode und Deckkraft. Den aktuellen Ebenenstil – also Kantenwölbung, Verlaufsfüllung und Kontur – heben wir auf, um ihn auf andere Bilder übertragen zu können. Dazu rufen wir im FENSTER-Menü die STILE-Palette auf und klicken auf die Schaltfläche NEUEN STIL ERSTELLEN. Geben Sie einen Namen ein, schon erscheint Ihr Stil als Miniatur. Klicken Sie bei gedrückter Alt-Taste, wenn Sie einen speziellen Namen vergeben wollen. Am Ende des Projekts testen wir verschiedene Stile durch.

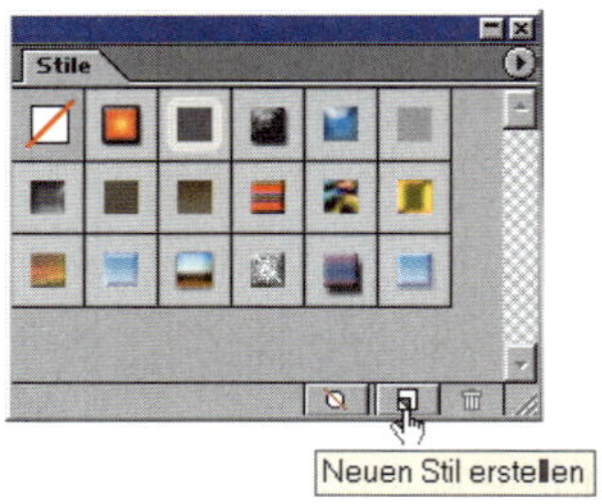

Die aktuellen Ebeneneffekte verewigen Sie als neuen Stil. Das Symbol für den neuen Stil erscheint rechts unten in der Tabelle.

12.4 Frei transformieren

Nun arbeiten wir an der Figur. Wählen Sie BEARBEITEN: FREI TRANSFORMIEREN PFAD oder kurz Strg+T.

Die TRANSFORMIEREN-Funktionen

Unter anderem haben Sie folgende Möglichkeiten:

- Mit den Anfasspunkten am Begrenzungsrahmen ziehen Sie das Objekt in die Breite oder stauchen es. Um bei diesem so genannten Skalieren das Seitenverhältnis zu wahren und die Proportionen beizubehalten, drücken Sie erst die ⇧-Taste, dann ziehen Sie. Lassen Sie nachher erst die Maustaste los, dann die ⇧-Taste.

- Ziehen Sie außerhalb des Rahmens, um die Figur zu drehen.
- Sie können das Objekt durch Ziehen innen bewegen.
- Um nur an einer einzelnen Ecke zu verzerren, drücken Sie die Strg-Taste beim Ziehen eines Eckgriffs – also kein Griff in der Mitte einer Seite.
- Sie verzerren Auswahl oder Ebene symmetrisch von der Mitte ausgehend, wenn Sie die Alt-Taste drücken.
- Um eine Auswahl oder Ebene zu neigen, ziehen Sie an einem Seitengriff – nicht an einem Eckgriff – und drücken Strg+⇧-Taste. Dabei verzerrt Photoshop gegenüberliegende Seiten parallel.
- Um eine Auswahl oder Ebene perspektivisch zu verzerren, drücken Sie Strg+Alt+⇧-Taste und ziehen an einem Eckgriff.

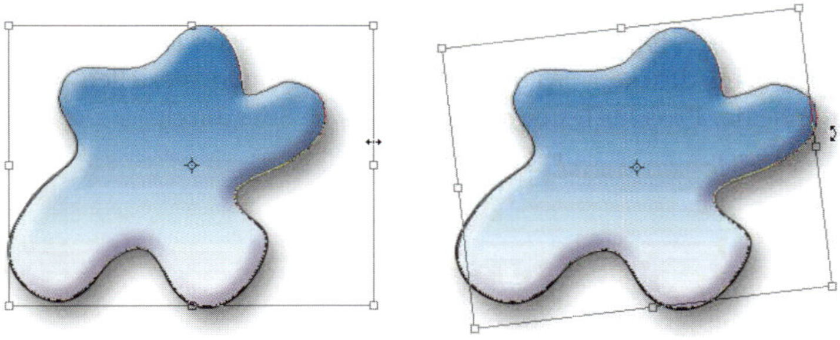

Mit dem Befehl BEARBEITEN: FREI TRANSFORMIEREN PFAD können Sie die Figur dehnen und drehen.

Während der Begrenzungsrahmen zu sehen ist, erlaubt Photoshop kaum andere Befehle. Bestätigen Sie die Veränderung mit der ↵-Taste, per Doppelklick in den Begrenzungsrahmen oder durch Klick auf die BESTÄTIGEN-Schaltfläche ✓ in der OPTIONEN-Leiste. Wollen Sie den Rahmen folgenlos entfernen, also ohne die Verzerrung dauerhaft anzuwenden, drücken Sie Escape oder klicken auf die Schaltfläche ABBRECHEN ✗.

HINweis

Die Veränderungen lassen sich auch als Zahlenangabe in der Optionen-Leiste eintippen, die Photoshop zu allen TRANSFORMIEREN-Funktionen einblendet. Hier finden Sie auch die Schaltfläche SEITENVERHÄLTNIS ERHALTEN, die unproportionales Verzerren verhindert.

Das Werkzeug DIREKT-AUSWAHL

Anschließend schalten Sie das Werkzeug DIREKT-AUSWAHL ein. Rahmen Sie einen Teil des Objekts ein, das Sie umformen möchten. Nun zeigt Photoshop Ankerpunkte und

Grifflinien. Ziehen Sie an einzelnen Ankerpunkten, um den entsprechenden Bereich zu dehnen oder zu stauchen. Mit den Enden der Grifflinien glätten oder wölben Sie die Kurven.

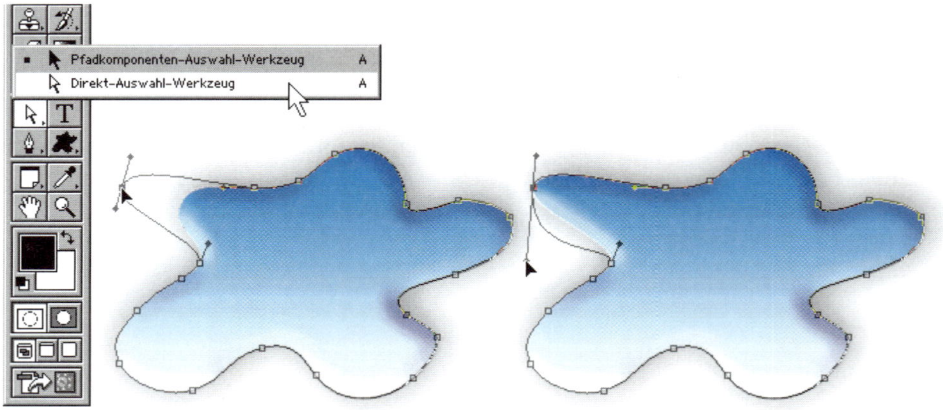

Schalten Sie das Direktauswahl-Werkzeug ein und formen Sie die markierten Bildteile mit Ankerpunkten, Grifflinien und Begrenzungsrahmen um. Datei: Form_03

12.5 Anbau

Die Figur bekommt Füße. Klicken Sie in der Ebenenpalette die Miniatur des so genannten Ebenen-Beschneidungspfads an – sie soll einen feinen weißen Rahmen zeigen. Anschließend aktivieren Sie wieder das Werkzeug EIGENE FORM. In der Optionen-Leiste nehmen Sie die Vorgabe ÜBERLAPPENDE FORMBEREICHE AUSSCHLIESSEN, in der FORM-Palette wählen Sie FUSS RECHTS. Mit zwei Mausbewegungen setzen Sie nun zwei Füße in den unteren Bildteil.

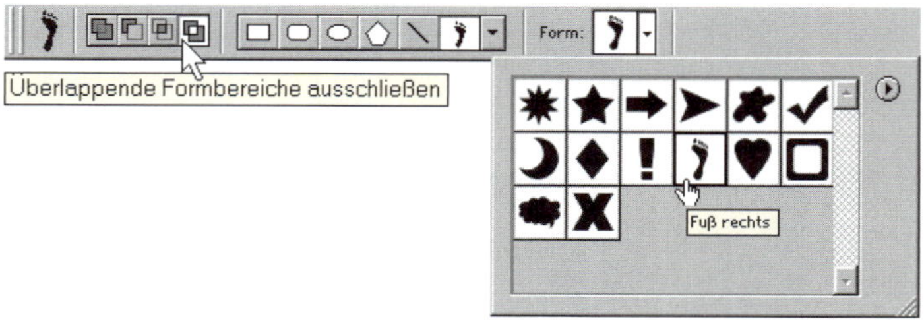

Schalten Sie das Werkzeug EIGENE FORM ein, wählen Sie die FORM und die Vorgabe ÜBERLAPPENDE FORMBEREICHE AUSSCHLIESSEN.

Orthopädie

Die Füße bilden – Photoshop-technisch gesehen – zwei Pfadkomponenten innerhalb eines Ebenen-Beschneidungspfads; in Verbindung mit der Füllung redet man auch von einer Formebene. Wählen Sie das Werkzeug PFADKOMPONENTEN-AUSWAHL an und klicken Sie auf den linken Fuß. Damit erscheinen sämtliche Ankerpunkte für diese Pfadkomponente. Aus dem Untermenü BEARBEITEN: PFAD TRANSFORMIEREN nutzen Sie den Befehl VERTIKAL SPIEGELN; anschließend drücken Sie [Strg]+[T] für FREI TRANSFORMIEREN und ziehen außerhalb vom Begrenzungsrahmen, um den Fuß passend zu verdrehen. Für die exakte Position ziehen Sie gleich noch im Inneren des Rahmens; klicken Sie doppelt in den Rahmen, um diesen Teil der Arbeit abzuschließen.

Der rechte Fuß bereitet weniger Arbeit: Er wird mit [Strg]+[T] gedreht und durch Ziehen an den Punkten des Begrenzungsrahmens etwas gedehnt.

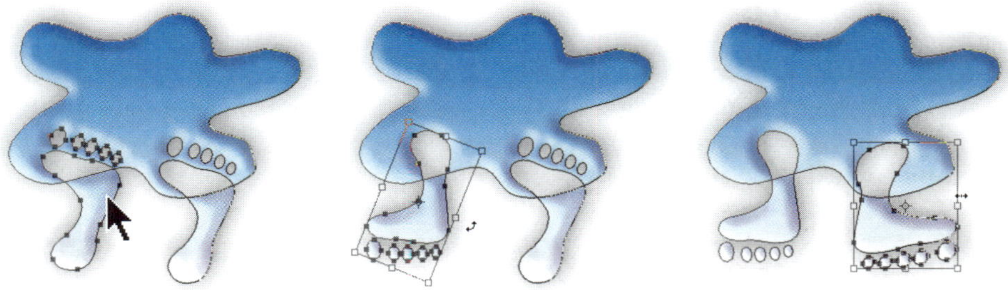

Aktivieren Sie die einzelnen Pfadkomponenten, um sie zu drehen und zurechtzuziehen.

Kardiologie

Schalten Sie das Werkzeug EIGENE FORM ein, nehmen Sie sich in der FORM-Auswahl ein HERZ, beachten Sie wieder die Vorgabe ÜBERLAPPENDE FORMBEREICHE AUSSCHLIESSEN und ziehen Sie in der Mitte der Figur. Mit dem Werkzeug PFADKOMPONENTEN-AUSWAHL schieben Sie das Herz an den rechten Fleck.

HINweis

Ist der Dateirahmen zu groß oder zu klein für Ihre Figur? Photoshop passt die Dokumentgrenzen automatisch auf die erforderlichen Maße an, zum Beispiel mit den Befehlen BILD: ZUSCHNEIDEN oder BILD: NICHTS MASKIERT (Details ab Seite 297).

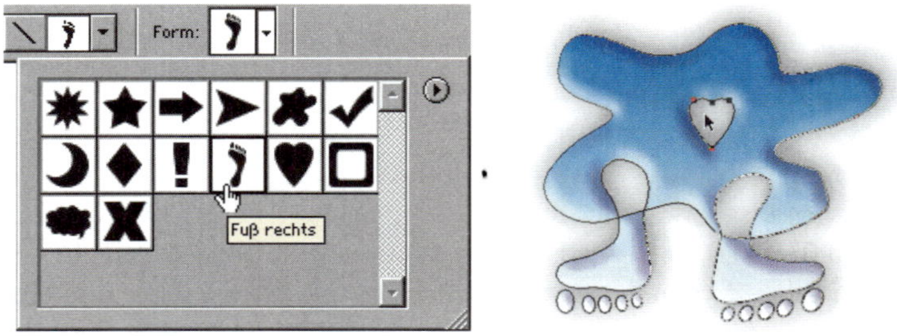

Wenn Sie das Werkzeug Eigene Form eingeschaltet haben, wählen Sie in der Form-Bibliothek das Herz und zeichnen es durch eine diagonale Bewegung in die Figur. Das Werkzeug Pfadkomponenten-Auswahl rückt das Herz an den rechten Fleck. Datei: Form_04

12.6 Die Form wahren

Die fertige Gesamtform speichern wir in der Formen-Bibliothek. Dazu dient der Befehl Bearbeiten: Eigene Form festlegen. Nun können Sie die gesamte Figur genauso einfach ins Bild setzen wie bisher nur die Einzelkomponenten Fleck, Herz und Fuss rechts (Details zu Bibliotheken ab Seite 249).

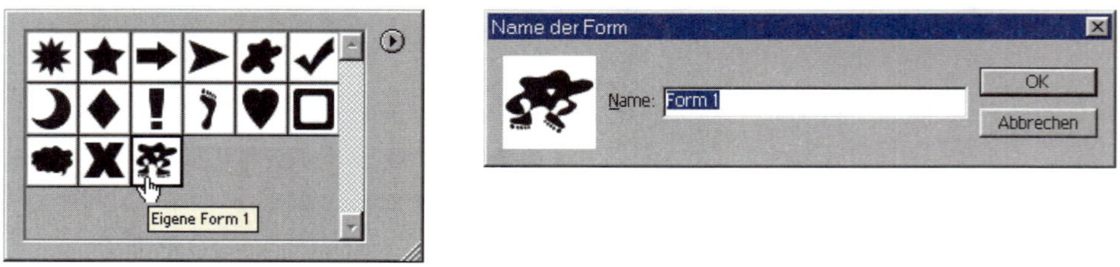

Der Befehl Bearbeiten: Eigene Form festlegen speichert die aktuelle Figur dauerhaft in der Formen-Bibliothek.

Pfadkomponenten in der Formen-Bibliothek

Wir haben hier eine Form in der Formen-Bibliothek abgelegt, die aus mehreren Pfadkomponenten besteht. Dabei verschmelzen alle Pfadkomponenten zu einem Gesamtpfad. Sie können also nicht mehr eine einzelne Pfadkomponente – etwa das Herz – durch Anklicken mit dem Werkzeug Pfadkomponenten-Auswahl aktivieren und verschieben. Abhilfe: Rahmen Sie den gewünschten Bereich des Pfads beziehungsweise der Form mit dem Direkt-Auswahlwerkzeug ein, klicken Sie einen Ankerpunkt an und ziehen Sie. Dieses Verfahren können Sie auch verwenden, wenn Sie Pfadkomponenten mit der Kom-

BINIEREN-Schaltfläche aus den Optionen zum Werkzeug PFADKOMPONENTEN-AUSWAHL verschmolzen haben.

12.7 Stil-Varianten

Nun untersuchen wir, was die Stile-Palette noch zu bieten hat. Mit dem Dreieck ▶ rechts oben öffnen wir das Palettenmenü und laden weitere Stil-Bibliotheken wie GLAS-SCHALTFLÄCHEN oder STRUKTUREN. Dabei verwenden wir jeweils die Option »Anfügen«; so entfernt Photoshop die bereits vorhandenen Stil-Miniaturen nicht (Details zu Vorgabe-Bibliotheken ab Seite 249).

Klicken Sie einzelne Stil-Miniaturen einmal an, schon passt sich Ihre Figur völlig dem neuen Stil an. Korrigieren Sie bei Bedarf einzelne Effekte nach – ein Doppelklick in die EFFEKTE-Leiste der Ebenenpalette holt das erforderliche Dialogfeld EBENENSTIL auf den Schirm.

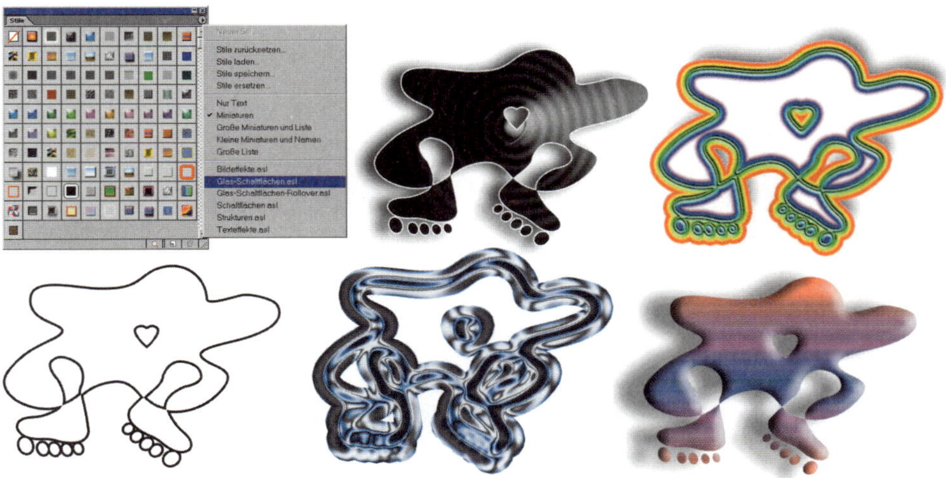

Erweitern Sie die Stile-Palette um neue Varianten. Ein Klick auf die Miniatur verändert bereits das Bild.

13

Dreizehnter Workshop

Pickel entfernen

Ob Flusen, Kratzer, Pickel oder unerwünschtes Personal: Mit dem Kopierstempel kaschieren Sie beliebige Bildfehler.

Übersicht

Das erwartet Sie:

- *Was kommt dran:* Kopierstempel, Zeigerdarstellung
- *Aufwand:* gering
- *Kontext:* Ist Ihnen dieser Strand zu voll, Seite 109
- *Projekt-Dateien*: Pic_00 bis Pic_03

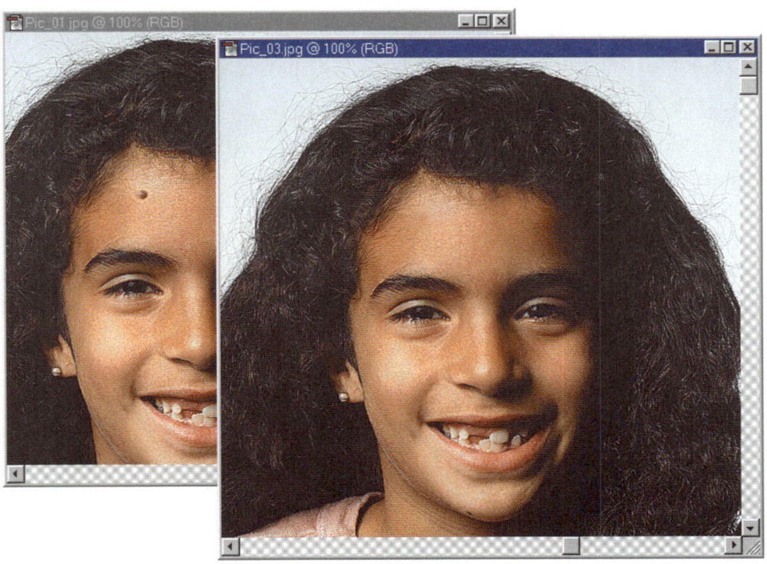

Der Kopierstempel entfernt den Pickel.

13.1 Darstellung der Werkzeugspitzen

Mit Hilfe des Kopierstempels werden wir den Pickel entfernen. Vorab regeln Sie jedoch die Darstellung der Werkzeugspitzen.

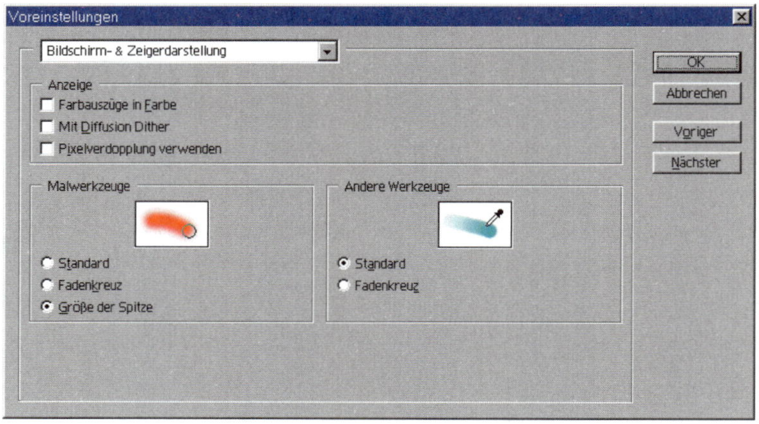

Mit dem Befehl DATEI: VOREINSTELLUNGEN: BILDSCHIRM- & ZEIGERDARSTELLUNG bestimmen Sie, wie Werkzeugspitzen über dem Bild erscheinen.

Legen Sie fest, wie Photoshop Kopierstempel, Pinsel und andere Mal- und Retusche-Werkzeuge über der Bilddatei darstellt. Dazu wählen Sie den Befehl BEARBEITEN: VOREINSTELLUNGEN: BILDSCHIRM- & ZEIGERDARSTELLUNG. Im Feld MALWERKZEUGE entscheiden Sie hier, ob zum Beispiel der Kopierstempel als Stempel-Symbol über der Datei erscheinen soll oder als Umriss in der Größe der gewählten Werkzeugspitze.

Wir empfehlen die Option GRÖSSE DER SPITZE. Photoshop stellt die Werkzeuge dann als Kontur in der Original-Bildpunktgröße der aktuellen Werkzeugspitze dar. Die Werkzeugspitze liegt wie ein Rahmen über demjenigen Bildteil, der tatsächlich beim nächsten Mausklick Farbe abbekommt. Liegt ein Bildteil noch unter dem Werkzeugkreis, dann bekommt er auch Farbe ab – und sonst nicht. Ein Werkzeugsymbol erscheint dagegen immer gleich groß über der Datei; Sie erkennen also nicht, ob der nächste Pinselstrich 9 oder 999 Bildpunkte breit wird. Diese Einstellung für die Werkzeugdarstellung betrifft alle Mal- und Retuschewerkzeuge gleichermaßen.

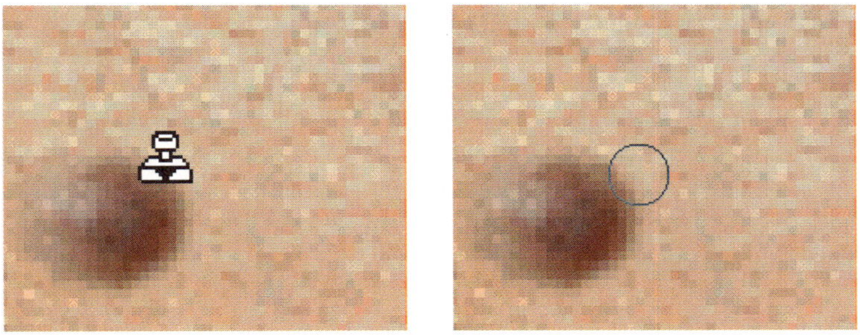

Links: Die Option STANDARD zeigt das Werkzeug als Symbol. Rechts: Mit der Option GRÖSSE DER SPITZE erkennen Sie dagegen, in welcher Breite die Bilddatei verändert wird.

13.2 Der Kopierstempel

Photoshop hat zwei Werkzeuge, die ähnlich benannt sind und auch noch ähnlich aussehen. Sie erfüllen jedoch völlig unterschiedliche Aufgaben: Gemeint sind der Kopierstempel und der Musterstempel. Wir arbeiten hier ausschließlich mit dem Kopierstempel.

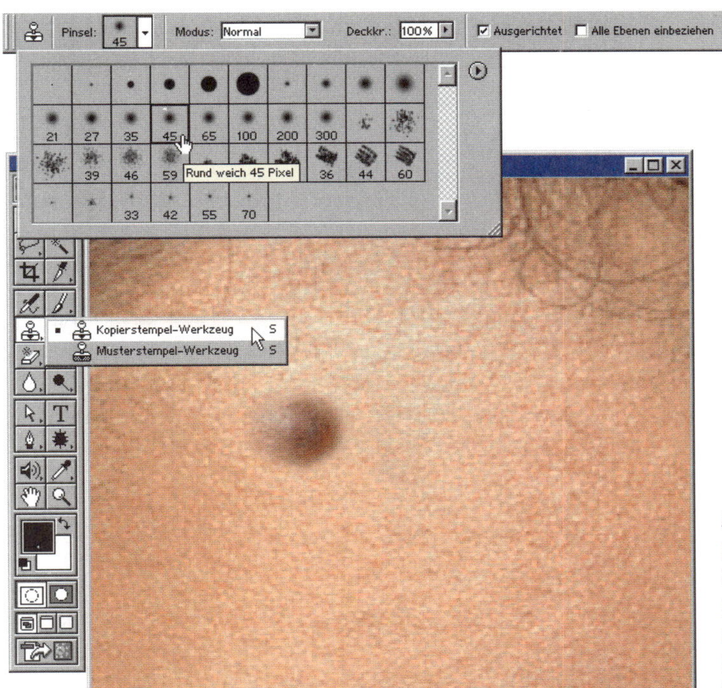

Aktivieren Sie den Kopierstempel und wählen Sie in den Optionen eine größere, weiche Werkzeugspitze sowie die Option AUSGERICHTET. Stirn-Detail: Pic_02

HINweis

Bei den folgenden Detail-Retuschen kommt es immer wieder darauf an, einen Bildausschnitt größtmöglich abzubilden. Am schnellsten wechseln Sie mit [Strg]+Leertaste zur Vergrößerungslupe und rahmen den gewünschten Bildteil zur Vergrößerung ein. Ein rascher Sprung zur Gesamtansicht ist möglich durch Doppelklicken auf Lupe oder Hand in der Werkzeugpalette.

Die Stempel-Option Ausgerichtet

Mit dem Kopierstempel übertragen Sie nun Bildpunkte von einer Bildstelle an eine andere. Sie definieren dazu einen Ursprung und ein Ziel. Dabei schalten Sie die Option Ausgerichtet ein.

Die Option Ausgerichtet bedeutet: Der Kopierursprung behält immer den gleichen Abstand zum Stempel-Werkzeug selbst. Sie können zwischendurch die Maustaste loslassen, über das Bild bewegen und andernorts neu anfangen – der Kopierursprung liegt stets zum Beispiel 20 Pixel links vom Stempel. Das heißt, dass Sie bei jeder Ortsveränderung des Stempels auch andere Bildpunkte aufnehmen. Dies ist die übliche Vorgabe.

INSIDER

Sie können die Option Ausgerichtet auch ausschalten. Das bedeutet: Nach jedem Loslassen der Maustaste springt der Kopierursprung zurück auf die Stelle, die Sie zuerst angeklickt haben. Wann immer Sie den Stempel absetzen und andernorts neu ins Bild tauchen – der Ursprung-Zeiger blinkt wieder dort auf, wo Sie ihn ursprünglich per [Alt]-Klick angesiedelt haben.

Welche Werkzeugspitze soll es sein?

Die Frage ist, wie groß der Bereich sein soll, den der Stempel aufnimmt und an eine andere Stelle im Bild kopiert. Dies legen Sie mit der Wahl einer Werkzeugspitzen-Vorgabe aus der aktuellen Werkzeugspitzen-Bibliothek fest, die Sie über das Pinsel-Klappmenü oben in der Optionen-Leiste erhalten.

HINweis

Weitere Details zur Wahl und Erweiterung von Werkzeugspitzen finden Sie im Projekt »Aus Neu wird [Alt]« ab Seite 53. Eine weitere Kopierstempel-Retusche mit zusätzlichen Tipps zu Werkzeugspitzen sehen Sie im Projekt »Kugel mit Polarkoordinaten«. Mehr zu Bibliotheken und Vorgaben allgemein erfahren Sie ab Seite 249.

Die oberen Werkzeugspitzen zeigen jetzt die Originalgröße, mit der der Kopierstempel im Bild arbeitet. In dieser Größe wird auch der Werkzeugkreis erscheinen, wenn Sie in den Voreinstellungen, wie beschrieben, die Option Grösse der Spitze angeklickt haben.

Es kommt nicht nur auf die Größe an, sondern auch darauf, ob die Werkzeugspitze eine harte oder weiche Kante hat. Für unsere Aufgabe empfiehlt sich eine weiche Kante, damit keine harten Ränder im Bild entstehen. Wählen Sie zum Beispiel die Werkzeugspitze Rund

WEICH 45 PIXEL. Wenn Sie die Einstellungen für die Werkzeugspitze noch verändern wollen, klicken Sie mit rechts ins Bild und wählen im Kontextmenü den Befehl WERKZEUGSPITZE BEARBEITEN.

Der Pickel verschwindet

Nun können Sie den Pickel entfernen. Die Strategie ist einfach: Sie malen ein Stück benachbarte Haut über die Problemstelle.

Zunächst definieren Sie einen Bereich neben dem Pickel, an dem Sie brauchbare Bildpunkte aufnehmen wollen. Dieser Bereich sollte in unmittelbarer Umgebung der Zone liegen, die Sie überdecken möchten; nur dann stimmen Farben und Helligkeit weitgehend überein.

Sie definieren den gewünschten Ursprung, also die brauchbare Haut, indem Sie die gewünschte Stelle bei gedrückter Alt-Taste mit dem Stempel anklicken. Wenn Sie die Alt-Taste drücken, zeigt Photoshop einen Stempel mit weißem statt schwarzem Dreieck: So erkennen Sie, dass Sie mit dem nächsten Klick einen neuen Kopierursprung setzen.

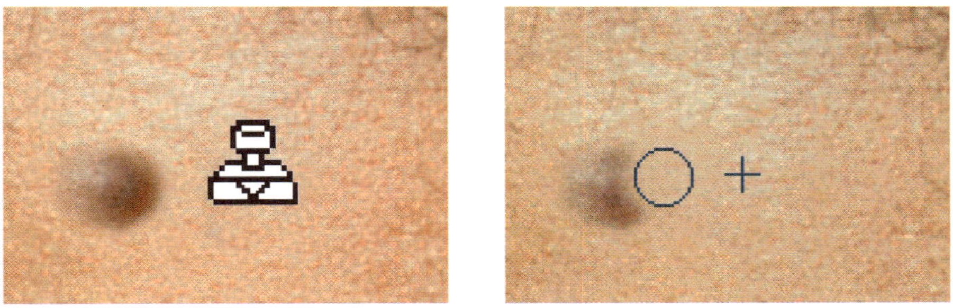

Links: Mit gedrückter Alt-Taste und Klick geben Sie zunächst den Bildbereich an, von dem Sie brauchbare Bildpunkte aufnehmen wollen. In diesem Moment zeigt der Stempel ein weißes Dreieck. Rechts: Duplizieren Sie die Bildpunkte bei gedrückter Maustaste über den Pickel. Dabei zeigt ein Kreuz, an welcher Stelle im Bild Sie momentan Bildpunkte aufnehmen.

Sie bewegen nun den Zeiger über den Pickel und beginnen mit gedrückter linker Maustaste behutsam zu malen. Sie verfolgen mit, wie die Haut von nebenan die Problemstelle zunehmend überdeckt. Den Kopierursprung, den Sie zuvor angeklickt haben, kennzeichnet Photoshop dabei durch ein Kreuz. Sie erkennen also immer, woher die Haut stammt, die Sie gerade aufmalen. Dieses Kreuz sollten Sie im Blick behalten: So vermeiden Sie, dass Sie womöglich durch eine ungünstige Bewegung mit dem Kopierursprung in die Haare des Modells geraten und diese über den Pickel tuschen.

Platzieren Sie den Kopierursprung eventuell zwischendurch neu. Dazu drücken Sie wieder die [Alt]-Taste und klicken; dieser Vorgang legt einen neuen Ursprung fest. Danach malen Sie die neu angewählte Bildpartie über den Pickel.

HINweis

Statt mit dem Kopierstempel können Sie unerwünschte Bildbereiche auch durch Auswahlwerkzeuge und das Verschieben-Werkzeug überdecken. Ein Beispiel finden Sie im Projekt »Ist Ihnen dieser Strand zu voll« ab Seite 109.

Freisteller für das Internet

14

Vierzehnter Workshop

In diesem Projekt besprechen wir, wie Sie ein Objekt ausschneiden und so speichern, dass auf der Internet-Seite der Seitenhintergrund durchscheint. Wir arbeiten hier mit ImageReady.

Übersicht

Das erwartet Sie:

- *Was kommt dran:* Zauberstab; BILD-Befehl ZUSCHNEIDEN; ImageReady-Paletten FARBTABELLE und OPTIMIEREN; GIF-Dateiformat; Browser-Vorschau mit Hintergrundmuster
- *Aufwand:* gering
- *Kontext:* Montieren und Umfärben, Seite 91; Speichern und Dateiformate, Seite 266; Arbeitsfläche verkleinern, Seite 297
- *Projekt-Dateien*: Freisteller_01 bis Freisteller_05

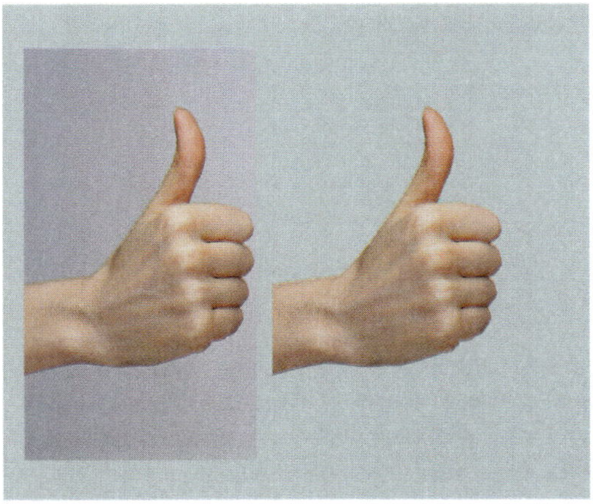

Mit der richtigen Technik präsentieren Sie Ihre Grafik ausgeschnitten direkt über der Internet-Seite, ohne störende Rechteck-Box. Der Seitenhintergrund erscheint unmittelbar um das Hauptmotiv herum.

14.1 Bilddarstellung

Für Ihre Internet-Seite wollen Sie eine Hand so ausschneiden, dass unmittelbar um das Körperteil herum das Hintergrundmuster der Seite erscheint. Der Studiohintergrund des Fotos soll nicht auf der Internet-Seite zu sehen sein. Für diese Arbeit eignet sich ImageReady etwas besser als Photoshop. Starten Sie also ImageReady und öffnen Sie die Vorlage »Freisteller_01«.

HINweis

Ist Photoshop bereits geöffnet? Klicken Sie unten in der Werkzeugleiste auf die Schaltfläche SPRINGEN ZU IMAGEREADY , um ImageReady mit dem aktuellen Bild zu starten.

Die Bilddarstellung

Klicken Sie oben im Bildfenster zunächst die 2FACH-DARSTELLUNG an. Damit zeigt ImageReady zwei Versionen Ihres Fotos nebeneinander, die sich jedoch kaum unterscheiden. Unter dem linken Bild steht »Original«, unter dem rechten Bild heißt es »JPEG«. Hier sehen Sie eine Variante Ihres Bildes im JPEG-Dateiformat bei wählbarer JPEG-Qualität (vergleiche Dateiformate, Seite 266). Dazu meldet ImageReady gleich die Dateigröße und die Übertragungsdauer im Internet bei einer bestimmten Übertragungsgeschwindigkeit.

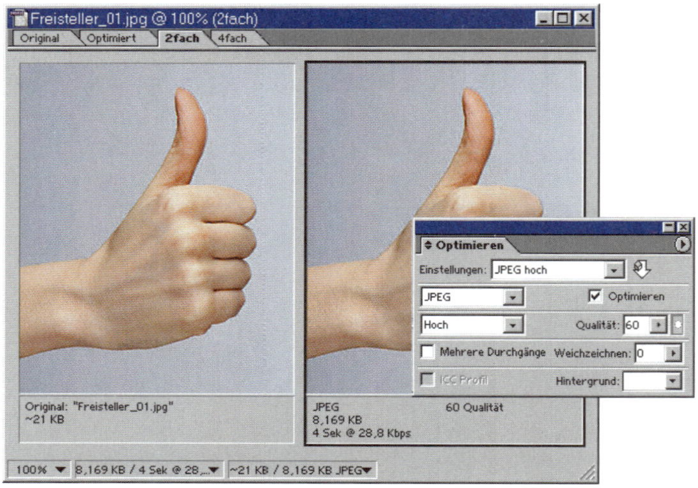

ImageReady zeigt nebeneinander das Original und eine heruntergerechnete – für das Internet »optimierte« – Vorschau auf ein mögliches Ergebnis. In der Optimieren-Palette regeln Sie die Einstellungen für die aktivierte, durch ein schwarzes Rähmchen hervorgehobene Bildvariante.

Mit den Dreieck-Schaltflächen ▼ ganz unten im Bildfenster erhalten Sie Menüs, in denen Sie diejenigen Dateieigenschaften benennen, die ImageReady direkt unterhalb der Bilddateien anzeigen soll.

HINweis

Die Optimieren-Palette

Falls noch nicht auf dem Schirm zu sehen, öffnen Sie die Optimieren-Palette mit dem Befehl FENSTER: OPTIMIEREN EINBLENDEN. Achten Sie darauf, dass die Palette sämtliche Optionen anzeigt. Dazu öffnen Sie das Paletten-Menü mit dem eingekreisten Dreieck und wählen OPTIONEN EINBLENDEN; oder klicken Sie auf das Doppel-Dreieck neben dem Paletten-Namen.

Klicken Sie in das linke Bild innerhalb der 2FACH-Vorschau, also in das Bild mit der Unterschrift »Original«. ImageReady hebt diese Variante nun durch ein schwarzes Rähmchen hervor, sie ist also aktiviert. Die Optimieren-Palette zeigt hier die Vorgabe ORIGINAL.

Klicken Sie anschließend das rechte Bildfenster mit der Unterschrift »JPEG« an; diese Variante erscheint nun mit einem schwarzen Rähmchen. Hier meldet die Optimieren-Palette die Vorgabe JPEG HOCH, mit einer QUALITÄT von 60. So würde das Bild aussehen, wenn Sie es mit der JPEG-Qualitätsstufe 60 speichern. Es handelt sich hier um eine so genannte für das Internet »optimierte« Version. Sie können zum Beispiel in der Optimieren-Palette die QUALITÄT auf 0 herabsenken; im rechten Bildfenster lassen sich sofort Bildqualität und Dateigröße bei einer 0-Vorgabe prüfen. Weil übliche Internet-Browser ohne Zusatzsoftware nur Bilddateien der Typen JPEG, PNG und GIF anzeigen, bietet die Optimieren-Palette auch nur diese Dateiformate an.

Ähnliche Möglichkeiten wie ImageReady mit 2FACH- oder 4FACH-Vorschau plus Optimieren-Palette und Farbtabelle bietet Photoshop mit dem Befehl DATEI: FÜR WEB SPEICHERN (Strg+⇧+Alt+S). ImageReady ist jedoch letztlich bequemer.

HINweis

14.2 Hintergrund entfernen

So entfernen Sie den Hintergrund:

1. Schalten Sie in der Werkzeugleiste den Zauberstab ein.
2. Machen Sie in der Optionen-Leiste zum Zauberstab diese Vorgaben: Sie verwenden eine TOLERANZ von 32 (höhere Werte wählen mehr aus), Sie GLÄTTEN die Auswahlkanten und verwenden die Option BENACHBART, um nicht gleichfarbige Bildpunkte innerhalb der Hand mit zu erfassen.

3. Klicken Sie in die Farbfläche hinter der Hand. Es ist in diesem Fall egal, ob Sie in das »Original« oder in die »JPEG«-Ansicht klicken; meist sollte man jedoch die »Original«-Darstellung bearbeiten. ImageReady umgibt diesen Studiohintergrund mit einer schwarzweiß schillernden Auswahlmarkierung.
4. Drücken Sie die `Entf`-Taste (am Mac die `←`-Taste).

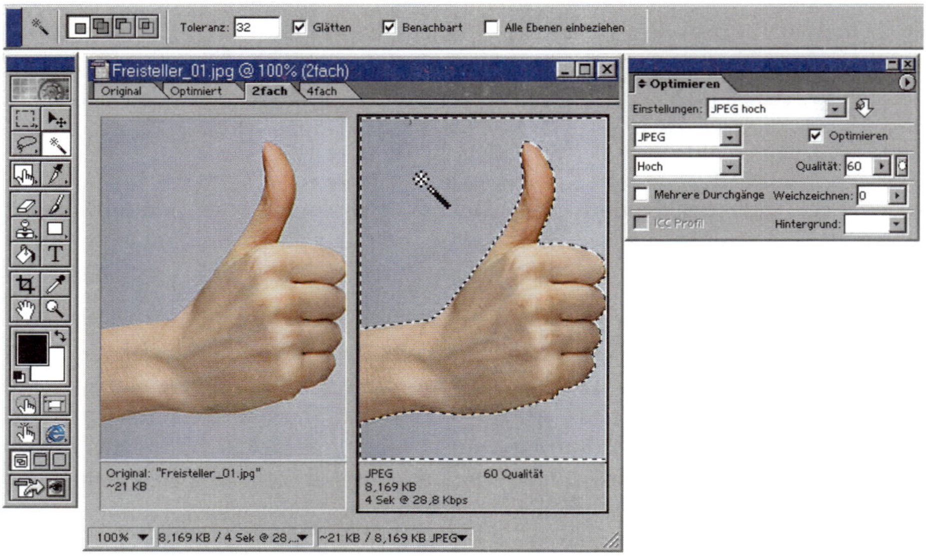

Um den Studiohintergrund zu entfernen, schalten Sie den Zauberstab ein, legen die Optionen wie abgebildet fest und klicken in den Hintergrund. ImageReady umgibt den ausgewählten Bereich mit einer schwarzweißen Fließmarkierung.

Statt des Studiohintergrunds sehen Sie nun im »Original«-Fenster ein grauweißes Karomuster. Es signalisiert, dass sich an dieser Stelle auf dieser Ebene keine Bildpunkte befinden, es handelt sich um einen so genannten »transparenten« Bereich. Wenn Sie eine zusätzliche Bildebene unter die Hand legen, würde sie in dem grauweiß karierten Bereich sichtbar werden. Wenn Sie das Bild drucken, erscheint in dem karierten Bereich reines Weiß. In dem kariert unterlegten Bildteil soll unmittelbar das Hintergrundmuster der Internet-Seite erscheinen.

INSIDER

Diese Art, den Hintergrund zu entfernen, bietet nur ImageReady, nicht Photoshop. In Photoshop müssten Sie die »Hintergrund«-Ebene erst in eine Normalebene verwandeln. Dazu klicken Sie die »Hintergrund«-Ebene in der Ebenenpalette doppelt an und klicken im Dialogfeld NEUE EBENE auf OK.

Transparenz im JPEG-Dateiformat

Im »JPEG«-Fenster rechts sehen Sie keine Karos, die Transparenz signalisieren, sondern eine weiße Fläche. Warum? Die Optimieren-Palette gibt für diese Ansicht das JPEG-Dateiformat vor und JPEG unterstützt keine Transparenz. Bildbereiche, die im Original durchsichtig sind, werden im JPEG-Format mit einer Farbe gefüllt. Diese Farbe legen Sie mit dem Klappmenü HINTERGRUND in der Optimieren-Palette fest, in unserem Fall ist es Weiß.

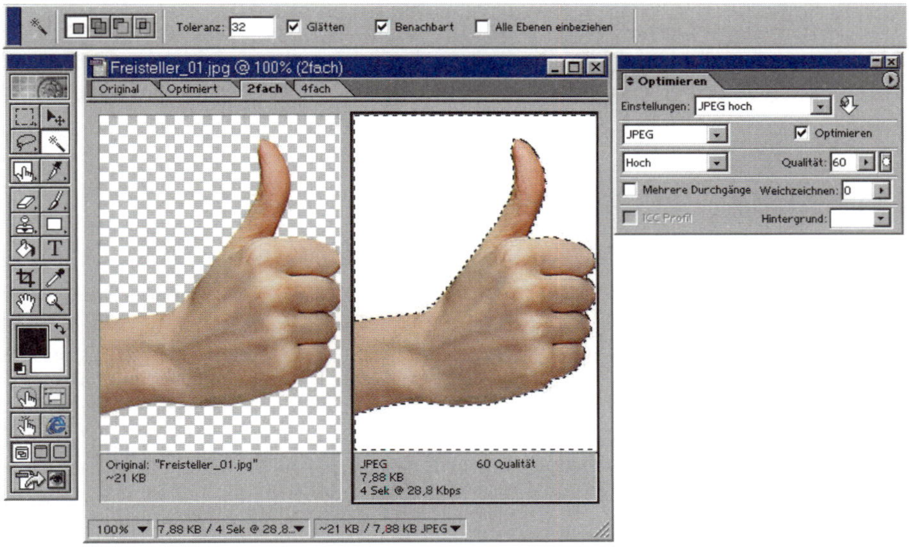

Die Karos in der »Original«-Ansicht links signalisieren: In diesem ausgewählten Bereich, der mit der [Entf]-Taste leergelöscht wurde, gibt es keine Bildpunkte mehr, die Zone ist transparent. In diesem Bereich soll das Hintergrundmuster der Internet-Seite durchscheinen. Die »JPEG«-Ansicht rechts zeigt dagegen keine Transparenz. ImageReady hat den leergelöschten Bereich sofort mit der aktuellen HINTERGRUND-Farbe aufgefüllt, da JPEG keine Transparenz unterstützt.

14.3 GIF-Optionen mit der Optimieren-Palette

Um einen transparenten Bereich einzurichten, der auch auf der Internet-Seite durchsichtig bleibt, benötigen Sie die Dateiformate GIF, PNG-8 oder PNG-24. Da die PNG-Varianten jedoch von älteren Internet-Browsern nicht angezeigt werden, nimmt man für Bilder mit transparenten Zonen meist das GIF-Dateiformat.

Annähernd dieselben Vorgaben wie für GIF bietet Photoshop auch für das Dateiformat PNG-8 an, das ebenfalls nur 256 Farben erlaubt.

Von 16,7 Millionen Farben zu 256 Farben

Das GIF-Format hat jedoch eine große Schwäche: Es erlaubt nicht mehr als 256 unterschiedliche Farbtöne innerhalb einer Bilddatei – die so genannte 8-Bit-Farbtiefe, die bei Photoshop auch INDIZIERTE FARBEN heißt. Normale Fotodateien im Modus RGB-FARBE mit der üblichen 24-Bit-Farbtiefe (auch »Truecolor« oder »Echtfarbe« genannt) können dagegen bis zu 16,7 Millionen unterschiedliche Farbtöne enthalten. In der Tat weist allein der Hand-Bereich unserer Vorlage über 8000 unterschiedliche Farbnuancen auf, wie wir mit dem Programm Paint Shop Pro herausgefunden haben.

Die 256 Farben eines Bildes im Format GIF werden innerhalb des Bildes in einer so genannten Farbpalette gespeichert. Sie selbst steuern, welche Farben Sie für das aktuelle Bild verwenden.

WEB-Farbpalette

Nutzen Sie die so genannte WEB-Palette, so erhalten sämtliche Bilder dieselben maximal 217 Farbtöne. Dies ist optimal für ältere Rechner, die nicht mehr als 256 Farben gleichzeitig darstellen können. Da alle Bilder dieselben Farbtöne verwenden und noch einige nicht genutzte Tonwerte für die Programmoberfläche zur Verfügung stehen, kommt es bei der Darstellung nicht zu Farbverfälschungen.

Allerdings gilt auch: Die Farben passen nicht optimal zum jeweiligen Bild. Für unsere Hand benötigen wir unterschiedlichste, fein differenzierte Hauttöne; Blau- oder Grünwerte sind dagegen überflüssig. Doch die WEB-Palette enthält Farbwerte in einer gleichmäßigen Verteilung quer über das gesamte Farbspektrum – da bleiben für Hauttöne nur wenig Einzelfarben übrig.

Wir wechseln hier zunächst zum GIF-Format mit Verwendung der WEB-Farbpalette:

1. Klicken Sie in die rechte Bildansicht mit der JPEG-Bildunterschrift, so dass diese Variante durch ein schwarzes Rähmchen hervorgehoben wird. Die Optimieren-Palette zeigt die JPEG-Optionen für diese Variante.
2. Öffnen Sie das Klappmenü EINSTELLUNGEN in der Optimieren-Palette und wählen Sie die Vorgabe GIF WEB-PALETTE.

Damit erscheint in der rechten Vorschau der so genannten »optimierten« Version eine völlig veränderte Ansicht: Karos lassen erkennen, dass der Bereich um die Hand herum transparent ist; die Hand selbst erscheint mit den typischen Farbflächen, die bei einer Reduzierung auf maximal 256 Farbtöne entstehen. Unter der rechten Vorschau meldet ImageReady jetzt das »GIF«-Dateiformat, Sie lesen wieder die aktuelle Dateigröße, die Übertragungszeit und Angaben zu den GIF-Optionen.

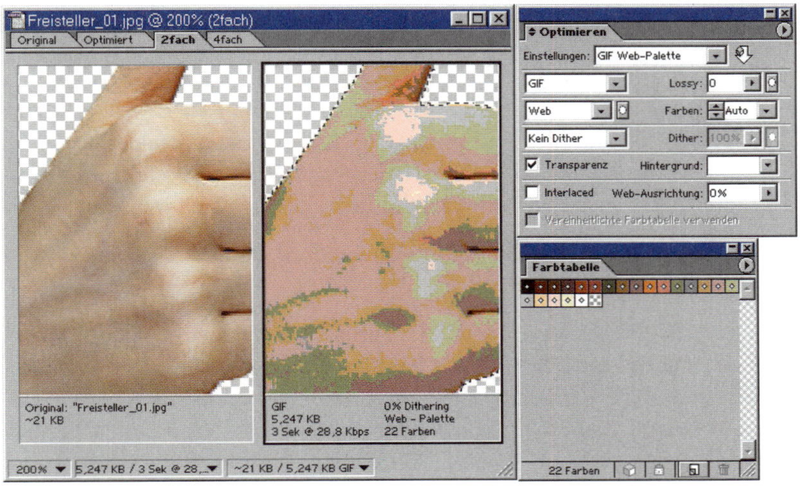

Wir haben das rechte Vorschau-Bild aktiviert und in der Optimieren-Palette die Einstellung GIF Web-Palette gewählt. Nun ist Transparenz möglich, wie Sie an den Karos erkennen. Die Palette »Farbtabelle« zeigt, dass ImageReady für dieses Bild nur 22 unterschiedliche Farben aus der Web-Farbpalette verwenden kann; es kommt zu groben Farbsprüngen. Um die Besonderheiten herauszustellen, haben wir die Bilddarstellung mit der Lupe auf 200 Prozent vergrößert. Eine Raute im Farbfeld signalisiert: Der jeweilige Tonwert ist »web-sicher«, er stammt aus der Web-Farbpalette und erscheint auch auf älteren Rechnern unverfälscht.

Die Palette »Farbtabelle«

Welche Farbtöne Ihre aktuelle GIF-Variante enthält, erkennen Sie mit der Palette »Farbtabelle«, die Sie im Fenster-Menü aufrufen. Obwohl die Web-Palette doch 217 Farben zulässt, sehen Sie hier nur 22 Farben.

Der Hintergrund: Die Optimieren-Palette zeigt im Bereich Farben die Vorgabe Auto. ImageReady verwendet also nicht mehr Farben als sinnvoll. Aus der gesamten Web-Palette lassen sich für das aktuelle Bild ohnehin nur 22 Farben nutzen. Selbst wenn Sie den Farben-Wert auf 128 oder 255 erhöhen – die GIF-Vorschau im rechten Bildrahmen sieht nicht besser aus, die Dateigröße steigt jedoch.

Eine Raute im Farbfeld signalisiert: Der jeweilige Tonwert ist »web-sicher«, er stammt aus der Web-Farbpalette und erscheint grundsätzlich unverfälscht auch auf älteren Rechnern. Weil wir ohnehin die Web-Farbpalette verwendet haben, kennzeichnet ImageReady sämtliche 22 Farbtöne mit einer Raute.

Dithering

Die Web-Farbpalette sorgt oft für sehr grobe Ergebnisse, Sie erhalten harte Farbsprünge im Bild. Dies lässt sich jedoch glätten, wenn Sie im Klappmenü von Kein Dither auf Diffusion umschalten; stellen Sie anschließend noch den Wert im Eingabefeld Dither auf 100 Prozent. Nun sorgt ImageReady durch ein Streuselmuster dafür, dass fehlende Farbtöne durch enges Nebeneinanderstellen vorhandener Farbtöne simuliert werden.

Das Dithering – auch Fehlerstreuung oder Streuraster genannt – empfiehlt sich meist für übliche Fotos. Es hat aber auch zwei Nachteile:

- Durch den Wechsel von größeren, einheitlichen Farbflächen zu kleinteiligen Mustern kann das Bild nicht mehr so gut komprimiert werden, die Dateigröße steigt – in unserem Beispiel von rund 5 auf 9 Kbyte, wie Sie an der Anzeige unter der rechten Bildvariante erkennen. Der Betrachter muss also eine längere Übertragungszeit in Kauf nehmen.
- Farbflächen, die einheitlich bleiben sollen, können sich ebenfalls in ein Streuraster auflösen. Darunter leidet die Bildwirkung und kleinere Buchstaben fransen eventuell arg aus.

Prüfen Sie, welcher Prozentwert im Eingabefeld Dither den besten Kompromiss aus Dateigröße und Farbwiedergabe bringt.

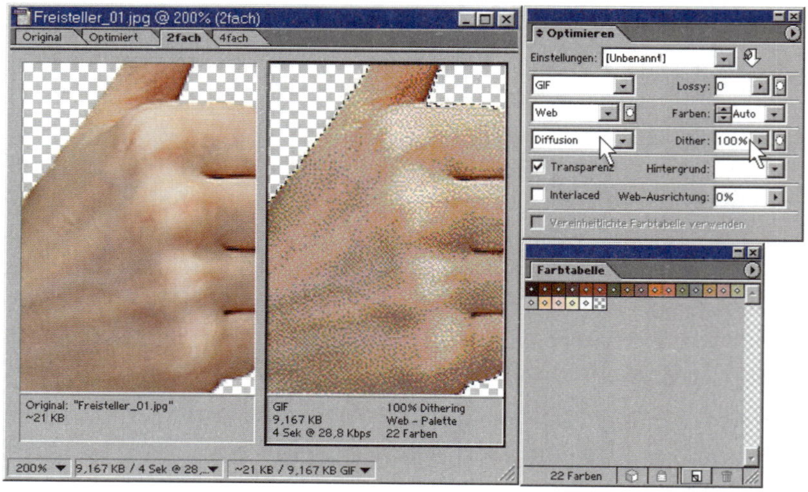

In der Optimieren-Palette haben wir Diffusion eingestellt und im Dither-Eingabefeld den Wert 100 Prozent vorgegeben. Durch das Streuraster des Diffusion-Verfahrens wirkt das Bild nun wesentlich harmonischer, obwohl ImageReady exakt dieselbe Farbzusammenstellung verwendet. Sie erkennen unten in den Bilddaten, dass die Dateigröße gegenüber der Version ohne Dithering deutlich gestiegen ist.

Am zuverlässigsten lassen sich GIF-Bilder in der Zoomstufe 100 Prozent prüfen – dies gilt insbesondere für Bilder mit DITHER-Technik. Verkleinernde Zoomstufen wie 66,7 Prozent verzerren die Darstellung deutlich. Die 100-Prozent-Zoomstufe stellen Sie zum Beispiel mit dem Befehl ANSICHT: TATSÄCHLICHE PIXEL (Strg+Alt+0) her.

Individuelle Farbpaletten

Bis jetzt haben wir mit der WEB-Farbpalette gearbeitet; sie teilt jedem Bild die immer gleichen 217 Farbtöne zu. Sie können jedoch auch die 256 wichtigsten Farbtöne des Bildes verwenden – also für jedes Bild eine andere Farbzusammenstellung. Hierfür bietet die Optimieren-Palette die Verfahren PERZEPTIV, SELEKTIV und ADAPTIV, die sich nur wenig unterscheiden. Nun erhält jedes Bild eine eigene Farbpalette, die sich an den Farbschwerpunkten der jeweiligen Datei orientiert. Für unsere Hand errechnet ImageReady eine ganz andere Farbzusammenstellung als für ein Landschaftsfoto oder für eine Produktaufnahme. Die ursprünglichen Farben des Bildes bleiben besser erhalten.

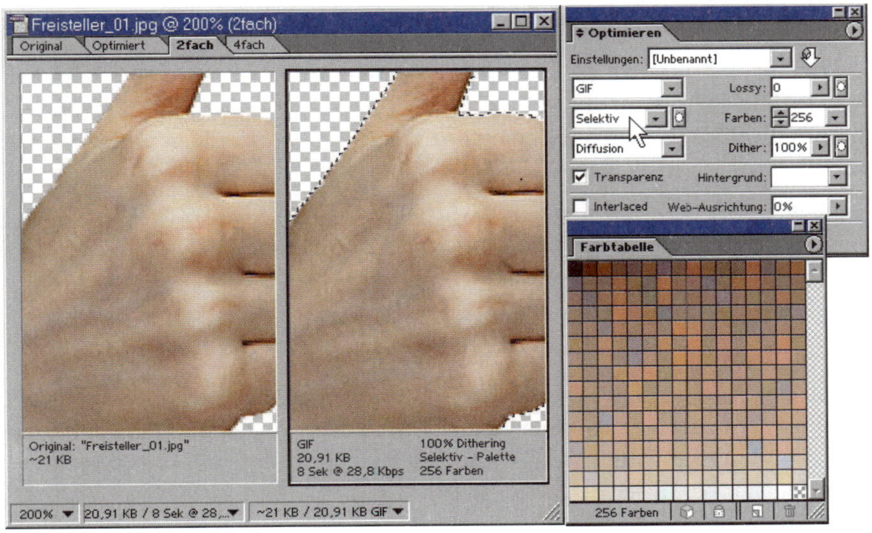

Hier haben wir in der Optimieren-Palette auf die SELEKTIV-Farbpalette umgeschaltet; sie verwendet die 256 häufigsten Farben im Bild. Das »GIF«-Ergebnis sieht weitgehend wie das »Original« aus. Die Farbtabelle zeigt vor allem Hauttöne; allerdings finden Sie keinerlei Rauten in den Farbfeldern. Das heißt, kein Farbton ist »web-sicher«, das Motiv könnte auf älteren Rechnern verfälscht erscheinen. Es spielt hier fast keine Rolle, ob Sie Dithering verwenden oder nicht, die GIF-Variante wirkt immer fast fehlerfrei. Freilich steigt die Dateigröße bei 256 Farbtönen plus Dithering auf 20,9 Kbyte an.

Nachteil jedoch: Zeigen Sie zwei oder mehr Bilder in der individuellen Farbpalette, so muss der Rechner meist insgesamt mehr als 256 Farbtöne gleichzeitig darstellen. Ältere Computer mit so genannter Acht-Bit-Farbtiefe bringen jedoch nicht mehr als 256 unterschiedliche Farbtöne auf den Monitor. Folge: Mindestens ein Bild erscheint mit falschen Farbtönen, nämlich mit der Farbpalette eines anderen Bildes.

Weitere Möglichkeiten mit der Optimieren-Palette

Diese weiteren Möglichkeiten bietet Ihnen die Optimieren-Palette für das GIF-Format:

- TRANSPARENZ: Diese Option muss eingeschaltet sein, um überhaupt durchsichtige Bereiche einplanen zu können. Wird sie ausgeschaltet, füllt ImageReady transparente Bereiche mit der im HINTERGRUND-Klappmenü gewählten Farbe.
- INTERLACED: Die Vorgabe sorgt dafür, dass das Bild nicht Zeile für Zeile auf den Bildschirm kriecht. Stattdessen sieht der Betrachter sofort eine sehr grobe Gesamtansicht der Datei, die in mehreren Schritten immer schärfer wird. Auf die endgültige Bildqualität hat die Vorgabe keinen Einfluss.
- WEB-AUSRICHTUNG: Legen Sie fest, welcher Prozentsatz an verwendeten Farbtönen aus der WEB-Farbpalette stammen soll. Je höher der Wert, desto weniger verfälscht erscheint Ihr GIF-Bild auf älteren Rechnern, die nur 256 unterschiedliche Farbwerte anzeigen. Allerdings steigt vermutlich die Abweichung vom Original.
- HINTERGRUND: Hier bestimmen Sie die Farbe, die ImageReady in transparente Bereiche einsetzt, sofern Sie die Option TRANSPARENZ abgewählt haben. Überdies wird diese aktuelle HINTERGRUND-Farbe in halbtransparente Bereiche eingesetzt – etwa in die Objektkonturen, die entstehen, wenn Sie eine Auswahl mit der Option GLÄTTEN erstellen.
- FARBEN: Senken Sie die Zahl der verwendeten Farbtöne, um die Dateigröße zu senken und die Übertragungszeit zu verkürzen. Freilich sinkt dabei auch die Bildqualität. Gleichen Sie den Mangel eventuell mit Diffusion Dithering wieder aus – wenn auch dadurch die Dateigröße wieder steigt.
- LOSSY: Die Vorgabe senkt die Dateigröße weiter, ruiniert aber bei mittleren oder hohen Werten die Bildqualität drastisch.

Sie können selbst festlegen, welche JPEG- oder GIF-Varianten ImageReady in den 2FACH- oder 4FACH-Ansichten zunächst zeigt. Dazu verwenden Sie den ImageReady-Befehl BEARBEITEN: VOREINSTELLUNGEN: OPTIMIERUNG.

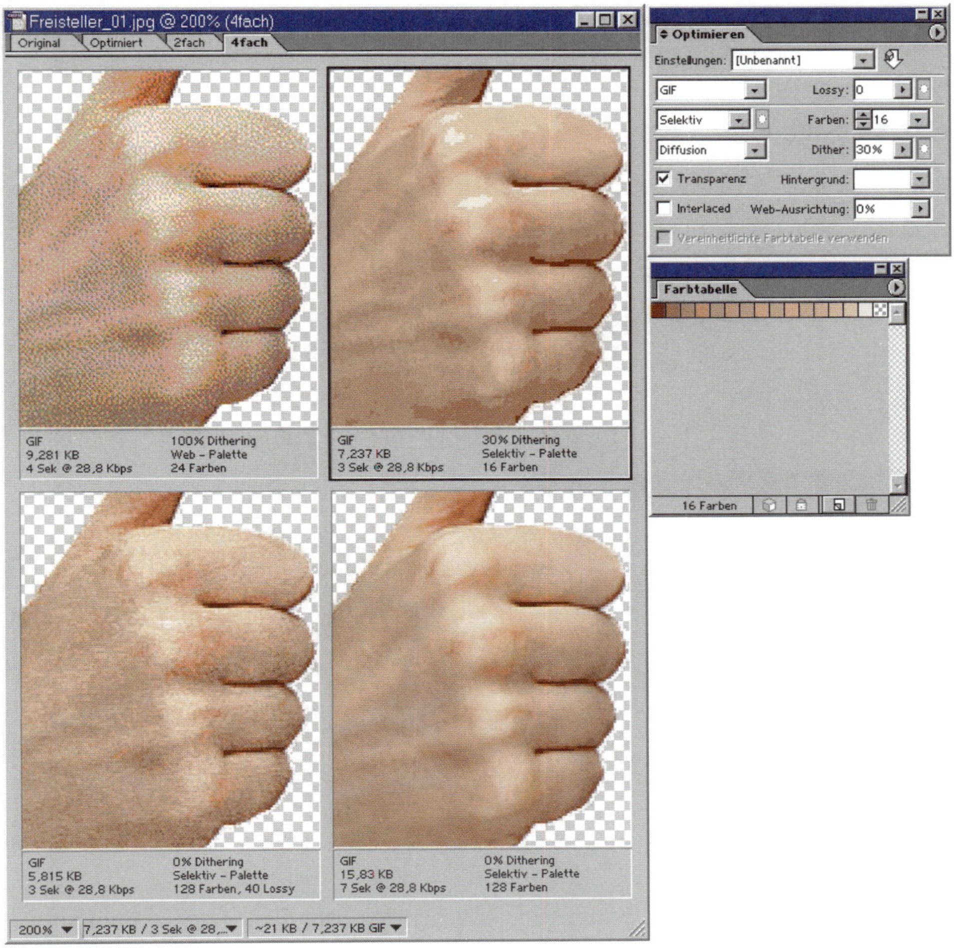

Wir haben eine 4FACH-Vorschau gewählt, die einzelnen Varianten aktiviert und jeweils individuelle Vorgaben in der Optimieren-Palette gemacht. Die Einstellungen und die resultierende Dateigröße erkennen Sie in den Textfeldern unter den Bildern. Optimieren-Palette und Farbtabelle zeigen die Angaben für die momentan aktivierte Variante, die Sie an dem schwarzen Rähmchen erkennen – hier also die Variante rechts oben. Mit dieser Variante arbeiten wir im Folgenden weiter.

14.4 Ergebnisse und GIF-Optionen speichern

Für unsere Internet-Seite verwenden wir die GIF-Variante mit SELEKTIV-Palette, 16 FARBEN und einer DITHER-Vorgabe von 30 Prozent. Sie bietet für unsere aktuelle Vorlage einen guten Kompromiss aus Bildqualität und Dateigröße. Wir speichern jetzt die bearbeitete Datei in der vollen Qualität und in der fürs Internet heruntergerechneten Version.

Separat sichern wir die GIF-Einstellungen, um sie später mit anderen Dateien leicht wiederverwenden zu können.

Überflüssigen Rand entfernen

Zunächst entfernen wir überflüssigen Rand. Wählen Sie BILD: ZUSCHNEIDEN mit der Vorgabe TRANSPARENTE PIXEL, dann klicken Sie auf OK. ImageReady kappt den nicht genutzten Bildbereich am Rand.

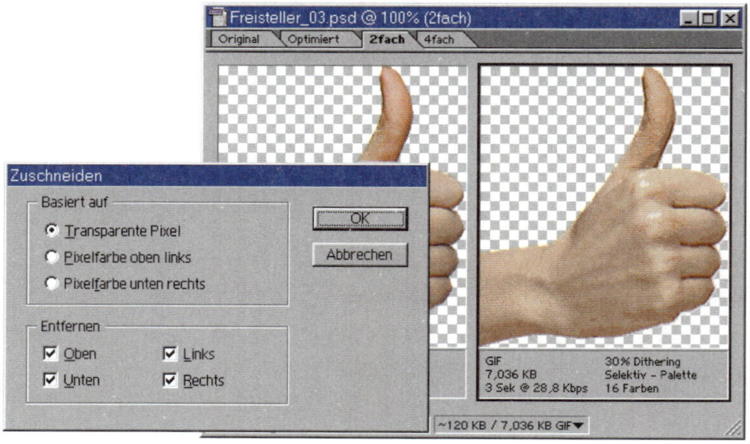

Der Befehl BILD: ZUSCHNEIDEN entfernt überflüssige Ränder.

Original speichern

Möchten Sie das freigestellte Original neu speichern? Es geht hier noch nicht um die fürs Internet drastisch heruntergerechnete Version. Wenn Sie das Original neu speichern, können Sie es später leicht mit geänderten GIF-Vorgaben neu fürs Internet »optimieren«. Diese Möglichkeiten haben Sie:

- Wählen Sie DATEI: SPEICHERN UNTER ([Strg]+[⇧]+[S]). In diesem Fall können Sie nur im Photoshop-Dateiformat speichern; es bewahrt sämtliche Eigenschaften der Datei – einschließlich Farbqualität und Vorgaben für Animationen, Slices oder Rollover-Effekte (vergleiche »Dateiformate«, Seite 266 und »Aufbau von Internet-Seiten«, Seite 293). Wir speichern die freigestellte Hand als »Freisteller_03.psd«.
- Der Befehl DATEI: ORIGINAL EXPORTIEREN bietet eine Reihe von anderen Dateiformaten an, die sich nicht fürs Internet eignen, aber die volle Farbqualität des Bildes erhalten, darunter BMP, TIFF und Targa. Transparente Bereiche sowie Informationen über Internet-Merkmale wie Animation oder Rollover-Effekte können verloren gehen.

»Optimierte« Datei speichern

So speichern Sie die heruntergerechnete, »optimierte« Version Ihrer Vorlage »Freisteller_01« zur Verwendung auf einer Internet-Seite:

1. Klicken Sie in der Mehrfach-Vorschau die gewünschte Variante an, in unserem Beispiel das Bild rechts oben. Die Bildversion wird durch ein Rähmchen hervorgehoben, die Optimieren-Palette zeigt die Vorgaben für diese Variante.
2. Wählen Sie Datei: Optimiert-Version speichern unter ([Strg]+[⇧]+[Alt]+[S]).
3. Im Dialogfeld Optimiert-Version speichern unter legen Sie ein Verzeichnis fest. Im Feld Dateityp nutzen wir die Vorgabe Nur Bilder (*.gif). Die Option HTML und Bilder ist beim Speichern eines Einzelbildes nicht erforderlich.
4. Wir speichern die Datei unter der Bezeichnung »Freisteller_02.gif«.

Wenn Sie die Datei »Freisteller_02.gif« in eine Internet-Seite einbauen, wird rings um die Hand der Seitenhintergrund erscheinen.

Der Befehl Datei: Optimiert-Version speichern unter sichert die aktuelle Bildvariante mit denjenigen Dateiformat-Optionen, die Sie zuletzt in der Optimieren-Palette eingestellt hatten.

»Einstellungen« speichern

Die Arbeit mit dem GIF-Format hatten wir ja begonnen, indem wir im Einstellungen-Klappmenü der Optimieren-Palette die Vorgabe GIF Web-Palette wählten. Diese Vorgabe legt alle GIF-Eigenschaften fest, darunter Dithering, Art der Farbpalette und Zahl der Farben.

Sobald Sie die GIF-Optionen ändern – in unserem Beispiel zuerst durch Wahl des Diffusion Dithering –, lesen Sie im Einstellungen-Klappmenü den Hinweis [Unbenannt].

Das bedeutet, die aktuelle Kombination von Einstellungen ist noch nicht dauerhaft zum leichten Wiederaufruf gespeichert.

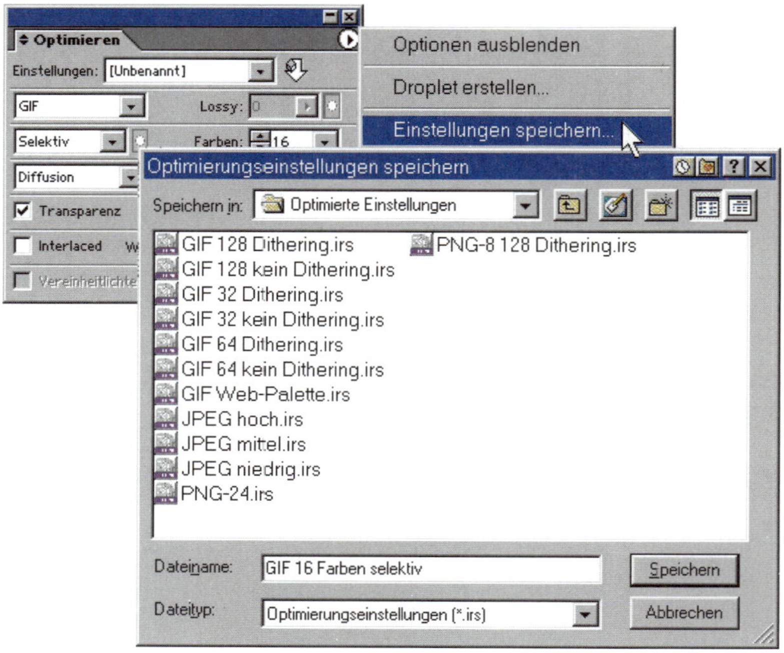

Um die aktuellen GIF-Optionen zu speichern und leicht wieder aufrufen zu können, wählen Sie aus dem Menü der Optimieren-Palette den Befehl EINSTELLUNGEN SPEICHERN. Wir speichern die Vorgaben unter der Bezeichnung »GIF 16 Farben selektiv«.

So speichern Sie die aktuellen GIF-Optionen als neue Einstellung:

1. Richten Sie alle Optionen in der Optimieren-Palette wie gewünscht ein.
2. Öffnen Sie das Paletten-Menü mit dem eingekreisten Dreieck ▶ rechts oben in der Optimieren-Palette.
3. Wählen Sie den Befehl EINSTELLUNGEN SPEICHERN. ImageReady zeigt nun das Dialogfeld OPTIMIERUNGSEINSTELLUNGEN SPEICHERN und bietet das Photoshop-Verzeichnis »Vorgaben/Optimierte Einstellungen« an. Sie erkennen hier, dass jede EINSTELLUNG wie etwa GIF WEB-PALETTE in diesem Verzeichnis als separate Datei vorliegt. Bleiben Sie bei diesem Verzeichnis, damit Sie die Vorgaben später aus dem Klappmenü EINSTELLUNGEN laden können.
4. Speichern Sie die Einstellungen unter dem Namen »GIF 16 Farben selektiv«.

Ab sofort können Sie die Vorgabe GIF 16 FARBEN SELEKTIV aus dem EINSTELLUNGEN-Klappmenü der Optimieren-Palette wählen.

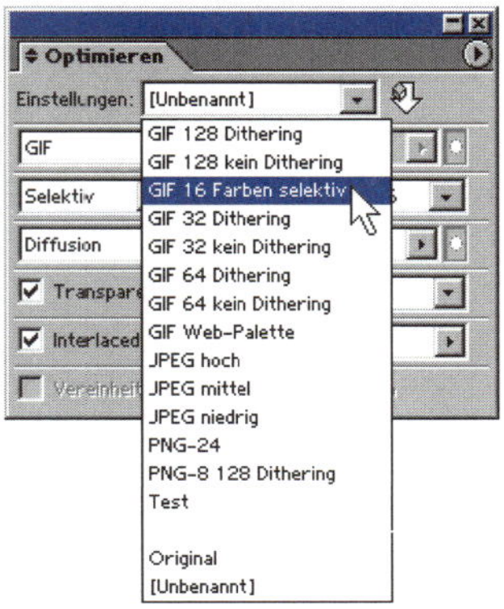

Die neu gespeicherte Vorgabe lässt sich im Klappmenü EINSTELLUNGEN abrufen.

»Einstellungen« für Stapelkonvertierung speichern

Sie können eine ganze Reihe von Bildern unmittelbar in das GIF-Format mit allen Vorgaben Ihrer neuen Einstellung »GIF 16 Farben selektiv« verwandeln. Dazu erstellen Sie ein so genanntes Droplet. So geht's:

1. Richten Sie alle Optionen in der Optimieren-Palette wie gewünscht ein.
2. Ziehen Sie das Droplet-Symbol auf den Desktop Ihrer Windows-Oberfläche beziehungsweise auf den Schreibtisch Ihrer Mac-Oberfläche. Damit entsteht dort ein neues Objekt, hier mit der Bezeichnung »GIF erstellen (16 Farben, Selektiv, 30% Dither)_1.exe«.

Und so verwandeln Sie beliebige Dateien ins GIF-Format mit allen Vorgaben der verwendeten Einstellung: Ziehen Sie die gewünschten Dateien oder komplette Ordner-Symbole auf das Droplet-Symbol auf dem Desktop oder Schreibtisch, hier also auf das Objekt »GIF erstellen (16 Farben, Selektiv, 30% Dither)_1.exe«. Damit startet ImageReady und legt für jede Datei eine neue GIF-Datei an – jedes Mal mit 16 Farben, SELEKTIV-Palette etc. Die Ergebnisse werden im selben Verzeichnis mit dem ursprünglichen Namen gespeichert. Dabei werden die Originale nicht überschrieben.

Wenn Sie bereits GIF-Dateien anliefern, kann ImageReady nach der automatischen Anwendung Ihrer GIF-Vorgaben das Ergebnis nicht unter dem ursprünglichen Namen speichern – dabei würde die Originaldatei gelöscht. In diesen Fällen erweitert ImageReady den Namen mit einem Anhang wie »_01«.

HINweis

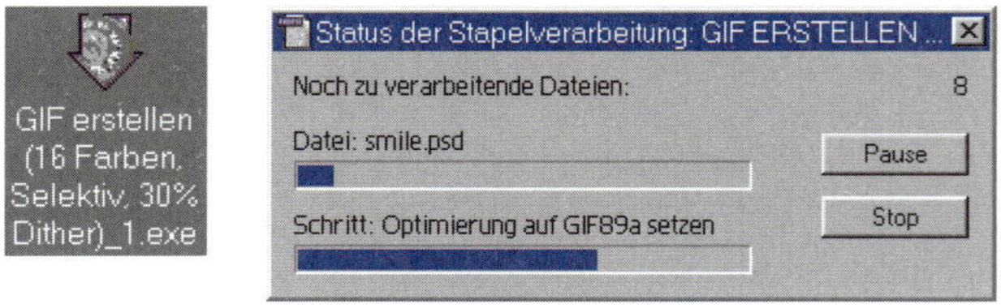

Links: Dieses so genannte »Droplet« entstand, indem wir den Droplet-Pfeil aus der Optimieren-Palette auf den Windows-Desktop gezogen haben. Rechts: Ziehen Sie Dateien oder ganze Ordner auf das Droplet auf dem Desktop, um die Bilder in das GIF-Format mit den gewählten Einstellungen zu konvertieren. Dabei startet ImageReady, ein Dialogfeld meldet den aktuellen Arbeitsstand.

14.5 Freisteller mit Hintergrundmuster

Wir testen den aktuellen Freisteller nun mit dem geplanten Hintergrundmuster. Zunächst arbeiten wir innerhalb von ImageReady, dann testen wir das Muster direkt im Internet-Browser. Das Hintergrundmuster ist eine kleine Bilddatei, die sich vielfach aneinander setzen lässt. Sie wird für die Internet-Seite nur einmal übertragen und im Browser automatisch so oft wie erforderlich wiederholt.

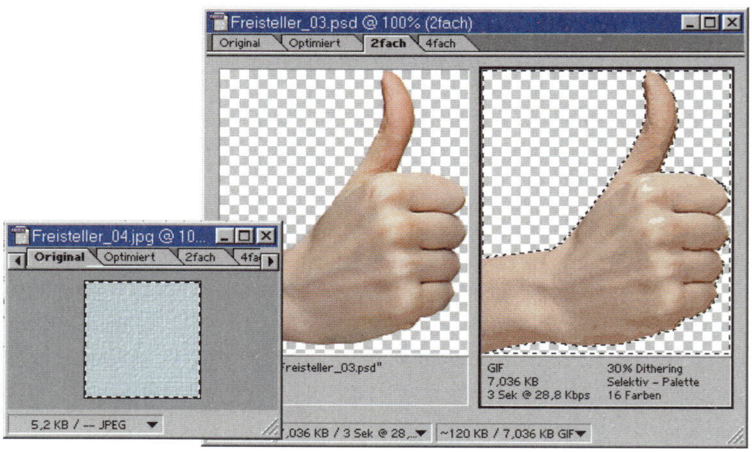

Für die Muster-Vorschau in ImageReady wählen Sie die Gesamtfläche der Muster-Datei »Freisteller_04« sowie den Hintergrund der Hand aus.

Muster-Vorschau in ImageReady

So prüfen Sie Ihr Muster auf schnelle Art in ImageReady:

1. Öffnen Sie die Muster-Datei, hier »Freisteller_04«.
2. Wählen Sie die Gesamtdatei mit dem Befehl AUSWAHL: ALLES AUSWÄHLEN (Strg + A) aus.
3. Wählen Sie den Befehl BEARBEITEN: MUSTER FESTLEGEN.
4. Aktivieren Sie die Datei mit der Hand und sorgen Sie dafür, dass der transparente Hintergrundbereich ausgewählt ist – zum Beispiel durch einen Klick mit dem Zauberstab.
5. Klicken Sie auf den Befehl BEARBEITEN: FLÄCHE FÜLLEN.
6. Geben Sie im Klappmenü VERWENDEN das MUSTER an und klicken Sie auf OK. Das strukturierte Hintergrundmuster erscheint um die Hand herum.
7. Da Sie diese Variante nicht speichern wollen, widerrufen Sie den letzten Schritt mit Strg + Z .

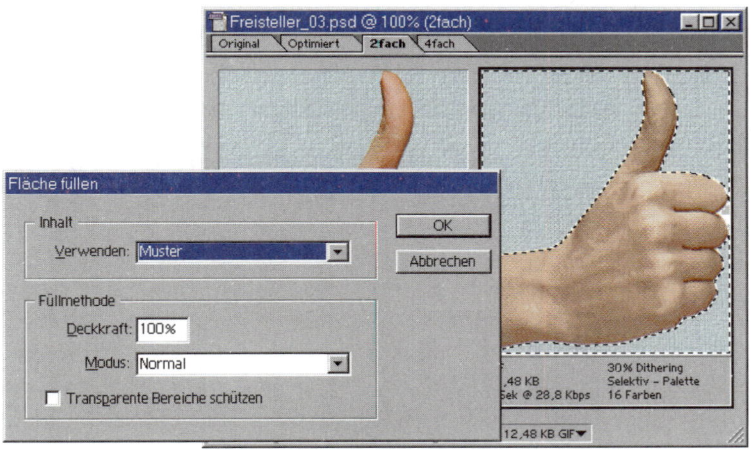

Der Befehl BEARBEITEN: FLÄCHE FÜLLEN mit der Vorgabe MUSTER setzt das Muster vielfach wiederholt in den ausgewählten Bereich der Bilddatei und gibt so einen Ausblick auf die geplante Internet-Seite.

Muster-Vorschau im Internet-Browser

ImageReady kann Ihre Bilder unmittelbar in einem Internet-Browser darstellen und dabei können Sie direkt eine andere Datei als Hintergrundmuster einplanen. So geht's:

1. Aktivieren Sie die Datei mit der Hand, in unserem Beispiel »Freisteller_03.psd«.
2. Wählen Sie DATEI: AUSGABE-EINSTELLUNGEN: HINTERGRUND.
3. Im Dialogfeld verwenden Sie die Vorgabe ANSICHT UNTER: BILD. Klicken Sie neben dem Eingabefeld BILD auf die Schaltfläche WÄHLEN und nennen Sie im Dialogfeld den Namen der gewünschten Muster-Datei, hier »Freisteller_04.jpg«. Klicken Sie auf OK. Fortan verwendet ImageReady für die Internet-Vorschau der Datei »Freisteller_03« stets das gewählte Hintergrundmuster.
4. Starten Sie die Vorschau im Internet-Browser mit dem Untermenü DATEI: VORSCHAU IN. Sie sehen hier das Einzelbild in Kombination mit dem gewählten Hintergrundmuster.

HINweis Wenn Sie die Einzelbild-Datei mit dem Befehl DATEI: SPEICHERN UNTER im Photoshop-Dateiformat sichern (siehe oben), bleibt die Verknüpfung mit dem Hintergrundmuster dauerhaft erhalten, es erscheint bei jeder weiteren Browser-Vorschau. Probieren Sie es aus: Öffnen Sie die Datei »Freisteller_05.psd« und starten Sie eine Browser-Vorschau mit dem Untermenü DATEI: VORSCHAU IN.

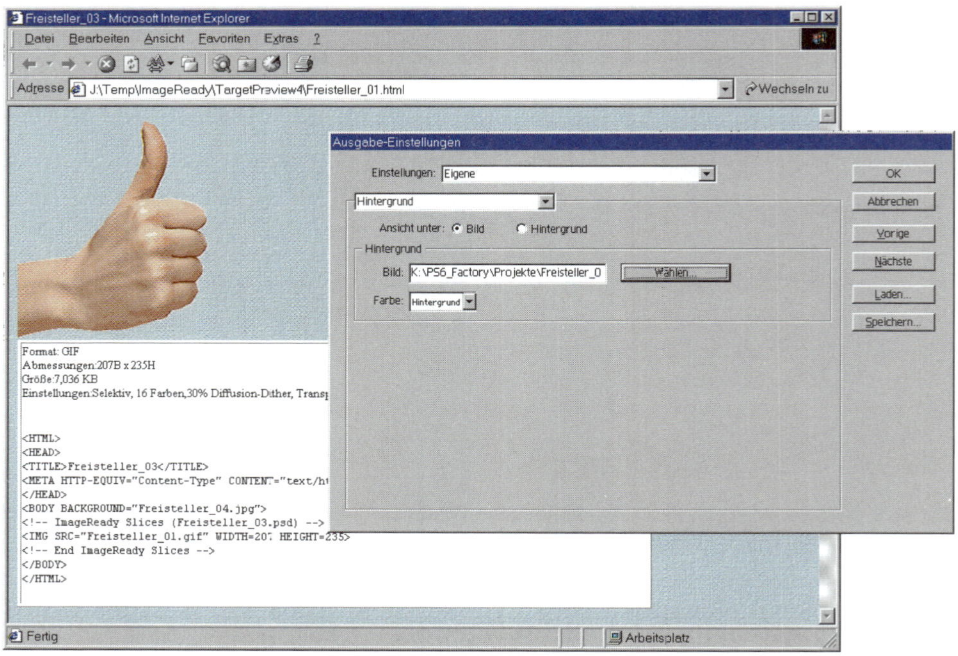

Mit dem Untermenü DATEI: VORSCHAU IN stellt ImageReady die aktuelle Datei in einem Internet-Browser dar. Der Befehl DATEI: AUSGABE-EINSTELLUNGEN: HINTERGRUND hat hier eine Datei als Hintergrundmuster festgelegt; dieses Muster erscheint ebenfalls im Browser-Fenster. Datei: Freisteller_05.psd

15

Fünfzehnter Workshop

Web-Fotogalerie

Im Internet präsentieren Sie Ihre eigenen Bilder einer weltweiten Fan-Gemeinde. Hier legen wir mit dem Befehl WEB-FOTOGALERIE einen Bildkatalog an. Zunächst arbeiten wir mit den Vorgaben von Photoshop; danach entwickeln wir einen eigenen STIL. Das eignet sich auch zur Weitergabe von Bildsammlungen auf CD.

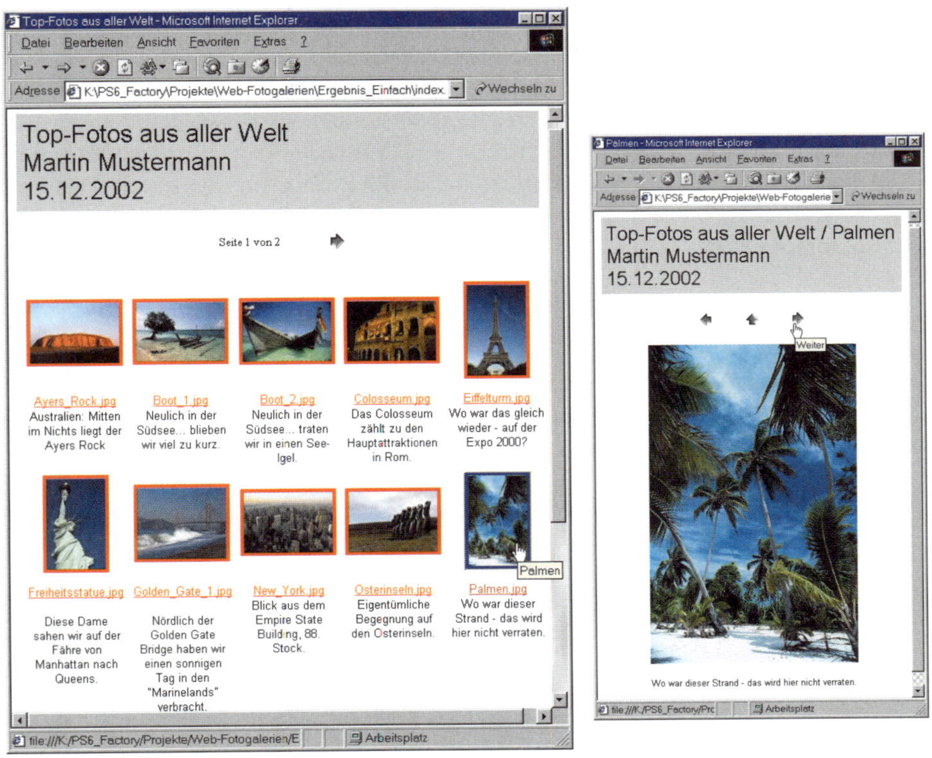

Bilder ohne Grenzen: Die Web-Fotogalerie listet Ihre Bilder en miniature auf. Ein Klick blendet das jeweilige Einzelbild ein. Diese Galerie entstand mit dem Stil »Einfach« wie im Text beschrieben.

Übersicht

Das erwartet Sie:

- *Was kommt dran:* DATEI-Befehle WEB-FOTOGALERIE und DATEI-INFORMATIONEN, eigene »Stile« entwickeln, HTML-Code bearbeiten
- *Aufwand:* Durchschnitt, bei Ehrgeiz höher
- *Kontext:* Freisteller fürs Internet, Seite 171; Speichern und Dateiformate, Seite 266; Aufbau von Internet-Seiten, Seite 293
- *Projekt-Dateien*: Fotosammlungen im Verzeichnis »Projekte/Sammlungen«, Ergebnisse im Verzeichnis »Projekte« »Projekte/Web-Fotogalerien«

15.1 Vorbereitungen

Zur Vorbereitung kopieren Sie alle Bilder, die in der Internet-Galerie erscheinen sollen, in ein eigenes Verzeichnis und bei Bedarf in Unterverzeichnisse. Das Dateiformat spielt keine Rolle – Sie können zum Beispiel TIFF-, JPG-, BMP- oder PSD-Dateien verwenden. Alle Bilder, die nicht dazugehören, entfernen Sie aus diesem Verzeichnis: Photoshop verwendet stets sämtliche Fotos aus einem Verzeichnis, Sie können einzelne Motive nicht ausschließen. Legen Sie außerdem ein völlig neues, leeres Verzeichnis an. Es nimmt die unterschiedlichen Dateien und Unterverzeichnisse auf, die Photoshop für Ihre Internet-Galerie erzeugt. Wir arbeiten mit den Verzeichnissen »Sammlungen« und »Web-Fotogalerie/Ergebnis_Einfach«.

»Datei-Informationen«

Die Galerie soll nicht nur den Dateinamen anzeigen, sondern auch eine Bildunterschrift. Darum öffnen Sie sämtliche Bilder in Photoshop und nutzen den Befehl DATEI: DATEI-INFORMATIONEN. Tragen Sie den Bildtext im Bereich OBJEKTBESCHREIBUNG ein und speichern Sie erneut.

WARNUNG

Unter Windows werden die Texte aus den DATEI-INFORMATIONEN nur in den Dateiformaten Photoshop, TIFF, JPEG, EPS und PDF mitgespeichert; am Mac eignen sich alle Formate (Grundlagen zu Dateiformaten ab Seite 266).

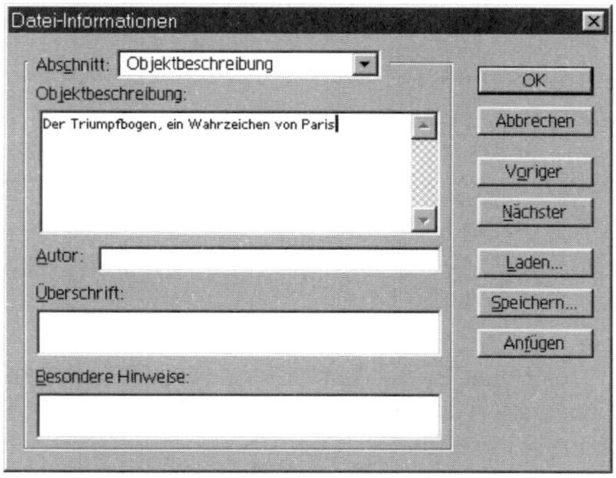

Tragen Sie die geplante Bildunterschrift in den »Datei-Informationen« ein.

Kostenloser Speicherplatz

Benötigen Sie für Ihre Exponate noch kostenlosen Speicherplatz (»Webspace«) auf einem Internet-Server? Die folgenden Dienste hielten zum Zeitpunkt der Manuskriptabgabe Gratiskapazität parat:

http://nbci.com/mywebsite

http://www.tripod.de/

http://www.crosswinds.net/

http://geocities.yahoo.com/home/

http://www.fortunecity.de/

15.2 Farben und Verzeichnisse

Nun wird es Zeit für den Befehl Datei: Automatisieren: Web-Fotogalerie. Im Stile-Klappmenü nehmen Sie Einfach. Im Optionen-Klappmenü öffnen Sie zuerst den Bereich Eigene Farben.

Im Bereich Eigene Farben legen Sie die Farben für Schriften fest – sie gelten auch für die Bildrähmchen, die wir später einrichten. Zudem nennen Sie Farben für den Seiten-Hintergrund und für den Überschriftenbereich (Banner). Klicken Sie einfach auf ein Farbfeld, um den Farbwähler einzublenden. Aktivieren Sie hier eventuell die Option Nur Webfarben; damit bietet Photoshop nur noch die 217 garantiert »web-sicheren« Farbwerte; sie erscheinen auch auf alten Rechnern mit 8-Bit-Grafikkarte für maximal 256 Farben garantiert unverfälscht (Hinweise zur Farbwahl für Internet-Designer im Projekt »Freisteller für das Internet« ab Seite 171).

So arbeiten Sie mit den Farben für die Verknüpfungen:

- Die LINK-Farbe kennzeichnet Texte und Bildrähmchen, die beim Anklicken zu einer anderen Seite führen.
- Die Farbe AKTIVER LINK steht für Verknüpfungen, die der Betrachter soeben anklickt oder angeklickt hat.
- BESUCHTER LINK heißt, hier wurde schon geklickt; dieses Bild kennt Ihr Publikum schon.

HINweis Bei Ihren Versuchen rufen Sie den Befehl DATEI: AUTOMATISIEREN: WEB-FOTOGALERIE wohl öfter auf. Speichern Sie den Befehl als Aktion samt Kurztaste (vergleiche Seite 215), so dass Sie das Dialogfeld unkompliziert öffnen können. Verwenden Sie jedoch für diesen Befehl das Symbol DIALOG AKTIVIEREN/DEAKTIVIEREN [...]. So blendet Photoshop friedlich das Dialogfeld ein und wartet auf Ihre Anweisungen, statt sofort mit der Galerie loszulegen.

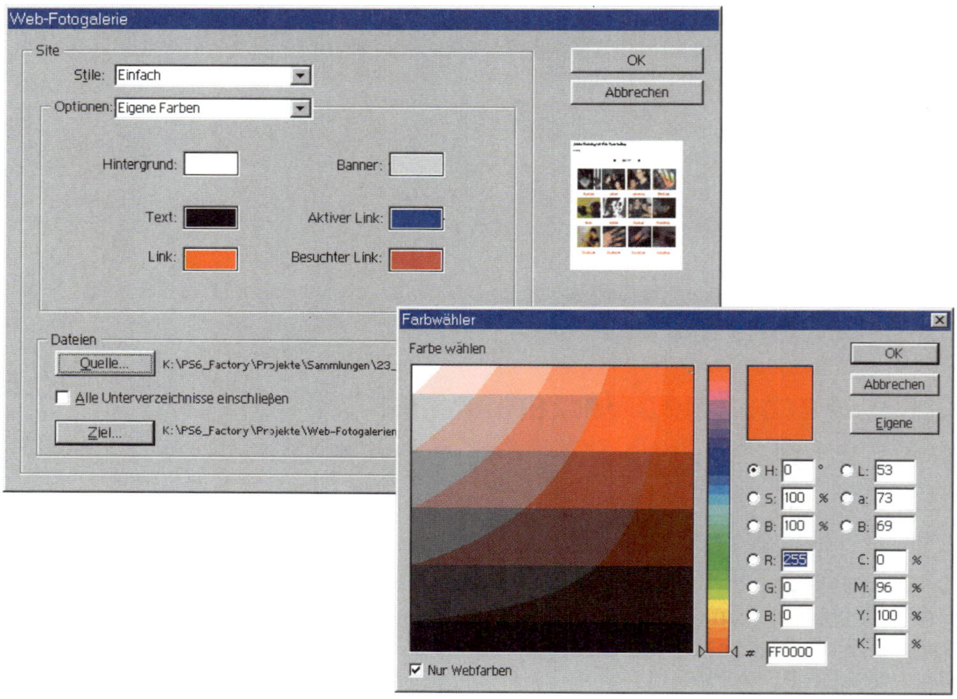

Wählen Sie die Farben für Bildtexte und Bildrähmchen.

Verzeichnisse festlegen

Nach einem Klick auf die Schaltfläche Quelle bestimmen Sie in einem Verzeichnisbaum, aus welchem Verzeichnis die Bilder für Ihren Internet-Katalog stammen. Bei Bedarf nehmen Sie auch Bilder aus Unterverzeichnissen auf. Wir greifen hier auf die CD zu diesem Buch zu und verwenden das Verzeichnis »Projekte/Sammlungen/23_Vorlagen«.

Mit der Schaltfläche Ziel regeln Sie, in welchem Verzeichnis Photoshop die neuen Katalogdateien ablegt.

Erstellen Sie für erste Versuche mit der Web-Fotogalerie einen speziellen Ordner mit nur wenigen Bilddateien. Dann arbeitet Photoshop nicht so lange an den Ergebnissen. Mischen Sie dabei Hoch- und Querformate wie auch ein eher quadratisches Motiv. Entsprechende kleine Ordner finden Sie auch auf der CD, zum Beispiel »07_Vorlagen« oder »03_Vorlagen« im Verzeichnis »Projekte/Web-Fotogalerien«

15.3 Die Miniaturen

Nun wählen Sie im Optionen-Klappmenü die Galerie-Miniaturen an. Als Bildunterschrift verwenden wir sowohl den Dateinamen als auch die Datei-Informationen-Objektbeschreibung – also jene Bildunterschrift, die Sie mit dem Befehl Datei: Datei-Informationen im Feld Objektbeschreibung angeklickt haben (siehe oben). Dieser Bildtext erscheint zunächst bei den Einzelbildern wie auch unter den Miniaturen. Wir nutzen zudem die Standardschrift »Arial« mit dem niedrigen Schriftgrad »3«.

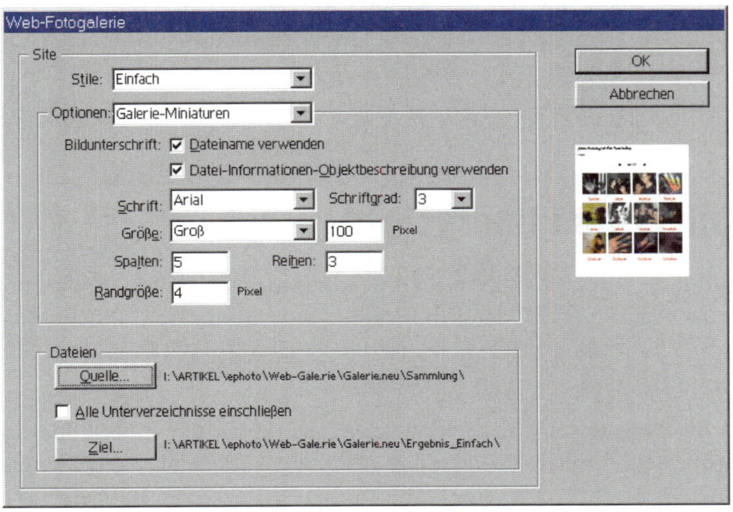

Im Bereich »Miniaturen« bestimmen Sie Größe und Aufteilung der Katalogbilder.

HINweis

Für die Schriften bei MINIATUREN wie auch im Bereich BANNER gilt: Die Vorgabe »7« führt zu großer 36-Punkt-Schrift, »4« erzeugt 14-Punkt-Lettern, 9-Punkt-Noten erhalten Sie mit dem Wert »1«. Der Betrachter kann die Schriftgrößen mit Browser-Befehlen wie ANSICHT: SCHRIFTGRAD immer noch nach eigenem Geschmack verändern.

GRÖSSE der Miniaturen

Als Miniaturen-GRÖSSE geben wir 100 Bildpunkte an. Auf eine Internet-Seite mit 800 Bildpunkten Breite passen fünf dieser Miniaturen perfekt nebeneinander und niedrigere Werte wirken auf großen Monitoren verloren. Außerdem verwenden wir fünf SPALTEN und drei REIHEN. Daraus folgt: Pro Katalogseite sieht der Betrachter 15 Miniaturen; verarbeiten Sie mehr als 15 Bilder, erzeugt Photoshop automatisch eine zweite Katalogseite, die sich von Seite 1 aus aufrufen lässt.

HINweis

Möchten Sie alle Miniaturen auf einer einzigen, langen Seite zeigen, die der Betrachter nach und nach über den Schirm laufen lässt? Dann geben Sie eine hohe Zahl für REIHEN ein. Das Ergebnis aus REIHEN mal SPALTEN muss höher sein als die Zahl Ihrer Exponate.

Randgrösse

Im Feld RANDGRÖSSE erhalten die Miniaturen einen vier Bildpunkte (PIXEL) breiten Rand. Dieses Rähmchen rechnet Photoshop nicht in die Bilddateien ein – der Internet-Browser produziert den Rahmen auf Basis des »Border«-Befehls im HTML-Code Ihrer Galerieseite. Die eigentliche Bilddatei zeigt den Rand also nicht, er erscheint nur auf der Seite. Für diesen Bildrahmen verwendet Photoshop die Farben aus dem Bereich EIGENE FARBEN (siehe oben). Das heißt auch, dass der Rahmen von bereits angeklickten Miniaturen mit der Farbe für den BESUCHTEN LINK erscheint.

15.4 Einzelbilder und Überschrift

Klickt ein Betrachter in Ihrer Internet-Galerie auf eine Miniatur oder auf die Bildunterschrift, erscheint das zugehörige Einzelbild im Internet-Browser. Im Bereich GALERIE-BILDER regeln Sie die Größe. Photoshop produziert dabei generell auf Basis Ihrer Angaben neue JPG-Bilddateien; Ihre Vorlagen bleiben also unverändert.

Wenn Sie die Option BILDER SKALIEREN nicht verwenden, erscheinen alle Einzelbilder in der ursprünglichen Größe des Originals – womöglich viel zu klein oder viel zu groß für die Betrachtung im Internet-Browser. Wir schalten die Option also lieber ein und geben ein Maximalmaß von 450 Pixeln vor – damit wirken die Einzelbilder nicht zu winzig. Der

Wert meint immer die längere Kante eines Bildes: Die Vorgabe 450 führt zu Hochformaten von 450 Pixel Höhe und geringerer Breite sowie zu Querformaten von 450 Pixel Breite und geringerer Höhe.

Für die JPEG-Qualität verwenden wir den Wert 5: Der bringt zwar kleine erkennbare Bildschäden, verringert die Dateigröße aber massiv auf durchschnittlich nur 30 Kbyte – der Betrachter muss also nicht lange auf Ihre Werke warten (vergleiche Dateiformate, Seite 266).

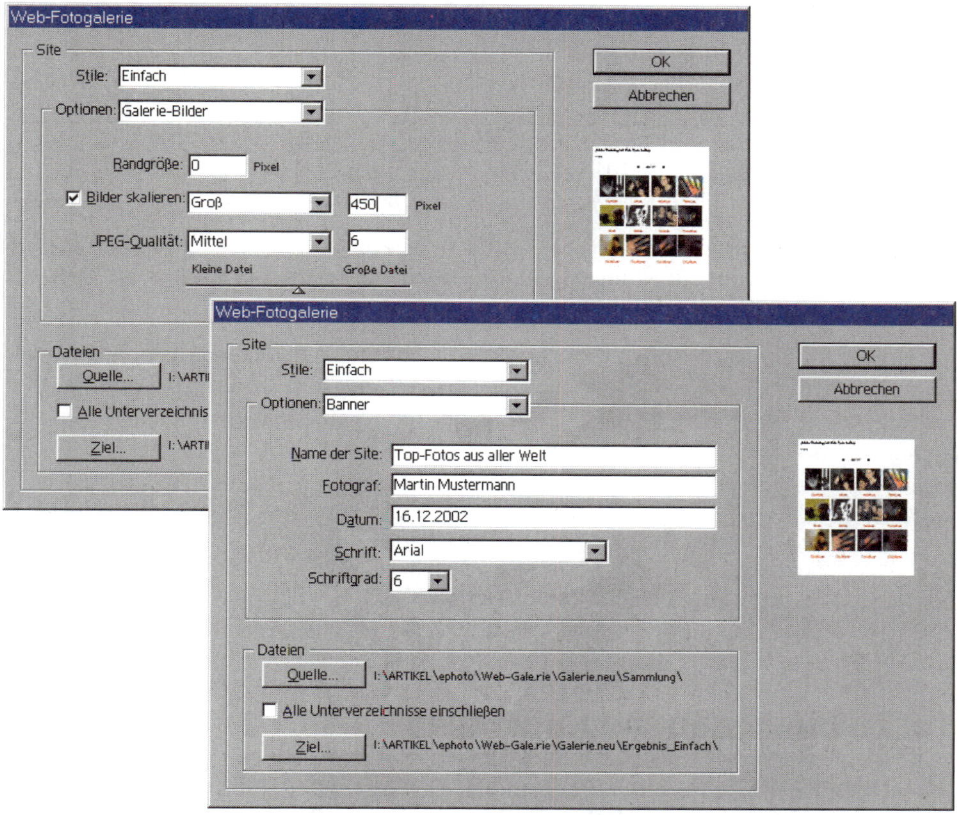

Für die Einzelbilder bietet Photoshop verschiedene Größen und Qualitätsstufen an. Im Bereich BANNER geben Sie die Überschrift ein.

So groß werden Ihre Einzelbilder

Die folgende Tabelle zeigt, welche Dateigrößen bei unterschiedlichen Bildpunktzahlen und Qualitätsstufen mit einem typischen, querformatigen Bild wie »Boot_1.jpg« entstehen.

Pixelmaße	Größe im Arbeitsspeicher	Dateigröße bei JPG-Qualität 5	Dateigröße bei JPG-Qualität 8
450 x 293	387 Kbyte	29 Kbyte	55 Kbyte
350 x 228	234 Kbyte	18 Kbyte	27 Kbyte
250 x 163	120 Kbyte	10 Kbyte	15 Kbyte

Überschrift

Im Bereich BANNER tippen Sie die Überschrift ein, die zugleich auf den Einzel- und auf den Katalogseiten erscheint. Sie können die Zeilen auch leer lassen, das spart etwas Platz auf der Seite.

Ihr Eintrag im Bereich NAME DER SITE erscheint nicht nur in den Überschriften von Bildkatalog und Einzelseite, sondern auch in der Titelzeile des Browser-Fensters bei der Katalogansicht. Bei FOTOGRAF und DATUM können Sie beliebige andere Informationen eintippen.

WARNUNG

Wenn Sie es nicht ausdrücklich jedes Mal ändern, nennt Photoshop im Bereich DATUM hartnäckig den aktuellen Kalendertag. Auch wenn Sie die WEB-FOTOGALERIE als Aktion aufzeichnen und das Feld DATUM leer lassen, erscheint das Datum trotzdem in den Ergebnisseiten. Im letzten Abschnitt zeigen wir, wie Sie die Datumszeile komplett verbannen.

15.5 Die neuen Verzeichnisse

Sobald Sie auf OK klicken, rattert Photoshop los und erzeugt die erforderlichen Dateien – die [Esc]-Taste hält ihn bei Bedarf auf. Dabei entstehen mehrere neue Unterverzeichnisse.

Unmittelbar im Zielverzeichnis finden Sie die Dateien wie »Index.htm«, »Index_2.htm« oder »Frameset.htm«. Diese Dateien im Internet-üblichen HTML-Format enthalten die Struktur der Internet-Seite – die Überschriften, das Layout, die Aufteilung der Miniaturen in einer Tabelle (Details zum Aufbau von Internet-Seiten ab Seite 293). Es beginnt mit »Index.htm«, die weiteren »Index«-Dateien enthalten die anschließenden Seiten. Klicken Sie diese eine HTML-Datei doppelt an oder ziehen Sie die Datei über die Adresszeile im

Internet-Browser – dann erscheint der Internet-Bildkatalog. Die Bilddaten selbst befinden sich wohlgemerkt nicht innerhalb der HTML-Dateien. Außerdem erzeugt Photoshop für interne Zwecke die Textdatei »UserSelections.txt«. Sie können die Datei löschen.

Unterverzeichnisse

Diese Unterverzeichnisse produziert die Web-Fotogalerie:

- Das neue Verzeichnis »Thumbnails« enthält die Miniaturbilder für die Internet-Seite mit dem Katalog – in den meisten Fällen sind es JPG-Dateien, sonst GIF-Dateien. Sie können diese Bilder bei Bedarf nachbearbeiten.
- Das neue Verzeichnis »Pages« beherbergt die HTML-Dateien für die Einzelseiten, die jeweils ein Einzelbild präsentieren. Die HTML-Datei enthält wieder den Text und die Verweise auf die Einzelbilddateien. Das Einzelbild selbst befindet sich nicht innerhalb der HTML-Datei.
- Das neue Verzeichnis »Images« enthält die nach Ihren Vorgaben neu errechneten Einzelbilder im JPG-Format. Diese Bilder erscheinen im Internet-Programm, sobald man im Bildkatalog auf eine Miniatur klickt. Auch diese Bilder lassen sich natürlich noch verändern.

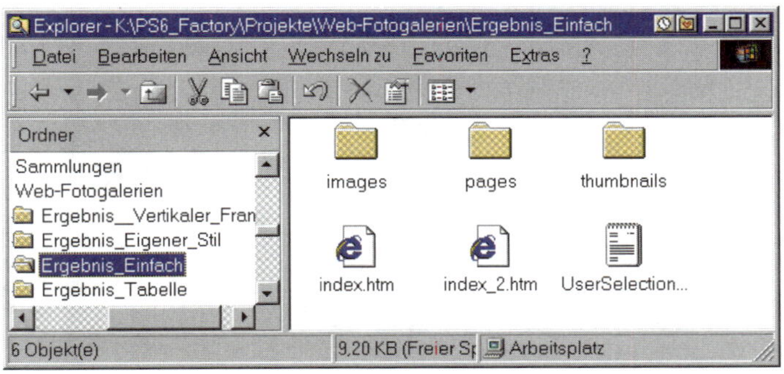

Photoshop verteilt Einzelbilder und Miniaturen auf mehrere Unterverzeichnisse.

»Index.htm«

Photoshop nennt den ersten Bildkatalog unvermeidlich »index.htm«. Dies ist jedoch oft die Standardbezeichnung für die Startseite eines ganzen Internet-Bereichs – Web-Browser öffnen »index.htm«, ohne dass dies überhaupt in der Adresszeile erscheinen muss. Sie sollten also die Galerie auf dem Internet-Server in ein eigenes Unterverzeichnis kopieren und nicht gleich im Eingangsbereich auf der oben stehenden Ebene.

Außerdem könnten Sie die fertige Galerie-Datei »Index.htm« umbenennen; allerdings funktionieren dann nicht mehr die internen Querverweise, die vom Einzelbild zum Gesamtkatalog zurückführen. Dazu müssen Sie erst den Code in allen Einzelbildseiten ändern und als Verweis den neuen Dateinamen angeben.

Gleichartige Änderungen in mehreren HTML-Dateien hintereinander erledigen Sie am einfachsten mit dem kostenlosen Windows-Programm »Suchen und Ersetzen für HTML«. Es tauscht in mehreren HTML-Dateien Code, Dateinamen oder Text aus. Sie finden es unter http://www.lab1.de/prod/suefhtml/index1.htm.

15.6 Ein neuer Stil

Photoshop bietet für die Bildgalerien verschiedene STILE an – mal mit, mal ohne Tabellenrahmen, teilweise erscheinen Miniaturen und vergrößerte Einzelbilder zeitgleich nebeneinander. Die Vorgaben wirken alle nicht ganz gelungen; darum legen wir nun mit Hilfe der Entfernen-Taste einen völlig neuen Stil an.

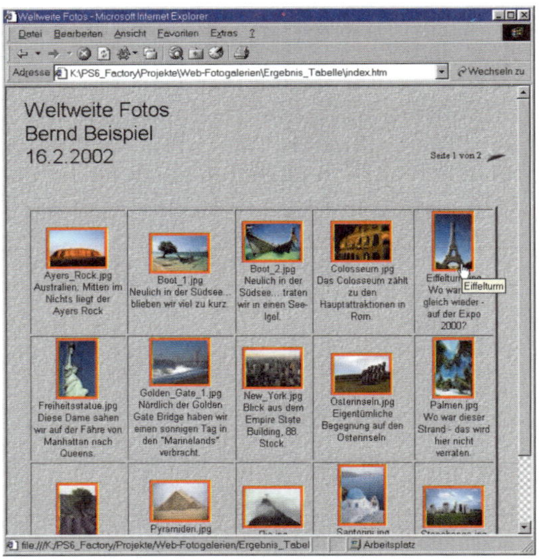

Links: Dieses Ergebnis entstand mit dem Stil »Tabelle«. Dabei verwendet Photoshop automatisch ein Hintergrundmuster. Rechts: Hier haben wir den Stil »Horizontaler Frame« verwendet.

Die Vorlagen für seine Bildgalerien lagert Photoshop in seinem Programmverzeichnis »Vorgaben/Web Kontaktabzug«. Hier finden Sie Ordner wie »Tabelle« oder »Vertikaler Frame«. Wir arbeiten jedoch auf Basis der Vorlage »Einfach« weiter, die wir zunächst duplizieren. So erzeugen Sie eine Kopie des Ordners:

1. Klicken Sie den Ordner »Einfach« einmal an.
2. Kopieren Sie ihn mit [Strg]+[C] in die Zwischenablage.
3. Fügen Sie den Ordner im selben Verzeichnis »Web Kontaktabzug« sofort wieder mit [Strg]+[V] ein; er erscheint als »Kopie von Einfach«.
4. Klicken Sie diesen »Kopie«-Ordner einmal an.
5. Drücken Sie [F2] und nennen Sie diesen Ordner »Mein Stil«.

Der Name »Mein Stil« erscheint später im Klappmenü STILE des Befehls WEB-FOTOGALERIE.

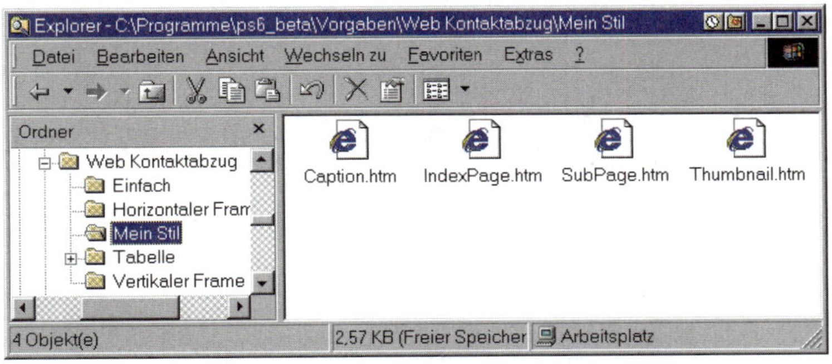

Der neue Ordner zeigt die Vorlagen für Katalog- und Einzelbildseiten.

Der Aufbau der »Stile«

Im Ordner »Web Kontaktabzug« finden Sie mehrere HTM-Dateien, die das Aussehen Ihres Bildkatalogs festlegen: »Caption.htm« regelt das Layout der Bildunterschrift in der Galerie, »IndexPage.htm« beschreibt die Katalogseite insgesamt, während »Thumbnail.htm« das Arrangement der Miniaturen definiert.

Um die Überschrift zu bearbeiten, die zu jedem Einzelbild gehört, öffnen Sie die Datei »SubPage.htm« mit einem Textprogramm, zum Beispiel mit dem Windows-Editor.

Sie können die HTML-Datei auch direkt vom Windows Internet Explorer aus bearbeiten. Klicken Sie doppelt auf »SubPage.htm«, so dass der Internet Explorer die Datei anzeigt (viel ist allerdings nicht zu sehen). Anschließend wählen Sie im Explorer ANSICHT: QUELLTEXT ANZEIGEN. Damit erscheint der HTML-Code im Editor, einem kleinen Textprogramm. Sie können den Code bearbeiten und speichern. Um die geänderte Variante im Explorer darzustellen, klicken Sie noch auf die Schaltfläche AKTUALISIEREN.

SUPER trick& SUPER tipp

Interessant in diesem Bereich sind die Platzhalter, so genannte »Tokens« – groß geschriebene Wörter, die von Prozentzeichen eingerahmt werden. Eine ausführliche Erklärung aller Platzhalter finden Sie in der Photoshop-Hilfedatei.

Verbesserte Katalogseiten

Aus der Überschrift der Miniaturen-Seite entfernen wir die Datumszeile. Wir öffnen »IndexPage.htm« und löschen die Zeichen:
%DATE%.

Überdies sorgen wir dafür, dass die Bildunterschrift zwar unter Einzelfotos, nicht aber unter den Miniaturen auftaucht. In der Datei »Caption.htm« löschen Sie also die Passage %FILEINFO%. Weiterhin müssen Sie im Dialogfeld WEB-FOTOGALERIE jedoch die Option DATEI-INFORMATIONEN-OBJEKTBESCHREIBUNG ankreuzen.

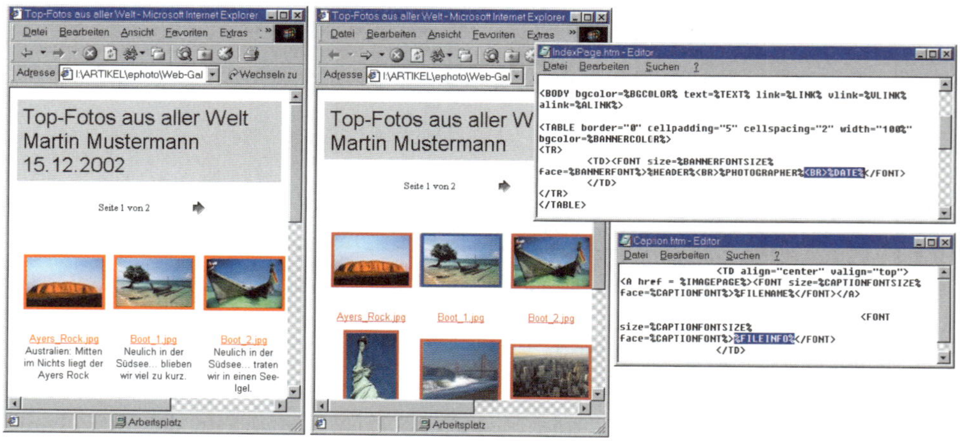

**Links: Diese Galerie entstand mit der Vorgabe EINFACH. Wir haben die DATEI-INFORMATIONEN-OBJEKTBESCHREIBUNG mit angekreuzt; die Bildtexte aus dem Feld OBJEKTBESCHREIBUNG des Befehls DATEI-INFORMATIONEN erscheint darum unter den Miniaturen wie auch unter den Einzelbildern. Photoshop hat überdies automatisch die Datumszeile in der Überschrift ausgefüllt. Mitte: Hier haben wir einen eigenen Stil auf Basis des Stils EINFACH definiert. Die Datumszeile ist weg; dazu haben wir in der Vorlage »Indexpage.htm« die Zeichen
%DATE% gelöscht. Auch die Objektbeschreibung fehlt in der mittleren Katalogansicht, sie erscheint nur noch auf den Einzelbildseiten; in der Vorlage-Datei »Caption.htm« hatten wir die Passage %FILEINFO% gelöscht. Vorlagen im Verzeichnis »Projekte/Sammlungen«; HTML-Ergebnisse im Verzeichnis »Praxis/Web-Fotogalerie«.**

Verbesserte Einzelbildseiten

Wir kürzen die dreizeilige Überschrift, die Photoshop zu jedem Einzelbild anzeigt, auf eine Zeile zusammen. Dazu entfernen wir diejenigen Bereiche, die man im Dialogfeld

WEB-FOTOGALERIE mit den Feldern FOTOGRAF und DATUM ausfüllt. Übrig bleibt nur eine Einzelzeile mit dem Namen der Galerie aus dem Feld NAME DER SITE und mit dem Dateinamen. Außerdem belassen wir die Objektbeschreibung unter dem Bild, auch die Hinweispfeile zu den weiteren Bildern erhalten wir. Löschen Sie also exakt diese Zeichen:
%PHOTOGRAPHER%
%DATE%.

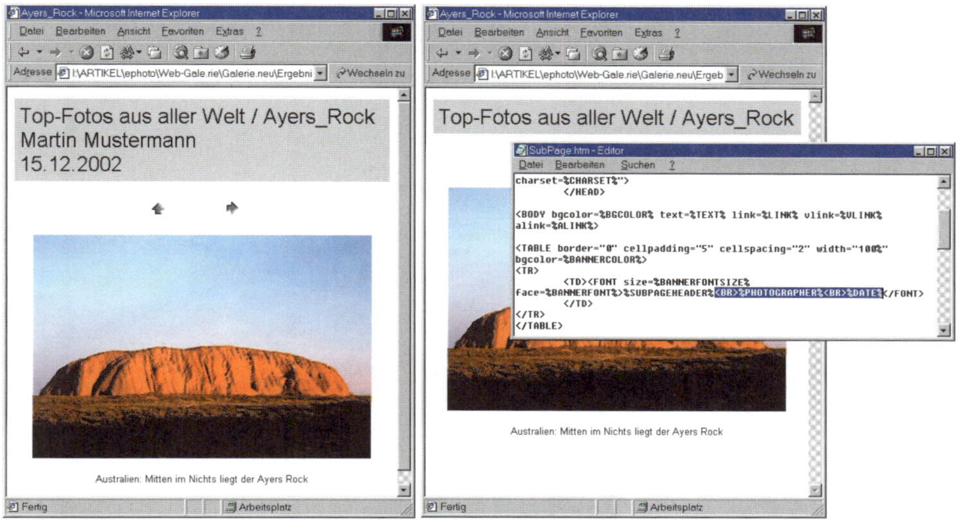

**Links: Diese Einzelbildseite entstand mit dem Stil »Einfach«, die Überschrift nennt Datum und Fotografen. Mitte: Hier besteht die Überschrift nicht mehr aus drei Zeilen, sondern nur aus einer. Rechts: Wir haben einen eigenen Stil angelegt und in der Datei »SubPage.htm« die Zeichen
%PHOTOGRAPHER%
%DATE% gelöscht.**

Raster-Effekt

16 Sechzehnter Workshop

Produzieren Sie auf die Schnelle einen reizvoll gerasterten Rand. Im nächsten Kapitel erfahren Sie, wie Sie diese Befehlsfolge als »Aktion« aufzeichnen und automatisch auf beliebig viele Dateien anwenden (ab Seite 215).

Übersicht

Das erwartet Sie:

- *Was kommt dran:* FILTER-Befehl FARBRASTER, Auswahlellipse, Verschieben-Werkzeug; Ebenenmaske mit Verbinden und Anwenden, Ebeneneffekte
- *Aufwand:* mittel, bei Ehrgeiz höher
- *Kontext:* Weicher Übergang, Seite 25; Bildausschnitt mit Form-Werkzeug, Seite 67; Form-Werkzeug, Seite 153; Befehlsfolge aufzeichnen, Seite 215; Paletten, Seite 248
- *Projekt-Dateien*: Raster_01 bis Raster_06

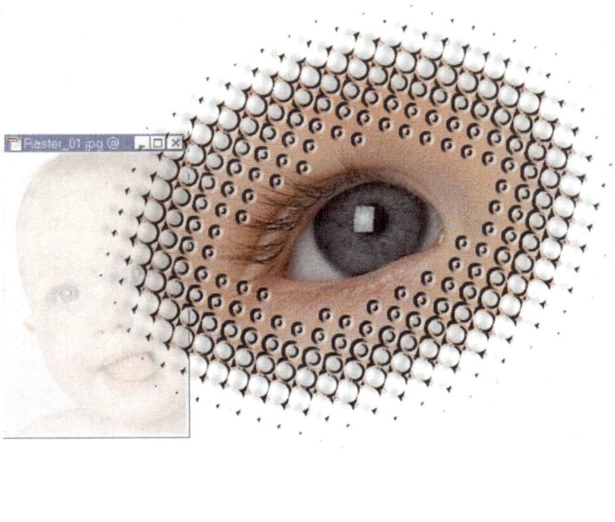

Der gerasterte Rand entsteht in wenigen Schritten durch Bearbeitung einer Ebenenmaske.

16.1 Neue Ebene

Unser Effekt basiert auf Bearbeitung einer Ebenenmaske. Die funktioniert nicht mit »Hintergrund«-Ebenen; wir erzeugen deshalb zunächst eine Normalebene. Falls noch nicht auf dem Bildschirm zu sehen, laden Sie die Ebenenpalette mit [F7] oder mit dem Befehl FENSTER: EBENEN EINBLENDEN (Details zu Paletten ab Seite 248).

Links: Ziehen Sie die »Hintergrund«-Ebene auf das Symbol »Neue Ebene erstellen«. Mitte: Dadurch entsteht die neue Ebene »Hintergrund Kopie«. Rechts: Aktivieren Sie wieder die »Hintergrund«-Ebene.

So bereiten Sie die Ebenen vor:

1. Laden Sie die Datei »Raster_01« aus dem »Projekte«-Verzeichnis der CD zu diesem Buch.
2. Ziehen Sie die »Hintergrund«-Ebene in der Ebenenpalette auf das Symbol NEUE EBENE ERSTELLEN. Dadurch verdoppeln Sie die Hintergrundebene, es entsteht eine neue Ebene »Hintergrund Kopie«; damit können Sie viel freier arbeiten als mit einer Hintergrundebene.
3. Aktivieren Sie durch einen Klick in der Ebenenpalette wieder die »Hintergrund«-Ebene; sie erscheint also in der Palette farblich hervorgehoben, in der Titelzeile des Bildes lesen Sie »Hintergrund«.
4. Wählen Sie BEARBEITEN: FLÄCHE FÜLLEN ([⇧]+[←]-Taste). Im Klappmenü FÜLLEN MIT verwenden Sie WEISS. Dieses Weiß benötigen wir später als Hintergrund. Klicken Sie auf OK. (Alternativ könnten Sie eine weiße Füllebene dazwischen schieben, vergleiche »Weicher Übergang« ab Seite 25.)
5. Photoshop füllt die »Hintergrund«-Ebene weiß. Sie erkennen es an der Ebenenminiatur, nicht aber am Bildfenster – die Ebene »Hintergrund Kopie« liegt ja noch über der weiß gefüllten Ebene.

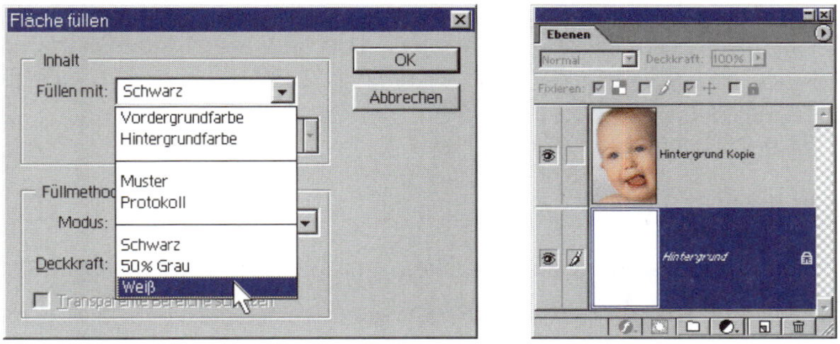

Links: Nachdem die »Hintergrund«-Ebene aktiviert wurde, wählen Sie den Befehl BEARBEITEN: FLÄCHE FÜLLEN mit einer weißen Füllung. Rechts: Die »Hintergrund«-Ebene ist jetzt weiß gefüllt. Am sichtbaren Bild ändert sich nichts: Über der »Hintergrund«-Ebene liegt ja noch die Ebene »Hintergrund Kopie«, die das ursprüngliche Bild zeigt. Datei: Raster_02

16.2 Auswahl

Mit einer Auswahl bereiten wir die Ebenenmaske vor. Schalten Sie die Auswahlellipse ein und ziehen Sie den Mauszeiger um das linke Auge. Damit erscheint eine schwarzweiß changierende, ovale Auswahlmarkierung. Wir korrigieren diese Auswahl noch in mehreren Schritten.

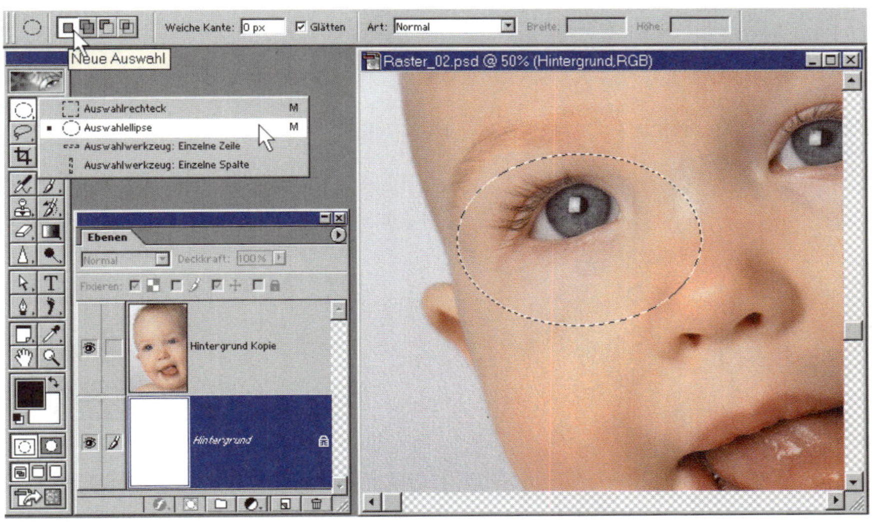

Mit der Auswahlellipse wählen Sie einen ovalen Bildbereich aus. Hier und in den folgenden Schritten verwenden wir in der Optionen-Leiste die Vorgabe NEUE AUSWAHL.

Ist die Auswahl missraten? Entfernen Sie die Schiller-Linie mit dem Befehl AUSWAHL: AUSWAHL AUFHEBEN oder kurz [Strg]+[D] (für »Deselect«). Verwenden Sie in den Optionen die Vorgabe NEUE AUSWAHL. Dann reicht auch ein Klick mit dem Auswahlwerkzeug außerhalb der Auswahl, um die Fließmarkierung zu beseitigen.

Auswahlumriss bewegen

Schieben Sie die Auswahl über dem Auge zurecht. Dies funktioniert nur unter folgenden Bedingungen:

- Sie haben tatsächlich ein Auswahlwerkzeug wie die Auswahlellipse eingeschaltet.
- Sie haben oben in der Optionen-Leiste die Vorgabe NEUE AUSWAHL aktiviert.

WARNUNG

Sollten Sie das Verschieben-Werkzeug eingeschaltet haben, verschieben Sie nicht den Auswahlrahmen, sondern den Bildinhalt.

Auswahl drehen

Wählen Sie AUSWAHL: AUSWAHL TRANSFORMIEREN. Photoshop zeigt einen Begrenzungsrahmen und Sie ziehen außerhalb des Rahmens, um die Auswahl zu drehen. Mehr Details zum TRANSFORMIEREN auch von Ebenen und Pfaden liefert das Kapitel »Form-Werkzeug« ab Seite 153.

WARNUNG

Die Photoshop-Funktion AUSWAHL: AUSWAHL TRANSFORMIEREN heißt bei ImageReady fälschlich AUSWAHL: AUSWAHL VERÄNDERN.

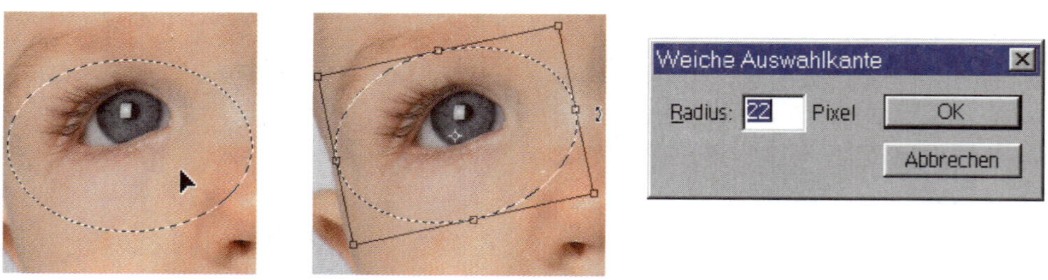

Links: Wenn Sie ein Auswahlwerkzeug und die Option NEUE AUSWAHL eingeschaltet haben, können Sie die Auswahl verschieben. Mitte: Mit dem Befehl AUSWAHL: AUSWAHL TRANSFORMIEREN lässt sich die Markierung drehen. Rechts: Der Befehl AUSWAHL: WEICHE AUSWAHLKANTE erzeugt einen weichen Übergang zwischen gewähltem und nicht gewähltem Bereich.

Weiche Auswahlkante

Wählen Sie AUSWAHL: WEICHE AUSWAHLKANTE mit einem Wert von 22. Die im Bild sichtbare Fließmarkierung ändert sich dadurch allerdings kaum.

Theoretisch können Sie diesen Wert auch von Anfang an ins Feld WEICHE KANTE der Optionen-Leiste eintippen. Sie legen sich damit jedoch früher fest und nehmen die längere Rechenzeit für eine weiche Auswahl auch bei misslungenen Formen in Kauf. Für die geplante Aufzeichnung als »Aktion« (Befehlsfolge, ab Seite 215) ist das Dialogfeld zudem weit praktischer als eine Vorgabe in der Optionen-Leiste.

HINweis

Die Wirkung der Befehle WEICHE AUSWAHLKANTE wie auch FARBRASTER (siehe unten) hängt stark von der Größe des Bildes beziehungsweise von Ihrer Auswahl ab, also von der Zahl der verwendeten Bildpunkte quer mal hoch. Bearbeiten Sie ein relativ kleines Bild beziehungsweise einen sehr kleinen Ausschnitt, dann setzen Sie die hier verwendeten Werte für WEICHE AUSWAHLKANTE und FARBRASTER deutlich herunter.

Sie können den weichen Übergang auch erst später anlegen – durch einen Weichzeichner in der Ebenenmaske. Dieses Verfahren nutzen wir im Projekt »Weicher Übergang« ab Seite 25. Das Kapitel gibt auch eine detailliertere Einführung in Funktion und Retusche einer Ebenenmaske.

16.3 Ebenenmaske anlegen und bearbeiten

So legen Sie die neue Ebenenmaske an:

1. Stellen Sie sicher, dass die Auswahl noch im Bild vorhanden ist.
2. Aktivieren Sie die Ebene »Hintergrund Kopie« durch einen Klick in der Ebenenpalette.
3. Klicken Sie auf die Schaltfläche MASKE HINZUFÜGEN unten in der Ebenenpalette.

Die neue Ebenenmaske erscheint in der Ebenenpalette als Miniatur neben der Bildminiatur für die Ebene »Hintergrund Kopie«. Der Außenbereich der Ebene wird verborgen.

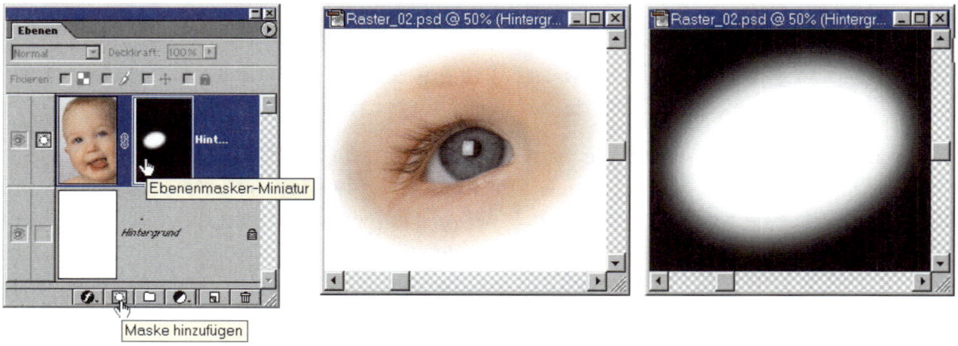

Die Schaltfläche MASKE HINZUFÜGEN erzeugt eine neue Ebenenmaske auf Basis der aktuellen Auswahl. Weil wir den Befehl WEICHE AUSWAHLKANTE verwendet hatten, entsteht sofort ein weicher Übergang zum Hintergrund. Rechts sehen Sie die reine Ansicht der Maske; dazu klicken Sie bei gedrückter [Alt]-Taste auf die Miniatur der Ebenenmaske in der Palette. Klicken Sie erneut bei gedrückter [Alt]-Taste, um zur Anzeige des Bildinhalts zurückzukehren. Datei: Raster_03

Der Befehl FARBRASTER

Stellen Sie sicher, dass weiterhin die Ebenenmaske und nicht die Bildfüllung aktiviert ist: Neben der Ebenenminiatur »Hintergrund Kopie« muss das Symbol für die Ebenenmaske zu sehen sein, auch in der Titelzeile des Dateifensters soll Photoshop die EBENENMASKE nennen.

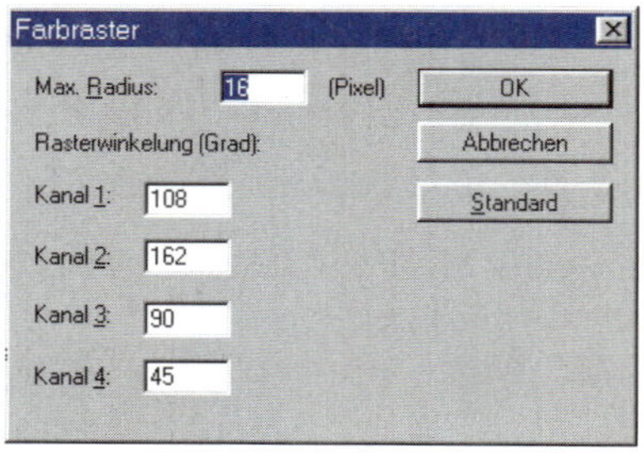

Der Befehl FILTER: VERGRÖBERUNGSFILTER: FARBRASTER setzt den weichen Graustufenübergang aus der Ebenenmaske in ein Punktmuster um.

Wählen Sie nun FILTER: VERGRÖBERUNGSFILTER: FARBRASTER mit einem Wert von 16 PIXEL. Die Daten für KANAL 1 bis 4 spielen hier keine Rolle, da wir nur einen Graustufenkanal – die Ebenenmaske – bearbeiten und kein Farbbild. Der Filter produziert stilisierte Rasterpunkte. Er wirkt jedoch nur in Graustufen – also im weichen Übergang der Ebenenmaske, die rein weißen und schwarzen Bereiche bleiben unverändert. Der Filter hebt den bisherigen weichen Übergang auf und ersetzt ihn durch ein Muster von Punkten, die nach außen immer kleiner werden. Dieses Schwarzweißmuster legt die sichtbaren Bereiche der Ebene »Hintergrund Kopie« neu fest.

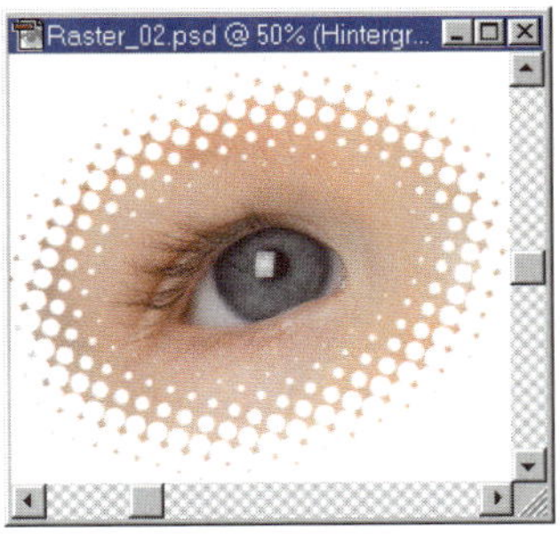

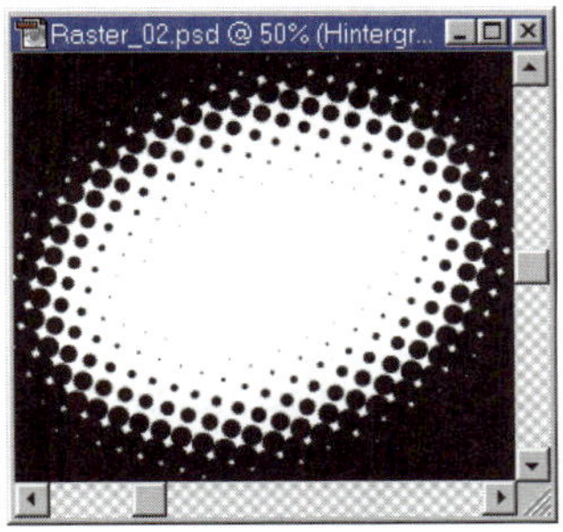

Das Punktmuster in der Ebenenmaske bestimmt die sichtbaren Bereiche der Bildebene. Rechts wird wieder die reine Ebenenmaske dargestellt, nach einem [Alt]-Klick auf Miniatur der Ebenenmaske in der Ebenenpalette. Datei: Raster_04

16.4 Ebenenmaske verschieben und verbinden

Schalten Sie das Verschieben-Werkzeug ein und aktivieren Sie durch einen Klick auf die Miniatur die Bildebene – also nicht die Ebenenmaske. Nun lässt sich der sichtbare Ausschnitt über die Bildfläche bewegen und sogar in andere Bilder ziehen. Die Maske bewegt sich mit; Sie sehen also immer denselben Bildausschnitt, jedoch an wechselnden Positionen im Bild.

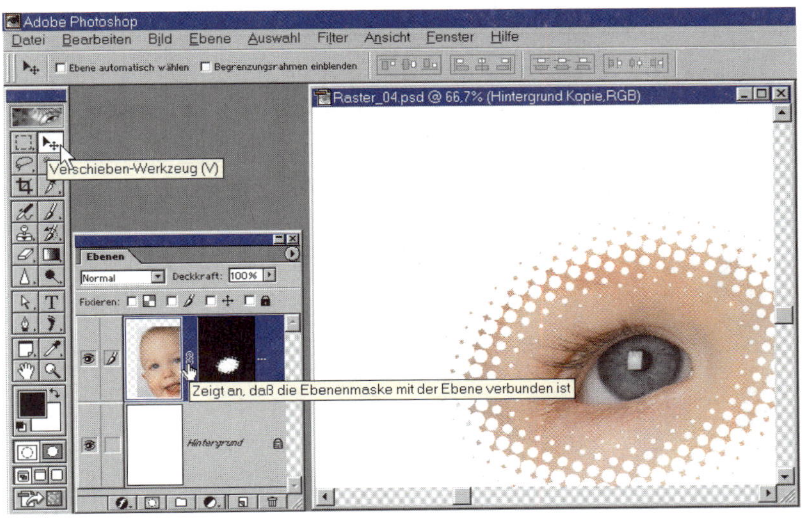

Mit dem Verschieben-Werkzeug lässt sich die Bildebene bewegen. Dabei wandert die Maske mit, es ist immer derselbe Bildausschnitt zu sehen, aber an wechselnden Positionen. Der Grund: Bildebene und Ebenenmaske sind zunächst »verbunden«, wie Sie an dem Verbindungssymbol erkennen können.

Bildebene und Maske sind zunächst »verbunden«. Sie erkennen dies an dem Verbindungssymbol zwischen den Miniaturen für Bild und Maske. Darum bewegen sich Ebene und Maske parallel. Die gleiche Verbindungsfunktion bieten auch die Ebenen-Beschneidungspfade (vergleiche Seite 67).

WARNUNG

Verwechslungsgefahr: Hier ist eine Bildebene mit ihrer Maske verbunden. Das »Verbinden«, das in mehreren Photoshop-Befehlen auftaucht, meint jedoch etwas anderes: das Aneinanderkoppeln mehrerer Bildebenen, nicht nur einer Ebene mit ihrer Maske.

Verbindung aufheben

Heben Sie die Verbindung testweise auf; dazu klicken Sie auf das Verbindungssymbol, so dass es verschwindet. Bewegen Sie nun die Bildebene mit dem Verschieben-Werkzeug. Die Maske bleibt auf Position; innerhalb der Maske sehen Sie also verschiedene Teile Ihres Bildes, der sichtbare Bildinhalt wandert durch ein Fenster. Und Sie haben noch eine weitere Möglichkeit: Heben Sie die Verbindung auf, aktivieren Sie die Ebenenmaske durch einen Klick auf deren Miniatur und ziehen Sie im Bild. Nun wechselt die Maske ihre Position und damit ändert sich auch der sichtbare Bildausschnitt.

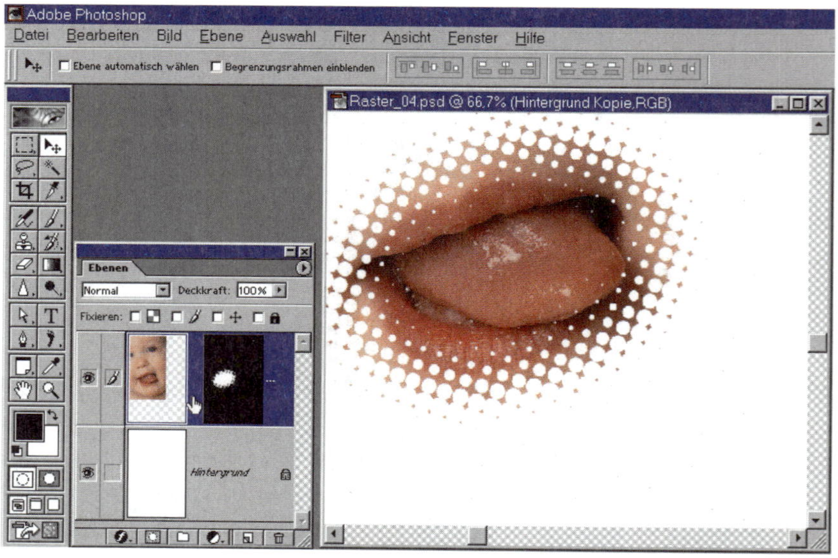

Wir haben die Verbindung zwischen Bildebene und Maske aufgehoben, das Verbindungssymbol ist nicht mehr zu sehen. Mit dem Verschieben-Werkzeug bewegen wir die Bildebene, die Maske bewegt sich nicht mit. Deswegen sind unterschiedliche Bildausschnitte zu sehen. Hier wurde zunächst die Miniatur für die Bildfüllung aktiviert, also nicht für die Ebenenmaske.

Klicken Sie erneut auf den Platz des Verbindungssymbols, um die Verbindung wieder herzustellen.

WARNUNG

Wenn Sie die Verbindung zwischen Bild und Ebenenmaske aufheben, schaltet Photoshop die Darstellung der Ebeneneffekte ab. Verbinden Sie Bildebene und Maske später wieder, um die Ebeneneffekte wie SCHLAGSCHATTEN oder ABGEFLACHTE KANTE darzustellen.

16.5 Ebenenmaske LÖSCHEN und ANWENDEN

Die Ebenenmaske kostet soviel Speicherplatz wie ein gleichgroßes Bild im GRAUSTUFEN-Modus und sie macht die Montage komplexer. Sie können die Ebenenmaske jedoch löschen; dazu wird sie auf den Mülleimer in der Ebenenpalette gezogen. Hier schaltet sich Photoshop mit einer wichtigen Frage dazwischen: SOLL DIE MASKE VOR DEM LÖSCHEN AUF DIE EBENE ANGEWENDET WERDEN? Sie haben die Optionen LÖSCHEN und ANWENDEN.

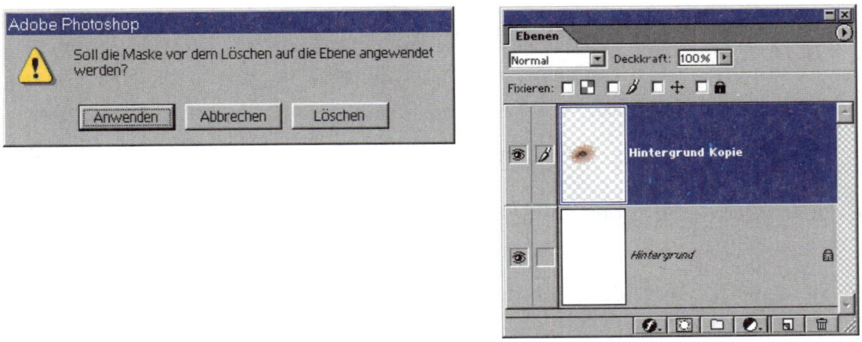

Wir haben die Ebenenmaske auf das Mülleimer-Symbol in der Ebenenpalette gezogen. Im Dialogfeld haben wir auf ANWENDEN geklickt. Sie erkennen in der Ebenenpalette, dass die zuvor nur verborgenen Bildteile nun endgültig gelöscht sind. Datei: Raster_05

Das ist mit LÖSCHEN und ANWENDEN gemeint:

- LÖSCHEN der Ebenenmaske bedeutet: Die Maskierungswirkung entfällt; die ehedem maskierte Ebene zeigt sich so, wie sie bereits ohne Ebenenmaske aussah. In unserem Projekt sehen Sie also wieder das komplette Gesicht.
- ANWENDEN der Ebenenmaske bedeutet: Die Bildteile, die Sie zuvor mit Hilfe der Ebenenmasken verborgen haben, werden endgültig gelöscht – wie mit dem Radiergummi oder mit Auswahl und Entf-Taste. Halbtransparent eingeblendete Bildpunkte haben nach dem ANWENDEN der Ebenenmaske nur noch halbe Deckkraft; die ursprünglichen, voll deckenden Bildpunkte sind weg.

HINweis Möchten Sie überflüssige Bildränder entfernen? Dies erledigen Sie unkompliziert mit dem Freistellwerkzeug; Details zu diesem und weiteren Freistell-Verfahren ab Seite 297.

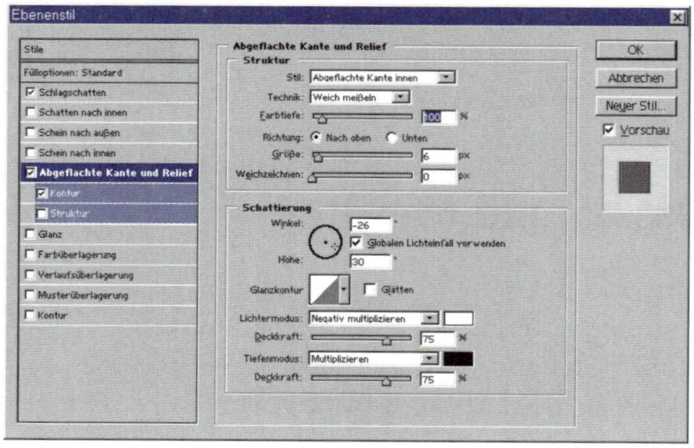

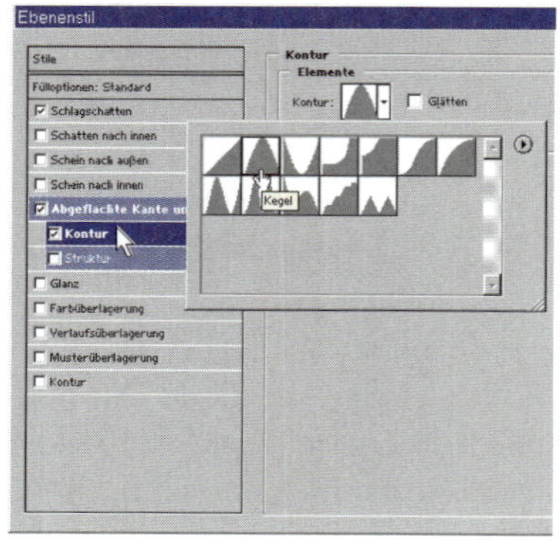

Links: Der Ebeneneffekt ABGEFLACHTE KANTE UND RELIEF sorgt für plastische 3D-Wirkung. Rechts: Im Unterbereich KONTUR des Effekts ABGEFLACHTE KANTE UND RELIEF ändern wir die Kantenform.

16.6 Ebeneneffekte

Wir wenden noch Ebeneneffekte auf das Ergebnis an. So geht's:

1. Aktivieren Sie die Miniatur der Bildfüllung – nicht der Ebenenmaske – für die Ebene »Hintergrund Kopie« in der Ebenenpalette.
2. Klicken Sie unten in der Palette auf das Symbol EBENENEFFEKT HINZUFÜGEN und wählen Sie im Menü ABGEFLACHTE KANTE UND RELIEF. Photoshop präsentiert das Dialogfeld EBENENSTIL.

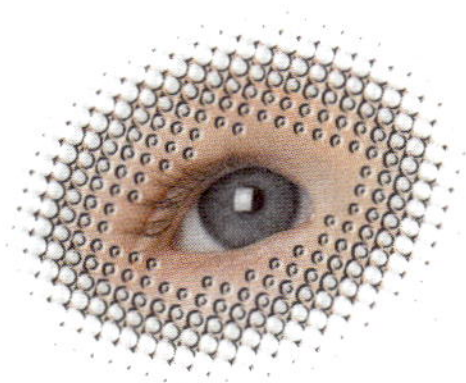

Photoshop listet die Ebeneneffekte auch in der EFFEKTE-Leiste der Ebenenpalette auf. Per Doppelklick auf einen Effekt blenden Sie das zugehörige Dialogfeld wieder ein und ändern die Einstellungen. Datei: Raster_06

3. Wir richten den Effekt ein wie in der Abbildung zu sehen.
4. Wir klicken auch den Unterpunkt KONTUR innerhalb des Bereichs ABGEFLACHTE KANTE UND RELIEF an (also nicht die KONTUR ganz unten) und verwenden die Vorgabe KEGEL, die das Kantenrelief ummodelliert.
5. Anschließend aktivieren wir im selben Dialogfeld noch den SCHLAGSCHATTEN, ziehen den Schatten bei geöffnetem Bildfenster in Position und senken die DECKKRAFT auf 10 Prozent. (Ausführlicher arbeiten wir mit Ebeneneffekten und Ebenenstilen im Kapitel »Form-Werkzeug«, ab Seite 153.)

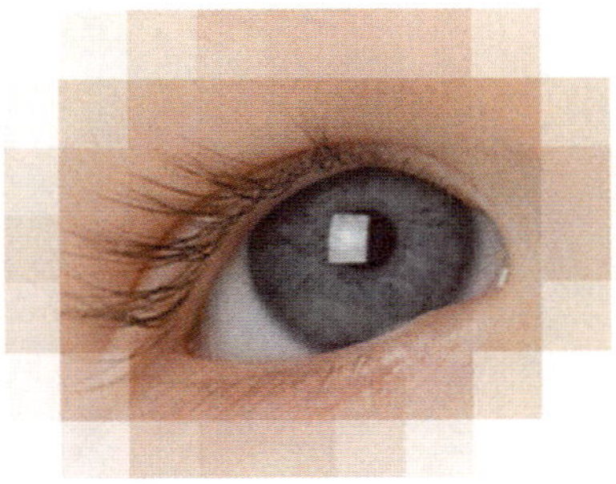

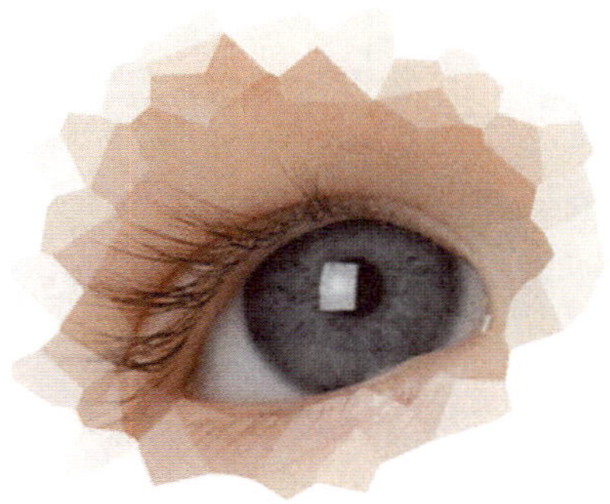

Auch MOSAIKEFFEKT (links) und KRISTALLISIEREN aus dem Untermenü FILTER: VERGRÖBERUNGSFILTER eignen sich, um einen weichen Rand in der Ebenenmaske aufzurastern.

17

Sienzehnter Workshop

Befehlsfolge aufzeichnen (Aktion)

Sie können Routine-Befehlsfolgen aufzeichnen und bequem in einem Rutsch abspielen – für eine Datei oder für viele Dateien. In diesem Projekt lernen Sie Schritt für Schritt, wie Sie Photoshop für sich arbeiten lassen. Wir verwenden dabei die Befehlsfolge aus dem letzten Projekt »Raster-Effekt«, ab Seite 203. Die Funktion ist leistungsstark und leicht nutzbar.

Übersicht

Das erwartet Sie:

- *Was kommt dran:* Aktionen (Befehlsfolgen) aufzeichnen und abspielen, Aktionen bearbeiten, STAPELVERARBEITUNG, Protokollpalette, BILD-Befehl GRADATIONSKURVEN
- *Aufwand:* mittel (sehr lohnend)
- *Kontext:* Raster-Effekt, Seite 203; Photoshop effizient bedienen, Seite 243
- *Projekt-Dateien*: Befehl_01 bis Befehl_03

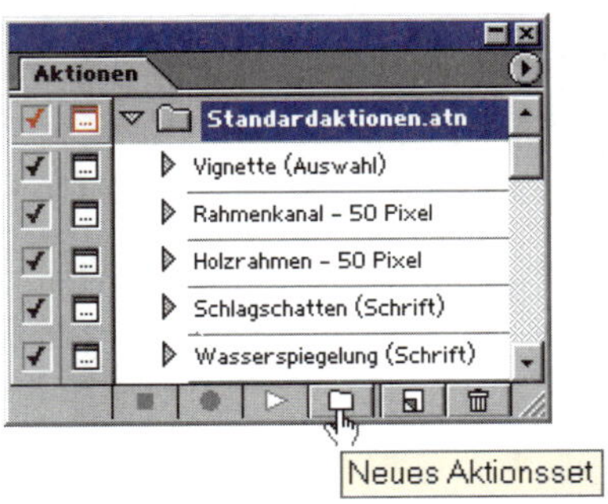

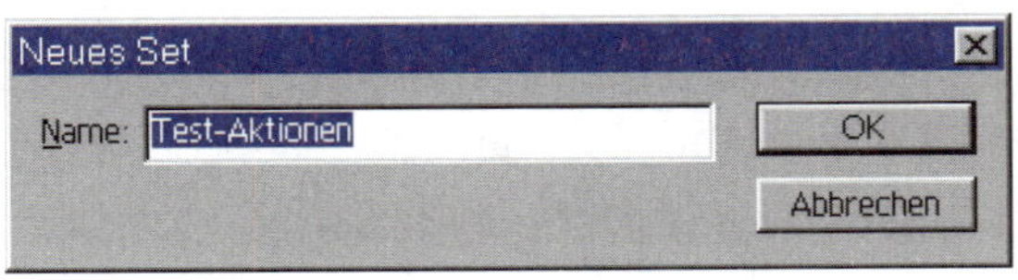

Klicken Sie auf das Symbol NEUES AKTIONSSET, um einen neuen Ordner für die Aktionen-Palette zu erzeugen. Im Dialogfeld geben Sie einen Namen vor.

17.1 Vorbereitung und Aufzeichnung

Photoshop nennt eine gespeicherte Befehlsfolge »Aktion«, in anderen Programmen heißt Vergleichbares häufig »Makro«. Aufzeichnung und Abspielen steuern Sie über die Aktionen-Palette, die Sie mit dem Befehl FENSTER: AKTIONEN EINBLENDEN aufrufen, meist auch mit F9. Ideal eignet sich die Funktion auch, um die zahlreichen Bilder einer WEB-FOTOGALERIE einheitlich nachzubearbeiten.

Das Projekt gliedert sich in folgende Schritte:

- Vorbereitung und Aufzeichnung der Sequenz
- Aktion abspielen
- Aktion bearbeiten
- Aktion auf mehrere Einzelbilder und auf Verzeichnisse anwenden

WARNUNG

Beachten Sie, dass die Befehlsaufzeichnung bei ImageReady teilweise anders als hier beschrieben funktioniert. Ein so genanntes Droplet zur automatischen Dateiformatumwandlung legen wir im Projekt »Freisteller fürs Internet« an (Seite 171).

Ein neues Set

Die Aktionen-Palette ist in so genannte Sets, also in verschiedene Ordner, unterteilt. Photoshop liefert im Set »Standardaktionen« der Aktionen-Palette schon einige Aktionen mit. Mit dem Dreieck-Symbol ▶ können Sie dieses Verzeichnis öffnen und schließen. Legen Sie für Ihre eigenen Aktionen zunächst ein eigenes Set an, quasi einen eigenen Ordner in der Aktionen-Palette.

So legen Sie das Set an:

1. Klicken Sie auf das Symbol NEUES AKTIONSSET unten in der Aktionen-Palette.
2. Im Dialogfeld NEUES SET tippen Sie den Namen »Test-Aktionen« ein.
3. Bestätigen Sie mit OK. Der Ordner »Test-Aktionen« erscheint in der Aktionen-Palette.

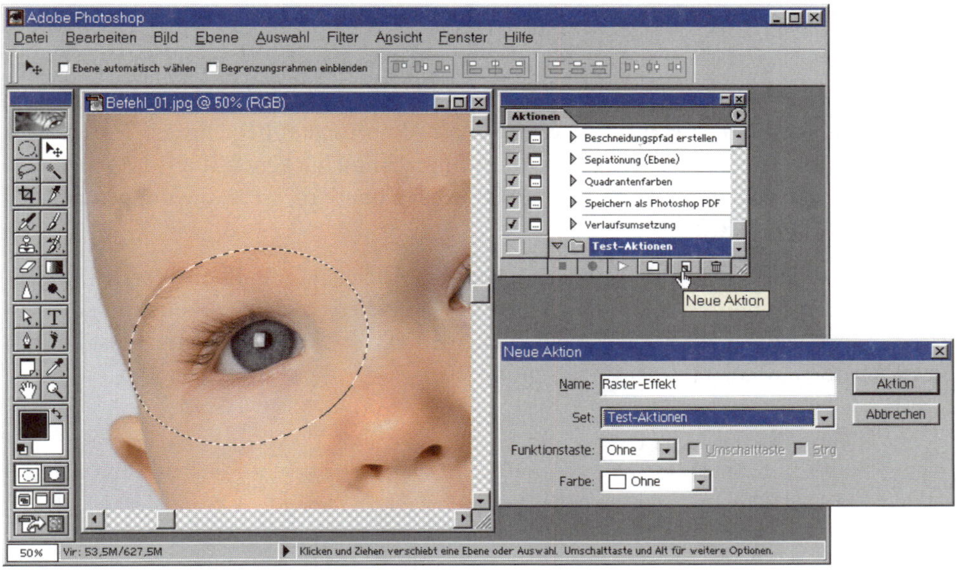

So bereiten wir die Aufzeichnung vor: In der Vorlage haben wir bereits den erforderlichen Bildteil mit der Ellipse ausgewählt, in der Aktionen-Palette ist das Set »Test-Aktionen« aktiviert. Klicken Sie dann auf die Schaltfläche NEUE AKTION. Geben Sie der Aktion im Dialogfeld NEUE AKTION einen Namen. Sobald Sie in diesem Dialogfeld auf OK klicken, beginnt die Aufzeichnung.

Das Bild vorbereiten

Sie brauchen erst einmal eine Datei auf dem Schirm, mit der Sie alle gewünschten Befehle durchspielen können – am besten im Modus RGB-FARBE, denn dieser Farbmodus lässt mehr Photoshop-Funktionen zu als jeder andere (vergleiche Farbmodus, Seite 258). Wir arbeiten mit der Datei »Befehl_01«; sie entspricht der Datei »Raster_01«.

Sie sollten bei der Aufzeichnung der Aktion keine kostbare Originaldatei verwenden. Zu leicht hat man sie aus Versehen verändert und gespeichert. Fertigen Sie schnell ein Duplikat der Datei mit dem Befehl BILD: BILD DUPLIZIEREN oder mit der Schaltfläche ERSTELLT EIN NEUES DOKUMENT in der Protokollpalette. Außerdem rufen wir bereits die Ebenenpalette mit F7 auf den Schirm.

Gegenüber dem Projekt »Raster-Effekt« ändern wir hier die Reihenfolge der Schritte geringfügig. Wir ziehen jetzt einen Auswahlrahmen mit der Auswahlellipse von Hand auf, noch bevor die Aktion läuft. Auch diesen Schritt könnten Sie zwar aufzeichnen, doch meist hat jedes Bild einen anderen Schwerpunkt.

Aufzeichnung beginnen

Nun klicken Sie auf das Symbol NEUE AKTION in der Fußleiste der Aktionen-Palette. Photoshop zeigt das Dialogfeld NEUE AKTION. Als NAME tippen Sie »Raster-Effekt« ein. Geben Sie eine FUNKTIONSTASTE an, wenn Sie die Aktion später bequem per Tastendruck starten möchten. Die FARBE spielt nur im wenig gebräuchlichen SCHALTER-MODUS eine Rolle. Diese Einstellungen lassen sich später jederzeit ändern, wenn Sie doppelt auf den Namen der Aktion klicken.

Sobald Sie im Dialogfeld auf OK klicken, läuft die Aufzeichnung. Photoshop kennzeichnet diesen Zustand durch ein rotes »Aufnahme-Lämpchen« in der Symbolleiste seiner Palette. Ab jetzt werden alle Eingaben aufgezeichnet; in der Aktionen-Palette selbst können Sie nicht arbeiten, solange die Aufzeichnung läuft.

HINweis

Klicken Sie das Symbol NEUE AKTION mit gedrückter Alt-Taste an, so unterdrückt Photoshop das Dialogfeld NEUE AKTION. Stattdessen beginnt sofort die Aufzeichnung einer »Aktion«.

Befehlsfolge aufzeichnen

Wir orientieren uns nun weitgehend am Projekt »Raster-Effekt« (Seite 203); dort finden Sie ausführliche Erklärungen zu allen Funktionen. Zeichnen Sie diese Befehle auf:

1. In der Ebenenpalette ziehen Sie die Miniatur »Hintergrund« auf das Symbol NEUE EBENE ERSTELLEN. Dadurch entsteht eine neue Ebene »Hintergrund Kopie«, sie ist aktiviert.
2. Verwenden Sie den Befehl AUSWAHL: WEICHE AUSWAHLKANTE mit einem RADIUS von 22 Pixeln.
3. Klicken Sie unten in der Ebenenpalette auf die Schaltfläche NEUE MASKE. Damit erscheint eine Ebenenmasken-Miniatur neben der Miniatur »Hintergrund Kopie«, nur noch der zuvor ausgewählte Bildteil ist sichtbar. Wichtig auch: Die im Bild vorhandene Auswahl wird entfernt.
4. Klicken Sie die »Hintergrund«-Ebene in der Palette an, um sie zu aktivieren.
5. Wählen Sie BEARBEITEN: FLÄCHE FÜLLEN, im Klappmenü FÜLLEN MIT geben Sie WEISS an. Dann klicken Sie auf OK.
6. In der Ebene »Hintergrund Kopie« klicken Sie auf die Miniatur der Ebenenmaske – nicht auf die Bildminiatur –, um die Maske zu aktivieren.
7. Der nächste Befehl heiß FILTER: VERGRÖBERUNGSFILTER: FARBRASTER, mit dem RADIUS-Wert von 16. Klicken Sie auf OK. Damit erscheint der ausgerasterte Rand im Bild.

8. Klicken Sie unten in der Ebenenpalette auf das Symbol EBENENEFFEKT HINZUFÜGEN und wählen Sie ABGEFLACHTE KANTE UND RELIEF. Photoshop zeigt das Dialogfeld EBENENSTIL mit dem Bereich ABGEFLACHTE KANTE UND RELIEF. (Sie müssen hier nicht erst die Bildminiatur aktivieren.)
9. Legen Sie die Einstellungen für ABGEFLACHTE KANTE UND RELIEF fest und wechseln Sie dann in den Bereich SCHLAGSCHATTEN, um noch einen Schatten hinzuzufügen.

Es reicht. Schließen Sie die Aufzeichnung durch einen Klick auf die Schaltfläche AUFZEICHNUNG BEENDEN ab.

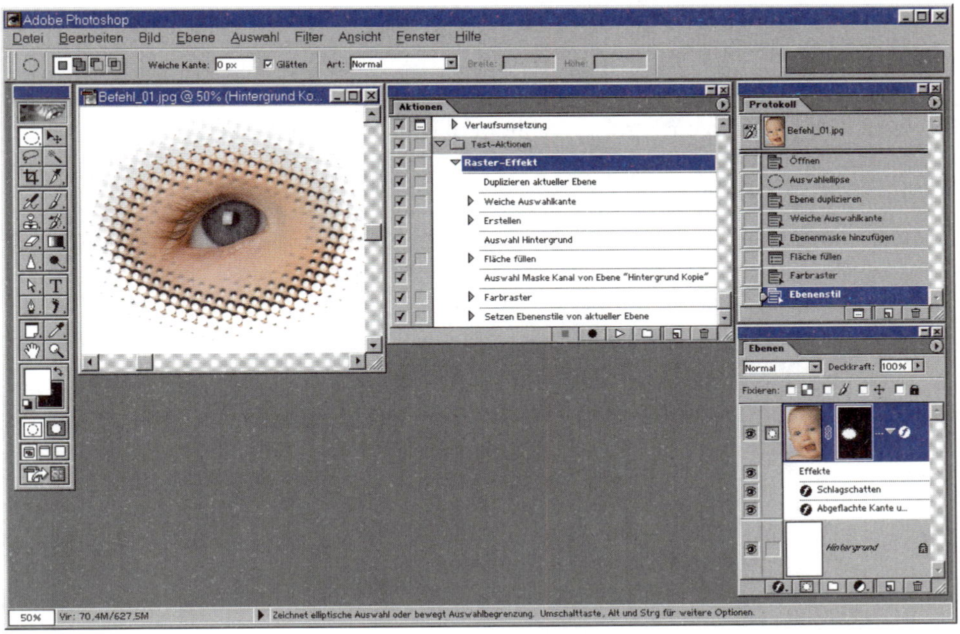

So sieht die Arbeitsfläche aus, nachdem Sie die Aufzeichnung beendet haben: Die Aktionen-Palette zeigt die neue Befehlsfolge und die Protokollpalette listet Ihre bisherigen Schritte auf – ÖFFNEN und AUSWAHLELLIPSE fanden noch vor Beginn der Aufzeichnung statt. Durch Klicken in der Protokollpalette kehren Sie bei Bedarf zu beliebigen Zwischenschritten zurück (vergleiche Seite 241).
Datei: Befehl_02

Maßeinheiten bei Aktionen

Dieser Abschnitt »Maßeinheiten bei Aktionen« ist für die aktuelle Aktion nicht von Bedeutung, kann aber in anderem Zusammenhang entscheidend sein. Einige Funktionen arbeiten mit bestimmten Positionen innerhalb des Bildes – beispielsweise, wenn Sie in unserem Projekt doch das Einsetzen einer Auswahl aufzeichnen. Dabei verwendet Photoshop in der Aktion die Maßeinheit, die Sie mit dem Befehl BEARBEITEN: VOREINSTELLUNGEN: MASSEINHEITEN & LINEALE für das Lineal festgelegt haben – etwa PIXEL, ZENTIMETER oder PROZENT. Dies gilt auch für Aufzeichnungen mit dem Freistellwerkzeug, mit dem ARBEITSFLÄCHE-Befehl oder mit dem Verlaufwerkzeug. Ein Beispiel:

1. Sie haben ZENTIMETER-Werte vorgegeben und nicht PIXEL- oder PROZENT-Einteilung. Das aktuelle Bild misst zehn Zentimeter in der Breite. Nun setzen Sie mit der Auswahl-Ellipse eine Auswahl fest, die sich über die vollen zehn Zentimeter erstreckt.
2. Dann erweitern Sie das Bild mit dem Befehl BILD: BILDGRÖSSE auf ein Druckmaß von 20 Zentimeter. Dabei ändern sich die Bildpunkte nicht, weil Sie die Option NEUBERECHNEN abwählen.
3. Wenn Sie nun die Auswahl per Aktion neu einsetzen, wird sie nur die halbe Datei erfassen, obwohl sich die Menge der Bildpunkte nicht verändert hat. In Bildern, die auf weniger als zehn Zentimeter Druckfläche eingestellt sind, schneidet Photoshop die elliptische Auswahl ab.

Ähnliche Probleme gibt es auch beim TRANSFORMIEREN sowie bei Polygon-Lasso, Linienzeichner, Verschieben-Werkzeug, Textwerkzeug und Füllwerkzeug, bei Zauberstab und Auswahlrechteck.

Oft hat man jedoch nicht feste Zentimeter- oder Pixelwerte im Blick. Der Befehl soll stattdessen immer eine bestimmte Veränderung relativ zum Gesamtbild bewirken – zum Beispiel immer zehn Prozent Randfläche wegkappen, unabhängig von der Druck- oder Pixelgröße. Dann wählen Sie bei der Aufzeichnung als Maßeinheit PROZENT.

HINweis

Um die Maßeinheit umzustellen, müssen Sie nicht erst den VOREINSTELLUNGEN-Befehl im BEARBEITEN-Menü wählen. Blenden Sie die Lineale mit [Strg]+[R] ein und klicken Sie mit rechts auf die Lineale – im Kontextmenü bietet Photoshop die Maßeinheiten an. Oder klicken Sie doppelt auf das Lineal, um das VOREINSTELLUNGEN-Dialogfeld MASSEINHEITEN & LINEALE zu sehen.

17.2 Befehlsfolge am Einzelbild abspielen

In diesem Abschnitt besprechen wir, wie Sie die Befehlsfolge abspielen und anpassen. Sie haben verschiedene Möglichkeiten, die Aktion ablaufen zu lassen:

- Per Stapelverarbeitung wenden Sie die Aktion auf mehrere Bilder hintereinander an (siehe unten).
- Sie wenden die Aktion auf ein aktives Bild in der Photoshop-Arbeitsfläche an.

Alle Schritte, die per Aktionen-Palette ablaufen, erscheinen auf der Protokollpalette (FENSTER: PROTOKOLL EINBLENDEN). Durch einfachen Klick stellen Sie hier fast beliebige Zwischenstände wieder her und können Zwischenstadien weiterbearbeiten (Details zu Protokollfunktionen ab Seite 241). Auch mit dem Befehl DATEI: ZURÜCK ZUR LETZTEN VERSION setzen Sie Ihr Bild zurück auf den Zustand beim letzten Speichern. Der Befehl BEARBEITEN: WIDERRUFEN ([Strg]+[Z]) annulliert nur die allerletzte Einzelfunktion, nicht die gesamte Aktion.

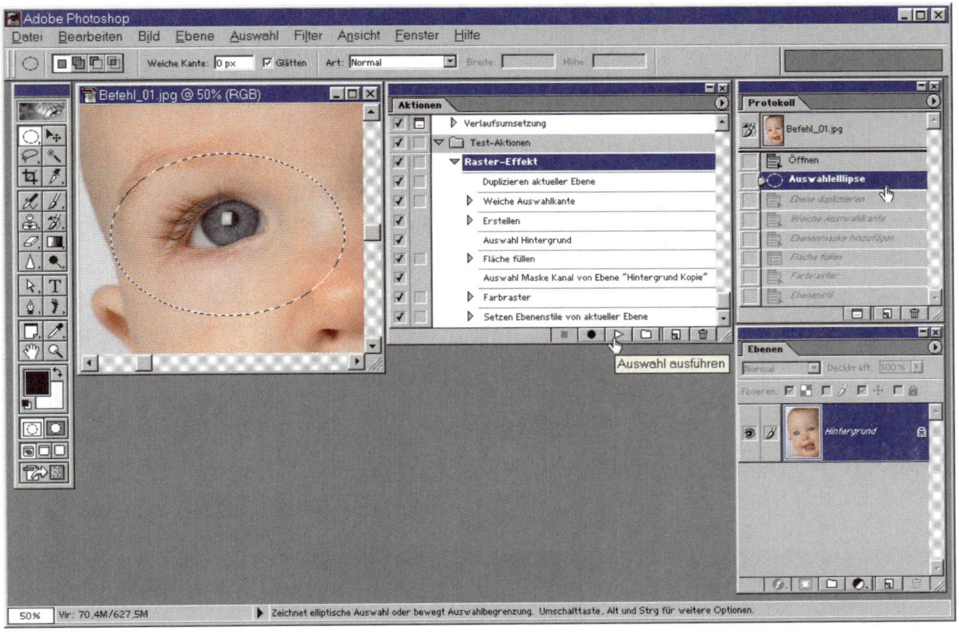

In der Protokollpalette haben wir auf das Objekt AUSWAHLELLIPSE geklickt. Photoshop setzt die Datei darum auf das Anfangsstadium zurück, in dem aber bereits eine Auswahl im Bild erscheint. Mit der Schaltfläche AUSWAHL AUSFÜHREN können Sie die Datei – oder jede andere Datei – neu mit der Aktion bearbeiten; dazu wurde der Name der Aktion – »Raster-Effekt« – in der Protokollpalette aktiviert.

So läuft die Aktion an einem Einzelbild ab:

1. Aktivieren Sie das gewünschte Bild.
2. Aktivieren Sie den Namen der Aktion in der Palette per Einzelklick, hier also »Raster-Effekt«.
3. Dann klicken Sie das dreieckige Symbol AUSWAHL AUSFÜHREN ▷ unten in der Fußleiste an.

Photoshop springt nun durch alle Befehle. Eventuell müssen Sie die Dialogfelder der Befehle mit OK bestätigen. Dann erscheint das fertige Bild.

17.3 So verändern Sie den Ablauf der Aktion

Wir besprechen nun, wie Sie Ihre bereits aufgezeichnete Aktion optimal einrichten. Sie können die Aktion auf unterschiedlichste Art verändern:

- Bestimmen Sie, ob Photoshop die Dialogfelder anzeigt.
- Schalten Sie einzelne Befehle ab.
- Ändern Sie die Einstellungen in anderen Befehlen.

Dialogfelder einblenden oder nicht?

Das Ergebnis Ihrer Aktion gefällt Ihnen noch nicht ganz. Sie möchten mit anderen Einstellungen experimentieren, zum Beispiel andere Werte für WEICHE AUSWAHLKANTE, FARBRASTER oder ABGEFLACHTE KANTE eingeben. Die neuen Werte wollen Sie nicht dauerhaft einstellen; Sie wollen sich erst festlegen, während die Bearbeitung läuft.

Klicken Sie in die zweite Spalte der Aktionen-Palette direkt neben dem Befehl WEICHE AUSWAHLKANTE in das Feld DIALOG AKTIVIEREN/DEAKTIVIEREN. Dort erscheint jetzt in Grau ein kleines schematisiertes Dialogfeld. Das bedeutet: Photoshop führt den Befehl WEICHE AUSWAHLKANTE nicht automatisch durch; stattdessen blendet Photoshop das Dialogfeld beim Abspielen der Aktion ein und wartet Ihre Eingaben ab. Sie können den vorgegebenen Wert also verändern und klicken dann auf OK. Danach läuft die Aktion bis zu Ende weiter.

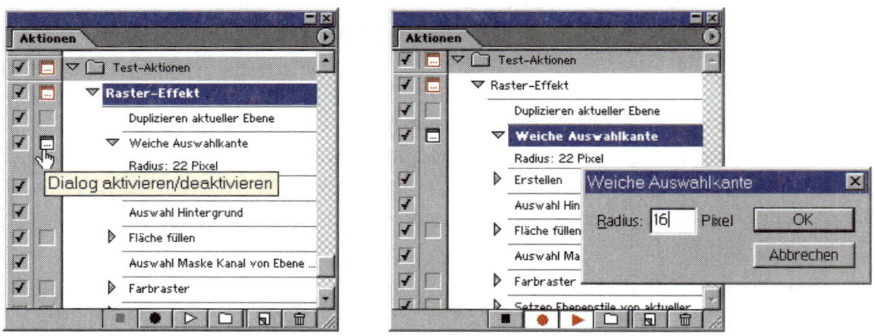

Links: Klicken Sie das Feld DIALOG AKTIVIEREN/DEAKTIVIEREN neben dem Befehl WEICHE AUSWAHLKANTE an, so dass das Symbol erscheint. Nun öffnet Photoshop das Dialogfeld zu diesem Befehl beim Ablauf der Aktion, Sie können die Werte ändern. Das rote Dialogfeld neben dem Objekt »Raster-Effekt« signalisiert: Einige, aber nicht alle Dialogfelder werden eingeblendet. Rechts: Hier zeichnen wir dauerhaft neue Werte für den Befehl WEICHE AUSWAHLKANTE auf. Dazu haben wir doppelt auf den Befehl in der Aktionenleiste geklickt; die Schaltflächen zum Abspielen und zum Aufzeichnen einer Aktion erscheinen rot.

HINweis

Möchten Sie später wieder auf den Aufruf des Dialogfelds verzichten? Dann klicken Sie das Feld DIALOG AKTIVIEREN/DEAKTIVIEREN abermals an; damit verschwindet das Dialogfeld-Symbol [...]. Photoshop verwendet beim nächsten automatischen Durchlauf den ursprünglich aufgezeichneten Wert – nicht denjenigen Wert, den Sie bei geöffnetem Dialogfeld eingetippt haben.

Das Dialogfeld-Symbol [...] erscheint nicht nur neben dem Namen des Befehls, sondern auch neben dem Namen der Aktion, also neben dem Objekt »Raster-Effekt«. Dort sehen Sie das Dialogfeld-Symbol allerdings nicht in Grau, sondern in Rot. Das signalisiert: Einige, aber nicht alle Dialogfelder der Aktion werden beim Abspielen eingeblendet.

Einstellungen dauerhaft ändern

Möchten Sie den Wert für WEICHE AUSWAHLKANTE nicht nur während des Abspielens ändern, sondern dauerhaft umstellen? So geht's:

1. Klicken Sie doppelt auf das Objekt WEICHE AUSWAHLKANTE innerhalb der Aktion »Raster-Effekt« in der Aktionen-Palette.
2. Tragen Sie im Dialogfeld WEICHE AUSWAHLKANTE einen neuen Wert ein.

Photoshop wird diesen Wert nun dauerhaft nutzen. Beachten Sie jedoch, dass der Befehl in dem Moment auch auf die aktuelle Datei angewandt wird. Auf diese Art wenden Sie auch einen Einzelbefehl aus der Aktion auf jedes aktivierte Bild an.

WARNUNG

Einen Befehl wie WEICHE AUSWAHLKANTE können Sie nur dann verändern oder aufzeichnen, wenn in dem Moment auch eine Auswahl im Bild ist.

Befehle nachträglich einsetzen.

Möchten Sie nachträglich einen Befehl einfügen? Wir wollen hier zusätzlich eine Kontrastverfremdung des Rasterbildes erzeugen, die mit den GRADATIONSKURVEN entsteht (siehe auch »Ein flaues Bild auffrischen« ab Seite 75). Dieser Befehl lässt sich nachträglich einfügen. So geht's:

1. Aktivieren Sie ein Bild im Modus RGB-FARBE, am besten natürlich das Ergebnisbild »Befehl_02«.
2. Klicken Sie in der Aktionen-Palette den Befehl an, hinter dem der neue Befehl erscheinen soll. Wir wollen den Befehl ganz ans Ende setzen; wir klicken also einmal auf das Palettenobjekt SETZEN EBENENSTILE VON AKTUELLER EBENE.
3. Klicken Sie auf die Schaltfläche AUFZEICHNUNG BEGINNEN ●.

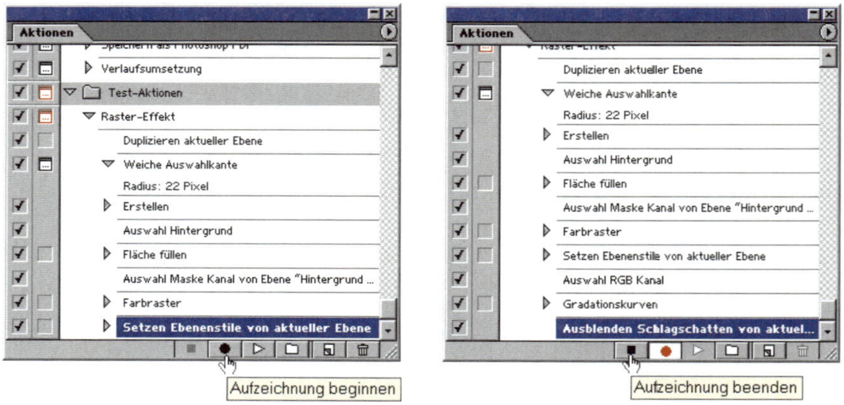

Links: Um einen neuen Befehl einzusetzen, markieren Sie die Aktion, hinter der der Befehl erscheinen soll, durch einen Einzelklick. Dann klicken Sie auf das Symbol AUFZEICHNUNG BEGINNEN. Rechts: Die neu aufgezeichneten Befehle erscheinen in der Aktionen-Palette. Schließen Sie die Aufzeichnung mit der Schaltfläche AUFZEICHNUNG BEENDEN ab.

Das Aufnahmelämpchen leuchtet rot, nun wählen Sie die erforderlichen Befehle:

1. Wichtig zuerst: Markieren Sie mit einem Klick in der Ebenenpalette die Bildminiatur der Ebene »Hintergrund Kopie«, so dass nicht mehr die Maske aktiviert ist.
2. Wählen Sie BILD: EINSTELLEN: GRADATIONSKURVEN; hier stellen Sie eine stark verzerrte Gradationskurve her wie abgebildet und klicken auf OK.
3. Weil in dieser Variante der Ebeneneffekt SCHLAGSCHATTEN unpassend wirkt, blenden wir ihn mit dem Augen-Symbol in der EFFEKTE-Leiste der Ebenenpalette aus.

Schließen Sie die Aufzeichnung wieder mit einem Klick auf die Schaltfläche AUFZEICHNUNG BEENDEN ■ ab.

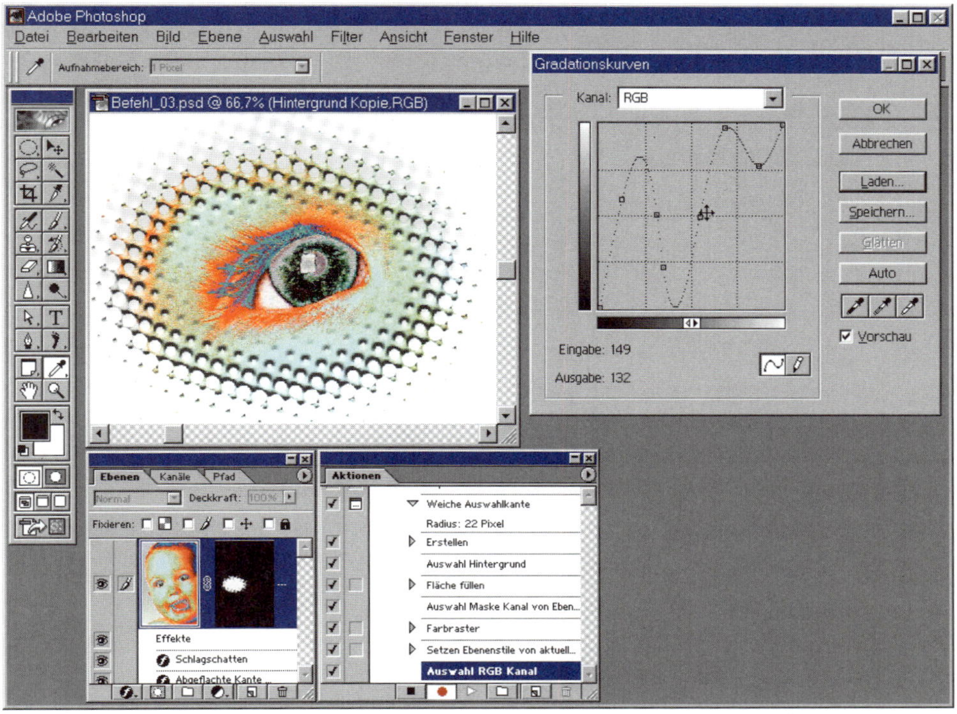

Während die Ergänzung der Aktion aufgezeichnet wird, verfremden wir das Bild mit dem Befehl GRADATIONSKURVEN. Datei: Befehl_03

Befehle ausschalten und entfernen

Nun haben Sie den Befehl GRADATIONSKURVEN noch eingesetzt. Doch nicht immer wollen Sie Ihr Rasterbild am Ende einer Aktion noch verfremden. Manchmal soll Photoshop diesen Befehl gar nicht ausführen.

Wollen Sie den Befehl einmal überspringen, klicken Sie in der Spalte ganz links neben diesem Befehl auf das Feld mit dem Häkchen ✓, es heißt SCHRITT AKTIVIEREN/DEAKTIVIEREN. Wenn das Häkchen weg ist, wird dieser Befehl nicht ausgeführt. Photoshop ignoriert die GRADATIONSKURVEN so lange, bis Sie den Befehl durch erneuten Klick auf das Häkchen-Feld wieder einschalten. Neben dem Namen der gesamten Aktion, also neben dem Objekt »Raster-Effekt«, erscheint nun ein rotes Häkchen, zuvor war es schwarz. Das signalisiert: Einige, aber nicht alle Befehle der Aktion werden übergangen.

Um den Befehl ganz zu löschen, ziehen Sie ihn auf das Mülleimer-Symbol 🗑. Sie verändern die Abfolge, indem Sie einen Befehl nach oben oder unten schieben. Sie können ihn auch in andere Aktionen ziehen; dabei wird er dupliziert, bleibt also in der ursprünglichen Aktion erhalten.

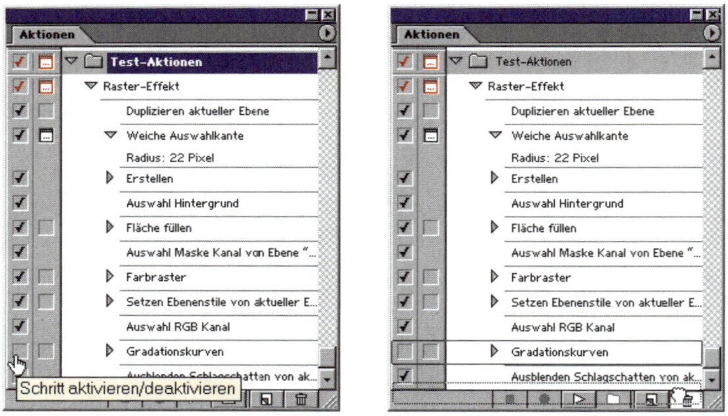

Links: Klicken Sie in das Feld SCHRITT AKTIVIEREN/DEAKTIVIEREN, um den Befehl GRADATIONSKURVEN abzuschalten. Das rote Häkchen neben »Raster-Effekt«, dem Namen der Aktion, signalisiert: Einige, aber nicht alle Befehle sind ausgeschaltet. Rechts: Ziehen Sie einen Befehl auf das Mülleimer-Symbol, um ihn endgültig zu entfernen.

17.4 Bauen Sie eigene Meldungen ein

In verschiedenen Situationen braucht man für die Aktion Bildschirmmeldungen und Unterbrechungen:

- Sie wollen einem anderen Nutzer der Aktion Mitteilungen machen. Vielleicht möchten Sie einen Schritt erklären oder darauf hinweisen, dass die Wirkung der Aktion stark von der aktuellen Bildgröße abhängt.
- Sie wollen im Verlauf der Aktion etwas am Bild von Hand erledigen – eine individuelle Auswahl erstellen, einen Pinselstrich zeichnen oder ein Objekt einfügen und nach Maß platzieren. Danach soll die Aktion weiterlaufen.

Für diese Fälle bietet die Aktionen-Palette die Funktion UNTERBRECHUNG EINFÜGEN.

Eigene Meldung

Wir werden zu Anfang der Aktion eine Bildschirmmeldung einbauen und den Nutzer per Einblendtext daran erinnern, dass er vor Ablauf der Aktion eine Auswahl im Bild anlegen soll:

1. Klicken Sie zunächst den Befehl an, hinter dem die Meldung erscheinen soll. Wir können die Unterbrechung hier jedoch nicht sofort an der gewünschten Stelle – nämlich ganz oben – einsetzen und aktivieren behelfsweise das erste Einzelobjekt Duplizieren aktueller Ebene.
2. Klicken Sie auf die dreieckige Schaltfläche für das Palettenmenü ▶ und wählen Sie die Funktion Unterbrechung einfügen. Damit erscheint das irreführend benannte Dialogfeld Aufzeichnung beenden.
3. Tippen Sie Ihre Nachricht ein.
4. Aktivieren Sie das Kästchen Fortfahren zulassen: Das heißt, die Aktion wird an dieser Stelle nicht endgültig abgebrochen. Stattdessen erscheint hier später Ihre Meldung mit den zwei Schaltflächen Weiter oder Anhalten (siehe unten). Klicken Sie auf OK.
5. Nun finden Sie das neue Objekt Stop in der Aktionen-Palette. Ziehen Sie es an die erste Stelle der Befehlsfolge.

Wie bei anderen Befehlen in der Aktionen-Palette, so gilt auch für die Stop-Unterbrechungen:

- Klicken Sie doppelt auf das Palettenobjekt Stop, um den Text der Meldung zu ändern.
- Schalten Sie die Unterbrechung mit dem Symbol Schritt aktivieren/deaktivieren ✓ ab, wenn Sie den Text nicht mehr sehen können.

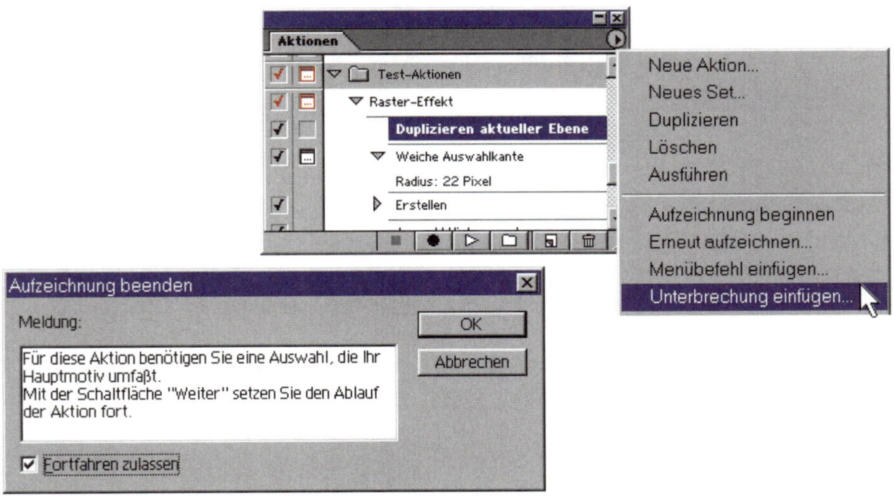

Oben: Um eine Bildschirmmeldung einzubauen, aktivieren Sie in der Aktionen-Palette den Befehl, hinter dem die Nachricht erscheinen soll, hier behelfsweise den ersten Befehl Duplizieren aktueller Ebene. Dann wählen Sie im Palettenmenü Unterbrechung einfügen. Unten: Im Dialogfeld tippen Sie Ihre Botschaft ein, schalten Sie Fortfahren zulassen ein.

Änderungen von Hand erledigen

Die UNTERBRECHUNG lässt sich ideal nutzen, um zwischendurch Dinge von Hand zu erledigen, die sich nicht aufzeichnen lassen: etwa einen Pinselstrich einzeichnen oder eine individuelle Auswahl erstellen. So geht's:

Erstellen Sie die Unterbrechung wie beschrieben; ob Sie die Funktion FORTFAHREN ZULASSEN verwenden, ist nicht unbedingt wichtig.

1. Lassen Sie die Aktion am gewünschten Bild ablaufen.
2. Wenn die Meldung erscheint, wählen Sie ANHALTEN. Die Aktion bleibt an dieser Stelle in der Palette stehen.
3. Bearbeiten Sie das Bild von Hand.
4. Klicken Sie unten in der Aktionen-Palette auf die Schaltfläche AUSWAHL AUSFÜHREN ▷, um die Aktion weiterlaufen zu lassen.

WARNUNG

Nutzen Sie neben einer STOP-Meldung in der Palette die Funktion DIALOG AKTIVIEREN/DEAKTIVIEREN [...], um das Dialogfeld nicht anzuzeigen, dann bleibt die Aktion an dieser Stelle garantiert stehen: Die Bildschirmmeldung erscheint nicht, Sie haben keine Chance, auf WEITER zu klicken. Dies gilt auch, wenn Sie die Dialogfelder für die komplette Aktion neben dem Namen der Aktion ausgeschaltet haben.

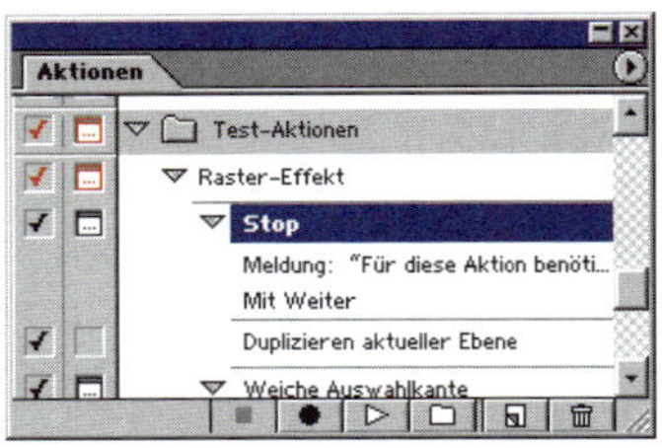

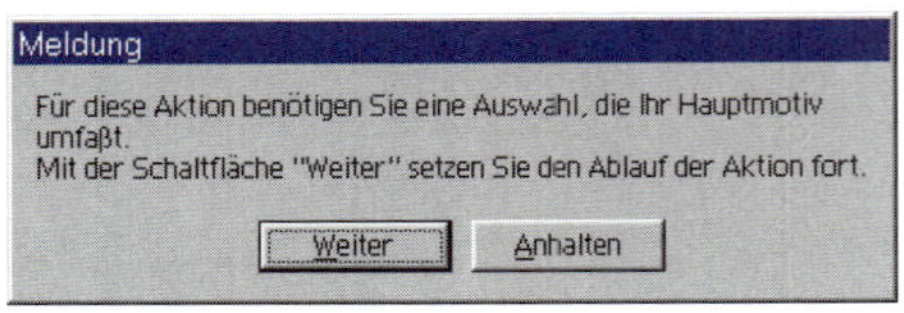

Links: Die Bildschirmmeldung erscheint als STOP in der Aktionen-Palette. Rechts: Mit der Schaltfläche WEITER setzt der Anwender die Aktion fort; die Schaltfläche ANHALTEN stoppt den Ablauf an der aktuellen Position. Sie lassen ihn jedoch mit der Schaltfläche AUSWAHL AUSFÜHREN weiterlaufen.

17.5 Aktionen speichern und laden

Wenn Sie Photoshop nach der Aufzeichnung dieser Aktion schließen und erneut starten, finden Sie die Aktion wieder in der Aktionen-Palette vor. Das Programm speichert die Befehlsfolge in seinem Grundeinstellungsdokument »Actions Palette.psp«; unter Windows 98 finden Sie diese Datei im Verzeichnis »Windows\Anwendungsdaten\Adobe\Photoshop\6.0\Adobe Photoshop 6-Einstellungen«.

Aktionen speichern

Um allerdings die Aktion weitergeben zu können, muss man sie in einer speziellen Aktionsdatei sichern. Dabei werden jeweils alle Aktionen eines Sets gesichert. So geht's:

1. Aktivieren Sie in der Aktionen-Palette das Set durch einen Mausklick, das Sie speichern möchten, in unserem Beispiel »Test-Aktionen«. Sonst wird der Befehl gar nicht angeboten.
2. Öffnen Sie das Palettenmenü nach einem Klick auf das Dreieck.
3. Klicken Sie auf AKTIONEN SPEICHERN. Photoshop zeigt ein Dialogfeld, in dem Sie die Aktion mit der Dateiendung ».atn« speichern können, zum Beispiel als »Test-Aktionen.atn«.

Vielleicht möchten Sie einzelne Aktionen weitergeben, die sich in einem größeren Set befinden. Dann legen Sie ein neues Set an und ziehen die gewünschte Aktion in dieses Set; sie bleibt dadurch im alten Set erhalten. Wollen Sie zunächst ein ganzes Set duplizieren, ziehen Sie es auf die Schaltfläche NEUES AKTIONSSET.

Aktionen laden

Um gespeicherte Aktionen-Sets wieder in die Palette zu laden, haben Sie mehrere Möglichkeiten:

- Klicken Sie im Palettenmenü auf AKTIONEN LADEN. Dabei hängt Photoshop die Aktionen aus der Datei an bereits vorhandene Aktionen an.
- Wählen Sie dagegen im Palettenmenü AKTIONEN ERSETZEN, verschwinden die bisherigen Aktionen, nur die Befehlsfolgen aus der Datei erscheinen in der Palette.
- Alle Sets, die sich im Photoshop-Programmverzeichnis »Vorgaben/Photoshop-Aktionen« befinden, bietet Photoshop namentlich unten im Palettenmenü an. Die Verwendung ähnelt dem Umgang mit anderen Vorgaben und Bibliotheken, etwa für Verläufe und Werkzeugspitzen; sie wird ab Seite 249 erklärt.

Die Aktion aus diesem Projekt finden Sie Ordner »Projekte« auf der CD zu diesem Buch als »Befehl_Test-Aktionen.atn«; Sie können die Aktion von dort LADEN. Beim Laden entsteht in Ihrer Aktionen-Palette das Set »Test-Aktionen« mit der Aktion »Raster-Effekt«.

Auch Photoshop liefert mehrere Aktionen-Sammlungen mit, die direkt im Palettenmenü angeboten werden. Im Photoshop-Verzeichnis »Vorgaben/Photoshop-Aktionen« lagert überdies das Dokument »Aktionen.pdf« im Acrobat-Format, das alle mitgelieferten Aktionen illustriert.

HINweis

17.6 Bearbeiten Sie mehrere Bilder mit einer Aktion (Stapelverarbeitung)

Der Befehl DATEI: AUTOMATISIEREN: STAPELVERARBEITUNG wendet die Aktion auf mehrere Bilder an. Mit dem Klappmenü QUELLE geben Sie an, woher die Bilder für die Stapelverarbeitung stammen:

- Mit der Vorgabe ORDNER verwenden Sie sämtliche Bilder aus einem Ordner. Sie können ALLE UNTERORDNER EINSCHLIESSEN.
- Die Vorgabe GEÖFFNETE DATEIEN bearbeitet alle geöffneten Bilder.
- Die Option IMPORT greift auf Bilder zu, die unmittelbar von Scanner- oder Digitalkamera-Plug-ins angeliefert werden. Die vom Hersteller mitgelieferte Software muss diese Funktion jedoch unterstützen. Die entsprechenden Import-Softwares für Scanner oder Digikams erscheinen in einem Klappmenü.

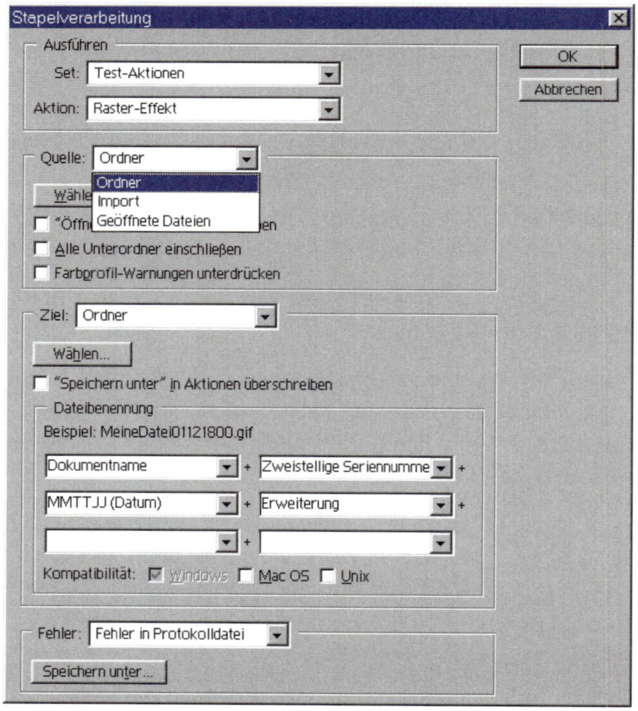

Mit dem Befehl DATEI: AUTOMATISIEREN: STAPELVERARBEITUNG bearbeiten Sie ganze Bildreihen.

Der Ablauf

So gehen Sie vor:

1. Markieren Sie die gewünschte Aktion im gewünschten Set.
2. Wählen Sie den Befehl DATEI/AUTOMATISIEREN/STAPELVERARBEITUNG.
3. Machen Sie Ihre Vorgaben im Dialogfeld (siehe unten).
4. Klicken Sie auf OK.

Photoshop arbeitet nun ein Bild nach dem anderen ab. Sie können währenddessen nicht in Photoshop arbeiten, aber – je nach Betriebssystem – in anderen Programmen. Mit der [Esc]-Taste brechen Sie die Stapelverarbeitung ab.

Das ZIEL

Folgende Möglichkeiten bietet das Klappmenü ZIEL:

- Entscheiden Sie auf SPEICHERN UND SCHLIESSEN; dann werden die Bilder unter gleichem Namen im ursprünglichen Verzeichnis gespeichert, die Originale werden also verändert.
- Mit der Vorgabe OHNE schließt Photoshop die korrigierten Dateien nicht, sondern sie bleiben auf der Arbeitsfläche liegen. Das kostet natürlich erheblich Arbeitsspeicher, besonders wenn Sie zahlreiche große Bilder bearbeiten.
- Geben Sie ORDNER an, schreibt Photoshop die veränderten Bilder in ein anderes Verzeichnis, die Originale bleiben also unverändert erhalten. Klicken Sie auf die Schaltfläche WÄHLEN im Bereich ZIEL, um einen neuen Ordner für die Zielbilder zu bestimmen.

Dateibenennung

Sofern Sie die ORDNER-Option nutzen, bietet Photoshop zur Benennung der neu entstehenden Dateien im Bereich DATEIBENENNUNG interessante Optionen. Sie können die neuen Namen aus bis zu sechs Elementen komponieren, darunter DOKUMENTNAME, ERWEITERUNG, ZWEISTELLIGE SERIENNUMMERN sowie das Datum. Sollen alle Dateien mit demselben, neuen Begriff beginnen – zum Beispiel »Seychellen 2002« –, so tippen Sie diesen Begriff in das Klappmenü links oben im Bereich DATEIBENENNUNG. Oben im Bereich DATEIBENENNUNG zeigt Photoshop einen Beispielnamen auf Basis Ihrer Vorgaben. Verwenden Sie mindestens ein Element, das sich bei jeder Datei ändert, zum Beispiel eine SERIENNUMMER oder den DOKUMENTNAMEN. Wenn es einfach nur beim angestammten Dateinamen bleiben soll, so geben Sie DOKUMENTNAME im ersten Datenfeld an, alle anderen Felder löschen Sie leer oder Sie wählen im Klappmenü den Eintrag OHNE.

WARNUNG

Auch wenn Sie Windows-Kompatibilität vorgegeben haben, kann es passieren, dass Photoshop bei der Benennung der neuen Dateien keine Dateiendungen wie ».tif« oder ».jpg« anhängt. Sie sollten eine solche ERWEITERUNG also generell ausdrücklich als letzten Namensbestandteil wählen. Erst diese Angabe führt zu einer ordentlichen Benennung.

Weitere Vorgaben

Diese weiteren Vorgaben machen Sie im Dialogfeld STAPELVERARBEITUNG:

- Wählen Sie ein SET und eine AKTION. Befehle, die Sie in der Aktionen-Palette ausgeschaltet haben, werden nicht ausgeführt. Photoshop schlägt hier zunächst die Aktion vor, die in der Palette markiert ist.
- Sofern im Klappmenü QUELLE der ORDNER vorgegeben ist, klicken Sie auf WÄHLEN. Nun geben Sie das Verzeichnis an, in dem sich die Dateien befinden.
- Es kann sein, dass sich einzelne Dateien nicht verändern lassen, weil sie in einem unpassenden Farbmodus wie INDIZIERTE FARBEN oder GRAUSTUFEN sind oder weil eine Auswahl benötigt wird. Im Bereich FEHLER definieren Sie darum, ob Photoshop BEI FEHLERN ANHALTEN soll. Sie können sich dann sofort um das Problem kümmern. Allerdings werden weitere Bilder nicht mehr verarbeitet, der restliche Bild-»Stapel« bleibt unerledigt liegen. Darum kann Photoshop auch FEHLER IN PROTOKOLLDATEI schreiben; geben Sie mit der Schaltfläche SPEICHERN UNTER einen Namen und ein Verzeichnis für diese Protokolldatei an. Dann ignoriert das Programm Fehler und arbeitet weiter. Sie sind so jedenfalls sicher, dass Photoshop alle brauchbaren Dateien in die Mangel nimmt.

HINweis

Soll eine Stapelverarbeitung in Ihrer Abwesenheit ablaufen? Dann verhindern Sie, dass Photoshop Dialogfelder einblendet, die mit der [↵]-Taste bestätigt werden müssen. Schalten Sie am besten sämtliche Dialogfelder durch einen Klick auf das Symbol DIALOG AKTIVIEREN/DEAKTIVIEREN [...] aus – neben dem Namen der Aktion, nicht neben dem Namen von Einzelbefehlen.

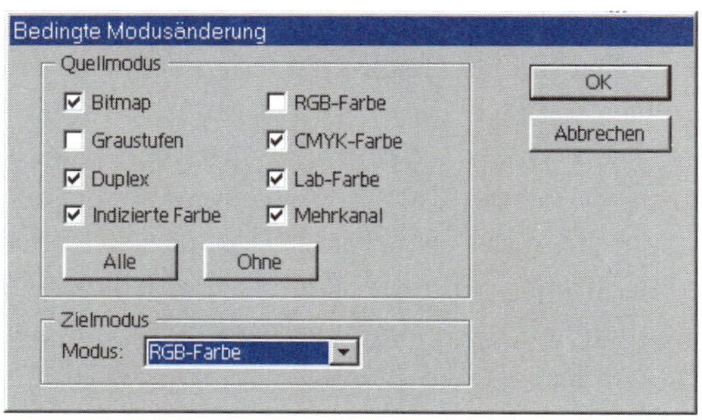

Der Befehl DATEI: AUTOMATISIEREN: BEDINGTE MODUSÄNDERUNG ändert unbrauchbare Farbmodi für die Stapelverarbeitung.

Probleme mit dem Farbmodus

Für manche Funktionen brauchen Sie einen bestimmten Farbmodus. So verlangt der Befehl FILTER: RENDERING-FILTER: BELEUCHTUNGSEFFEKTE zwingend den Modus RGB-FARBE. Auch wenn Sie mit dem Befehl BILD: EINSTELLEN: FARBTON-SÄTTIGUNG die Option KOLORIEREN nutzen, benötigen Sie einen Farbmodus wie RGB-FARBE oder CMYK-FARBE. Modi wie INDIZIERTE FARBEN (typisch für GIF-Dateien aus dem Internet) oder BITMAP erlauben generell nur sehr eingeschränkte Bearbeitung (Details ab Seite 258).

Eventuell sind Sie bei einer STAPELVERARBEITUNG zwingend auf RGB-FARBE angewiesen, haben aber eventuell auch Graustufenbilder im Verzeichnis. Dann zeichnen Sie zu Beginn der Aktion den Befehl DATEI: AUTOMATISIEREN: BEDINGTE MODUSÄNDERUNG mit auf. Hier geben Sie alle Farbmodi an, die verändert werden sollen. Der Befehl wirkt zum Beispiel nach folgendem Schema: Sofern in der Stapelverarbeitung eine Datei im Modus INDIZIERTE FARBEN auftaucht, wird sie nach RGB-Farbe konvertiert. Taucht eine Datei im Modus GRAUSTUFEN auf, wird sie nicht konvertiert.

Aktivieren Sie als QUELLMODUS zum Beispiel GRAUSTUFEN, INDIZIERTE FARBEN und andere Modi, die sich in dem Verzeichnis befinden könnten. Sie werden bei Anwendung der Aktion in den ZIELMODUS verwandelt, zum Beispiel in die universelle RGB-FARBE.

Grundlagen: das Wichtigste kompakt

18

Achtzehnter Workshop

In diesem Kapitel besprechen wir alle Photoshop-Grundlagen – wichtiges Hintergrundwissen, das Sie für alle Projekte in diesem Buch verwenden können.

Übersicht

Das erwartet Sie:

- *Was kommt dran:* DATEI-Befehle SPEICHERN UNTER und DRUCKOPTIONEN; BILD-Befehle BILDGRÖSSE, ARBEITSFLÄCHE, ZUSCHNEIDEN, NICHTS MASKIERT; Arbeitsfläche vergrößern und verkleinern; Druckmaße und Dateigröße verändern; Dateiformate; Farbmodus; Zusatzmodule (Plug-ins); effiziente Bedienung und typische Probleme; Allgemeines zu Paletten, Bibliotheken, Vorgaben und Internet-Seiten; Protokollpalette
- *Kontext:* alle Projekte im Buch
- *Projekt-Dateien*: Grundlagen_01 bis Grundlagen_12

18.1 Photoshop schneller machen

Oft arbeitet der Photoshop erstaunlich zäh; die Festplatte läuft heiß, obwohl Sie gar nichts auf die Festplatte schreiben. Bilddaten beanspruchen weitaus mehr Speicherkapazität als Texte oder Tabellen; Photoshop flott machen, das bedeutet deshalb vor allem:

- Mehr Arbeitsspeicher für Photoshop einräumen.
- Mehr Festplatte als Auslagerungsspeicher für Photoshop einrichten.
- Mehr Festplatte als Auslagerungsspeicher für das Betriebssystem einrichten.

Mehr Arbeitsspeicher für Photoshop

Photoshop greift sich eine bestimmte Menge des verfügbaren Arbeitsspeichers, also quasi des schnellen Kurzzeitgedächtnisses Ihres Rechners. Das ist der gesamte installierte Arbeitsspeicher minus den Betrag, den das Betriebssystem sowie bereits geöffnete andere Programme beanspruchen.

Die entsprechende Vorgabe machen Sie mit dem Befehl BEARBEITEN: VOREINSTELLUNGEN: ARBEITSSPEICHER & BILD-CACHE. Hier meldet Photoshop den verfügbaren Arbeitsspeicher, Sie geben einen Prozentwert vor. Meist nimmt man 70 oder 80 Prozent. Vermeiden Sie die 100-Prozent-Angabe – damit drehen Sie anderen Programmen den Hahn ab.

Arbeitsspeicher ist für Photoshop wichtiger als jede andere Ressource. Stärker als durch einen neuen Prozessor oder eine neue Festplatte beschleunigen Sie Photoshop mit einer Erweiterung des Arbeitsspeichers. 100 Mbyte Arbeitsspeicher sind meist für 150 bis 250 Euro zu bekommen.

Mehr Auslagerungsfestplatte für Photoshop

Nicht immer reicht die Kapazität der teuren Arbeitsspeicher-Chips. Dann muss Photoshop wichtige Daten zwischenzeitlich auf die Festplatte auslagern und bei Bedarf wieder in den Arbeitsspeicher hereinholen – ein zeitraubender Vorgang. Teilen Sie dem Programm möglichst großzügig Festplattenplatz zu. Mit dem Befehl BEARBEITEN: VOREINSTELLUNGEN: ZUSATZMODULE &VIRTUELLER SPEICHER geben Sie Photoshop vor, wo sich die Auslagerungsbereiche auf der Festplatte befinden (Strg+K, dann Strg+7). Dieser Bereich wird auch »Arbeitsvolume«, »Virtueller Speicher« oder »Swap-File« genannt.

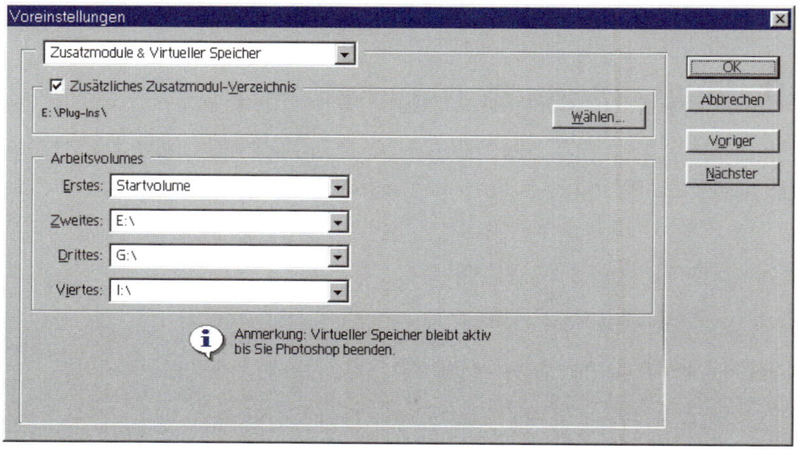

Geben Sie Photoshop vor, wo sich die Auslagerungsbereiche auf der Festplatte befinden.

Im Dialogfeld nennen Sie dem Programm bis zu vier Laufwerke zum Auslagern – nehmen Sie schnelle, gut aufgeräumte (siehe unten) Festplatten oder Festplattenpartitionen. Vermeiden Sie das Laufwerk, auf das Windows auslagert (siehe unten). Als STARTVOLUME gilt dasjenige Laufwerk, auf dem Sie Photoshop installiert haben.

Die Auslagerungsdateien können Sie unter Windows mit dem Explorer leicht im Auslagerungslaufwerk aufspüren; sie haben Namen wie ~PST1234.TMP und eine Größe von drei bis mehr als 333 Mbyte. Bei Programm- oder Systemabstürzen werden diese Hilfsspeicher eventuell nicht planmäßig gelöscht und müssen von Hand entsorgt werden. Am Mac lagern die Dateien im unsichtbaren Ordner »Cleanup at startup«.

Teilen Sie Photoshop mehr Auslagerungskapazität als Arbeitsspeicher zu. Photoshop nutzt nur soviel Megabyte Arbeitsspeicher, wie an Auslagerungsplatz auf der Festplatte zur Verfügung steht. Das heißt: Wenn Sie 512 Mbyte Arbeitsspeicher besitzen, aber nur 5,1 Mbyte »Arbeitsvolume« zuteilen, wird Photoshop auch nur 5,1 Mbyte Arbeitsspeicher verwenden.

WARNUNG

Auslagerungsspeicher für Windows

Unabhängig von Photoshop sollten Sie auch Windows eine große Auslagerungsdatei geben. Optimal ist es, wenn Windows fest doppelt so viel virtuellen Speicher wie Arbeitsspeicher hat. Haben Sie zum Beispiel 128 Mbyte Arbeitsspeicher installiert, teilen Sie dem System 256 Mbyte Auslagerungsplatz zu.

In Windows 95, 98 und NT 4 erreichen Sie die Kontrolle für den Auslagerungsbereich, wenn Sie in der START-Leiste auf EINSTELLUNGEN klicken, dann in der SYSTEMSTEUERUNG das SYSTEM wählen, dort die Registerkarte LEISTUNGSMERKMALE ziehen und den Schalter VIRTUELLER ARBEITSSPEICHER anklicken. Dazu aktivieren Sie die Option ES GELTEN BENUTZERDEFINIERTE EINSTELLUNGEN FÜR DEN VIRTUELLEN SPEICHER. In den Feldern MINIMUM und MAXIMUM tragen Sie »256« ein. Diese starre Vorgabe verhindert, dass Windows permanent den Auslagerungsbedarf neu zusammenstellt und damit Ihren Rechner bremst.

Legen Sie Photoshops erstes Auslagerungslaufwerk (siehe oben) nicht mit dem Auslagerungsbereich von Windows auf eine Festplatte oder auf eine Partition.

HINweis

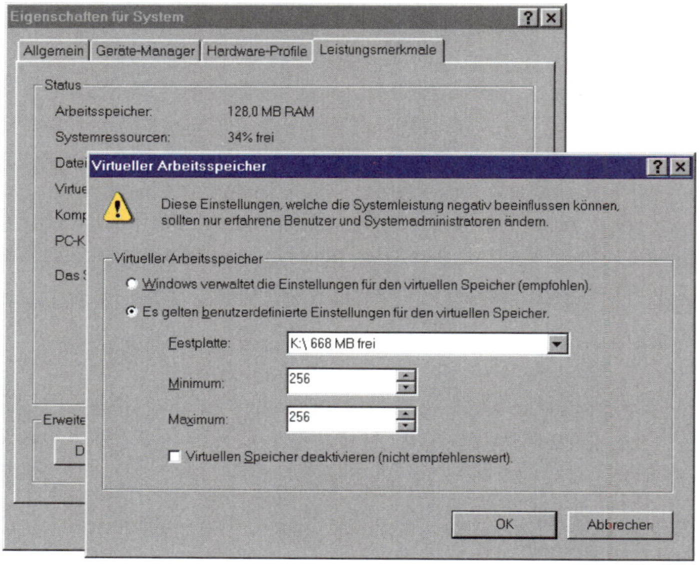

Windows: In den Systemeigenschaften sorgen Sie für Auslagerungsspeicher.

Auslagerungsspeicher für den Mac

Auch am Macintosh unterscheidet man zwischen dem virtuellen Speicher des Betriebssystems und dem virtuellen Speicher von Photoshop. Grundsätzlich kann man den virtuellen Speicher des Mac-OS eingeschaltet lassen. Er wird im SPEICHER-Kontrollfeld eingerichtet.

Der virtuelle Speicher des Mac-OS auf der Festplatte ist ab Werk um ein Megabyte größer als der installierte Arbeitsspeicher und wird vom Betriebssystem automatisch eingerichtet. Nur Anwender, die mit freiem Festplattenplatz geizen müssen, sollten diesen Wert herabsetzen oder den virtuellen Speicher ausschalten.

Festplatte aufräumen

Unaufgeräumte Festplatten und nutzlose Datensplitter können Photoshop beim Auslagern bremsen. Das ist gemeint:

Die Festplatte sollte nicht fragmentiert sein – das heißt, Dateien sollten sich nicht in kleinen Krümeln über verschiedene Teile des Festspeichers verteilen und alle Dateien sollten schön nebeneinander auf der Festplatte liegen, so dass ein möglichst großer Festplattenbereich am Stück frei bleibt. Legen Sie also verwendbare Dateien zusammen in einen geschlossenen Festplattenbereich. Starten Sie das Microsoft-Programm »Defragmentierung«; Sie finden es vermutlich in der Abteilung »Systemprogramme«. Diese Aufgabe erledigen auch Programme von Drittanbietern, etwa aus der Programmsammlung »Norton Utilities«.

Defragmentieren am Mac bringt erfahrungsgemäß keinen großen Gewinn, Sie benötigen dafür auf jeden Fall ein Zusatzprogramm wie Norton Utilities.

Überflüssige Dateien von der Festplatte entfernen

Ihre Festplatte ist voller überflüssiger Dateien – zum Beispiel Photoshop-Temporärdateien (siehe oben), die nach einem Systemcrash nicht gelöscht wurden. Fahnden Sie mit der Suchfunktion nach *.tmp-Dateien auf der gesamten Festplatte und entfernen Sie diese Dateien so, dass sie endgültig weg sind – also nicht nur in den Papierkorb ziehen. Die entsprechenden Ruinen eines Photoshop-Crashs heißen gerne ~PSTnnnnn.TMP und okkupieren zehn oder hundert Megabyte.

Am Macintosh legt Photoshop seine Temporärdateien nach Programmstart in einem unsichtbaren Ordner namens »Cleanup At Startup« ab. Wird Photoshop beendet, verschwinden automatisch auch die Temporärdateien. In seltenen Fällen, möglicherweise nach einem Programmabsturz, bleiben diese Temporärdateien auf der Festplatte erhalten. Weil sich nur sichtbare Objekte löschen lassen, müssen Sie den Ordner mit Hilfsprogrammen wie FileBuddy oder ResEdit sichtbar machen; die Dateien heißen zum Beispiel »Photoshop Tempnnnn« und werden in den Papierkorb gezogen.

Spüren Sie überdies verlorenen Zuordnungseinheiten (Lost Clusters) nach; diese kaputten Dateisplitter liegen nach einem Systemabsturz sinnlos auf der Festplatte und schlukken dort Platz, ohne etwas dafür zu leisten. Und kein Dateiverzeichnis kündet davon. Da sollten Sie das Windows-Programm »Scandisk« starten, das die Festplatte nach Fehlern abgrast und dafür eventuell viele Minuten braucht. Es wird verlorene Datensplitter orten und nachfragen, ob daraus Dateien erstellt werden sollen. In der Regel haben Sie davon nichts, also löschen Sie die Subjekte.

Systembelastung erkennen

In der Info-Leiste erkennen Sie, wie viel Arbeitsspeicher Photoshop benötigt und tatsächlich zur Verfügung hat. Die Info-Leiste erscheint unter Windows am unteren Rand des Programmfensters, sofern Sie den Befehl FENSTER: INFORMATIONSLEISTE EINBLENDEN nutzen. Am Mac sehen Sie die Leiste am unteren Rand jedes Bildfensters.

Das kleine Dreieck ▶ in der Info-Leiste öffnet ein Menü; wählen Sie hier ARBEITSDATEI-GRÖSSEN. Nun erscheinen zwei Werte in der Info-Leiste, in unserem Beispiel lesen Sie »111,9 M/448,2M«.

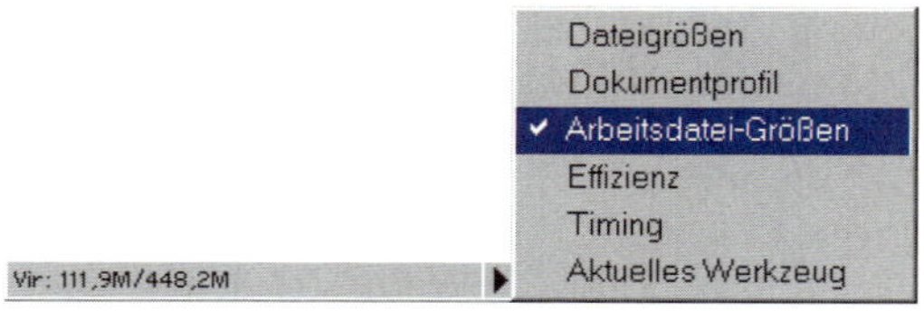

Mit der Vorgabe ARBEITSDATEI-GRÖSSEN nennt Photoshop den Gesamtbedarf an Arbeitsspeicher für alle Bilder; rechts neben dem Schrägstrich erscheint der tatsächlich verfügbare Speicherplatz.

Der ersten Zahl entnehmen Sie, wie viel Speicherplatz Photoshop für alle geöffneten Bilder benötigt. Der zweite Wert verrät, wie viel Arbeitsspeicher dem Programm überhaupt zur Verfügung steht. Ist die linke Zahl höher als die rechte, so heißt dies: Photoshop benötigt mehr Arbeitsspeicherkapazität, als ihm zur Verfügung steht. Dann muss das Programm Dateien auf die Festplatte, auf ein »Arbeitsvolume«, auslagern (siehe oben).

Für unsere Abbildung heißt das: Photoshop zeigt links »111,9M« an; das Programm braucht also für sich und die geöffneten Bilder insgesamt 111,9 Mbyte Arbeitsspeicher. Rechts steht »448,2M«; Photoshop hat also insgesamt 448,2 Mbyte Arbeitsspeicher zur eigenen Verfügung – für die aktuelle Aufgabe eine gute Reserve.

Wenn Sie weitere Bilder öffnen, vergrößert sich der linke Wert – für den tatsächlichen Arbeitsspeicherbedarf. Hier erkennen Sie auch, wie sich Photoshop nach der Ausführung von Befehlen mehr Arbeitsspeicher genehmigt.

Arbeitsspeicher schonen

Arbeiten Sie so, dass Sie möglichst wenig Arbeitsspeicher beanspruchen:

- Sie schließen überflüssige Bilder und Programme.
- Sie löschen nutzlose Ebenen, Ebenenmasken und Alphakanäle oder verschmelzen Ebenen.
- Sie schneiden überschüssigen Rand weg (vergleiche Seite 297).
- Sie deinstallieren überflüssige Schriftarten und Farbprofile.
- Sie reduzieren die Zahl der widerrufbaren Zwischenschritte.
- Sie vermeiden die Befehle KOPIEREN oder AUSSCHNEIDEN, sondern übertragen Bildteile direkt durch Bewegen mit dem Verschieben-Werkzeug von Bild zu Bild.
- Sie geben mit dem Untermenü BEARBEITEN: ENTLEEREN Arbeitsspeicher frei, indem Sie zum Beispiel widerrufbare Arbeitsschritte oder die Zwischenablage löschen.

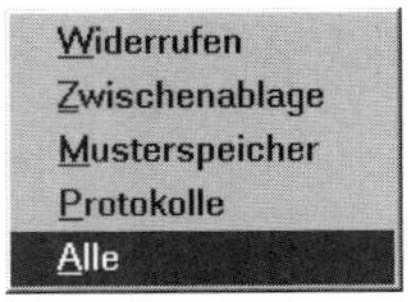

Das Untermenü Bearbeiten: Entleeren schafft Platz im Arbeitsspeicher.

18.2 Typische Probleme

Immer wieder steht man vor Problemen nach dem Motto: Ich klicke und nichts passiert. Solche Unbill entsteht gern in Situationen wie diesen:

- Sie bearbeiten eine Datei im Modus Bitmap, Lab oder Indizierte Farben oder mit 16-Bit-Farbtiefe pro Grundfarbe. In diesen Modi funktionieren jedoch nur wenige Filter und Kontrastkorrektur-Werkzeuge, Ebenentechnik ist nicht. Wechseln Sie mit dem Untermenü Bild: Modus zu Graustufen oder zu RGB-Farbe.
- Sie versuchen, eine Ebene zu bearbeiten, die zwar gut sichtbar, in der Ebenenpalette aber nicht aktiviert ist. Aktivieren Sie die Ebene durch einen Mausklick, so dass sie in der Ebenenpalette hervorgehoben wird.
- Sie haben beim Malen oder bei der Ebenentechnik die Deckkraft heruntergesetzt oder einen Mischmodus eingestellt, der von der aktiven Ebene oder vom Pinselstrich nichts erkennen lässt.
- Sie haben die Ebene »fixiert«, so dass sie sich nicht mehr vollständig oder überhaupt nicht mehr bearbeiten lässt, etwa mit der Option Transparente Pixel fixieren. Schalten Sie die Optionen für die gewünschte Ebene in der Ebenenpalette ab.
- Sie haben in der Kanäle-Palette nicht den Gesamtkanal aktiviert, zum Beispiel »CMYK« oder »RGB«, sondern eine einzelne Grundfarbe oder einen Alphakanal.
- Sie arbeiten in der Ebenenmaske oder in einer Einstellungsebene statt auf den Bildpunkten der Ebene selbst. Klicken Sie die Miniatur der gewünschten Bildebene an, damit diese Ebene wieder aktiviert wird. Beachten Sie auch die Hinweise in der Titelzeile des Bildes.
- Sie versuchen, außerhalb einer Auswahl zu arbeiten, die womöglich verborgen oder außerhalb des aktuellen Bildfensters ist. Drücken Sie `Strg`+`H`, um eine verborgene Auswahl wieder anzuzeigen.
- Sie haben in den Voreinstellungen die Pixelwiederholung eingerichtet und erhalten deshalb grobe Ergebnisse beim Transformieren (Drehen, Stauchen etc.). Wechseln Sie zu Bikubisch.

- Sie arbeiten auf einer Textebene, die Filter, Tonwertkorrekturen und Werkzeugretuschen nicht zulässt. Verwenden Sie den Befehl Ebene: Rastern: Text, um den Text in eine übliche Bildpunktebene zu verwandeln. Brechen Sie die Textbearbeitung mit der Esc-Taste folgenlos ab oder bestätigen Sie Ihre Änderungen per Strg+↵-Taste; dann lassen sich andere Werkzeuge und Befehle wieder aufrufen.
- Sie haben einen Befehl wie Bearbeiten: Frei Transformieren gewählt. Photoshop umgibt die aktivierte Ebene mit einem Begrenzungsrahmen. In dieser Situation können Sie kaum andere Befehle nutzen. Brechen Sie das Transformieren mit der Esc-Taste ab oder bestätigen Sie die Änderung mit der ↵-Taste.
- Sie haben beim Malen oder Retuschieren im Bereich Einstellungen Vorgaben gemacht, die den Pinselstrich sehr schnell zu einem Nichts schrumpfen lassen. Öffnen Sie das Dialogfeld innerhalb der Optionen-Leiste mit der Schaltfläche und stellen Sie alle Vorgaben auf Aus.

So könnten Sie bei allgemeinen Systemproblemen vorgehen:

- Entfernen Sie neu installierte Programme und Zusatzmodule, nach deren Installation erstmals Probleme auftraten, und installieren Sie Photoshop eventuell neu.
- Trennen Sie externe SCSI-Laufwerke vom System, überprüfen Sie Terminierung und Nummerierung.
- Teilen Sie Photoshop mehr Arbeitsspeicher und freie Auslagerungsbereiche auf der Festplatte zu (siehe oben)
- Nur Windows: Will das Programm nicht starten, sollten Sie eventuell die Systemeinstellungen zurücksetzen. Taufen Sie die Dateien »Adobe Photoshop 6 Prefs.psp« und »Farbeinstellungen« um; unter Windows 98 lagern diese Dateien im Ordner »Windows\Anwendungsdaten\Adobe\Photoshop\6.0\Adobe Photoshop 6-Einstellungen«, Details zu anderen Windows-Varianten finden Sie in der Datei »Bitte lesen« im »Photoshop«-Verzeichnis. Dann starten Sie Photoshop neu. Dabei entstehen komplett neue Voreinstellungen.
- Nur Windows: Voreinstellungen, die Photoshop in der Windows-Registry macht, setzen Sie so zurück: Drücken Sie beim Starten des Programms ⇧+Strg+Alt.
- Nur Windows: Systemdateien, die zum Teil Photoshop installiert – wie »Msvcrt20.dll« und »Msvcrt40.dll« –, können bei Installation anderer Programme überschrieben werden. Installieren Sie Photoshop erneut.
- Nur Mac: Kontextmenüs und Hilfen werden nur dann richtig angezeigt, wenn Sie die Systemerweiterung Kontextmenü Erweiterung aktiviert haben.
- Nur Mac: Voreinstellungen von Photoshop setzen Sie so zurück: Drücken Sie gleich nach dem Programmstart ⌘-Taste+Alt+⇧.

18.3 Photoshop effizient bedienen

Photoshop wirkt zunächst umständlich. Doch nach etwas Einarbeitung lässt sich das Programm effizient bedienen, wenn man sich mit den Kurztasten befasst und die Möglichkeiten kennt, selbst bei geöffnetem Dialogfeld noch verschiedene Programmfunktionen zu nutzen. Wir besprechen hier auch, wie Sie die oft überladene Programmoberfläche ruckzuck aufräumen.

Zur zeitsparenden Bedienung gehört natürlich auch, dass Sie Routine-Befehlsfolgen als »Aktion« speichern. Diesen Vorgang lernen Sie im Projekt »Befehlsfolge aufzeichnen« (ab Seite 215) kennen.

Tastaturkürzel allgemein

Sämtliche Werkzeuge und Funktionen auf der Werkzeugleiste können Sie nicht nur durch Anklicken aktivieren, sondern auch mit einem Buchstaben auf Ihrer Tastatur – ohne dass eine Zusatztaste erforderlich wäre. Die Taste [B] (für »Brush«) aktiviert den Pinsel, S (für »Stamp«) schaltet den Kopierstempel ein. Liegen mehrere Werkzeuge in einem Fach der Werkzeugleiste – etwa Auswahlellipse und Auswahlrechteck – so wechseln Sie meist mit [⇧]+Kurztaste zwischen den Funktionen. Die entsprechenden Tastaturgriffe nennt Photoshop in den gelben Einblenderklärungen, die jeweils über dem Werkzeugsymbol erscheinen. Viele Menübefehle lassen sich ebenfalls flott über Tastenkombinationen aufrufen, so zeigt [Strg]+[L] (für »Levels«) das Dialogfeld zum Befehl Bild: Einstellen: Tonwertkorrektur.

Tabelle: Wichtige Tastenkürzel

Die folgende Tabelle nennt wichtige Tastenkürzel in alphabetischer Reihenfolge. Mit ⇧+Tastaturkürzel wechseln Sie zwischen zwei Werkzeugen mit identischem Buchstaben.

	abgeleitet von	Aktiviert
B	Brush	Pinsel, Buntstift
C	Crop Tool	Freistellwerkzeug
D	Default Colors	Schwarz und Weiß als Vorder- und Hintergrundfarbe
E	Eraser	Radiergummi Magischer Radiergummi Hintergrundradiergummi
F	Full Screen Mode	Vollschirmmodus
L	Lasso	Lasso Polygon-Lasso Magnetisches Lasso
M	Marquee	Auswahlrechteck Auswahlellipse
S	Stample	Kopierstempel Musterstempel
T	Text Tool	Textwerkzeug
V	Move Tool	Verschieben-Werkzeug
W	Magic Wand	Zauberstab
X	Exchange	Vorder- und Hintergrundfarbe vertauschen
Y	History Brush	Protokollpinsel
Y	*(in ImageReady)*	*Rollover-Vorschau*
Z	Zoom Tool	Lupe

Tabelle: Die Funktionstasten

Auch die Funktionstasten von F1 bis F12 sind bereits belegt:

F1	Internet-Browser mit Hilfe-Text starten (auch bei geöffnetem Dialogfeld)
F2	AUSSCHNEIDEN (nur Photoshop)
F3	KOPIEREN (nur Photoshop)
F4	EINFÜGEN (nur Photoshop)
F6	Farbregler ein-/ausblenden
F7	Ebenen ein-/ausblenden
F8	Informationen ein-/ausblenden
F9	Aktionen ein-/ausblenden
F10	Optimieren-Palette ein-/ausblenden (nur ImageReady)
F11	Animation-Palette ein-/ausblenden (nur ImageReady)
F12	ZURÜCK ZUR LETZTEN VERSION
⇧+F5	Dialog FLÄCHE FÜLLEN (nur Photoshop)
⇧+F6	Dialog WEICHE AUSWAHLKANTE (nur Photoshop)
⇧+F7	AUSWAHL UMKEHREN (nur Photoshop)

Vorübergehender Wechsel zu anderen Werkzeugen

Man kann auch vorübergehend zu einigen Werkzeugen wechseln. Nach Loslassen der Taste zeigen Photoshop und ImageReady wieder das ursprüngliche Gerät. So gilt unter anderem:

- Alle Mal-Werkzeuge wie der Pinsel schalten per Alt-Taste zur Pipette, mit der Sie die Vordergrundfarbe aus einem Bild aufgreifen.
- Fast alle Werkzeuge wechseln beim Druck der Strg-Taste zum Verschieben-Werkzeug.
- Mit der Leertaste springen Sie schnell mal zur Verschiebehand; nehmen Sie die Strg-Taste hinzu, um die Vergrößerungslupe zu erhalten, während Alt+Leertaste die Verkleinerungslupe auf den Schirm bringt. Diese Funktionen stehen auch zur Verfügung, wenn Sie ein Dialogfeld wie etwa einen FILTER-Befehl oder FARBTON/SÄTTIGUNG geöffnet haben.

Bei geöffnetem Dialogfeld

Im Gegensatz zur Konkurrenz bietet Photoshop immer noch Zugriff auf verschiedene Funktionen, während ein Dialogfeld geöffnet ist. Ein Beispiel: Sie haben eine Auswahl erzeugt und dann den Befehl FARBTON/SÄTTIGUNG gewählt; Sie können jetzt keineswegs nur in diesem Dialogfeld arbeiten, sondern genießen auch weiterhin Zugriff auf andere, praktische Photoshop-Funktionen:

- So lässt sich das FENSTER-Menü öffnen, um diverse Paletten anzeigen oder verschwinden zu lassen, zum Bleistift Navigator, Informationen oder Ebenen.
- Im ANSICHT-Menü nutzen Sie bei geöffnetem Dialogfeld immer noch Befehle wie FARB-PROOF, FARBUMFANG-WARNUNG oder die verschiedenen Zoom-Funktionen wie EINZOOMEN, TATSÄCHLICHE PIXEL oder AUSGABE-GRÖSSE.
- Sehr wichtig sind auch der Befehl ANSICHT: EXTRAS EIN-/AUSBLENDEN und das Untermenü ANSICHT: EINBLENDEN. Mit diesen Funktionen verstecken Sie bei geöffnetem Dialog störende Auswahlmarkierungen oder Hilfslinien, ohne deren Wirkung aufzuheben.
- Mit `Strg`+Leertaste erhalten Sie eine Vergrößerungslupe (siehe auch vorhergehender Abschnitt).
- Mit `F1` oder HILFE: INHALT rufen Sie den Hilfe-Text auf, allerdings nicht sofort den speziellen Abschnitt zum aktuellen Dialogfeld.
- Mit `Strg`+`0` zeigen Sie das Werk arbeitsflächefüllend, während `Strg`+Plus-Taste schrittweise vergrößert und `Strg`+Minus-Taste schrittweise zu kleinerer Abbildung führt.
- Außerdem lässt sich das Bild mit den Rollbalken im Fenster verschieben.

Bei einigen Befehlen aus dem Untermenü BILD: EINSTELLUNGEN wie der TONWERTKORREKTUR können Sie mit dem Mauszeiger ins Bild fahren, um dort mit der Pipette Tonwerte aufzunehmen, zu messen oder den Tonwert als HTML-Code zu kopieren. Klicken Sie mit rechts (am Mac mit `Ctrl`-Taste), um das entsprechende Kontextmenü zu erhalten. Sie können auch ein nicht-aktives Foto ausmessen; es lässt sich aber nicht bearbeiten. Dabei ändert Photoshop auch die Vordergrundfarbe auf den Wert, den Sie zuletzt in einem Bild angeklickt haben. Die Informationen-Palette meldet Vorher-Nachher-Werte für den gewählten Bildpunkt.

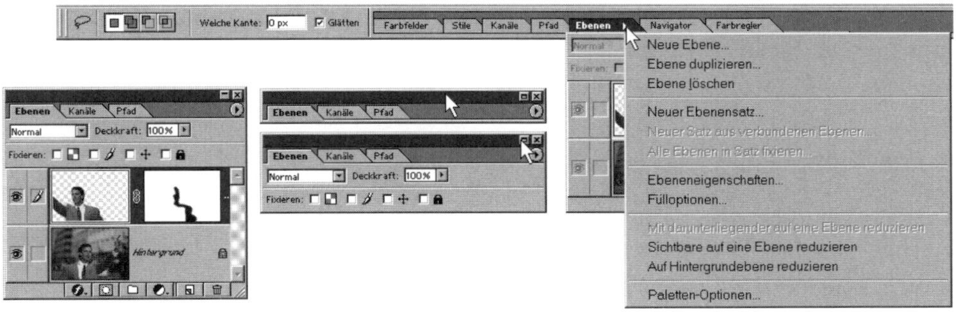

Ganz links: Mehrere Paletten wurden zu einer Gruppe zusammengefasst. Mitte: Durch Klick auf das Symbol zur Paletten-Verkleinerung oder auf den Balken über dem Palettennamen verkleinern Sie die Paletten. Rechts: Bei Photoshop können Sie die Paletten im Palettenraum der Werkzeugoptionen sammeln. Klicken Sie dort neben dem Namen der aktivierten Palette auf das Dreieck, um das Palettenmenü zu erhalten. Mit der [⇥]-Taste oder mit [⇧]-[⇥] blenden Sie alle Paletten aus.

Schnelles Bedienen von Dialogfeldern

Auch für Photoshops Dialogfelder gibt es allgemeine Grundregeln und Tastenkürzel. Sie erlauben eine wesentlich schnellere Bedienung als mit der Maus. Unter anderem gilt:

- Mit der [⇥]-Taste springen Sie von einem Eingabefeld zum nächsten. Sie müssen den Eingabe-Cursor also nicht mit der Maus neu setzen. Mit [⇧]-[⇥] wechseln Sie zurück zu weiter oben liegenden Eingabefeldern.
- Mit den vertikalen Pfeiltasten erhöhen oder senken Sie die Werte in den Eingabefeldern; Sie müssen also nicht die Schieberegler verwenden oder Zahlen eintippen. [⇧]+Pfeiltaste sorgt für größere Sprünge.
- Bei gedrückter [Alt]-Taste zeigt die ABBRECHEN-Schaltfläche die Funktion ZURÜCK; damit setzen Sie alle Werte auf den ursprünglichen Stand. Sie müssen also nicht erst die Funktion abbrechen und neu aufrufen.
- Nennt das Dialogfeld eine Maßeinheit wie »px« für Pixel, können Sie hier meist sofort eine andere Einheit eintragen, zum Beispiel »cm«. Die Maßeinheiten werden auch im Kontextmenü über den Eingabefeldern angeboten, also unter Windows per Rechtsklick, am Mac per [Ctrl]-Klick. Sie müssen das nicht erst in den VOREINSTELLUNGEN angeben.

Außerdem gilt natürlich: Mit der [Esc]-Taste brechen Sie die Funktion ab, ohne das Bild bearbeitet zu haben. Mit der [↵]-Taste oder OK-Klick wenden Sie die Veränderung endgültig an. Die VORSCHAU-Option legt fest, ob Photoshop die Veränderung schon bei geöffnetem Dialogfeld anzeigen soll. Optionen mit unterstrichenem Buchstaben schalten Sie ein oder aus, indem Sie diesen Buchstaben bei gedrückter [Alt]-Taste eintippen, zum

Beispiel [Alt]+[P] für PROPORTIONEN ERHALTEN im BILDGRÖSSE-Dialogfeld. Selbst bei geöffnetem Dialogfeld haben Sie oft Zugriff auf Lupe, Hand und verschiedene Befehle aus den Menüs FENSTER und ANSICHT (siehe oben).

Aufgeräumte Oberfläche

Die Photoshop-Oberfläche ist schnell zugemüllt mit Dutzenden von Paletten und Bilddateien. So stellen Sie flott die Ordnung wieder her:

- Der Befehl ANSICHT: PALETTENPOSITIONEN ZURÜCKSETZEN arrangiert alle Paletten nach Photoshop-Werksvorgabe am rechten Programmfenster-Rand.
- Die Paletten docken automatisch an Rändern von Bildern oder des Programmfensters an. Wenn Sie beim Bewegen der Paletten die [⇧]-Taste drücken, verstärkt sich dieser Drang.
- Ziehen Sie Paletten übereinander, um sie zu gruppieren. Oder ziehen Sie die Paletten in den »Paletten-Raum« rechts oben in den Werkzeug-Optionen (nur bei Photoshop).
- Stellen Sie eine Bilddatei zentral in die Mitte mit der MAXIMIEREN-Schaltfläche rechts oben im Dateifenster-Rahmen (nur Windows).
- Stellen Sie eine Bilddatei zentral in die Mitte mit den Vollschirm-Schaltflächen in der Werkzeugleiste beziehungsweise durch mehrfaches Drücken der Taste [F] (für »full screen«).
- Mit der [⇆]-Taste verbannen Sie sämtliche Paletten inklusive Werkzeugleiste vom Schirm; [⇧]+[⇆] lässt die Werkzeugleiste oben. Neuerlicher [⇆]-Druck zeigt alle Paletten wieder an. Alternativ holen Sie bei leerem Schirm nur eine Einzelpalette mit dem entsprechenden FENSTER-Befehl oder per Funktionstaste hervor.

HINweis

Der [⇆]-Griff funktioniert nicht, wenn Sie gerade Werte in den Werkzeug-Optionen ändern. Denn dort können Sie per [⇆] von einem Eingabefeld zum nächsten springen, so dass die Taste ihre aufräumende Wirkung nicht mehr entfaltet. Klicken Sie in die Programmfläche oder auf ein Bild, um Photoshops Aufmerksamkeit von den Werkzeug-Optionen abzulenken.

18.4 Paletten

Die Paletten für Ebenen, Pfade oder Kanäle lassen sich weitgehend gleichartig bedienen. Beherrschen Sie eine Palette, finden Sie sich auch auf der nächsten Palette gut zurecht. Auf Wunsch stellt Photoshop die Pfade, Kanäle, Ebenen oder Einzelbilder einer Animation en miniature in der Palette dar – ob überhaupt und wie groß, das regeln Sie mit dem Befehl

PALETTEN-OPTIONEN im jeweiligen Paletten-Menü. Die Tabelle nennt die wichtigsten gemeinsamen Funktionen:

	Neues leeres Objekt erstellen; Klicken mit Alt-Taste blendet Optionen ein (umgekehrt bei Aktionen-Palette); vorhandenes Element auf Schaltfläche ziehen, um es zu duplizieren
	Neues Set erstellen (Aktionen, Ebenen)
	Markiertes Element löschen; Klicken mit Alt-Taste blendet Optionen ein (umgekehrt bei Aktionen-Palette); Alternative: Element auf Schaltfläche ziehen
	Element ein/-ausblenden; Alt-Klick: Objekt einblenden, alle anderen ausblenden bzw. alle Objekte wieder einblenden
	Palettenmenü öffnen
	Palette verkleinern
	Palette schließen

18.5 Bibliotheken und Vorgaben

In verschiedenen Einblendpaletten bieten Photoshop und ImageReady Verläufe, Farbfelder, Werkzeugspitzen, Stile, Vektorformen oder Muster an – so genannte »Vorgaben«, gesammelt in »Bibliotheken«. Diese Übersichten lassen sich auf unterschiedliche Arten darstellen, die Verwaltung ist immer gleich.

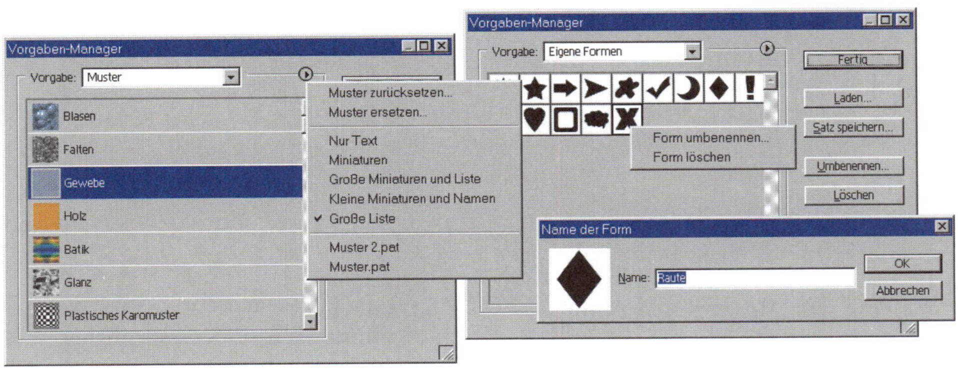

Links: Hier sehen Sie die »Muster«-Palette in der Darstellungsform GROSSE MINIATUREN UND LISTE, also mit Bildminiatur und Bezeichnung. Im Palettenmenü richten Sie die Darstellungsform ein und laden andere »Bibliotheken«; die Bibliotheken aus dem Photoshop-Verzeichnis »Vorgaben« erscheinen direkt im Menü. Rechts: Die Formen-Palette erscheint hier mit der Darstellungsform MINIATUREN, also ohne Bezeichnungen. Per Kontextmenü werden einzelne Palettenobjekte umbenannt oder gelöscht. Rechts unten: Doppelklick auf ein Objekt erlaubt die Änderung der Bezeichnung.

Darstellung von Vorgaben

Die gewünschte Anzeigeform legen Sie jeweils im Palettenmenü fest, das Sie wie üblich über die Schaltfläche ▶ rechts oben in der Palette erreichen. Zu den zwei bis fünf Darstellungsmöglichkeiten zählen NUR TEXT, MINIATUREN, GROSSE MINIATUREN, KLEINE MINIATUREN UND NAMEN sowie GROSSE LISTE. Diese Funktionen für alle Vorgabepaletten bietet Ihnen auch der Befehl BEARBEITEN: VORGABE-MANAGER.

Sie können also Bezeichnung und/oder Miniaturdarstellung der jeweiligen Vorgabe in der Palette sichten. Der Name erscheint auch gelb unterlegt, wenn Sie den Mauszeiger über das Objekt halten. Das Kontextmenü über einem Objekt bietet meist drei Befehle: Sie können ein neues Objekt erstellen – also etwa eine neue Werkzeugspitze, einen neuen Farbverlauf; dabei duplizieren Sie jeweils das zuvor aktive Objekt. Überdies lassen sich die Objekte umbenennen und löschen. Objekte lassen sich überdies auch per [Alt]-Klick löschen, ein Doppelklick auf das Objekt erlaubt das Umbenennen.

Vorgaben laden

Per Palettenmenü laden Sie weitere Sammlungen (»Bibliotheken«) von Mustern, Werkzeugspitzen oder Verläufen. Photoshop nennt direkt im Menü weitere »Bibliotheken«, die Sie im passenden »Vorgaben«-Verzeichnis abgelegt haben. Neue Werkzeugspitzen speichert Photoshop etwa im Verzeichnis »Photoshop 6/Vorgaben/Werkzeugspitzen«, die Muster im Verzeichnis »Photoshop 6/Vorgaben/Muster«. Alle Vorgabedateien aus dem passenden »Vorgaben«-Verzeichnis erscheinen auch im Palettenmenü. Wollen Sie »Vorgaben« aus anderen Verzeichnissen nutzen, so verwenden Sie die Schaltfläche LADEN oder WERKZEUGSPITZEN ERSETZEN aus dem Palettenmenü.

Öffnen Sie eine Bibliothek per Palettenmenü, entscheiden Sie im Dialogfeld zwischen zwei Möglichkeiten:

- Sie ersetzen die noch vorhandene Bibliothek, indem Sie auf OK klicken – damit entfernen Sie die ursprünglich vorhandenen »Vorgaben«.
- Sie können die neuen Vorgaben aber auch an die bereits vorhandenen ANFÜGEN – anschließend nutzen Sie beide Kollektionen.

Mit dem Befehl WERKZEUGSPITZEN ZURÜCKSETZEN aus dem Palettenmenü richten Sie wieder die Standardvorgabe des Photoshop-Herstellers ein und laden die ursprünglich vorhandenen Vorgaben. Auch hier können Sie die zuvor vorhandenen Vorgaben ersetzen oder ergänzen.

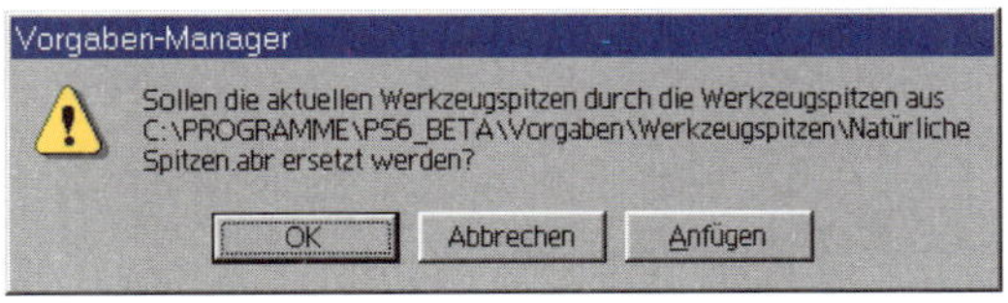

Beim Laden einer neuen Bibliothek mit »Vorgaben« können Sie die zuvor vorhandene Sammlung ersatzlos entfernen oder um die neue Kollektion erweitern.

18.6 Protokollfunktionen

Mit folgenden einfachen Funktionen machen Sie Eingaben rückgängig:

- BEARBEITEN: WIDERRUFEN (Strg+Z) annulliert den allerletzten Arbeitsschritt.
- BEARBEITEN: VERBLASSEN setzt bestimmte Änderungen stufenlos zurück, etwa Pinselstriche und Befehle aus den MENÜS FILTER und BILD: EINSTELLUNGEN.
- DATEI: ZURÜCK ZUR LETZTEN VERSION bringt diejenige Bildversion wieder auf den Schirm, die Sie zuletzt auf Festplatte gespeichert hatten.

Vielseitiger sind Sie jedoch mit der Protokollpalette; Sie erlaubt es, Schritt für Schritt durch ganze Sequenzen von Änderungen zu wechseln – vorwärts und rückwärts. Solange das Bild geöffnet ist, zeichnet die Protokollpalette die Befehle in dem von Ihnen gewählten Umfang auf. Sie können also zwischenzeitlich speichern und dennoch auf einen Zustand zurückkommen, der noch vor dem Speichern bestand. Jeder einzelne Arbeitsschritt erscheint in der Palette. Photoshop zeigt stets zu jedem geöffneten Bild eine aktuelle Palette. Im Folgenden lernen Sie die Möglichkeiten kennen, die Photoshop bei der Protokollpalette bietet.

Beim Schließen des Bildes ist das »Protokoll« ein für allemal verloren.

WARNUNG

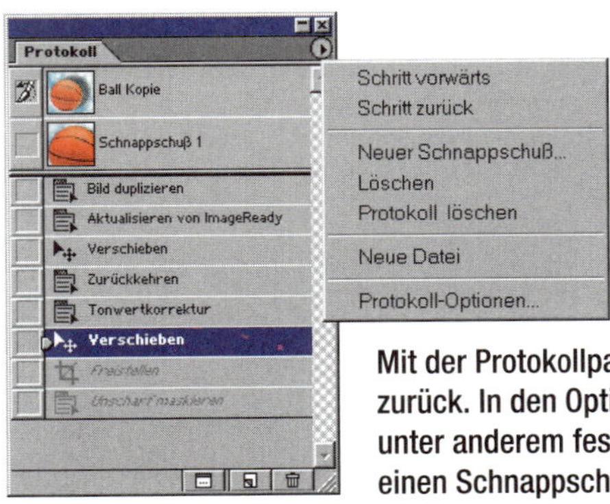

Mit der Protokollpalette kehren Sie zu früheren Fassungen Ihres Bildes zurück. In den Optionen zur Protokollpalette bei Photoshop legen Sie unter anderem fest, in welchen Situationen das Programm automatisch einen Schnappschuss erstellt.

Übersicht: Möglichkeiten der Protokollpalette

Insgesamt bietet der protokollarische Dienst folgende Möglichkeiten:

- Sie kehren zu früheren Arbeitsstufen zurück und stellen diese wieder her.
- Per Mausklick erzeugen Sie Schnappschüsse oder neue Dateien von beliebigen Zwischenergebnissen (nicht bei ImageReady).
- Mit dem Protokollpinsel malen Sie beliebige Zwischenstufen Ihres Werks in die aktuelle Fassung (nicht bei ImageReady).
- Der Befehl BEARBEITEN: FLÄCHE FÜLLEN bringt auf Wunsch Teile einer früheren Bildfassung zurück in Ihre Datei.
- Um Speicher zu sparen, löschen Sie Schritte und grenzen die Zahl der aufzuzeichnenden Schritte ein.
- Einzelne Zwischenergebnisse lassen sich auch als Schnappschuss ablegen (nicht bei ImageReady). Photoshop entfernt den Schnappschuss nicht, wenn der Widerrufen-Speicher automatisch oder von Hand geleert wird.

Vorgehen

Im Beispiel, das für die folgenden Abschnitte gilt, haben Sie das Bild schon in zehn Schritten verändert – mit Pinsel, FILTER-Befehlen, Tonwertkorrektur. Außerdem verwenden wir die Optionen, wie sie ab Werk kommen: Die Protokollpalette hält also Ihre letzten 20 Eingriffe fest, die Option NICHT-LINEAR ist abgewählt, der Schnappschuss vom Original wird automatisch erzeugt (mehr zu den Optionen unten). Die Protokollpalette listet also Ihre bisherigen zehn Eingriffe auf. So kann es weitergehen:

1. Klicken Sie auf Schritt 3, um Ihre Schritte 4 bis 10 ungeschehen zu machen.
2. Klicken Sie nun auf Schritt 7, um das Bild bis zu diesem Stadium wieder herzustellen.
3. Bearbeiten Sie jetzt das Bild mit neuen Ideen weiter. Photoshop verwirft nun die Schritte 8 bis 10 endgültig und zeichnet ab Schritt 8 neue Befehle in der Protokollpalette auf.

HINweis

Um Einzelschritt für Einzelschritt durch die Aufzeichnung zu wandern, drücken Sie wiederholt [⇧]+[Strg]+[Z] für Vorwärts- und [Alt]+[Strg]+[Z] für Rückwärtsbewegung.

Schnappschuss erstellen

Mit dem Symbol Schnappschuss erstellen in der Protokollpalette legen Sie beliebig viele Schnappschüsse Ihrer Datei an (nur bei Photoshop, nicht bei ImageReady). Die Abbildungen erscheinen en miniature ganz oben in der Protokollpalette. Der Vorteil: Selbst wenn die Befehle aus der Protokollpalette gelöscht oder überschrieben sind, bleiben Ihnen die Schnappschüsse erhalten. So können Sie auf ausgewählte, frühe Varianten Ihrer Bildbearbeitung zurückgreifen; das ist oft sinnvoller, als endlose Listen in der Protokollpalette zu horten.

Vorsicht: Beim Rückgriff auf einen Schnappschuss löscht Photoshop jüngere Bildvarianten aus dem Protokollspeicher, sofern Sie nicht die Option Nicht-lineare Protokolle sind zulässig aktiviert haben (siehe unten).

WARNUNG

Ersten Schnappschuss automatisch erstellen

Wenn Sie die werkseitig eingerichteten Optionen noch nicht verändert haben, erzeugt Photoshop einen ersten Schnappschuss der naturbelassenen Datei gleich beim Öffnen (ImageReady bietet generell keine Schnappschuss-Funktion). Damit greifen Sie besonders zügig auf die ursprünglich gespeicherte Bildfassung zurück – schneller und sicherer als mit dem Datei-Befehl Zurück zur letzten Version, der ja auch die Protokollliste löscht. Die Funktion belastet freilich den Arbeitsspeicher.

Neues Dokument erstellen

Den aktuellen Zustand können Sie in eine völlig neue Datei übertragen; dazu dient das Symbol Neues Dokument erstellen. So lassen sich unterschiedliche Varianten einer Datei besonders übersichtlich auseinander halten – eine bequeme Alternative auch zum Befehl Bild: Duplizieren. Dabei bewahrt Photoshop auch Ebenen, die ausgeblendet wurden.

Protokoll-Status

Die Protokollfunktion ist speicherintensiv. Wie stark der Arbeitsspeicher gefüllt wird, lesen Sie, wenn Sie die Systembeanspruchungsanzeige in der Info-Leiste auf Arbeitsdateigrößen stellen (Details weiter vorn).

Um Ihren Speicher zu schonen, reduzieren Sie die Zahl der aufzuzeichnenden Schritte. Die genaue Zahl richten Sie in beiden Programmen mit dem Befehl Bearbeiten: Voreinstellungen: Allgemeine ein. Hier bietet Photoshop im Feld Protokoll-Status ab Werk zunächst 20 Schritte an. Das ist freilich wenig, wenn man bedenkt, dass jeder kleine Klecks mit Kopierstempel oder Pinsel einen eigenen Eintrag auslöst. Doch zumindest bei knappem Speicher sollte man die Liste tatsächlich kurz halten und nur von interessanten Zwischenergebnissen einen »Schnappschuss« aufnehmen (siehe oben). Maximal möglich sind 100 Protokollobjekte bei Photoshop und 199 Protokollobjekte bei ImageReady. (ImageReady erlaubt ab Werk zunächst 32 Rückschritte, das Eingabefeld in den VOREINSTELLUNGEN heißt WIDERRUFEN-SCHRITTE.)

Einzelschritte verwerfen

Um den Speicher zu entlasten, können Sie Schritte verwerfen oder auch den kompletten Protokollspeicher leeren. So entfernen Sie Einzelschritte:

1. Markieren Sie nach zehn Schritten den Schritt 3. Die Schritte 4 bis 10 erscheinen grau gedimmt.
2. Arbeiten Sie wieder am Bild. Wenn Sie den neuen Schritt 4 tun, verschwinden die bisherigen, grau abgeblendeten Schritte 4 bis 10 aus der Protokollpalette, der neue Eingriff wird aufgelistet (sofern die Option NICHT-LINEAR verwendet wird).
3. Bei Bedarf holen Sie die verworfenen Schritte 4 bis 10 jetzt – und nur jetzt – mit dem Befehl BEARBEITEN: WIDERRUFEN (Strg+Z) wieder in die Protokollpalette zurück.
4. Wenn Sie dagegen den neuen Schritt 5 unternehmen und Schritt 4 nicht widerrufen, verschwinden die alten Stufen 4 bis 10 auch aus dem Widerrufen-Speicher – sie sind endgültig perdu, der Arbeitsspeicherbedarf sinkt.

Auch so löschen Sie Einzelschritte:

1. Markieren Sie zum Beispiel Schritt 3, so dass die nachfolgenden Ereignisse 4 bis 10 grau erblassen.
2. Dann klicken Sie auf das Mülleimer-Symbol unten rechts in der Protokollpalette. Photoshop fragt: WOLLEN SIE LÖSCHEN? (Alt-Klick auf den Mülleimer löscht ohne Rückfrage.)
3. Sie sagen: OK.
4. Die Schritte 4 bis 10 verschwinden aus der Palette.

Bei Bedarf hieven Sie die entfernten Befehle 4 bis 10 unmittelbar nach dem Löschen wieder in die Palette; dies besorgt der Befehl BEARBEITEN: WIDERRUFEN: OBJEKTE LÖSCHEN.

Gesamtes Protokoll löschen

So löschen Sie das gesamte Protokoll:

- Wählen Sie bei Photoshop und ImageReady den Befehl PROTOKOLL LÖSCHEN im Menü der Protokollpalette; dieses Menü erreichen Sie wie immer über das eingekreiste Dreieck ▶. Damit verschwinden alle Aufzeichnungen für das aktive Bild, aber der aktuelle Zustand bleibt erhalten. Die Aufzeichnungen aus der Protokollliste können Sie bei Photoshop unmittelbar im Anschluss an das Löschen per WIDERRUFEN zurückholen. Protokolle für weitere geöffnete Bilder bleiben erhalten.
- Photoshops Befehl BEARBEITEN: ENTLEEREN: PROTOKOLLE entfernt die Protokollinformationen für sämtliche geöffneten Bilder. Photoshop blendet hier eine wichtige Warnung ein: DIES KANN NICHT WIDERRUFEN WERDEN.

»Nicht-lineare Protokolle sind zulässig«

Die Protokolloptionen gibt es nur bei Photoshop, nicht bei ImageReady. Sie erreichen diese wichtigen Einstellmöglichkeiten mit dem Befehl PROTOKOLL-OPTIONEN im Menü der Protokollpalette. Die Option NICHT-LINEARE PROTOKOLLE SIND ZULÄSSIG ist hier zunächst ausgeschaltet. Lassen Sie die Option ausgeschaltet, gilt folgendes Verhalten:

- Sobald Sie Schritt 3 von 10 löschen, verschwinden auch die Schritte 4 bis 10.
- Wenn Sie Schritt 3 von 10 markieren und neu mit der Bearbeitung beginnen, werden die Schritte 4 bis 10 überschrieben.

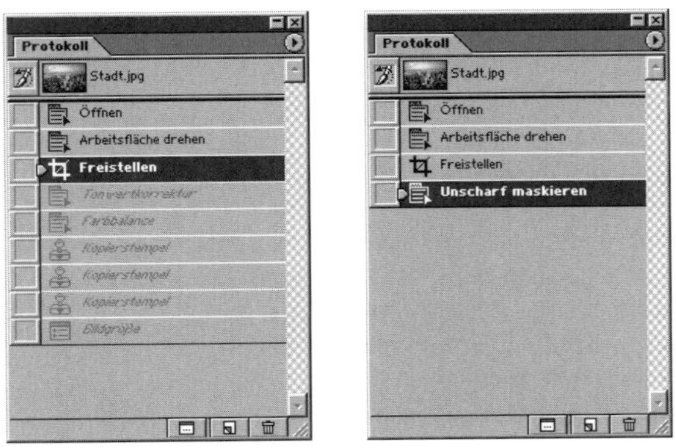

Hier haben wir auf die Option NICHT-LINEARE PROTOKOLLE SIND ZULÄSSIG verzichtet. Links: Wir haben das Bild in neun Schritten bearbeitet. Die Stempelretusche wird jedoch verworfen. Wir kehren zu Schritt 3 zurück. Die anderen Schritte erscheinen abgedimmt. Rechts: Sobald wir die Unscharfmaskierung verwenden, entfernt Photoshop die bisherigen Schritte 4 bis 9 aus der Liste. Das spart Arbeitsspeicher und wirkt übersichtlich. Diese Bildfassungen sind damit verloren. Nur wenn Sie sofort den Befehl BEARBEITEN: WIDERRUFEN wählen, bietet Photoshop die Schritte 4 bis 9 in der Protokollpalette wieder an.

Dieses Verhalten ändert sich, sobald Sie die Option NICHT-LINEARE PROTOKOLLE SIND ZULÄSSIG einschalten. Nun können Sie Einzelschritte überschreiben – aber auch spätere Varianten bleiben weiterhin erhalten. Durch das Löschen der Einzelschritte gehen Ihnen also keine Arbeitsstufen verloren – auch nicht solche, mit denen Sie nicht weiterarbeiten. Nun verhält sich das Programm so:

- Löschen Sie Schritt 3 von 10, bleiben die nachfolgenden Schritte sämtlich erhalten und können wieder hergestellt werden. Sie erscheinen nicht abgedimmt in der Protokollpalette.
- Wenn Sie Schritt 3 von 10 markieren und neu mit der Bearbeitung beginnen, werden diese neuen Schritte in der Protokollpalette hinter die bisherigen Schritte Nummer 4 bis 10 geschrieben. Alte und neue Schritte stehen weiter zur Verfügung.

HINweis

Statt die speicherfressende und manchmal verwirrende Option NICHT-LINEARE PROTOKOLLE SIND ZULÄSSIG zu verwenden, können Sie für interessante Bildzustände auch einen Schnappschuss anlegen.

Hier haben wir die Option »Nicht-lineare Protokolle sind zulässig« aktiviert. Links: Wir haben das Bild in neun Schritten bearbeitet und sind dann zu Schritt 3 zurückgekehrt. Diesmal erscheinen die Schritte 4 bis 9 nicht abgedimmt. Rechts: Wir haben die Unscharfmaskierung angewendet. Sie erscheint als Schritt 10 in der Protokollpalette. Die verworfenen Schritte 4 bis 10 bleiben weiterhin erhalten und lassen sich durch Anklicken wiederherstellen. Dies kostet mehr Arbeitsspeicher und erschwert die Orientierung in der Protokollpalette. Sie können jedoch auf Bildzustände zurückgreifen, die Sie zwischenzeitlich verworfen hatten.

Protokollpinsel

Mit dem Protokollpinsel (nur bei Photoshop, nicht bei ImageReady) pinseln Sie Teile einer beliebigen Bildfassung pixelgenau in die aktuelle Version der Datei. So lassen sich Übergänge zwischen veränderten und ursprünglichen Bildteilen säubern oder allgemein verschiedene Zustände einer Datei ineinander schichten. Sie haben die Wahl:

- Sie können Teile älterer Varianten in ein neues Stadium hineinmalen.
- Umgekehrt kann man Bildpunkte aus einer neueren Fassung in eine davor erzeugte Variante übertragen.

Wie bei anderen Pinselwerkzeugen gilt auch hier: Sie haben alle Überblendverfahren und Werkzeugspitzen zur Verfügung. Ein Beispiel für den Protokollpinsel finden Sie im Projekt »Zoomeffekt spezial« ab Seite 113.

Sobald das Werkzeug aktiviert und einige Arbeit bereits vollbracht ist, wählen Sie folgendes Verfahren:

1. In der Protokollpalette klicken Sie in die Leiste für den Protokollpinsel direkt links neben einem Arbeitsschritt mit der Einblenderklärung WÄHLT DIE QUELLE FÜR DEN PROTOKOLL-PINSEL; oder klicken Sie neben einem Schnappschuss oben in der Protokollpalette. Dort erscheint das Symbol für den Protokollpinsel. Das bedeutet: Auf diese Fassung wird der Protokollpinsel beim Farbauftrag zurückgreifen. Aktivieren Sie dieses Objekt jedoch nicht durch einen Klick auf den Namen.
2. Aktivieren Sie in der Protokollpalette diejenige Bildfassung, die Sie bearbeiten möchten. Häufig ist dies die neueste Fassung, sie ist ohnehin aktiviert.
3. Schalten Sie den Protokollpinsel in der Werkzeugleiste ein.
4. Tragen Sie mit dem Protokollpinsel Bildpunkte auf.

Diese Aktivitäten werden wiederum in der Protokollpalette vermerkt; Sie können also jeden Strich mit dem Protokollpinsel einzeln widerrufen oder als Basis für neue Protokollretuschen verwenden.

HINweis

Sie müssen die Bildpunkte nicht mit der Protokollpalette ineinander mischen. Sie können auch mehrere Varianten der Datei auf unterschiedlichen Ebenen übereinander legen. Dann mischen Sie, indem Sie oben liegende Ebenen mit einer Ebenenmaske ausstatten und durch Ebenenmaskenretusche mit Schwarz teilweise transparent machen oder indem Sie die Bereiche mit dem Radiergummi tilgen. Die verschiedenen Verfahren zum Mischen von zwei Bildzuständen spielen wir im Projekt »Zoomeffekt spezial« ab Seite 113 durch. Auch bei der Anwendung von DECKKRAFT und Füllmethode sind Sie per Ebenentechnik flexibler als mit dem Protokollpinsel. So bleiben Ihnen alle Bildpunkte in allen Variationen dauerhaft erhalten.

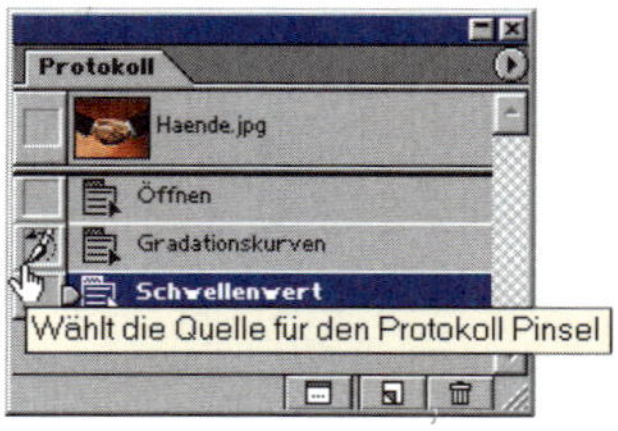

In der Protokollpalette erkennen Sie: Unmittelbar vor Anwendung des Protokollpinsels haben wir das Bild zunächst mit dem Befehl GRADATIONSKURVEN korrigiert und dann das Gesamtmotiv mit BILD: EINSTELLEN: SCHWELLENWERT in eine Strichgrafik verwandelt. Mit dem Protokollpinsel malen wir jetzt frühere Bildzustände in die Strichgrafik. Hier tragen wir Bildpunkte aus der Zwischenstufe »Gradationskurven« auf; Sie erkennen an dem Pinsel-Symbol neben dem Zustand »Gradationskurven«, dass der Protokollpinsel auf dieses Zwischenergebnis zurückgreift.

FÜLLEN mit Protokoll

Sie können auch eine Auswahl oder einen Pfad mit einem Protokollzustand füllen. Dazu verwenden Sie die Befehle BEARBEITEN: FLÄCHE FÜLLEN (⇧+Rückschritt) oder, aus dem Menü der Pfadpalette, PFAD FÜLLEN. Im Klappmenü FÜLLEN MIT nehmen Sie nicht die Option VORDERGRUNDFARBE, sondern PROTOKOLL. Zum Füllen verwendet Photoshop diejenige Bildversion, die in der Protokollpalette mit dem Pinselsymbol markiert ist. Fehlt diese Kennzeichnung, wird die Option PROTOKOLL nicht angeboten.

Mit dem FÜLLEN-Befehl und mit dem Protokollpinsel bringen Sie ältere Bildzustände in eine neuere Variante Ihrer Vorlage oder umgekehrt. Hinter einige Schritte können Sie jedoch nicht mehr zurückkehren:

- Wenn Sie die Arbeitsfläche mit Befehlen wie BILDGRÖSSE, ARBEITSFLÄCHE oder mit dem Freistellwerkzeug verändert haben (vergleiche Seiten 307 und 297).
- Wenn Sie den Farbmodus gewechselt haben.

Photoshops Kunst-Protokollpinsel malt einen Bildzustand, den Sie in der Protokollpalette markiert haben, »künstlerisch verfremdet« ins aktuelle Bild.

18.7 Farbmodus

Farbmodus und Farbtiefe legen fest, welche und wie viel unterschiedliche Farbtöne eine Bilddatei aufnehmen kann. Je mehr unterschiedliche Farbtöne die Datei aufnehmen kann, umso höher der Bedarf an Arbeitsspeicher – unabhängig davon, ob tatsächlich viele unterschiedliche Farbtöne zu finden sind oder ob die Datei eine weiße Fläche zeigt. Der Farbmodus legt auch die Verwendbarkeit der Datei fest. So gehen die beiden Programme mit Farbmodi um:

- In Photoshop wechseln Sie den Farbmodus mit dem Untermenü BILD: MODUS.
- ImageReady konvertiert beim Öffnen alle Dateien in den universell nutzbaren Modus RGB-FARBE mit acht Bit Farbtiefe. Nur beim Speichern einer »optimierten Version« in den Formaten GIF oder PNG-8 entsteht der Farbmodus INDIZIERTE FARBEN (vergleiche Freisteller für das Internet, Seite 171).

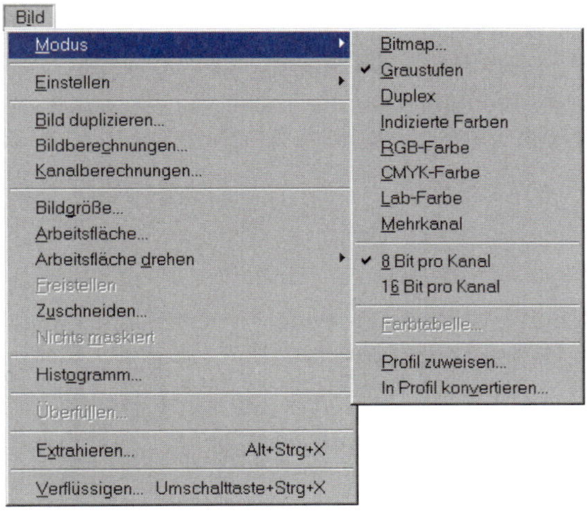

Im Untermenü BILD: MODUS erlaubt Photoshop den Wechsel des Farbmodus und der Farbtiefe.

Farbtiefe

Übliche Farbmodi wie RGB-FARBE, CMYK-FARBE oder LAB-FARBE verwenden pro Bildpunkt pro Grundfarbe einen Speicherplatz von acht Nullen oder Einsen, also acht Bit beziehungsweise ein Byte. Daraus resultiert eine so genannte Farbtiefe von acht Bit für 2^8, also 256 unterschiedliche Abstufungen. Weil beispielsweise der Modus RGB-FARBE sein Bild aus den drei Grundfarben (Kanälen) Rot, Grün und Blau zusammensetzt, kann eine übliche RGB-Datei 256 x 256 x 256, also insgesamt aus rund 16,7 Millionen Farben anzeigen. Auch die Modi CMYK-FARBE oder LAB-FARBE erlauben acht oder 16 Bit Farbtiefe pro Grundfarbe.

Einige Scanner und Digitalkameras bieten jedoch eine bessere Differenzierung als nur acht Bit beziehungsweise 256 Nuancen pro Grundfarbe. Sie erlauben zum Beispiel eine Farbtiefe von zehn, zwölf oder 16 Bit pro Grundfarbe, können also mehr Zwischentöne zeigen; dies verbessert vor allem die Feinzeichnung in den Schatten. Entsprechende Dateien erscheinen in Photoshop mit dem Hinweis 16 BIT PRO KANAL im Untermenü BILD: MODUS. Diese Dateien lassen sich besonders subtil kontrastkorrigieren, allerdings kosten sie mehr Speicherplatz und weisen wesentliche Einschränkungen auf:

- Nur wenige Befehle aus dem FILTER-Menü stehen zur Verfügung.
- Ebenentechnik ist generell nicht möglich.
- Die Befehle KOPIEREN, EINFÜGEN und ZUSCHNEIDEN werden nicht angeboten.

Deshalb sollten Sie Ihre Vorlage im 16-Bit-Modus zunächst sauber kontrastkorrigieren, dann wechseln Sie zur vielseitigeren Acht-Bit-Farbtiefe mit dem Befehl BILD: MODUS: 8 BIT PRO KANAL.

HINweis

Behalten Sie vor dem Reduzieren der Farbtiefe eventuell ein Duplikat zurück, das Sie zum Beispiel mit dem Befehl BILD: DUPLIZIEREN anlegen.

Am wichtigsten: RGB-FARBE

Wenn Sie Ihr Bild möglichst universell nutzen wollen, verwenden Sie den Modus RGB-FARBE mit der Farbtiefe 8 BIT PRO KANAL. Hier stehen praktisch alle Photoshop-Befehle zur Verfügung.

RGB ist der Naturzustand von Bilddateien, denn Scanner und Digitalkameras funktionieren im RGB-Modus. Ein Bild kann nur in RGB gescannt werden – auch wenn Profigeräte schon intern in CMYK umrechnen. Ebenso setzt ein Monitor seine Farben immer aus Anteilen von Rot, Grün und Blau zusammen – auch wenn er eine CMYK-Datei zeigt. Während die meisten Farbdrucker mit CMYK arbeiten, funktionieren Dia- oder Fotopapierbelichter nach dem RGB-Schema.

Verarbeiten Sie ein Farbbild, das nie den RGB-Farbraum verlässt – weil Sie es per Filmrecorder oder am Monitor ausgeben –, dann wählen Sie von Anfang den MODUS: RGB FARBE und bleiben ihm während der kompletten Bearbeitung treu. Auch einige Filter kaprizieren sich auf diesen Modus – so die BELEUCHTUNGSEFFEKTE, was nur logisch erscheint, da sich Licht nach RGB-Muster mischt. Wenn mit Zusatzmodulen von Drittanbietern etwas schiefläuft (vergleiche Seite 290) oder wenn sich Photoshop selbst sperrig zeigt, sollten Sie probieren, ob es in RGB besser läuft.

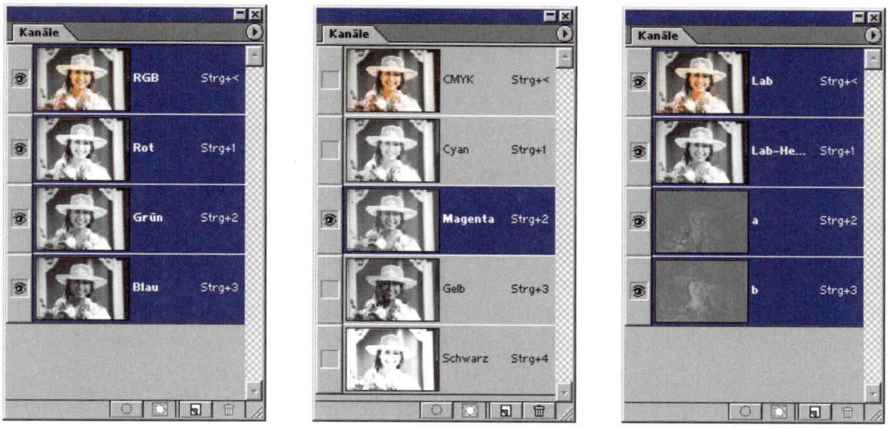

Die Kanäle-Palette, erreichbar im FENSTER-Menü, zeigt den Anteil der einzelnen Grundfarben (Kanäle) in den Modi RGB-FARBE, CMYK-FARBE und LAB-FARBE. Nach Anklicken eines Einzelkanals können Sie nur diese Grundfarbe betrachten und bearbeiten. Datei: Alt_01

Für Druckprofis: CMYK-FARBE

Beim Druck funktionieren die Dinge anders: Hier leuchten keine RGB-Lichtfarben, hier klatschen deckende Farben aufs Papier. Je mehr davon, desto dunkler sieht's aus. Der Arbeitsspeicherbedarf gegenüber RGB steigt um ein Drittel, da CMYK vier, RGB nur drei Grundfarben hat. Beim Wechsel von RGB nach CMYK beachtet Photoshop Ihre Vorgaben aus den FARBEINSTELLUNGEN.

Wer am Rechner Bilder bearbeitet, um sie später am Monitor, als ausbelichtetes Dia oder als Fotopapierausdruck zu zeigen, hat mit CMYK nichts zu tun. Soll ein Bild dagegen gedruckt werden, kann man es irgendwann nach CMYK verwandeln (häufig überlässt man dies jedoch der Drucker-Software oder dem Dienstleister).

Fragt sich nur, ob und wann man nach CMYK umwandelt: Einerseits sagt die Monitorvorschau im CMYK-Modus mehr über das spätere Druckergebnis als die RGB-Version, auch bestimmte Filteroperationen wie das Schärfen sollte man erst am CMYK-Bild anwenden. Für längeres Verweilen im RGB-Modus spricht andererseits, dass der Arbeitsspeicher statt mit vier nur mit drei Bildkanälen strapaziert wird und dass mehr Funktionen zur Verfügung stehen. Bedenken Sie, dass Sie aus dem RGB-Modus heraus eine CMYK-Vorschau zur Verfügung haben, die nicht zum endgültigen Konvertieren nach CMYK zwingt; gemeint ist der Befehl ANSICHT: FARBPROOF (Strg+Y), den Sie mit ANSICHT: PROOF EINRICHTEN näher definieren.

WARNUNG

Wandeln Sie ein Bild nur einmal von RGB nach CMYK um, und zwar erst dann, wenn alle Vorgaben in den Kalibrationsmenüs stimmen. Mehrmaliges Konvertieren kostet Qualität. Nur zwischen CMYK und Lab dürfen Sie bedingt mehrfach wechseln. Behalten Sie immer eine RGB-Version – sozusagen den naturbelassenen Scan –, so dass Sie notfalls neu vom Original aus nach CMYK wechseln können; dies gilt besonders, wenn Sie ein Bild in unterschiedlichen Projekten verwenden.

Für Spezialisten: Graustufen

Wählen Sie Modus: Graustufen im Bild-Menü, dann gehen alle Farbinformationen verloren. Die Daten für Farbton und Farbintensität (Sättigung) werden getilgt, übrig bleiben die Helligkeitsangaben (Luminanz), aus denen sich das Graustufenbild zusammensetzt. Ein Graustufenbild hat nur einen Kanal und belegt damit zwei Drittel weniger Arbeitsspeicher als eine RGB-Farbdatei. Um ein Graustufen-Bild nachträglich mit Farbe aufzupeppen, konvertieren Sie nach RGB oder CMYK – am sichtbaren Bild ändert das nichts, die Dateigröße verdreifacht oder vervierfacht sich und Sie können jetzt Farben aufmalen oder einfügen.

WARNUNG

Wenn Sie Graustufen drucken, etwa mit dem Laserdrucker, sollten Sie Ihr Bild unbedingt in Graustufen am Monitor prüfen und nicht sofort eine Farbdatei zum Drucker schicken.

Man sieht viele schlechte, flaue Graustufenbilder im Druck. Sie basieren auf farbig gescannten Motiven, die lieblos in Graustufen umgewandelt wurden. Im Folgenden besprechen wir verschiedene Wege von Farbe zu Graustufen. Der übliche Modus-Befehl Graustufen ist dabei nur eine Variante, und nicht die flexibelste.

Am wenigsten taugt die Methode, per Bild: Einstellen: Farbton/Sättigung (Strg+U) die Sättigung zu 100 Prozent aus einem Bild herausnehmen; dito unergiebig wirkt der Bild-Befehl Entfärben (⇧+Strg+U), der dasselbe besorgt: Sie erhalten ein kontrastarmes Werk, das sich weiterhin in einem speicherfressenden Farbmodus befindet.

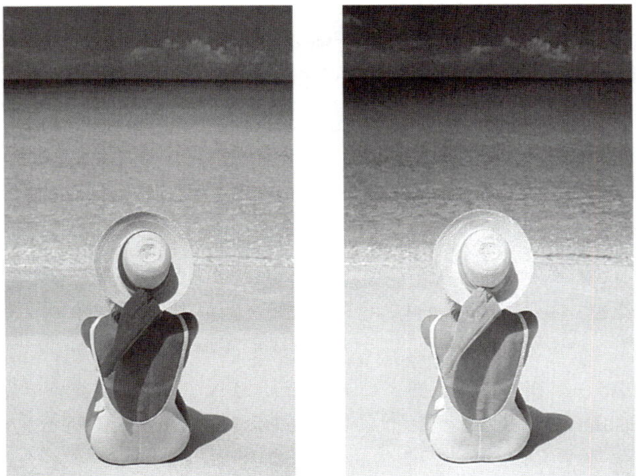

Links: Dieses Ergebnis entstand mit dem Befehl Bild: Modus: Graustufen. Rechts: Hier haben wir nur den »Rot«-Kanal verwendet, der Hauttöne betont und Himmel sehr dunkel wiedergibt. Farbvorlage: Grundlagen_01

Besser konvertiert man die Farbdatei mit dem Befehl BILD: MODUS: GRAUSTUFEN. Photoshop fragt zunächst artig: MÖCHTEN SIE DIE FARBINFORMATION LÖSCHEN? Bei der Umwandlung gewichtet das Programm die unterschiedlichen Farben nach ihrer subjektiven Helligkeit: Blau mit 11, Grün mit 59 und Rot mit 30 Prozent. Das Ergebnis präsentiert sich deutlich kontrastreicher als bei der reinen Entfernung der Farbsättigung (siehe vorheriger Abschnitt); vormals Grünes sticht hell hervor, ehedem blaue Bildteile geraten besonders dunkel. Und weil die Daten für Farbton und Farbsättigung getilgt werden, bleiben nur die Helligkeitsangaben zurück – das Graustufenbild belegt damit zwei Drittel weniger Arbeitsspeicher als eine RGB-Farbdatei.

Das Tonwertspektrum einer frischgebackenen GRAUSTUFEN-Datei sollte man oft noch erweitern, zum Beispiel mit dem Befehl BILD: EINSTELLEN: TONWERTKORREKTUR (Strg + L, ab Seite 75).

Verwenden Sie einen Einzel-Farbkanal für Ihr Graustufenergebnis, indem Sie diesen in der Kanäle-Palette anklicken (die Kanäle-Palette erhalten Sie mit FENSTER: KANÄLE EINBLENDEN). Hier haben Sie extreme Variationsmöglichkeiten. Zum Beispiel können Sie die Wirkung von Hauttönen und Himmel breit streuen. Für RGB-Dateien gilt:

- Bei Portraits zeigt der Rotkanal die Hauttöne besonders hervorstechend und kontrastreich, blauer Himmel fällt fast schwarz aus.
- Im Blaukanal wird blauer Himmel besonders hell, Haut dagegen dunkel.

Wechseln Sie jetzt, wenn nur ein einzelner Kanal aktiviert ist, mit dem Untermenü BILD: MODUS zum GRAUSTUFEN-Modus. Sie erhalten eine Graustufendatei auf Basis des Einzelkanals, die anderen Farbauszüge fallen unter den Tisch.

HINweis

Alternativ verwenden Sie aus dem Menü der Kanäle-Palette den Befehl KANÄLE TEILEN; Photoshop verteilt damit jeden Farbkanal auf eine eigene GRAUSTUFEN-Datei.

Ein Gesicht, das nur aus dem Rotkanal abgeleitet ist, wirkt eventuell zu hell. Besser verschmilzt man mehrere Farbkanäle zu einem GRAUSTUFEN-Ergebnis. Dazu gibt es verschiedene Möglichkeiten:

- Einfachste Methode, aber ohne jede Feinabstimmung: Aktivieren Sie in der Kanäle-Palette zwei Einzelkanäle mit gedrückter ⇧-Taste – dieses Zwei-Kanäle-Bild erscheint farbig auf dem Schirm –, dann wechseln Sie in den Graustufenmodus.
- Mischungen nach Maß erlaubt der Befehl BILD: KANALBERECHNUNGEN. Als QUELLEN wählen Sie zwei Einzelkanäle, als ZIEL einen neuen Kanal – in einem neuen oder im vorhandenen Bild. Achten Sie auf den Modus NORMAL und regulieren Sie mit der DECKKRAFT die Überblendung. Aktivieren Sie die VORSCHAU; Photoshop zeigt so jederzeit bereits das Endergebnis an. Für Hauttöne empfiehlt sich oft eine Rot-Grün-Mischung. Heraus kommt ein Bild im MEHRKANAL-Modus (siehe unten), das Sie noch per Hand in GRAUSTUFEN verwandeln sollten (BILD: MODUS: GRAUSTUFEN).
- Ebenfalls zu Graustufen nach Maß verhilft der KANALMIXER aus dem BILD-Untermenü EINSTELLEN. Schalten Sie hier zunächst die Option MONOCHROM ein, so dass Photoshop alle Kanalinformationen in einem SCHWARZ-Kanal zusammenfasst. Sofern Sie ein RGB-Bild bearbeiten, beginnt das Dialogfeld mit 100 Prozent für Rot und je Null Prozent für Blau und Grün – als ob Sie ein Graustufenbild lediglich aus dem Rotkanal erzeugen. Mischen Sie also nach Bedarf: Um Blaues hell hervorzuheben, liften Sie den Blaugehalt; Gesichter leuchten auf bei angehobenem Rotwert. Voreinstellungen für Grauergebnisse mit dem KANALMIXER finden Sie auf der Photoshop-CD im Verzeichnis »Zugaben/Kanalmixer-Voreinstellungen/Grayscale«. Ein Anwendungsbeispiel liefert dieses Buch im Projekt »Aus Neu wird Alt« ab Seite 53. Wenn Sie den Kanalmixer benutzen, muss der Gesamtkanal aktiviert sein, also etwa CMYK oder RGB; zwei oder drei aktivierte Einzelkanäle lassen sich nicht »mixen«. Sie können den Kanalmixer auch als korrigierbare Einstellungsebene anlegen, wie wir es im Projekt »Montieren und Umfärben« ab Seite 91 durchspielen.

HINweis

Eine interessante, leicht anwendbare Kanalmixer-Alternative für Graustufen nach Maß bildet das kostenlose Zusatzmodul RGB2Gray; bei Manuskriptabgabe konnte man es unter dieser Adresse herunterladen: http://webuser.rhein-main.net/grafcolor/html/rgbtogra.htm (zur Installation vergleiche Zusatzmodule, Seite 290).

Links: Der »Blau«-Kanal zeigt den Himmel hell, Hauttöne erscheinen dunkel. Rechts: Hier wurden Rot- und Grünkanäle mit dem BILD-Befehl KANALBERECHNUNGEN im MULTIPLIZIEREN-Modus verrechnet; dadurch entsteht eine Abdunkelung, Hauttöne und Himmel erscheinen gleichermaßen dunkel. Farbvorlage: Grundlagen_01

Weitere Farbmodi

Die weiteren Farbmodi in der Übersicht:

- MEHRKANAL: Der MEHRKANAL-Modus taucht seltener auf. Er dient unter anderem dazu, Bilder im DUPLEX-Modus in einzelnen Farbauszügen betrachten zu können. Nur die Dateiformate Photoshop und DCS 2.0 (eine EPS-Variante) verkraften diesen Modus.
- LAB-FARBE: Lab ist aufgeteilt in einen Helligkeitskanal (L, für Luminanz) – er entspricht einer Graustufenversion des Bildes – und zwei Kanäle für die Farbe: a von Grün bis Magenta, b von Blau bis Gelb. Lab ist auch das interne Farbmodell von PostScript Level II und III. Sie haben hier via Kanäle-Palette Zugriff auf die Helligkeitsinformationen des Bildes unabhängig von den Farbwerten, nützlich zum Beispiel beim Scharfzeichnen oder Stören.
- INDIZIERTE FARBEN: Mit einer Farbtiefe von nur insgesamt acht Bit, also insgesamt nur 256 unterschiedlichen Farbtönen, spart der Modus INDIZIERTE FARBEN Speicherplatz und sorgt für entstellte Farbbilder im Internet. Der Modus ist nur von Bedeutung, weil das für Internet-Seiten wichtige Dateiformat GIF nichts anderes akzeptiert. Ein Beispiel für eine GIF-Datei und die Probleme des Modus INDIZIERTE FARBEN lernen Sie im Projekt »Freisteller fürs Internet« ab Seite 171 kennen. Ebenentechnik und viele Filter funktionieren in diesem Modus nicht.
- DUPLEX: Dieser Modus erlaubt den kostengünstigen Druck von getonten Bildern mit zum Beispiel nur zwei Grundfarben. Ein Beispiel: Sie drucken eine Datei im DUPLEX-Modus mit Schwarz und Magenta; Schwarz gibt vor allem die dunklen Bildpartien wieder, um Tiefe zu erzeugen, Magenta die helleren Zonen. Sie erhalten quasi einen

magenta-getonten Schwarzweißabzug. Für Duplex-Bilder eignen sich nur die Dateiformate Photoshop oder EPS.

- BITMAP: Mit BITMAP-Modus reduzieren Sie das Bild auf zwei Tonwerte – Schwarz und Weiß. Die Datei muss vorab im GRAUSTUFEN-Modus vorliegen, die Druckmaße müssen exakt stimmen und dürfen später keinesfalls geändert werden, auch nicht im Layoutprogramm. Einzig die gänzlich ungerasterte Bitmap-Version, die mit der SCHWELLENWERT-Methode erzeugt wurde, dürfen Sie nachträglich skalieren. Außerdem müssen Sie die exakte Hardware-Auflösung Ihres Druckers oder Belichters nennen, um nicht bloß Schrott auf Papier zu bringen; je höher die vorgegebene Druckerauflösung, desto größer wird das Bitmap-Resultat. Am Monitor wirken gerasterte BITMAP-Bilder oft konfus, insbesondere in allen Vergrößerungsstufen außer 100,00 Prozent (einzurichten mit [Strg]+[Alt]+[0]). Der Bitmap-Modus empfiehlt sich, wenn Sie Dateien für Drucker aufbereiten, die ohnehin nur zwei Farben kennen und Zwischentöne durch Rastern vortäuschen – also etwa Laserdrucker oder Laserbelichter. In der Regel überlassen Sie diesen Schritt zwar dem Drucker oder dem Raster Image Processor (RIP) beim Belichter; aber das Vorabrastern in Photoshop bietet zusätzliche Kontrollmöglichkeiten und ist auch nützlich, wenn Sie das Bild etwa vielfach per Laserdrucker ausdrucken oder per Fotokopierer vervielfältigen wollen; außerdem beschleunigt es die Druckausgabe, wenn Sie gleich eine Datei mit vorgekautem Raster zum Drucker schicken.

18.8 Speichern und Dateiformate

In diesem Abschnitt besprechen wir, wie Sie Ihre Ergebnisse sinnvoll speichern. Dabei geht es vor allem um Dateiformate wie TIFF, JPEG oder GIF.

Der Befehl SPEICHERN UNTER

Mit dem Befehl DATEI: SPEICHERN UNTER ändern Sie Eigenschaften des angezeigten Bildes. Im Dialogfeld SPEICHERN UNTER ändern Sie viele Eigenschaften des Bildes: den Dateinamen, das Verzeichnis, das Laufwerk und das Dateiformat oder die Detaileinstellungen des Dateiformats.

Zu den meisten Dateiformaten blendet Photoshop automatisch die Optionen ein. So wechseln Sie mit dem Befehl SPEICHERN UNTER nicht nur vom TIFF- zum Photoshop-Format, sondern ändern bei Bedarf auch nur die Einstellungen des bereits bestehenden Formats: Haben Sie das TIFF-Bild während der laufenden Arbeit stets unkomprimiert und schnell per [Strg]+[S] gespeichert, können Sie den Dialog SPEICHERN UNTER verwenden, um das Motiv zum Abschluss als komprimiertes TIFF abzulegen.

Möchten Sie nur vorübergehend ein Duplikat des aktuellen Bildes auf dem Schirm erzeugen, ohne die Kopie tatsächlich auf Festplatte zu speichern? Dann verwenden Sie den Befehl BILD: DUPLIZIEREN.

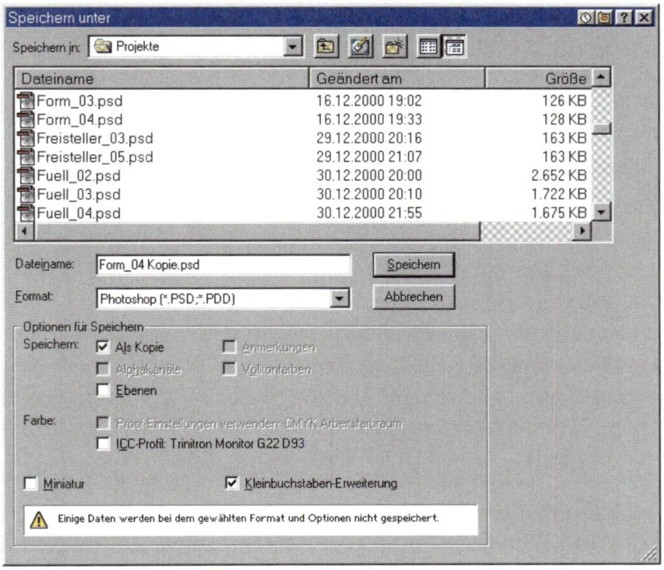

Der Befehl DATEI: SPEICHERN UNTER erlaubt es Ihnen, die Datei unter neuem Namen oder mit einem neuen Dateiformat abzulegen. In diesem Beispiel haben wir die EBENEN der zu speichernden Montage abgewählt, so dass die auf Festplatte gespeicherte Datei zu einer einzigen »Hintergrund«-Ebene verschmolzen wird. Deshalb sind wir gezwungen, die Option ALS KOPIE zu verwenden, überdies zeigt Photoshop unten im Dialogfeld eine weiß unterlegte Warnung.

Sie können Dateieigenschaften wie ANMERKUNGEN, ICC-PROFIL oder VOLLTONFARBEN mitspeichern oder bewusst verbannen. Die wichtigsten Möglichkeiten:

- Wenn Sie EBENEN abwählen, verschmilzt Photoshop in der auf Platte gespeicherten Datei alle Ebenen zu einer einzigen Pixelfläche; dies spart enorm Speicherplatz. Gesichert wird dabei das aktuell sichtbare Bild; verborgene Ebenen fallen unter den Tisch.
- Entfernen Sie das Häkchen neben ALPHAKANÄLE, um Alphakanäle herauszulöschen. In Alphakanälen haben Sie Auswahlbereiche konserviert; die bezahlen Sie beim Speichern mit viel Festplattenkapazität, und andere Programme können eventuell nichts damit anfangen.

- Photoshop bietet eventuell auch die MINIATUREN als Option an. Dies gilt jedoch nur, sofern Sie nach dem Befehl BEARBEITEN: VOREINSTELLUNGEN: DATEIEN SPEICHERN die Option BEIM SPEICHERN WÄHLEN für BILDÜBERSICHTEN festgelegt haben.

Unter Umständen zwingt Photoshop Sie, das Bild mit der Option ALS KOPIE (siehe unten) zu speichern:

- Sie wählen ein vorhandenes Merkmal ab, beispielsweise EBENEN oder ALPHAKANÄLE.
- Sie wählen ein Datei-FORMAT, das bestimmte Eigenschaften nicht aufnehmen kann (beispielsweise unterstützt JPG weder Ebenen noch Alphakanäle, so dass diese Merkmale bei Anwahl des JPG-Formats automatisch unterdrückt werden).

Diese Optionen gelten nur für die Datei, die Photoshop auf die Festplatte schreibt. Auch wenn Sie EBENEN, ALPHAKANÄLE und ANMERKUNGEN ausschließen – Ihre Datei auf dem Monitor zeigt diese Elemente weiterhin. Sie können also die Grafik später immer noch mit diesen Bildeigenschaften speichern.

HINweis

Im Klappmenü FORMAT listet Photoshop zahllose Dateiformate auf. Um besonders schnell an das gewünschte Format zu gelangen, klicken Sie in das Menü und tippen »j« ein, um zum »JPEG«-Eintrag zu gelangen. Tippen Sie mehrfach ein »T«, um hintereinander die Angebote »Targa« und »TIFF« zu erhalten.

Sofern Sie ein bestimmtes Dateimerkmal ausschließen – zum Beispiel vorhandene Alphakanäle –, präsentiert Photoshop im Dialogfeld SPEICHERN UNTER die holperig formulierte Warnung: EINIGE DATEN WERDEN BEI DEM GEWÄHLTEN FORMAT UND OPTIONEN NICHT GESPEICHERT. Wohlgemerkt: Sie können diese Elemente später immer noch speichern, denn die am Schirm sichtbare Datei behält alle vorhandenen Merkmale bei. Schließen Sie diese Datei aber, ohne sie noch einmal in einem voll kompatiblen Format zu speichern, dann sind Eigenschaften wie die Alphakanäle endgültig perdu.

Die Option ALS KOPIE

Besonders wichtig im Dialogfeld SPEICHERN UNTER ist die Option ALS KOPIE. In den meisten Programmen funktioniert der Standardbefehl SPEICHERN UNTER so: Sie speichern eine Datei A unter dem Namen B – fortan bearbeiten Sie Datei B, während Dokument A nun unberührt auf der Festplatte ruht. So geht es auch mit Photoshop, sofern Sie die Option ALS KOPIE nicht verwenden. Wenn Sie allerdings Ihr Kreuz neben der Option ALS KOPIE machen, funktioniert Photoshop anders: Nun legen Sie die Datei A in einer Variation B ab – um dann weiter an Datei A zu arbeiten.

Mögliche Verwendung: Sie sitzen an einer Fotomontage »A« mit Ebenen und Alphakanälen – im Photoshop-Dateiformat. Den aktuellen Schaffensstand wollen Sie als allgemein lesbare und kleine JPEG-Datei an Kollegen schicken. Speichern Sie ALS KOPIE mit dem JPEG-Dateiformat unter dem Namen »B« und verschicken Sie das Bild. Auf dem Monitor haben Sie aber immer noch die Datei mit dem ursprünglichen Namen »A« und wenn Sie mit [Strg]+[S] zwischensichern, wird Datei »A« aktualisiert. Wenn Sie vorhandene Dateieigenschaften wie EBENEN oder ALPHAKANÄLE bewusst oder durch Verwenden eines inkompatiblen Dateiformats ausschließen, zwingt Photoshop zur Verwendung der Option ALS KOPIE.

RÜCKWÄRTSKOMPATIBILITÄT abschalten

Photoshop produziert Bildbestandteile, die einige Programme (oder ältere Photoshop-Versionen) nicht anzeigen können – auch wenn diese Programme generell Photoshop-Dateien öffnen. Probleme bereiten diesen Programmen zum Beispiel Montage-Ebenen über der »Hintergrund«-Ebene, Ebeneneffekte, Textebenen im Textmodus, »verkrümmte« Textebenen und Formebenen.

Mit dem Befehl BEARBEITEN: VOREINSTELLUNGEN: DATEIEN SPEICHERN können Sie die Option RÜCKWÄRTSKOMPATIBILITÄT IM PHOTOSHOP-FORMAT MAXIMIEREN einschalten. Photoshop speichert nun das Bild innerhalb einer Datei in mehreren Varianten:

- Photoshop speichert bei Montagen Ihre Komposition einerseits normal mit unterschiedlichen Ebenen.
- Zusätzlich sichert die Software in der gleichen Datei noch mal eine »flache« Version des Bildes; sie zeigt nur die oben liegenden Pixel und hat keine Ebenen mehr.
- Außerdem legt Photoshop auch gerasterte Versionen von Textebenen und Formebenen an.

Diese Fassung lässt sich auch in Programmen darstellen, die etwa nur das Format Photoshop 2.5 interpretieren können.

Die Option RÜCKWÄRTSKOMPATIBILITÄT IM PHOTOSHOP-FORMAT MAXIMIEREN kostet viel Speicherplatz und Rechenzeit. In der Regel sollten Sie darauf verzichten.

Dateiformate: Einführung

Bei Programmen wie PageMaker, Quark Xpress, Word, Excel oder CorelDraw dominiert meist ein einziges Dateiformat. Anders bei Bildbearbeitungsprogrammen wie Photoshop: Hier haben Sie die Qual der Wahl. Formate wie TIFF oder JPEG kann man in weiten Bereichen einsetzen. Die Formate hängen hier nicht vom Software-Hersteller ab, sondern eher von Ihren weiteren Plänen. Ein Bild muss stets in einem gängigen Dateiformat gespeichert sein, damit es von Photoshop und anderen Programmen erkannt wird. Jedes

Dateiformat (auch »Dateityp«) hat andere Stärken und Schwächen, es eignet sich jeweils für spezielle Situationen. Kriterien bei der Auswahl eines Dateiformats:

- Plattenspeicher sparen,
- schnelles Öffnen und Speichern,
- Verwendung im World Wide Web des Internets,
- Verwendbarkeit mit DTP-Programm, anderen Betriebssystemen oder Dienstleistern,
- Verwendung von Ebenen, Alphakanälen etc.

Photoshop und ImageReady reizen manche Dateiformate weit aus, andere Bildprogramme können da nicht mithalten. Haben Sie also etwa eine TIFF-Datei mit mehreren Alphakanälen, Ebenen, Pfaden plus Datei-Information und JPEG-Komprimierung, dann kann es nach der Bearbeitung und Speicherung dieser Datei in einem anderen Programm passieren, dass nur ein Alphakanal übrig bleibt und gar kein Pfad.

Dateiformate: Dateigröße

Jeder Bildpunkt (Pixel) einer 24-Bit-»Echtfarb«-Datei (zum Beispiel im Modus RGB-FARBE mit 8 BIT PRO KANAL, siehe oben) benötigt im Arbeitsspeicher drei Byte; damit steht fest, wie viel Byte Arbeitsspeicher eine bestimmte RGB-Datei beansprucht: Pixel hoch mal Pixel quer mal drei; ein Bild mit 640x480 Punkten braucht damit im Arbeitsspeicher 640x480x3 gleich 921 Kbyte. Für CMYK-Bilder mit ihren vier Grundfarben gilt entsprechend 640x480x4 gleich 12288 Kbyte.

Soweit zum Bedarf der geöffneten Datei im Arbeitsspeicher. Wie viel Platz die Datei dagegen auf der Festplatte belegt, das hängt stark vom Dateiformat ab, das Sie verwenden, und von den gewählten Optionen für dieses Format.

Erheblichen Speicherplatz kosten zusätzliche Alphakanäle oder Ebenen. Auch wenn Sie in den Voreinstellungen die Option RÜCKWÄRTSKOMPATIBILITÄT IM PHOTOSHOP-FORMAT MAXIMIEREN angekreuzt haben (siehe oben), kann die Dateigröße steigen.

Dateiformate: Komprimierung auf Festplatte

Manche Dateitypen, wie TIFF unkomprimiert oder BMP, speichern die Bildpunkte einfach 1:1 ab und belegen damit auf der Festplatte etwa soviel Megabyte wie im Arbeitsspeicher. Andere Formate verwenden verschiedene Formen der Datenkomprimierung:

- TIFF-LZW, TIFF-Zip, Photoshop, GIF und weitere Kandidaten bieten eine verlustfreie Komprimierung. Sie benötigen auf Festplatte weniger Speicherplatz als im Arbeitsspeicher, ohne Information zu tilgen: Einheitliche Farbflächen werden zusammengefasst zu wenigen Bytes, welche die komplette Fläche repräsentieren. Dieses

Verfahren spart Kapazität und Übertragungszeit; es kostet jedoch beim Öffnen und Sichern zusätzliche Zeit. Irgendein Informationsverlust entsteht dadurch nicht, das Verfahren ist unbedenklich.

- Dagegen entfernt die stark komprimierende, generell nicht verlustfreie JPEG-Komprimierung Bilddetails zugunsten höchster Verdichtungsraten auf der Platte; beim Öffnen werden die Verluste durch Mittelwertbildung wieder hereingerechnet. Photoshop bietet Datenverdichtung nach dem JPEG-Schema unter anderem für die Dateiformate TIFF, EPS, DCS, JPEG und PDF.

Bei einigen Dateiformaten legen Sie die Komprimierung in den Optionen fest. Die Formate GIF und Photoshop komprimieren automatisch.

Dateiformate: Kompatibilität

Photoshop bietet im Klappmenü des Dialogs SPEICHERN UNTER mitunter nur solche Formate an, welche die Eigenschaften der aktuellen Datei unterstützen:

- Haben Sie ein 8-Bit-Bild im Modus INDIZIERTE FARBEN (also mit maximal 256 Farben), wird JPG nicht angeboten. Verwenden Sie zunächst den Befehl BILD: MODUS: RGB-FARBE – sofern dies bei dem Motiv Sinn macht.
- Haben Sie ein 24-Bit-Bild (16,7 Millionen Farben, »Echtfarben), wird GIF angeboten – obwohl es nur 256 Farben unterstützt: Vor dem endgültigen Speichern blendet Photoshop das Dialogfeld INDIZIERTE FARBEN ein, in dem Sie die Reduktion auf 256 Farben regeln.
- Fügen Sie in ein JPG- oder BMP-Bild eine Ebene ein, so können Sie das Bild weiterhin im vorhandenen Format speichern – aber auf Festplatte speichert Photoshop das Werk ohne separate Montage-Ebenen. Photoshop zeigt eine Warnung, wenn Sie die Datei endgültig schließen, ohne sie mit einem ebenenverträglichen Format wie Photoshop gesichert zu haben.

Sie lernen hier die wichtigen Formate für Bilddateien kennen; anhand einer Beispieldatei vergleichen wir Leistungsfähigkeit und Speicherplatzbedarf auf der Festplatte.

Übersicht: Die wichtigsten Dateiformate

Oft reichen wenige Dateiformate für den Alltag:

- TIFF – erlaubt universelles Speichern, Austausch mit anderen Programmen und Rechnerwelten und verlustfreie Komprimierung. Alle Spezialitäten außer der LZW-Komprimierung sollten Sie jedoch für unkomplizierte Weitergabe vermeiden (siehe unten).

- Photoshop – für Montagen und Spezialanwendungen. Mit diesem Dateiformat machen Sie nie etwas falsch, solange Sie innerhalb von Photoshop verbleiben.
- JPEG – bietet hochwirksame Komprimierung bei kalkulierbarem Detailverlust und lässt sich mit jedem Internet-Browser betrachten.
- EPS – unerlässlich für die professionelle Druckvorstufe.

Internet-Gestalter benötigen JPG, GIF und eventuell PNG.

Tabelle: Dateigrößen im Vergleich

Für die folgende Tabelle wird ein Foto mit 1536x1024 Bildpunkten in verschiedenen wichtigen Dateiformaten gespeichert. Die Vorlage besteht aus einer reinen »Hintergrundebene« ohne zusätzliche Montage-Ebenen, Alphakanäle, Pfade oder andere Zutaten. Als RGB-Datei mit 3x8 Bit Farbtiefe beansprucht die Testdatei mit ihren 1,59 Megapixeln rund 4,7 Mbyte Arbeitsspeicher; als Graustufendatei verlangt sie nur einen einzigen 8-Bit-Kanal, also 1,59 Mbyte. Druckgröße bei 300 dpi: 13x8,7 cm. Sie finden das Testbild für die folgende Tabelle unter der Bezeichnung »Grundlagen_02« im »Projekte«-Verzeichnis auf der CD zu diesem Buch.

Dateiformat	Erweiterung	Komprimierung	Gesamtgröße der Beispieldatei(en) in MB	Anmerkung	Zweck
Photoshop	PSD	immer, ohne Verlust	4,61	identisch mit PDD-Format von Adobe PhotoDeluxe	schnelles Öffnen/ Speichern, Ausnutzen aller Photoshop-Funktionen, Austausch Photoshop Mac – Windows
JPEG, Qualität 12 (»maximal«) Baseline Standard / Baseline optimiert / Progressive	JPG	immer, mit Verlust	1,583 / 1,544 / 1,483	RGB, CMYK und Graustufen, keine 8-Bit-Farbe, keine Alphakanäle	Speicherplatz sparen, World-Wide-Web-Design
JPEG, Baseline Standard, Qualität 8 / 4 / 0	s.o.	s.o.	0,39 / 0,180 / 0,98	s.o.	s.o.

Dateiformat	Erweiterung	Komprimierung	Gesamtgröße der Beispieldatei(en) in MB	Anmerkung	Zweck
Tagged Image File Format (TIFF), ohne Komprimierung / ohne Komprimierung, mit »Bildpyramide«/ mit LZW-Komprimierung / mit Zip-Komprimierung / mit PackBits-Komprimierung	TIF	Komprimierung wahlweise; wahlweise mit/ohne Verlust	4,61 / 6,122 / 3,683 / 3,196 / 6,189	unterstützt viele Farbmodi, Ebenen, Pfade, mehrere Alphakanäle in einer Datei	Kompatibilität mit anderen Programmen und Betriebssystemen/Speicherplatz sparen
Tagged Image File Format, JPEG-Komprimierung Qualität 12 / 8 / 4 / 0	s.o.	s.o.	1,845 / 0,449 / 0,214 / 0,120	s.o.	s.o.
Tagged Image File Format, 8 Bit 217 Farben Web-Palette 100 % Dithering / ohne Dithering	s.o.	s.o.	0,745 / 0,463	s.o.	s.o.
Compuserve Graphics Interchange, 8 Bit 217 Farben Web-Palette 100 % Dithering mit Interlacing / 100 % Dithering ohne Interlacing / keine Dithering ohne Interlacing	GIF	immer, verlustfrei bei 8-Bit-Vorlagen	0,737 / 0,730 / 0,429	Farbtiefe maximal 8 Bit	World-Wide-Web-Design (Freisteller, Animation, grafische Motive)
Bitmap	BMP	nur bei Speicherung als RLE bis 8 Bit Farbtiefe, verlustfrei	4,74	nur auf Windows- und OS/2-Systemen	Kompatibilität mit Windows-Programmen
Desktop Color Separation 1 (EPS-Variante), Kodierung ASCII / Binär	verschiedene	wahlweise JPEG-Komprimierung mit Verlust	14,4 / 7,62	vier Dateien für CMYK-Druckfilme plus Vorschau-Bild	Druckvorstufe
Desktop Color Separation 2 (EPS-Variante), Kodierung ASCII / Binär	EPS	wahlweise JPEG-Komprimierung mit Verlust	13,84 / 7,312		Druckvorstufe

Dateiformat	Erweiterung	Komprimierung	Gesamtgröße der Beispieldatei(en) in MB	Anmerkung	Zweck
Encapsulated PostScript, ASCII / binär	EPS	wahlweise JPEG-Komprimierung mit Verlust	12,678 / 6,150		Druckvorstufe
Photoshop PDF (Acrobat Portable Document Format), Zip-Komprimierung	PDF	ja, wahlweise ohne Verlust / mit Verlust	3,914		zur Betrachtung mit Acrobat Readder, Druckvorstufe
Photoshop PDF (Acrobat Portable Document Format), JPG-Komprimierung Qualität 12 / 8 / 4 / 0	s.o.	s.o.	1,584 / 0,391 / 0,182 / 0,99		s.o.
Portable Networks Graphic, kein Interlacing / mit Interlacing	PNG	immer, verlustfrei	3,75 / 3,89 /	versch. Farbtiefen, Alphakanäle	World-Wide-Web-Design
Pict, 32 Bit/Pixel	PIC	immer, verlustfrei	4,620	Farbtiefen bis 32 Bit	Kompatibilität mit Mac-Programmen
Scitex	SCT		4,610		Austausch mit Scitex-Workstations, Druckvorstufe
Pixar	PXR		4,609		Druckvorstufe
Raw, Interleaved-Ordnung	RAW		4,608		
Photo CD	PCD	ab Auflösung 1024x1536 mit Verlust	(sechs Auflösungen zur Wahl)	Format wird nicht geschrieben	Nur zum Lesen von Photo-CDs
Targa, 24 Bit/Pixel	TGA	Ohne	4,609		
PCX	PCX	Ohne	5,260		

BMP-Dateiformat

Das BMP-Format (Bitmap) ist nur bei den Betriebssystemen MS-DOS/Windows und OS/2 auf IBM-kompatiblen Computern gebräuchlich. Sie können die Farbinformation auf acht oder vier Bit pro Pixel reduzieren und dabei – anders als in der 24-Bit-Variante – verlustfrei komprimieren (BMP-RLE, Run Length Encoding). Systembilder für Windows und manche Multimedia-Programme müssen eventuell als BMPs gesichert sein. Informationen über Druckmaße speichert dieses wenig interessante Format nicht.

Der Begriff Bitmap hat in der Computerszene verschiedene Bedeutungen:

- Eine aus einzelnen Bildpunkten – und nicht aus Kurven, Flächen oder aus Text – aufgebaute Datei wird allgemein Bitmap genannt: Pixelfläche. Jedes einzelne Pixel drückt bestimmte Farb- oder Dichtewerte aus. Bildbearbeitungsprogramme wie Photoshop arbeiten überwiegend mit Bitmaps (und nicht mit Text oder Vektoren).
- Bitmap mit der Dateierweiterung BMP ist ein Dateiformat für Pixelbilder auf Windows- und OS/2-Systemen.
- Im Apple-Bereich und im Programm Photoshop wird unter BITMAP außerdem eine Strichgrafik (Line-Art, 1-Bit-Grafik) verstanden, die nur aus schwarzen und weißen Bildpunkten besteht und jeden Bildpunkt mit nur einem Bit kodiert – während zum Beispiel Graustufenbilder meist mit acht Bit pro Pixel angelegt sind.

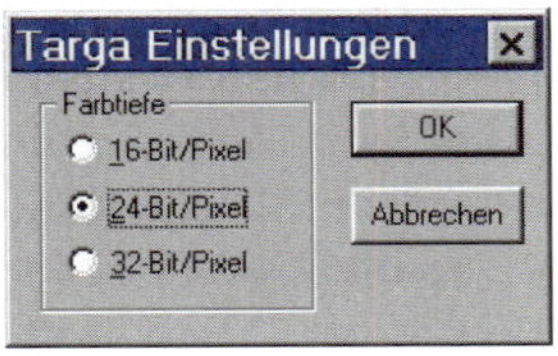

Links: BMP bietet verlustfreie Datenkomprimierung nur bei Farbtiefen von acht Bit oder weniger. Rechts: Das Targa-Dateiformat hat – je nach Farbtiefe – noch Platz für einen Alphakanal.

Weitere Standarddateiformate

Ähnlich wie BMP bieten auch die folgenden Dateiformate keine spektakulären Merkmale:

- Das Targa-Format wird vor allem im Betriebssystem MS-DOS und auf manchen Hi-End-Workstations verwendet. Ein einzelner Alphakanal wird in RGB-Dateien automatisch mitgesichert, sofern Sie in den TARGA EINSTELLUNGEN die Farbtiefe »32-BIT/PIXEL« wählen.
- Das PCX-Format unterstützt das Übliche: 24-Bit-»Echtfarbe«, 8-Bit-Indizierte Farbe, Graustufen, 1-Bit-Strichgrafik (»Bitmap«). Besonders interessant ist es nicht.
- Pict ist das Hausformat des Apple Macintosh und eignet sich vor allem zum Austausch von Bilddateien zwischen Mac-Programmen. Auf Windows-Seite wird es nur von wenigen Programmen verkraftet. Pict akzeptiert Farbtiefen bis 32 Bit, Farbprofile und

komprimiert vor allem einheitliche Farbflächen verlustfrei. Bei 24-Bit-Bildern wählen Sie 32 Bit in den Optionen vor, um die volle Farbinformation zu erhalten; dabei können Sie einen Alphakanal mitsichern. Nur in der Mac-Version von Photoshop können Sie eine – nicht verlustfreie – JPEG-Komprimierung dazuwählen, sofern QuickTime installiert ist.

Photoshop-Dateiformat

Wenn Sie Ihre Datei nur innerhalb von Photoshop verwenden, können Sie mit dem Photoshop-Dateiformat nichts falsch machen. Das Format Photoshop (PSD) lässt sich problemlos zwischen Photoshop auf Windows- und auf Mac-Rechnern austauschen – ab Programmversion 2.5. Mit dem weiter verbreiteten TIFF gelingt das oft auch. Als fast einziger Dokumenttyp verkraftet das Photoshop-Format auch Photoshop-Spezialitäten wie Duplex-, LAB- und Mehrkanalmodus, Pfade, mehrere Alphakanäle, Ebenentechnik samt Textebenen und Ebeneneffekten (allerdings sind auch TIFF und PDF sehr vielseitig). Zudem nimmt das Photoshop-Format Features aus dem WWW-Design auf, darunter Informationen über Slices, Imagemaps, Rollover-Effekte, Hyperlinks und Animationen.

Neue Zusatzkanäle, Pfade und Ebenen speichert Photoshop ohne lästige Rückfrage mit und dabei wird verlustfrei komprimiert. Das Photoshop-Format lässt sich in Photoshop extrem schnell öffnen und speichern und eignet sich darum bestens zum Zwischensichern. Es ähnelt weitgehend dem Dateiformat PDD von Adobes Einsteiger-Bildbearbeitung PhotoDeluxe. Verwenden Sie in ImageReady die Befehle Datei: Speichern oder Speichern unter, entstehen automatisch Photoshop-PSD-Dateien.

Hinweis: Benötigen Sie von einer Photoshop-Montage zwischendurch eine übliche TIFF- oder JPEG-Datei ohne separate Ebenen oder Alphakanäle? Dann nutzen Sie den Befehl Datei: Speichern unter (Strg+⇧+S), verwenden Sie die Option Als Kopie und wählen Sie, falls erforderlich, die Optionen Ebenen und Alphakanäle ab. Danach arbeiten Sie weiter an der Photoshop-Montage unter ihrem ursprünglichen Namen.

Einige andere Bildprogramme schreiben und öffnen Photoshop-Dateien mit Ebenen – und das teilweise korrekt; zu den talentierteren Anwendungen zählten bei Manuskriptabgabe Anfang 2001 die aktuellen Fassungen von PhotoPaint aus dem CorelDraw-Paket, Paint Shop Pro von Jasc, PhotoLine 32 von ComputerInsel, Picture Publisher von Micrografx und PhotoDeluxe, das Einsteigerprogramm des Photoshop-Herstellers Adobe. PhotoImpact 6 bot nur rudimentäre Unterstützung.

Dabei gilt: Nicht alle Photoshop-Spezialitäten werden unterstützt. Beschnittgruppe und Einstellungsebene können die wenigsten; Ebenenmaske, die wichtigsten Überblendmodi und Ausblendung von Helligkeitsbereichen trifft man schon häufiger an. Photoshop-Dateien, die ein Fremdprogramm überfordern, werden in der Regel gleichwohl geöffnet, die entsprechenden Einstellungen ignoriert die Software.

Möchten Sie eine Ebenenmontage möglichst platzsparend speichern, wählen Sie Datei: Speichern unter, geben das TIFF-Dateiformat an, behalten die Option Ebenen bei und verwenden als Komprimierung Zip oder LZW. Damit gewinnen Sie gegenüber dem Photoshop-Dateiformat mitunter 10 oder 20 Prozent oder mehr. Zuvor müssen Sie allerdings mit dem Befehl Bearbeiten: Voreinstellungen: Dateien speichern die Erweiterten TIFF-Speicherungsoptionen einschalten (siehe unten).

PDF-Dateiformat (Acrobat-Format)

Sie können Ihre Grafiken auch als PDF-Dateien, Portatable Document Files, sichern. Damit kann man sie unmittelbar im Adobe Acrobat Reader öffnen, einem weitverbreiteten, kostenlosen Programm; so braucht die Zielgruppe nicht unbedingt ein Bildbearbeitungsprogramm oder einen Internet-Browser. Umgekehrt ist Photoshop in der Lage, auch mehrseitige PDF-Dokumente zu öffnen. Überdies entwickelt sich PDF zum Tausendsassa, das neben Ebenen auch Druckvorstufen-Informationen aufnehmen kann.

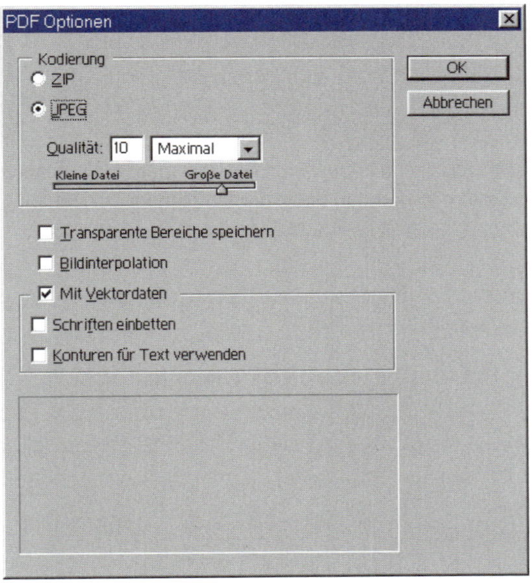

Das PDF-Dateiformat nimmt auch Vektorgrafiken und Textebenen auf.

Um PDFs in Photoshop zu speichern, verwenden Sie den üblichen Befehl Datei: Speichern unter mit der Vorgabe Photoshop PDF. Abgesehen vom reinen Pixelbild können Sie sämtliche anderen Elemente einer Photoshop-Datei verwenden, darunter separate Montage-Ebenen, Alphakanäle, Farbprofile, Anmerkungen, Datei-Informationen, Vektorgrafik, Duplexbilder, Pfade, Volltonfarben, Textebenen im Textmodus mit Schriftartinformation (Font) oder als Vektorgrafik. Textebenen lassen sich auch im Acrobat Reader als Text markieren und kopieren.

Dazu kommen die Komprimierungsverfahren Zip (verlustfrei) oder JPG (mit Verlust, Details zu JPG siehe unten). Sie haben so die Möglichkeit, auch komplexe Dokumente inklusive Text weiterzugeben, ohne befürchten zu müssen, dass diese auf einem anderen Rechner verfälscht erscheinen. Die Vorgabe BILDINTERPOLATION sorgt beim Ausdruck von niedrigaufgelösten Dateien für geglättete Kanten.

Die Vorgabe PHOTOSHOP PDF schreibt allerdings nur eine einzige PDF-Seite. Für mehrseitige PDF-Dokumente benötigen Sie ein anderes Programm, etwa CorelDraw oder Adobe Acrobat. Die Montage-Ebenen, die Sie in einer PDF-Datei sichern, lassen sich im Acrobat Reader nicht separat ansprechen. Sie können jedoch in Photoshop weiterbearbeitet werden.

Links: Der Befehl DATEI: ÖFFNEN eignet sich, um eine Einzelseite aus einem PDF-Dokument in Photoshop zu öffnen. Die Photoshop-Datei zeigt alle Bilder, Texte und Grafiken des Dokuments gerastert. Rechts: Der Befehl DATEI: IMPORTIEREN: PDF-BILD lädt Einzelbilder aus PDF-Dokumenten.

Die Programmierer trennten das Öffnen einer PDF-Datei umständlich in mehrere Befehle auf:

- Einzelbilder: Nutzen Sie DATEI: IMPORTIEREN: PDF-BILD. Das Dialogfeld PDF-BILDIMPORT bietet Ihnen alle Bilder eines PDF-Dokuments einzeln zum Öffnen an. Die Schaltfläche ALLE BILDER IMPORTIEREN hievt sämtliche Pixelbilder des PDF-Dokuments als Einzeldatei auf den Schirm.
- Einzelseiten: Verwenden Sie die übliche Funktion DATEI: ÖFFNEN, wenn Sie eine Einzelseite mit eventuell mehreren Bildern und Text benötigen; bei mehrseitigen Dokumenten wählen Sie eine Einzelseite aus. Anschließend definieren Sie Bildgröße, Bildauflösung, Farbmodus und Kantenglättung.
- Mehrere Seiten: Der Befehl DATEI: AUTOMATISIEREN: MEHRSEITIGE PDF IN PSD verwandelt mehrseitige PDF-Dateien in mehrere Photoshop-Dateien. Sie geben die PDF-Datei, einen Namensanfang und ein Zielverzeichnis vor. Photoshop schreibt eine Reihe von durchnummerierten PSD-Bildern direkt in dieses Verzeichnis, ohne die Ergebnisse überhaupt auf dem Schirm zu zeigen.

- Anmerkungen: Wollen Sie nur die Text- oder Ton-Anmerkungen innerhalb eines PDF-Dokuments in ein bereits geöffnetes Bild laden, verwenden Sie den Befehl DATEI: IMPORTIEREN: ANMERKUNGEN.

Möchten Sie die PDF-Funktionen ausprobieren? Im »Projekte«-Verzeichnis auf der CD zu diesem Buch finden Sie die Datei »Grundlagen_03«, die auch Text-Notizen enthält. Weitere PDF-Dateien finden Sie auf der Photoshop-CD und vermutlich im Photoshop-Programmverzeichnis.

Beim Öffnen einer PDF-Datei in Photoshop geben Sie Druckmaße, Auflösung und Farbmodus vor. Text wird generell als Pixelelement und nicht als korrigierbare Textebene angelegt. In der Regel sollten Sie das GLÄTTEN einschalten, um harte Kanten gefälliger zu gestalten. Das kostet freilich Rechenzeit und sehr feine Lettern verschwimmen durch das Glätten eventuell zu stark – speziell bei niedriger Auflösung. Vorsicht: Ein A4-Dokument in Farbe und hoher Auflösung bringt schnell mehr als 20 Mbyte auf die Waage.

Bei Bedarf können Sie also ganze Prospekte aus dem Netz herunterladen und mit den Mitteln Ihres Bildprogramms bearbeiten. Öffnen Sie die neuen Dokumente in Photoshop, sehen Sie die Schriften innerhalb der Photoshop-Datei über einem transparenten – also mit Karomuster dargestellten – Grund. Sie können den Text jetzt zum Beispiel mit dem Verschieben-Werkzeug in ein neues Bild ziehen. Möchten Sie allerdings sofort einen weißen Hintergrund sehen, wählen Sie den Befehl EBENE: AUF HINTERGRUNDEBENE REDUZIEREN.

Links: Der Befehl »Datei: Automatisieren: Mehrseitige PDF in PSD« verwandelt mehrseitige Acrobat-Dokumente in eine Reihe von Einzeldateien. Rechts: PDF-Texte, die nicht über einer Grafik gespeichert wurden, erscheinen in Photoshop mit transparenter Umgebung, wie an dem Karomuster zu erkennen ist. Kantenglättung und zu niedrige Auflösung machen speziell feine Schriften leicht unlesbar.

Photo-CD-Dateiformat

»Photo CD« ist ein Dateiformat, aber auch ein ganzes Bildverarbeitungssystem. Gemeint sind Dateien von der speziellen Kodak Photo CD, die auch im speziellen Photo-CD-Dateiformat gesichert werden – und nicht sonstige Bilder auf anderen Bilder-CDs, die nicht nach dem speziellen Kodak-Photo-CD-Verfahren gesichert wurden. Photoshop öffnet das Photo-CD-Format, schreibt es aber nicht. Ein Bild von der Photo CD öffnen Sie in mehreren Schritten. Das Verfahren verwendet Kodaks Farbmanagement, das Photoshop automatisch installiert und auf ICC-Farbprofilen basiert.

HINweis

Eine unveränderte Datei aus dem Photo-CD-Service finden Sie im »Projekte«-Verzeichnis der CD zu diesem Buch unter dem Namen »Grundlagen_04.pcd«.

Wählen Sie eine Bildpunktzahl im Dialogfeld KODAK PCD FORMAT. Für einen unverbindlichen Blick reichen schnell geöffnete 512x768 Pixel. Welche Pixelzahlen bei welcher Auflösung für welche Druckmaße reichen, entnehmen Sie der Tabelle unten – beachten Sie aber, dass auch die allgemeine Scanqualität der Druckbarkeit Grenzen setzen kann. Für das geöffnete Bild bestimmen Sie zunächst eine Druckauflösung in dpi – dieser Wert ändert wohlgemerkt nichts an der Qualität der Datei, sondern nur an der Größe im Ausdruck. Sie können diese Vorgabe immer noch gefahrlos mit dem Befehl BILD: BILDGRÖSSE ändern, wenn Sie die Option NEUBERECHNEN abwählen. Anschließend wählen Sie den Farbmodus (RGB oder Lab) und die Farbtiefe (acht Bit oder 16 Bit pro Grundfarbe). Diese Auflösungen bietet die Photo CD:

Bezeichnung	Pixel	Größe als 8-Bit-Graustufendatei	Größe als 24-Bit-RGB- oder Lab-Datei	Größe als 32-Bit-CMYK-Datei	cm-Maße bei 150 dpi	cm-Maße bei 200 dpi	cm-Maße bei 300 dpi	Bemerkung
Base/16	128x192	0,024 MB	0,07 MB	0,096 MB	2,1x3,3	1,7x2,4	1,0x1,6	
Base/4	256x384	0,09 MB	0,29 MB	0,39 MB	4,2x6,5	3,3x4,9	2,1x3,2	
Base Image	512x768	0,39 MB	1, 17 MB	1,57 MB	8,5x13	6,5x9,8	4,3x6,5	
4 Base	1024x1536	1,57 MB	4,72 MB	6,29 MB	17,0x26,0	13,0x20,0	8,7x13.0	Dateien ab hier komprimiert
16 Base	2048x3072	6,29 MB	18,87 MB	25,16 MB	33,9x52,0	26,0x39,0	17,3x26,0	Höchstauflösung der bekannten Photo CD Master
64 Base	4096x6144	25,16 MB	75,49 MB	100,00 MB	69,3x100,4	52,0x78,0	34,6x52,0	nur Pro Photo Master CD

Die weitverbreitete »Photo CD Master« speichert Scans von Kleinbild-Dias und -Negativen in fünf Auflösungen zugleich mit Pixelzahlen von 128x192 bis 2048x3072. Photoshop produziert zusätzlich eine Variante mit 64x96 Bildpunkten; ab 1024x1536 Pixel werden die Daten komprimiert. Fragen Sie, ob Sie ungerahmte Diastreifen abgeben dürfen, so vermeiden Sie Vignettierung durch die Rahmung, und entfernen Sie gründlich jeden Staub.

Das ImagePack der professionellen, weniger bekannten Pro Photo CD Master speichert Scans von Dias und Negativen bis zur Größe 10x13 Zentimeter in fünf bis sieben Auflösungen bis maximal 4096x6144 Punkte. Weitere Informationen zur Photo CD finden Sie unter dieser Internet-Adresse: http://www.photocd.de/inhalt.htm

Ebenso wie JPEG speichert das PCD-Format ab der 1536er-Auflösung nur die Helligkeitsinformationen für jeden Bildpunkt separat. Die Farbinformationen werden jedoch nur für jeden zweiten Pixel gespeichert; die fehlenden Farbwerte errechnet die Software bei der Anzeige aus Mittelwerten der vorhandenen Farben (Interpolation). Bei den hochaufgelösten Formaten ab 1024x1536 wird zusätzlich die Helligkeit aus der Version 512x768 interpoliert. Erst durch diese Tricks passen bis zu hundert ImagePacks auf eine Photo CD. Gleichzeitig wirkt das Bild jedoch weniger scharf und brillant als eine gleich große Datei vom Trommelscanner, es muss mit Farbkorrektur und Scharfzeichner nachbearbeitet werden. Für Hi-End-Zwecke in A4 ist es nicht immer geeignet.

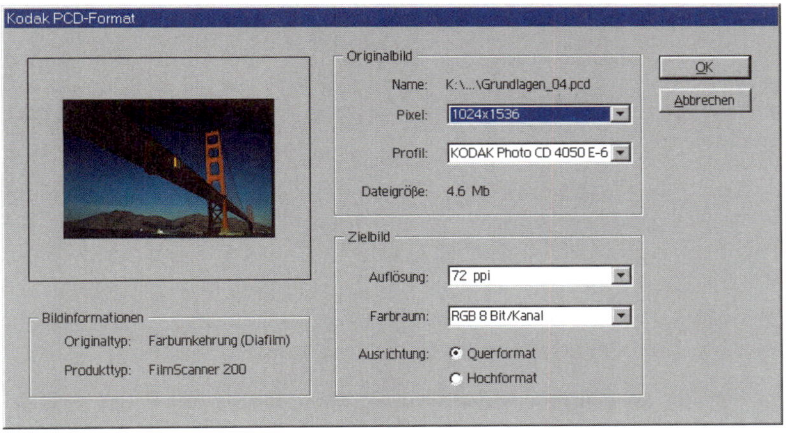

Beim Öffnen eines Photo-CD-Bildes bietet Photoshop mehrere Auflösungen an.

TIFF-Dateiformat

Für übliche Bilder, die nur aus einer »Hintergrund«-Ebene bestehen, ist TIFF eine exzellente Wahl: Eine TIFF-Datei lässt sich an fast jeden Belichtungsdienst, an jedes Programm und an diverse Betriebssysteme weitergeben. Zusätzlich zu RGB oder Graustufen akzeptiert TIFF auch Bilder mit Maskenkanälen, CMYK- oder Lab-Farbmodell. Alphakanäle – auch mehrere – werden ohne Rückfrage mitgespeichert. Sie sollten entfernt werden, wenn das Bild in ein Grafik- oder Layoutprogramm weiterwandert, zum Beispiel mit den entsprechenden Optionen des Befehls DATEI: SPEICHERN UNTER (Strg+⇧+S). TIFF ist das bei weitem gebräuchlichste Format zum Austausch von Pixel-Dateien und fast immer eine sichere Wahl – sofern Sie keine exotischen Optionen ankreuzen.

Beachten Sie den Befehl BEARBEITEN: VOREINSTELLUNGEN: DATEIEN SPEICHERN. Wenn Sie hier auf die ERWEITERTEN TIFF-SPEICHERUNGSOPTIONEN verzichten, bietet TIFF nur wenig Einstellmöglichkeiten, bei denen Sie kaum etwas falsch machen können:

- Die LZW-Komprimierung spart völlig ohne Qualitätsverlust 20 oder 30 Prozent Festplattenplatz gegenüber dem Arbeitsspeicher-Bedarf des Bildes und ist unbedenklich.
- Ob Sie das Format IBM PC oder MACINTOSH vorwählen, hat in der Praxis meist keine Bedeutung.

Wenn Sie dagegen die ERWEITERTEN TIFF-SPEICHERUNGSOPTIONEN einschalten, zeigt das Dialogfeld TIFF-OPTIONEN zusätzliche Möglichkeiten.

WARNUNG

Vorsicht, wenn Sie die erweiterten TIFF-Optionen nutzen: Die meisten Programme können TIFF-Dateien mit Ebenen und anderen Komprimierungsarten als LZW nicht verarbeiten.

Zusätzlich zur weitverbreiteten LZW-Komprimierung bietet das erweiterte TIFF-Format noch folgende Verfahren zur Datenverdichtung:

- Die völlig verlustfreie Zip-Komprimierung reduziert den Platzbedarf auf der Festplatte um 20 bis 50 Prozent gegenüber der Größe im Arbeitsspeicher. Wie bei LZW gilt: Besonders stark schrumpft die Dateigröße bei Vorlagen mit völlig einheitlichen Farbflächen, also bei Grafiken. Auch Alphakanäle mit ihren großen Schwarzweißflächen fallen mit LZW- oder Zip-Komprimierung weniger ins Gewicht. Im Test arbeitete die Zip-Komprimierung etwas effektiver als das LZW-Verfahren.
- ImageReady beherrscht überdies die verlustfreie Komprimierung mit PACKBITS-Vorgabe. Sie empfiehlt sich höchstens für Strichgrafiken und blähte unsere Halbton-Testdatei erheblich über Normalgröße auf (siehe Tabelle weiter oben). Das TIFF-Dateiformat schreiben Sie in ImageReady mit dem Befehl DATEI: EXPORTIEREN.
- Die JPEG-Komprimierung sorgt für eine drastische Senkung der Dateigröße. Sie entfernt Bilddetails, die später per Mittelwertbildung wieder ins Motiv gerechnet werden (siehe auch weiter unten). Photoshop bietet das JPEG-Verfahren für verschiedene Dateiformate an, neben TIFF auch PDF, EPS oder eben JPEG selbst. Ein guter Kompromiss zwischen Wahrung der Qualität und Speicherplatzersparnis ist die Qualitätsstufe 8. Die JPEG-Komprimierung funktioniert jedoch nur bei Bildern, die ausschließlich aus einer üblichen »Hintergrund«-Ebene bestehen. Sobald ein TIFF mit verschiedenen Ebenen gespeichert wurde, ist die JPEG-Komprimierung wirkungslos, am Mac bietet Photoshop die JPEG-Komprimierung für TIFF-Dateien mit Ebenen gar nicht erst an.

Die TIFF-Vorgaben Zip und LZW eignen sich, um Montagen speicherplatzsparend zu sichern. Gegenüber dem Photoshop-Dateiformat gewinnen Sie auf der Festplatte 10 oder 20 Prozent.

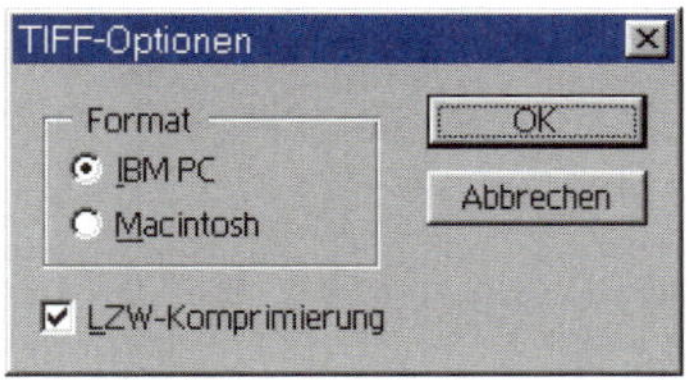

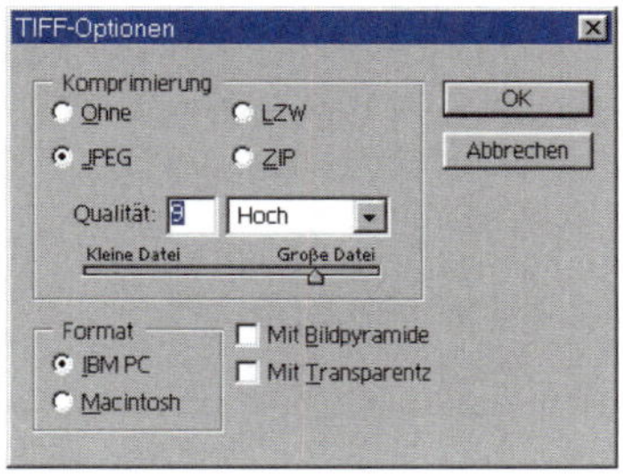

Links: Wenn Sie in den Voreinstellungen auf die Erweiterten TIFF-Speicherungsoptionen verzichten, zeigt das Dialogfeld TIFF-Optionen nur wenig Möglichkeiten. Rechts: Die TIFF-Optionen werden umfangreicher, wenn Sie die Erweiterten TIFF-Speicherungsoptionen aktivieren.

Diese weiteren Optionen bietet das erweiterte TIFF-Format:

- Transparenz: Sollen die transparenten Bereiche einer Datei auch in anderen Programmen transparent erscheinen? Dann schalten Sie die Transparenz ein. Unabhängig von dieser Vorwahl zeigen Photoshop und ImageReady transparente Bereiche grundsätzlich wieder transparent. Dies funktioniert bei der Weitergabe an Layout-Programme – andere Bildprogramme jedoch öffnen eine Datei mit Transparenz oft nicht korrekt.
- Bildpyramide: Mit der Option Bildpyramide speichern Sie das TIFF-Bild in mehreren Auflösungen innerhalb einer einzigen Datei. Dies ist nützlich, um schnell eine verkleinerte Ansicht von sehr großen Dateien zu erhalten. Allerdings öffnet Photoshop selbst stets die höchstauflösende Version einer Bildpyramide, also das Original – innerhalb von Photoshop nützt Ihnen die Bildpyramide folglich nichts. Sinnvoll ist sie jedoch für einige Layout-Programme, etwa InDesign vom Photoshop-Hersteller Adobe. Verwendet wird sie auch für Bild-Server, die Ihre Grafik je nach Anforderung oder Zoom-Verhalten in verschiedenen Auflösungen übers Netz schicken.

Die Bildpyramide kostet erheblich Speicherplatz: Unser unkomprimiertes Testbild (siehe Tabelle weiter oben) wächst mit Bildpyramide von 4,61 auf 6,12 MB an.

Kurz gesagt: Besonders fehlerträchtig bei der Weitergabe an andere Programme sind folgende Eigenschaften einer TIFF-Datei: separate Montage-Ebenen, Zip-Komprimierung, JPG-Komprimierung, Bildpyramide, Transparenz. Dateien mit diesen Eigenschaften lassen sich in anderen Programmen oft nicht korrekt öffnen. Die Optionen IBM PC, MACINTOSH und LZW-KOMPRIMIERUNG können Sie dagegen meist unbesorgt nutzen. Entfernen Sie eventuell Pfade und Alphakanäle.

EPS- und DCS-Dateiformat

In der professionellen Druckvorstufe zählt vor allem ein Bilddatei-Format: EPS, Encapsulated PostScript, und seine DCS-Varianten. Die EPS-Merkmale im Überblick:

- EPS-Dateien werden in der Regel nicht mehr bearbeitet, sondern allenfalls im Layoutprogramm vergrößert oder verkleinert.
- EPS-Dateien können zusätzlich zum Pixelbild auch Kurvengrafiken oder Schriften enthalten, die sich unabhängig von der Bildauflösung in höchster Druckerauflösung ausgeben lassen.
- EPS speichert auch Rastereinstellungen, Druckkennlinien und Beschneidungspfade, mit denen sich die Druckereinstellungen übergehen lassen.
- EPS unterstützt praktisch alle Farbmodi.
- Ebenen und Alphakanäle werden nicht unterstützt.
- Sie verwenden die EPS-Varianten DCS 1 und DCS 2, um bereits vorseparierte CMYK-Dateien zum Belichter zu schicken. Dabei können Sie pro Grundfarbe eine einzelne Datei erzeugen. DCS 2 eignet sich auch für Volltonfarben.

Im Klappmenü KODIERUNG wählen Sie aus:

- Die für Windows übliche ASCII-KODIERUNG kostet sehr viel Speicherplatz, bereitet aber im Zweifelsfall weniger Probleme.
- Die vor allem am Mac nutzbare BINÄRE KODIERUNG schluckt nur halb so viel Platz und damit Belichterzeit wie die ASCII-Version (vergleiche Dateigrößen-Tabelle weiter oben).
- Mit der JPEG-Komprimierung sparen Sie erheblich Speicherplatz – etwas zu Lasten der Qualität. Sie benötigen ein PostScript-Level-2-Ausgabegerät. Details zum JPEG-Verfahren lesen Sie weiter unten.

Stimmen Sie mit dem Belichtungsdienst ab, ob EPS-Dateien mit Binär- und JPEG-Kodierung durchgehen.

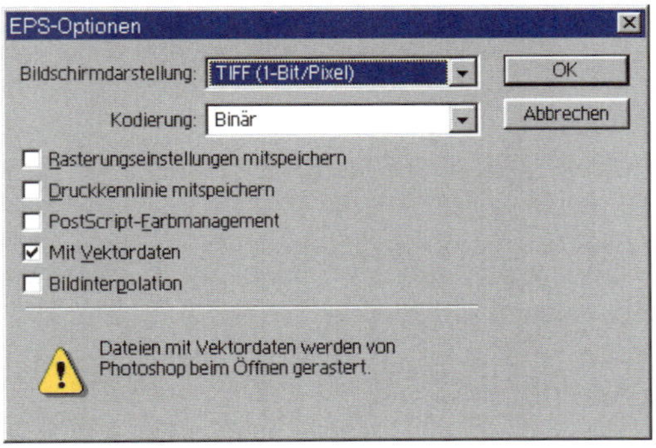

Das EPS-Dateiformat nimmt auch Informationen zu Tonwertkorrektur und Rasterung aus der Druckereinrichtung auf.

Unter anderem haben Sie diese weiteren Optionen im EPS-Dialog:

- Bildschirmdarstellung: Zusätzlich zu den Farbauszügen, ob in Einzeldateien oder nicht, können Sie eine Vorschau mit abspeichern. Damit sehen Sie im Layout-Programm nicht nur eine Rechteck-Box. Hier haben Sie die Wahl zwischen 1 Bit oder wesentlich ansehnlicheren acht Bit pro Pixel.
- RASTERUNGSEINSTELLUNGEN MITSPEICHERN: Als einziges Dateiformat bietet EPS die Möglichkeit, dass Sie spezielle RASTERUNGSEINSTELLUNGEN MITSPEICHERN. Dann wird das Bild nicht nach den Vorgaben des Layoutprogramms gerastert; stattdessen geht es mit den Werten zum Belichter, die Sie im Photoshop-Druckerdialog eingestellt haben (DATEI: SEITE EINRICHTEN mit der Schaltfläche RASTERUNG). In der Regel verzichtet man freilich auf diese Option – man verlässt sich auf die Voreinstellungen des Raster Image Processors (RIP), der das Bild für die Ausgabe auf Druckfilm endgültig aufbereitet.
- DRUCKKENNLINIE MITSPEICHERN: Bei Bedarf können Sie die Transferfunktionen mit weitergeben. Das heißt, die in der Seiteneinrichtung vorgegebene Tonwertkorrektur an der reinen Druckdatei wird beim EPS-Speichern mitgesichert – sofern Sie die DRUCKKENNLINIE MITSPEICHERN. In der Seiteneinrichtung aktivieren Sie dann auch die Vorgabe STANDARDFUNKTIONEN DES DRUCKERS ÜBERSCHREIBEN.
- MIT VEKTORDATEN: Mit der Option MIT VEKTORDATEN geben Sie Vektorinformationen wie Formen oder Textebenen im Vektorformat weiter. Sie werden dann in der Höchstauflösung des PostScript-Druckers gedruckt, unabhängig von der sonstigen Bildauflösung. Beim erneuten Öffnen in Photoshop erhalten Sie diese Bildteile Ihrer EPS-Datei allerdings nur noch in gerasterter Pixelform.
- Beschneidungspfad: Der Beschneidungspfad ist eine weitere EPS-Besonderheit. Er umgibt den Bildteil, den Sie zeigen wollen, in beliebigen Formen. Die Bildfläche außerhalb dieses Pfads wird im Layoutprogramm und im Ausdruck unterdrückt; freigestellte Motive sind nicht mehr von einer Rechteck-Box umgeben, die benachbarte Objekte überdeckt.

Haben Sie für Ihr Bild einen Beschneidungspfad definiert, verwendet Photoshop ihn automatisch für die EPS-Ausgabe. Andere Pfade ignoriert das Programm. Ein Beschneidungspfad entsteht auf verschiedenen Wegen:

- Erzeugen Sie einen normalen Pfad und verwenden Sie im Menü der Pfad-Palette den Befehl BESCHNEIDUNGSPFAD.
- Halbautomatisch legen Sie einen Beschneidungspfad mit dem Befehl HILFE: TRANSPARENTES BILD EXPORTIEREN an. Dabei muss der gewünschte Freistellbereich entweder ausgewählt sein oder über transparentem Hintergrund liegen; geben Sie die DRUCKEN-, nicht die ONLINE-Verwendung vor. Alles weitere erledigt Photoshop.

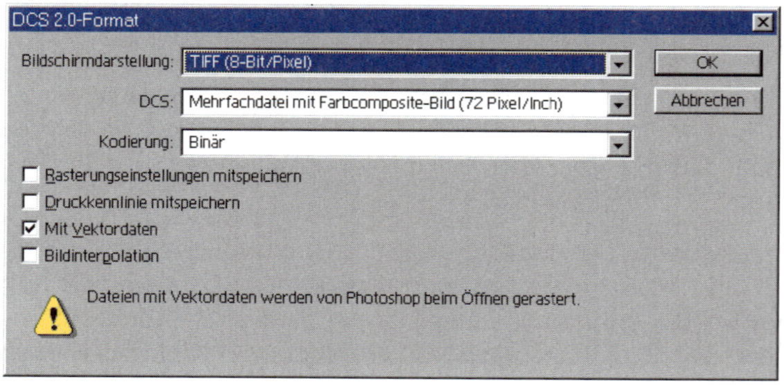

Die EPS-Variante DCS verteilt die Grundfarbauszüge auf mehrere Dateien.

DCS (Desktop Color Separation) ist eine Sonderform des EPS-Formats. Sie wählen die DCS-Varianten als separate Dateitypen im Dialogfeld SPEICHERN UNTER an.

Sie können DCS-Bilder in mehrere Dateien zerlegen, die jeweils einen Farbkanal wiedergeben. Dann sparen Sie erheblich Belichterzeit, da stets nur der passende Farbauszug zum Belichter wandert und nicht – für jeden Farbauszug neu – die ganze Datei. Die DCS-Teile müssen sich beim Belichten in einem einzigen Verzeichnis befinden.

Gingen jedoch die Verbindungen der DCS-Datei verloren, so dass man sie weder öffnen noch drucken kann, dann öffnen Sie die einzelnen Grundfarben-Dateien und setzen sie mit dem Befehl KANÄLE ZUSAMMENFÜGEN aus dem Menü der Kanäle-Palette zusammen. Diese CMYK-Datei sichern Sie erneut als DCS. DCS 1 wird nur für CMYK-Dateien angeboten und verteilt das Bild auf fünf Dateien. DCS speichert ein CMYK-Werk in fünf separaten Dateien. Vier dieser Dateien enthalten die Originalauszüge für die CMYK-Druckfarben – kenntlich an den Endungen .C, .M, .Y und .K; die fünfte »Master«-Datei (mit der Endung .eps) zeigt niedrigaufgelöst eine Vorschau des kompletten Bildes.

DCS 2.0 verkraftet auch einen einzelnen Alphakanal und Spotfarbenkanäle (»Volltonfarbenkanäle«). Zusätzliche Spotfarbenkanäle tragen Endungen wie .5 oder .6. Sie können die Farbauszüge wie bei Version 1.0 auf mehrere Dateien verteilen (MEHRFACH-DATEI). Alternativ – um Platz zu sparen – legen Sie eine EINZELDATEI an.

Übersicht: Dateiformate für Internet-Seiten

Die folgenden Dateiformate lassen sich problemlos auf den Web-Seiten im Internet veröffentlichen.

- GIF-Dateien zeigen nur höchstens 256 Farben (8-Bit-Farbtiefe); man kann jedoch Objekte in beliebiger Form freigestellt, also ohne umgebendes Rechteck abbilden (Transparenz-Funktion). Man kann im GIF-Format auch Trickfilme (Animationen) speichern. Man nimmt das Format außer für Freisteller und für Animationen eher für Grafiken als für übliche Halbton-Fotos (Details zum GIF-Format im Projekt »Freisteller fürs Internet«, Seite 171).
- JPEG-Dateien speichern die volle 24-Bit-Farbtiefe für bis zu 16,7 Millionen unterschiedliche Farben; sie eignen sich deshalb besser für übliche Halbton-Fotos. Allerdings geht beim Speichern Bildinformation verloren. JPEG ist auch außerhalb der Internet-Gestaltung von Bedeutung, da es dramatische Speicherplatzersparnisse mit kontrollierbaren, erträglichen Verlusten erlaubt (siehe unten).
- PNG-Dateien vereinen die Vorzüge von JPG und GIF: Sie ermöglichen Freiform-Bilder (Transparenzfunktion) auch bei hoher Farbenzahl und verursachen keinen Qualitätsverlust. Allerdings ist das PNG-Format weniger weit verbreitet und schafft weniger Datenkomprimierung.

Um für diese Formate eine optimale Vorschau zu erhalten und alle Optionen zu sehen, verwenden Sie in Photoshop die Funktion DATEI: FÜR WEB SPEICHERN, besser noch in ImageReady die 2FACH- oder 4FACH-Vorschau samt Optimieren-Palette und dem Befehl DATEI: OPTIMIERT-VERSION SPEICHERN UNTER (Details zu diesen Funktionen im Projekt »Freisteller fürs Internet«, Seite 171).

JPEG-Dateiformat

JPEG ist ein wichtiges Format für Internet-Verleger. Im Gegensatz zu den anderen Dateitypen für Online-Bilder, also GIF und PNG, hat JPG aber auch Bedeutung in der konventionellen Bildbearbeitung – weil es so dramatisch Festplattenplatz spart, aber gleichzeitig volle Farbtiefe wahrt, sogar 16 Bit pro Grundfarbe. Nur mit JPG kann man ein 30-Mbyte-Titelbild ohne sichtbaren Qualitätsverlust auf 1 Mbyte reduzieren.

HINweis

Generell sollten Sie JPG für übliche Fotos und Grafiken mit nuancierten Farbübergängen verwenden, nicht aber für Grafiken mit harten Konturen ohne Kantenglättung und mit großen einheitlichen Farbflächen – dort sieht man die Qualitätsverluste besonders deutlich.

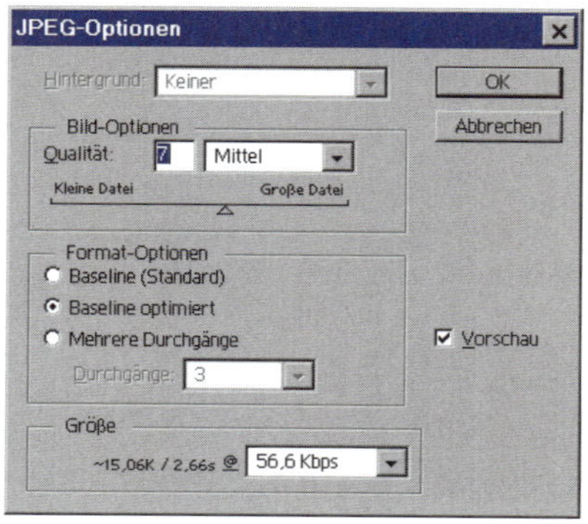

Beim JPG-Dateiformat entscheiden Sie selbst über Bildqualität und Dateigröße. Hier sehen Sie die JPEG-Optionen, die Photoshop nach Verwendung des Befehls Datei: Speichern unter zeigt.

Sie benötigen nicht unbedingt die Funktionen Datei: Für Web speichern (Photoshop) oder Datei: Optimiert-Version speichern unter (ImageReady), um ein Bild befriedigend ins JPG-Format zu verwandeln. Übersichtlich arbeitet auch der Photoshop-Befehl Datei: Speichern unter ([Strg]+[⇧]+[S]), wenn Sie JPG als Dateityp vorgeben.

Stufe 12 in den JPG-Optionen bedeutet höchste Bildqualität bei hoher Dateigröße, während Sie bei Stufe 0 eine weitaus niedrigere Dateigröße und sichtbare Bildmängel erhalten – zum Beispiel Farbblöcke und Geisterschatten um harte Konturen herum. Sie sollten die Vorschau einschalten, damit Photoshop die aktuelle Bilddatei sofort in der Qualität zeigt, die der gewählten Stufe entspricht.

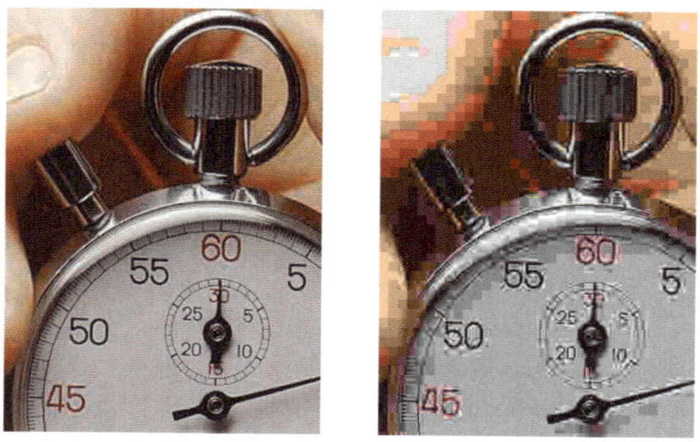

Die Farbvorlage benötigt 290 Kbyte Arbeitsspeicher und etwa ebensoviel Festplattenplatz, wenn man sie im TIFF-Format ohne Komprimierung speichert. Links: Der Qualitätsfaktor 2 senkt den Speicherbedarf der Beispieldatei auf nur mehr rund 16 Kbyte. Bildfehler treten nur bei genauester Prüfung hervor. Rechts: Diese völlig ruinierte Version belegt nur noch 5 Kbyte. Sie lässt sich mit Photoshop oder ImageReady in dieser Qualität gar nicht herstellen, sondern entstand mit dem Programm Paint Shop Pro. Farbvorlage: Grundlagen_05

Je mehr Sie mit JPG Speicherplatz gegenüber dem Arbeitsspeicherbedarf sparen wollen, desto deutlicher werden die Mängel. Photoshop und ImageReady sind allerdings so abgestimmt, dass Sie eine Vorlage nicht wirklich ruinieren können. Ein guter Wert ist die Qualitätsstufe 8: Gegenüber dem Arbeitsspeicher benötigt das JPG-Bild nur zehn, fünf oder zwei Prozent des Festplattenplatzes und Sie sehen mit bloßem Auge keine Veränderung der Bildqualität – zumindest bei üblichen Halbtonfotos.

JPEG unterstützt auch CMYK, Pfade und höhere Farbtiefen als 24 Bit. Damit eignet sich JPEG durchaus zur Aufnahme größter, professioneller Bilder samt Pfad, der leicht in einen Beschneidungspfad oder in eine übliche Auswahl umgerechnet werden kann. Alphakanäle und Ebenen schluckt JPG indes nicht.

Sie haben weitere JPG-Optionen:

- BASELINE kann jedes Programm darstellen.
- BASELINE OPTIMIERT spart geringfügig Speicherplatz, lässt sich aber nicht unbedingt mit jedem Programm öffnen – im Zweifelsfall verzichten Sie darauf.
- MEHRERE DURCHGÄNGE lässt das Bild nicht Zeile für Zeile auf den Schirm wandern; stattdessen sehen Sie sofort stark verschwommen eine Grob-Vorschau des Gesamtbildes, welche schrittweise klarer wird. JPG-Bilder mit dieser Option werden von vielen älteren Programmen nicht geöffnet – meiden Sie die Vorgabe nach Möglichkeit.
- Sofern die Vorlage transparente Bereiche hat, können Sie einen bestimmten HINTERGRUND angeben – also die Farbe, die in den transparenten Bereichen eingesetzt wird. JPEG unterstützt generell keine durchsichtigen Bereiche.
- Klicken Sie auf VORSCHAU, um in Photoshop noch bei geöffneter Datei den möglichen Qualitätsverlust zu erkennen. Schalten Sie die Vorschau vorübergehend aus, um den Unterschied zum Ausgangsbild zu beurteilen.
- Im Bereich GRÖSSE nennt Photoshop die Circa-Dateigröße für die von Ihnen gewählten JPEG-Einstellungen. Im Klappmenü können Sie eine Übertragungsgeschwindigkeit angeben; das Programm errechnet die entsprechende Dauer der Datenübertragung für die aktuelle Dateigröße.
- Wenn Sie ImageReady mit der JPEG-Vorgabe in der Optimieren-Palette verwenden, haben Sie die Option WEICHZEICHNEN. JPGs mit harten Kanten kosten deutlich mehr Speicherplatz als diffusere Vorlagen. Deswegen können Sie das Bild per Optimieren-Palette WEICHZEICHNEN. Die Werte von 0 bis 2 entsprechen genau den Resultaten, die auch der Befehl FILTER: WEICHZEICHNUNGSFILTER: GAUSSSCHER WEICHZEICHNER liefert. Seien Sie vorsichtig damit. Das WEICHZEICHNEN empfiehlt sich allenfalls für verschwommene Hintergrundmuster, aber nicht für gegenständliche Abbildungen.

Beachten Sie im Zusammenhang mit dem JPEG-Dateiformat auch:

- Beim wiederholten Speichern im JPEG-Format ist Vorsicht geboten: In Bildteilen, die Sie zuvor bearbeiteten, drohen weitere Verluste. Und Datenschwund entsteht ebenfalls in den nicht manipulierten Zonen, wenn die JPEG-Qualitätsstufe geändert wird. Details gehen auch verloren beim Sichern eines gekappten JPEG-Bildes: Der Algorithmus teilt das Bild in neue Segmente ein und berechnet die Farben anders; ebenso sollte man nicht die Pixelauflösung einer JPEG-Datei umrechnen. Damit eignet sich das JPEG-Format nicht zum Zwischensichern während der Arbeit an einem Bild. Indes stimmte der Photoshop-Hersteller Adobe seinen JPEG-Filter so ab, dass eine Bilddatei kaum je tatsächlich den Bach runtergeht. In der Praxis verkraften viele Motive auch zwei- oder dreimaliges Speichern mit zwischenzeitlicher Bearbeitung.
- Der neue Standard JPEG 2000 sollte nach Manuskriptabgabe im Frühjahr 2001 endgültig verabschiedet werden und das JPEG-Format wesentlich verbessern: Eine Wavelet-Transformation beseitigt die lästigen Blockeffekte bei starker Komprimierung, wahlweise lassen sich die Daten sogar sehr effektiv verlustfrei stauchen, einzelne Bildteile können Sie individuell stärker oder schwächer komprimieren, zudem nimmt das Format Text- und Copyright-Informationen auf. Die getesteten deutschen Vollversionen von Photoshop 6 zeigten keine spezielle Unterstützung für JPEG 2000. Prüfen Sie, ob Photoshop-Hersteller Adobe über seine Internet-Seite die Nachrüstung auf das Format JPEG 2000 anbietet. Ausführliche englische Informationen fanden wir beim JPEG-Komitee unter dieser Internet-Adresse: http://www.jpeg.org/JPEG2000.htm

18.9 Zusatzmodule (Plug-ins)

Sie können Photoshop und ImageReady durch Zusatzmodule – Plug-ins – von Fremdherstellern erweitern. Diese neuen Funktionen erscheinen meist unten im FILTER-Menü; Dateiformat-Funktionen finden Sie in den Untermenüs DATEI: IMPORTIEREN oder DATEI: EXPORTIEREN sowie unmittelbar in Dialogfeldern wie SPEICHERN UNTER oder ÖFFNEN. Zu den bekanntesten Plug-ins gehören »Kai's Power Tools« (KPT) und die Produkte von Nik, Alien Skin, Extensis und Andromeda. Sollten Sie Probleme mit Photoshop haben, starten Sie das Programm versuchsweise ohne Fremdhersteller-Plug-ins; entfernen Sie dazu dubiose Module aus den gewählten Ordnern. Sie finden Plug-ins von Fremdherstellern auf der Photoshop-CD und auf der CD zu diesem Buch.

Die Installation eines Plug-ins ist denkbar einfach: Sie kopieren Plug-in-Dateien – oft mit einer Endung wie ».8bf« – in ein Verzeichnis, das Photoshop nach Plug-ins absucht (siehe unten). Beim nächsten Programmstart stehen die Befehle zur Verfügung.

Bedenken Sie, dass Sie nicht immer die Originaldateien kopieren müssen: Sie können auch Verknüpfungen anlegen.

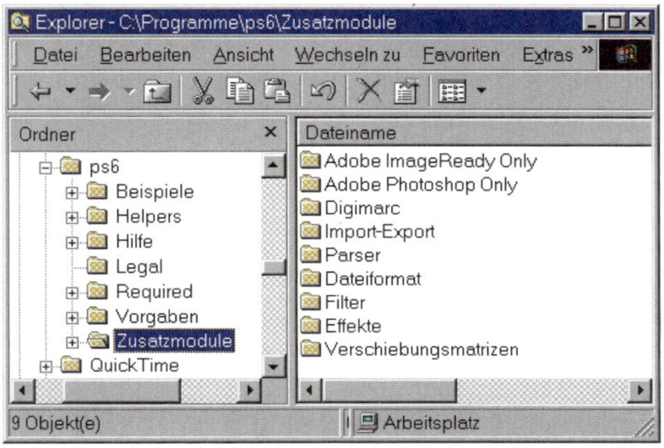

Seine hauseigenen Plug-ins verstaut Photoshop in verschiedenen Unterverzeichnissen innerhalb des Verzeichnisses »Zusatzmodule«. Zusätzliche Plug-ins von Fremdanbietern sollten Sie in weiteren, neuen Unterverzeichnissen anlegen. Alternativ legen Sie mit dem Befehl BEARBEITEN: VOREINSTELLUNGEN: ZUSATZMODULE & VIRTUELLER SPEICHER ein weiteres Hauptverzeichnis für Plug-ins fest, auch außerhalb des Photoshop-Verzeichnisses (siehe unten).

Unterverzeichnisse

Generell gibt es zwei Verzeichnisse mit zugehörigen Unterverzeichnissen, in denen Photoshop und ImageReady nach Plug-ins suchen:

- Das Standardverzeichnis »Photoshop/Zusatzmodule« enthält die bereits mitgelieferten Plug-in-Filter für Photoshop und ImageReady. Sie erkennen, dass viele Befehle aus dem FILTER-Menü hier ihr Dasein als Plug-ins fristen. Sie können hier weitere Plug-ins oder Verknüpfungen zu Plug-ins speichern – am besten in eigenen Unterverzeichnissen (siehe unten). In den Unterverzeichnissen »Adobe Photoshop Only« und »Adobe ImageReady Only« lagern Plug-ins, die nur von einem der zwei Programme genutzt werden.
- Wählen Sie BEARBEITEN: VOREINSTELLUNGEN: ZUSATZMODULE & VIRTUELLER SPEICHER und legen Sie ein weiteres, frei wählbares Plug-in-Verzeichnis fest. Es muss sich nicht innerhalb des »Photoshop«-Verzeichnisses befinden. Die Verwendung eines solchen Verzeichnisses empfiehlt sich meist, wenn noch weitere Programme auf Fremdanbieter-Plug-ins zugreifen sollen.

Wie Sie schon an der werkseitigen Photoshop-Installation erkennen, lassen sich innerhalb des »Zusatzmodule«-Verzeichnisses weitere Ordner anlegen, in denen Sie die vorhandenen Plug-ins sortieren. Packen Sie neue Plug-ins in jeweils eigene Unterverzeichnisse, so dass man sie bei Bedarf schnell aus dem Verkehr ziehen kann. Außerdem fällt es bei getrennten Ordnern leichter, andere Programme gezielt auf diese Drittanbieter-Plug-ins zugreifen zu lassen, ohne gleichzeitig auch die Photoshop-eigenen Plug-ins zu laden – die nämlich laufen bei der Konkurrenz nicht unbedingt.

Kostenlose Zusatzmodule

Zahlreiche Querverweise zu meist englischsprachigen Plug-ins, darunter auch viele kostenlose, finden Sie im Internet. Zum einen bieten viele Hobbyprogrammierer ihre Ergebnisse an, oft nur für Windows-Rechner. Zum anderen finden Sie Lockangebote von Plug-in-Herstellern, die durch Herschenken von einzelnen Plug-ins zum Kauf der ganzen Sammlung animieren möchten.

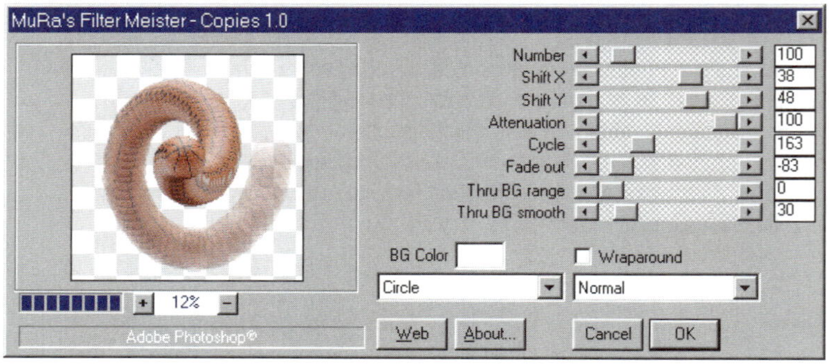

»MuRa's Copies«, ein kostenloses Plug-in, verteilt ein Objekt vielfach – allerdings nur auf einer einzigen Ebene. Dabei lassen sich verschiedene Anordnungen vorgeben, auch Zufallsverteilungen und nahtlose Muster sind möglich. Internet-Adresse: http://www.geocities.com/murakuma/mmplugins.html

Wer die schlichten, kunterbunten Sammlungen der »Filter Factory Gallery« und andere, oft kostenlose Plug-ins herunterladen möchte, ist mit den folgenden Übersichten gut bedient:

http://www.netins.net/showcase/wolf359/adobepc.htm

http://yuhsin.simplenet.com/filters

Prüfen Sie für weitere Übersichten auch die folgenden Adressen:

http://www.thepluginsite.com/

http://perso.club-internet.fr/gpl/index.html

http://www.pluginhead.i-us.com/

http://www.planete.net/~pbardou/download/

http://www.deepspaceweb.com/plugins.shtml

Die genannten Adressen boten bei Manuskriptabgabe kommentierte Verweise auf Englisch, oft auch Beispielbilder. Beachten Sie, dass kostenlose Plug-ins nicht immer überzeugen und gelegentlich nicht einmal funktionieren. Manche Gratismodule bilden gleichwohl eine gute Erweiterung von Photoshop. Eigene Zusatzmodule entwickeln Sie unter anderem mit der Filter Factory aus dem Verzeichnis »Zugaben/Optionale Zusatzmodule/Ffactory« von der Photoshop-CD.

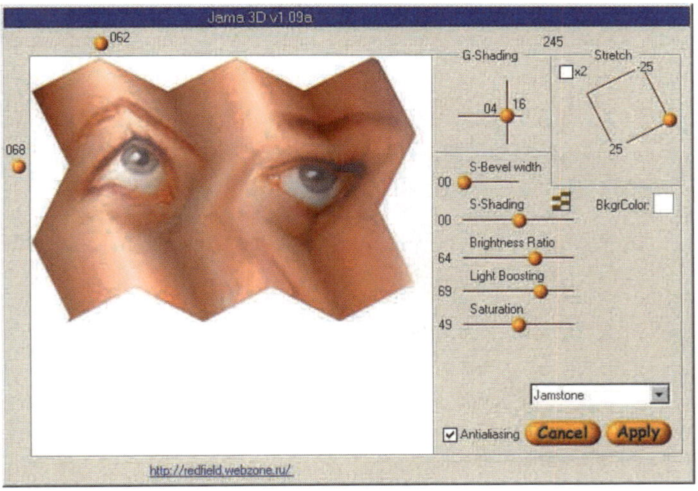

Verblüffend plastische Verzerrungen errechnet das kostenlose Windows-Plug-in »Jama 3D«. Adresse: http://www.mtu-net.ru/redfield/Download.htm

18.10 Der Aufbau von Internet-Seiten

Mit Photoshop und ImageReady entstehen nicht nur übliche Bilddateien, sondern komplexe Internet-Seiten, die sich aus HTML-Code plus Bilddateien zusammensetzen – so etwa die Web-Fotogalerien (Seite 189). Wir besprechen darum kurz den Aufbau von typischen Seiten im World-Wide-Web-Bereich des Internets. Solche Internet-Seiten bestehen meist aus zwei Dateitypen:

- Eine HTML-Datei enthält den Text, Formatierungshinweise und Verweise auf die Bilddateien.
- Getrennt davon gibt es die Bilddateien, zumeist in den Formaten JPG und GIF.

Photoshop wie auch ImageReady können HTML-Code und Bilddatei in zwei oder mehr separaten Dateien sichern. Außerdem haben Sie in ImageReady die Möglichkeit, nach Änderungen am Bild den HTML-Code allein zu speichern; dazu dient der Befehl DATEI: HTML AKTUALISIEREN. In seiner Browser-Vorschau zeigt ImageReady den HTML-Code zusätzlich zum Bildergebnis an; Sie können den HTML-Code hier bei Bedarf mit der Maus markieren und kopieren (Strg+C).

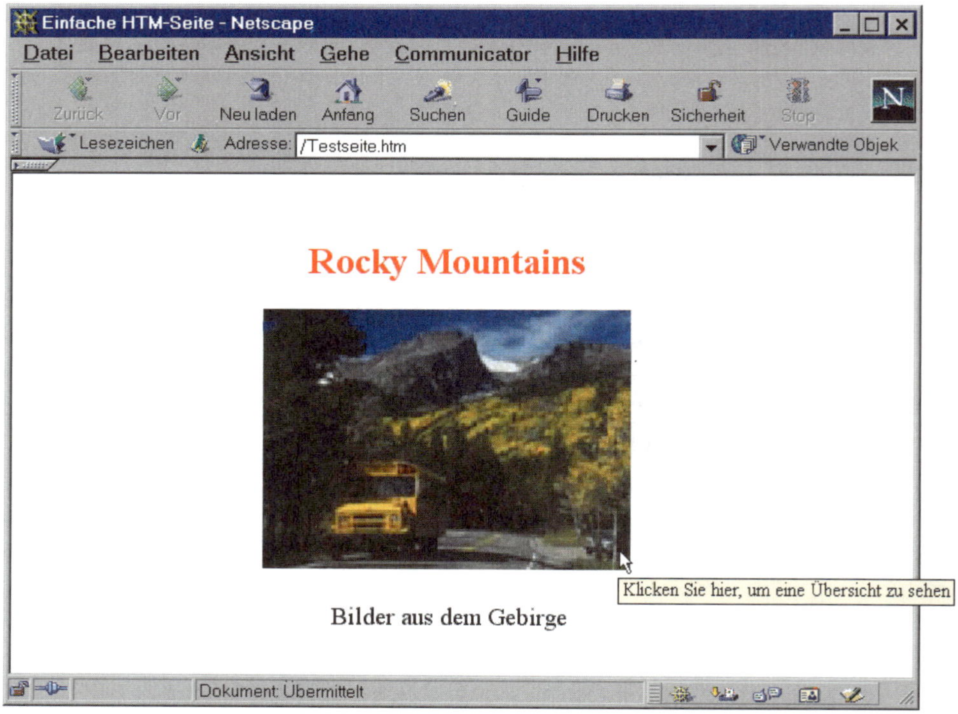

Bild und Text von Web-Seiten im Internet werden in getrennten Dateien übertragen. Diese einfache Seite besteht aus der Datei »Grundlagen_06.htm« und der Bilddatei »Grundlagen_06b.jpg«. Klicken Sie doppelt auf »Grundlagen_06.htm« im »Projekte«-Verzeichnis, um die Datei zu öffnen.

HTML-Dateien

Die HTML-Datei (für Hypertext Markup Language) enthält den Text, den Sie veröffentlichen möchten. Sie enthält zudem, stets in spitzen Klammern, Formatierungshinweise (so genannte Tags, wörtlich »Anhänger«). Diese Hinweise legen etwa fest, wie groß eine Schrift erscheint oder ob sie mittig oder linksbündig platziert wird.

Auch so genannte Hyperlinks werden auf der Internet-Seite notiert. Klickt man auf eine Grafik oder auf eine Textstelle, die als Hyperlink definiert ist, wird ein anderes Dokument geöffnet; dieses Dokument ist durch eine URL (unique resource locator) gekennzeichnet, einen eindeutigen Dateinamen und Speicherpfad zum Beispiel auf einem Internet-Server.

Die Formatierungshinweise (Tags) und die Hintergrundinformationen für die Hyperlinks sieht man im Internet-Betrachter (Browser) nicht. Sie sehen diesen vollständigen HTML-Text jedoch im Browser mit einem Befehl wie ANSICHT: SEITENQUELLTEXT oder ANSICHT: QUELLTEXT ANZEIGEN. Einblick in HTML-Code bietet auch das Projekt zur Web-Fotogalerie ab Seite 189.

Bilder für Internet-Seiten

Die HTML-Seiten enthalten nicht das Bild selbst. Stattdessen finden Sie dort nur einen Verweis auf den Speicherort der Bilddatei, wieder in spitzen Klammern. Erscheint nur der Dateiname, muss sich das Bild im selben Verzeichnis wie die HTML-Datei befinden. Häufig legt man Bilder in Unterverzeichnisse. Dieses Unterverzeichnis muss dann im HTML-Code genannt werden. Bei Bedarf können Sie auch Bilder einplanen, die auf anderen Internet-Servern liegen; dann nennen Sie die komplette, eindeutige Speicheradresse (die URL) in der HTML-Seite. Photoshop und ImageReady legen die für HTML-Seiten erzeugten Bilddateien in das automatisch erstellte Unterverzeichnis »Images«, sofern Sie die werkseitigen Voreinstellungen nicht geändert haben.

Eine GIF- oder JPG -Datei können Sie auch ohne jeden HTML-Code direkt auf die Internet-Seite stellen (ziehen Sie testhalber eine solche Datei über Ihr Internet-Programm). Das Bild erscheint dann in der Zoomstufe 100 Prozent links oben. Soll das Bild dagegen mittig platziert werden, vielleicht eine Bildunterschrift oder eine Einblenderklärung enthalten, so ist HTML-Code erforderlich. Sie öffnen dann mit dem Internet-Browser nur noch die HTML-Datei, das Bild wird automatisch geladen.

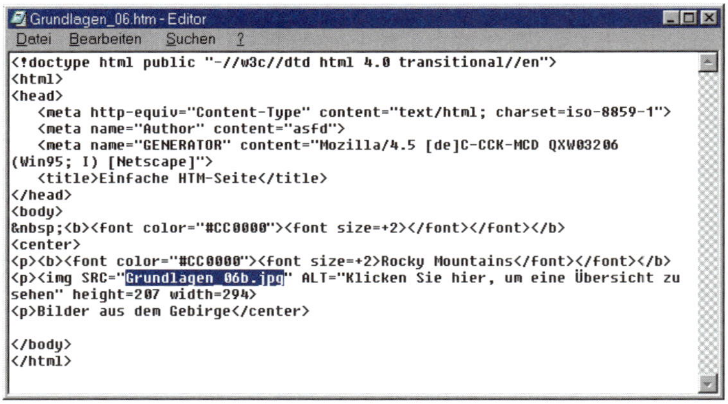

Grundlagen_06.htm - Editor

Datei Bearbeiten Suchen ?

```
<!doctype html public "-//w3c//dtd html 4.0 transitional//en">
<html>
<head>
   <meta http-equiv="Content-Type" content="text/html; charset=iso-8859-1">
   <meta name="Author" content="asfd">
   <meta name="GENERATOR" content="Mozilla/4.5 [de]C-CCK-MCD QXW03206
(Win95; I) [Netscape]">
   <title>Einfache HTM-Seite</title>
</head>
<body>
 <b><font color="#CC0000"><font size=+2></font></font></b>
<center>
<p><b><font color="#CC0000"><font size=+2>Rocky Mountains</font></font></b>
<p><img SRC="Grundlagen_06b.jpg" ALT="Klicken Sie hier, um eine Übersicht zu
sehen" height=207 width=294>
<p>Bilder aus dem Gebirge</center>

</body>
</html>
```

Der HTML-Code für die Internet-Seite enthält den Text, Formatierungshinweise (Tags) und die Verweise auf andere Bilddateien und Internet-Seiten. Hier der HTML-Code für die Seite auf der vorhergehenden Abbildung.

HTML-Dateien bearbeiten

Die gesamte HTML-Datei besteht nur aus ASCII-Zeichen, also aus 255 üblichen Schriftzeichen. Sie können die HTML-Datei darum mit üblichen Textprogrammen oder so genannten ASCII-Editoren bearbeiten. Sie müssen natürlich den HTML-Code genau beherrschen, damit die Seite wie gewünscht erscheint.

Einfacher ist es, so genannte HTML-Editoren zu verwenden – Programme zur Gestaltung von Internet-Seiten. Hier hat man mit dem HTML-Code im Hintergrund oft nur wenig zu tun. Einige HTML-Editoren erhält man teilweise umsonst, so etwa Frontpage Express oder Netscape Composer. Auch einige Text- und Grafikprogramme können HTML schreiben.

HINweis

Stellen Sie gleichzeitig eine WWW-Seite im Browser dar und korrigieren Sie den HTML-Code in einem anderen Programm? Dann speichern Sie den Code und klicken Sie im Browser auf die Schaltfläche AKTUALISIEREN. Damit erscheint die Seite in der soeben geänderten Form.

Java und JavaScript

Java ist eine Programmiersprache. Java-Programme für das Internet heißen »Java-Applets«. Sie eignen sich gut zur Nutzung im worldweiten Web, weil sie klein sind, unabhängig vom Betriebssystem funktionieren und vom Internet-Browser ausgeführt werden. Mit Java lassen sich unter anderem Animationen, geführte Touren oder Kalkulationsanwendungen verwirklichen. Unabhängig davon gibt es die Programmierung per JavaScript. Image-

Ready erzeugt JavaScript-Code für seine Rollover-Effekte; bei den Animationen wird Java nicht verwendet. So oder so haben Sie damit nichts zu tun: Das Programm fügt die Java-Zeilen in den übrigen HTML-Code ein – fertig. Nur allerälteste Browser unterstützen kein Java, allerdings schalten manche Anwender Java aus Sicherheitsgründen ab.

18.11 Arbeitsfläche verkleinern

Schnellstmöglich sollten Sie überflüssigen Bildrand entfernen. Sie sparen Speicherplatz und Rechenzeit. Auch Histogramme etwa beim Befehl BILD: EINSTELLEN: TONWERTKORREKTUR werden nicht dadurch verfälscht, dass Sie überflüssiges Pixelmaterial in der Tonwertanalyse mitberücksichtigen. Photoshop bietet unterschiedlichste Wege, um den Bildrand zu kappen:

- Verwenden Sie das Freistellwerkzeug für freihändige Ausschnitte oder auch für Kürzungen mit genauen Maßangaben.
- Verwenden Sie ein Auswahlwerkzeug und den Befehl BILD: FREISTELLEN.
- Verwenden Sie bei Bildern mit einfarbigem Rand oder bei Objekten über transparentem Hintergrund den Befehl BILD: ZUSCHNEIDEN.
- Theoretisch eignet sich auch der Befehl BILD: ARBEITSFLÄCHE, wenn Sie niedrige Werte eintippen; Sie erhalten hier jedoch keine Vorschau.

LÖSCHEN versus AUSBLENDEN

Bei einigen Freistell-Verfahren bietet Photoshop die Optionen LÖSCHEN und AUSBLENDEN an. Der Unterschied:

- Mit der Vorgabe LÖSCHEN entfernen Sie den Außenstand endgültig – er wird entsorgt. Die Dateigröße sinkt.
- AUSBLENDEN versteckt dagegen die gekappten Bildpartien nur hinter dem neuen Bildrand. Unsichtbare Teile einer abgeschnittenen Bildebene können Sie immer noch in den sichtbaren Bereich ziehen. Hierbei bleibt natürlich die Dateigröße hoch, wenn Sie wesentliche Bildteile außerhalb des Bildfensters belassen.

Links: Dieses Bild haben wir mit dem Freistellwerkzeug gekürzt und dabei die Option AUSBLENDEN verwendet. Rechts: Bereiche des Montage-Objekts, die nach dem Freistellen nicht sichtbar waren, blieben deshalb voll erhalten und können mit dem Verschieben-Werkzeug ins Bild gezogen werden. Datei: Grundlagen_07

Die Auswahl zwischen LÖSCHEN und AUSBLENDEN präsentiert Photoshop jedoch nur, wenn das Bild Ebenen hat und nicht ausschließlich aus einer »Hintergrund«-Ebene besteht. Verwenden Sie zum Speichern das Photoshop-Dateiformat. Für Bilder mit reiner »Hintergrund«-Ebene verwendet Photoshop generell die Option LÖSCHEN.

Hier galt beim Freistellen die Option LÖSCHEN. Nicht sichtbare Teile des Montage-Objekts wurden also endgültig entfernt. Zieht man die Ebene weiter ins Bild hinein, sind die Folgen des Freistellens erkennbar.

HINweis: Möchten Sie ein Bild, das ausschließlich aus einer »Hintergrund«-Ebene besteht, mit der Option AUSBLENDEN freistellen, so dass später der gekappte Bildrand noch zur Verfügung steht? Klicken Sie doppelt auf die »Hintergrund«-Ebene in der Ebenenpalette (F7), um die »Hintergrund«-Ebene in eine normale Montage-Ebene zu verwandeln. Das sichtbare Bild ändert sich dadurch nicht.

Verborgene Bildbereiche wieder anzeigen

Haben Sie mit der Option AUSBLENDEN Randbereiche Ihrer Montage versteckt? Auf verschiedenen Wegen machen Sie das Material wieder sichtbar:

- Ziehen Sie verborgene Bildteile mit dem Verschieben-Werkzeug wieder ins Foto.
- Erweitern Sie die Arbeitsfläche nach Belieben mit dem Befehl BILD: ARBEITSFLÄCHE.
- Erweitern Sie die Arbeitsfläche exakt um den erforderlichen Betrag mit dem Befehl BILD: NICHTS MASKIERT.

HINweis: Auch Ebenen, die Sie mit dem Verschieben-Werkzeug teilweise aus dem Bild schieben, werden im Photoshop-Format generell zur Gänze mitgespeichert und lassen sich wie oben beschrieben wieder sichtbar machen.

Verborgene Bildbereiche endgültig löschen

Eventuell möchten Sie Bereiche, die Sie zunächst außerhalb der Bildkanten nur verborgen haben, endgültig löschen. So sparen Sie schließlich Speicherplatz. So geht's:

1. Wählen Sie das gesamte sichtbare Bild mit Strg+A aus.
2. Wählen Sie den Befehl BILD: FREISTELLEN.

Freistellen mit dem Freistellwerkzeug

In der Regel nutzt man das Freistellwerkzeug (Taste C, für Cropping Tool), um Bildränder wegzuschneiden. Es ist gleichzeitig besonders einfach und vielseitig nutzbar. Prinzipiell läuft es so:

1. Machen Sie das Gesamtbild am Schirm sichtbar ist, zum Beispiel mit dem Befehl ANSICHT: GANZES BILD (Strg+0).
2. Aktivieren Sie das Freistellwerkzeug.

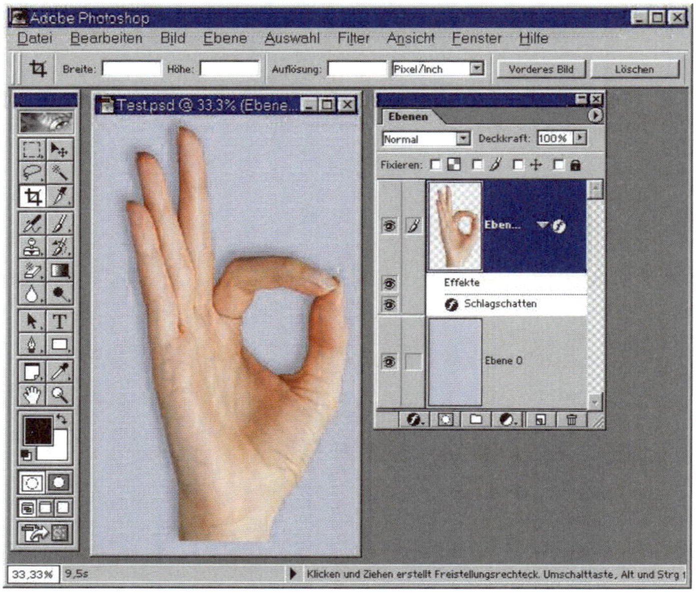

So beginnt die Arbeit mit dem Freistellungswerkzeug: Wenn Sie das Werkzeug aktivieren, können Sie oben in den Optionen Maße vorgeben.

3. Klicken Sie zum Beispiel in die linke obere Ecke des Bildteils, den Sie heraustrennen wollen.
4. Ziehen Sie die Maus in die rechte untere Ecke des gewünschten Ausschnitts. Dabei entsteht ein Rechteckrahmen.
5. Sobald Sie die Maustaste loslassen, sehen Sie acht Griffpunkte an diesem Rahmen und ein Zentrierstück in der Mitte. Je nach gewählter Option ist der äußere Bildbereich farblich abgedeckt.
6. Ziehen Sie an den Eckgriffen, um den Rahmen in Breite und Höhe gleichzeitig zu verändern; ziehen Sie an den Griffpunkten in der Mitte einer Rahmenseite, um einseitig nur Höhe oder Breite zu verändern.
7. Führen Sie den Mauszeiger ins Auswahlinnere – er erscheint dort als schwarzes Dreieck. Sie können den Rahmen jetzt noch verschieben. Sobald Sie doppelklicken, die OK-Schaltfläche ✓ anklicken oder die [↵]-Taste drücken, beschneidet Photoshop das Bild tatsächlich. Der Außenbereich entfällt, das Bild nimmt weniger Platz auf dem Monitor ein. – Drücken Sie die [Esc]-Taste oder klicken Sie auf die Abbrechen-Schaltfläche ✗, um den Freistellrahmen ohne weitere Konsequenzen verschwinden zu lassen.

8. Passt Ihnen der neue Ausschnitt nicht, widerrufen Sie Ihre Kürzungspolitik mit Strg+Z.

Was immer Sie mit dem Freistellwerkzeug treiben, die Info-Palette (F8) meldet es: Hier lesen Sie die Größe der Auswahl in Pixeln oder Zentimeter ab und Sie erfahren auch den Winkel einer gedrehten Auswahl.

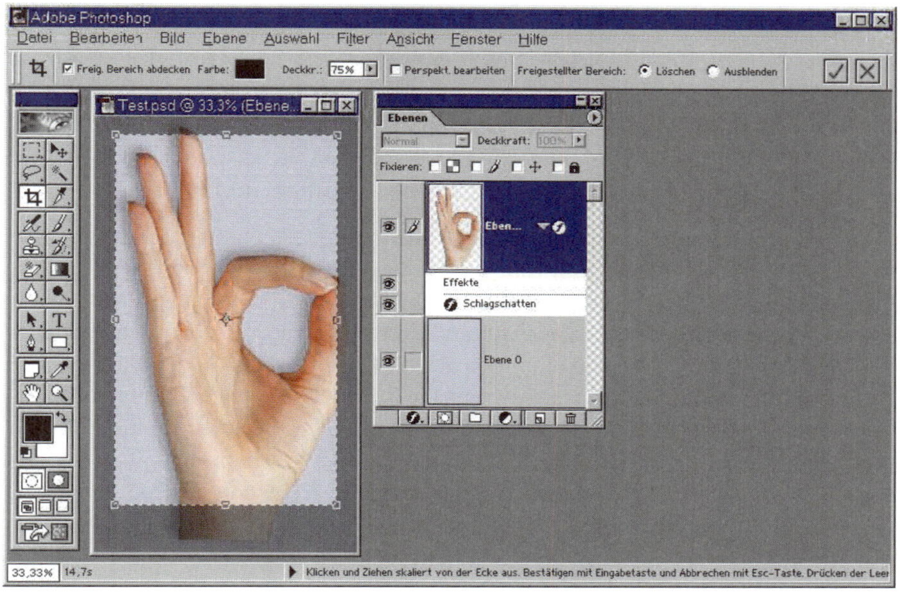

Sobald Sie einen Freistellrahmen aufgezogen haben, ändern sich die Optionen. Sie haben nun Angebote wie »Freigestellten Bereich abdecken« oder »Perspektive bearbeiten«. Bei Bildern, die nicht nur aus einer »Hintergrund«-Ebene bestehen, bietet Photoshop überdies die Wahl zwischen »Löschen« und »Ausblenden«. Mit den Schaltflächen ganz rechts können Sie die Freistellung bestätigen oder abbrechen.

Den Freistellrahmen formen und verändern

Sie haben die Möglichkeit, den kompletten Auswahlrahmen schon beim Aufziehen speziell zu formen oder auch den vorhandenen Rahmen zu bearbeiten:

- Den Bereich außerhalb des Freistellrahmens zeigt Photoshop zunächst abgedunkelt. Deckkraft und Farbe dieser Abdeckung korrigieren Sie mit den Feldern FARBE und DECKKRAFT in der Optionen-Leiste zum Freistellwerkzeug. Abwahl der Option FREIGESTELLTEN BEREICH ABDECKEN bereitet dem Versteckspiel ein Ende.

- Mit gedrückter [Alt]-Taste ziehen Sie einen Freistellrahmen von der Mitte her auf. Das macht Sinn, wenn Sie einen bestimmten Bildteil exakt in der Mitte platzieren wollen. Sie drücken dann die [Alt]-Taste und ziehen den Rahmen von diesem Bildteil aus auf. – Mit gedrückter [⇧]-Taste wird der Freistellrahmen quadratisch. (Diese Tastengriffe gelten sinngemäß auch für die Werkzeuge Auswahlrechteck und Auswahlellipse.)
- Klicken und ziehen Sie an einem der Anfasser, um den Rahmen zu vergrößern oder zu verkleinern. Ziehen Sie wie üblich mit gedrückter [⇧]-Taste, wenn Sie die Proportionen des Freistellrahmens wahren möchten.
- Klicken Sie einmal in den Freistellrahmen und ziehen Sie, um den Rahmen mit gedrückter Maustaste zu verschieben; dabei verändert sich die Größe nicht. Drücken Sie beim Verschieben die [⇧]-Taste, um den Rahmen entlang von rechten Winkeln zu bewegen. Wie üblich schieben Sie den Rahmen mit den Pfeiltasten in Pixelschritten durchs Bild; [⇧]+Pfeiltaste schaltet zu Zehn-Pixel-Schritten um.
- Um den Freistellrahmen zu drehen, halten Sie den Mauszeiger außen neben den Rahmen; der Zeiger erscheint jetzt als gebogener Doppelpfeil. Mit gedrückter Maustaste lässt sich der Rahmen jetzt um je 45 Grad in jede Richtung drehen. Die Info-Palette zeigt den Winkel an. So drehen Sie leicht ein Bild und korrigieren einen schrägen Horizont. Photoshop verkleinert den Rahmen automatisch, wenn er an den Bildrand stoßen sollte. Wenn Sie die Zentrier-Achse verschieben möchten, ziehen Sie das Zentrier-Stück aus der Mitte an den gewünschten Punkt, zum Beispiel in eine Bildecke. Danach gilt: Sobald Sie mit dem Freistellzeiger doppelt in die markierte Zone klicken, wird das Bild entsprechend dem gedrehten Rahmen gedreht und beschnitten. Bilder im Bitmap-Modus können Sie nicht drehen. Eine Alternative zu diesem Verfahren bildet der Befehl BILD: ARBEITSFLÄCHE DREHEN: PER EINGABE (vergleiche Kugel mit Polarkoordinaten, ab Seite 37).

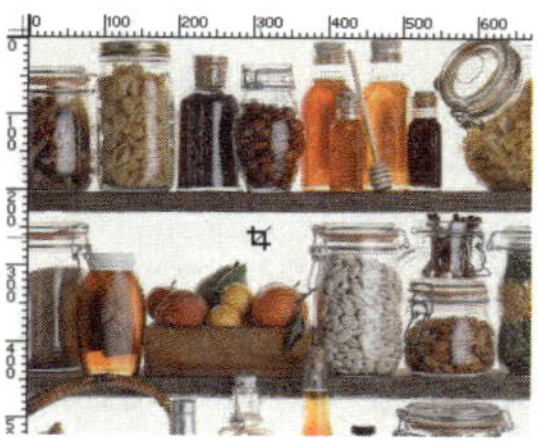

Links: Durch Ziehen außerhalb des Freistellrahmens drehen Sie die Markierung exakt parallel zum Horizont. Photoshop deckt den Bereich außerhalb des Freistellrahmens dunkel ab. Rechts: Nach einem Doppelklick in den Freistellrahmen entfernt Photoshop den Außenrand und dreht das Bild wie gewünscht. Das Lineal zeigt die reduzierten Pixelmaße. Datei: Grundlagen_08

HINweis

Das Freistellwerkzeug fühlt sich magnetisch angezogen von Bildelementen wie Hilfslinien oder Grundrastern, sofern Sie dies mit dem Untermenü Ansicht: Ausrichten an festlegen. Sie können also den Freistellrahmen exakt an solchen Linien entlang führen. In der Photoshop-Grundeinstellung wirken auch die Dokumentbegrenzungen magnetisch. Das kann lästig sein, wenn Sie akkurat nur wenige Randpixel entfernen möchten; schalten Sie die Option bei Bedarf ab.

Freistellwerkzeug: Perspektive bearbeiten

Wenn Sie mit Hilfe der Freistelloptionen die Perspektive bearbeiten, können Sie das Bild gleichzeitig freistellen und perspektivisch korrigieren – insbesondere lassen sich stürzende Linien ausgleichen, die bei der Architekturfotografie durch eine nach oben gekippte Kamera entstehen.

Ziehen Sie einfach an einzelnen Eck-Anfassern und bringen Sie den Freistellrahmen auf Parallelkurs zu den Rändern des Motivs. Drücken Sie die ⇧-Taste für strikt horizontale oder vertikale Bewegungen. An den mittleren Anfassern verändern Sie die Gesamtgröße des Rahmens. Nach einem Doppelklick in den Rahmen hinein entfernt Photoshop die Ränder und korrigiert die Perspektive.

HINweis

Bedenken Sie, dass Photoshop bei dieser Funktion – wie auch beim Drehen per Freistellwerkzeug – Bildpunkte neu berechnet. Dabei verwendet Photoshop diejenige Interpolationsmethode, die Sie mit dem Befehl Bearbeiten: Voreinstellungen: Allgemein einrichten, am besten wirkt meist Bikubisch. Danach den Scharfzeichner nicht vergessen.

Links: Hier wenden wir das Freistellwerkzeug mit der Option Perspektive bearbeiten an. Das Bild wurde mit gekippter Kamera aufgenommen und zeigt deswegen stürzende Linien. Wir richten den Freistellrahmen an den Rändern des Hauptmotivs aus. Datei: Grundlagen_09

FREISTELLEN mit Auswahlwerkzeug

Sie müssen nicht unbedingt das Freistellwerkzeug bemühen. Sie können auch eine beliebige Auswahl erzeugen und das Bild auf die Außengrenzen dieser Auswahl stutzen. Dabei gilt: Die Auswahl kann eine beliebige Form und eine weiche Kante haben; Sie benötigen keine Rechteck-Auswahl mit harter Kante. Weiche Kanten beschneidet Photoshop am äußersten Auswahlrand; so bleiben auch Bildpartien erhalten, die nur zu wenigen Prozent ausgewählt waren. Wenn die Auswahl steht, wählen Sie den Befehl BILD: FREISTELLEN. Möglicher Verwendungszweck:

- Sie markieren ein Objekt mit dem Zauberstab und schneiden das Foto per FREISTELLEN auf die reine Größe dieses Hauptmotivs zurück. (Ist der Hintergrund jedoch perfekt einfarbig, empfiehlt sich der Befehl ZUSCHNEIDEN (siehe unten).
- Sie markieren einen Bildbereich mit dem Auswahlrechteck und geben in den Optionen eine feste Pixelzahl vor. Ein entsprechend großer Bildteil lässt sich nun per FREISTELLEN heraustrennen, ohne dass Photoshop Bildpunkte neu ins Bild rechnet – ein Service, den Sie beim Freistellwerkzeug nicht bekommen.
- Sie wollen die Pixelmaße einer Datei A für die größere Datei B übernehmen. Dazu wählen Sie die Datei A komplett aus (Strg+A), ziehen den Auswahlrahmen mit einem Auswahlwerkzeug ins Dokument B und entscheiden auf FREISTELLEN. Für dieses Vorhaben eignet sich jedoch auch die Option VORDERES BILD des Freistellgeräts.

HINweis: Der Befehl FREISTELLEN entfernt die Außenstände endgültig. Sie können also nicht, wie beim Freistellwerkzeug mit der Option AUSBLENDEN, Gekapptes wieder in den sichtbaren Bereich ziehen.

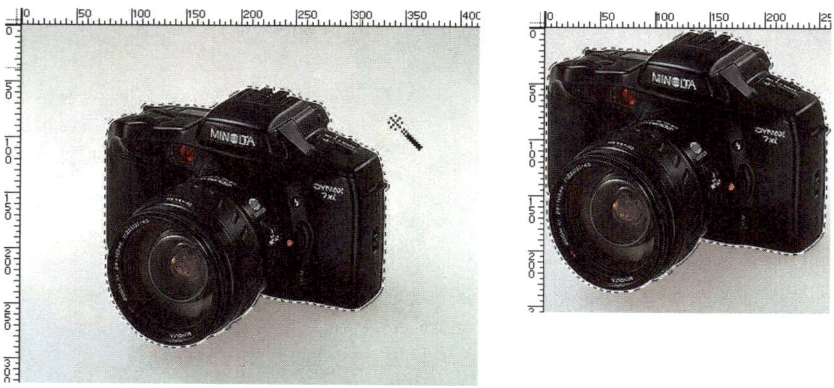

Links: Der Hintergrund wurde in mehreren Schritten mit dem Zauberstab ausgewählt. Anschließend haben wir die Auswahl umgekehrt, so dass nur noch das Hauptmotiv markiert war. Rechts: Der Befehl »Bild: Freistellen« stutzt das Bild auf die Auswahlgrenzen zurecht.

Zuschneiden

Der Befehl Bild: Zuschneiden kürzt Motive, die von komplett einfarbigem oder transparentem Hintergrund umgeben sind. Sie haben folgende Möglichkeiten:

- Mit der Vorgabe Transparente Pixel entfernt Photoshop den Bereich, der komplett transparent ist und keinerlei auch nur schwach deckende Bildpunkte zeigt. Dabei betrachtet ImageReady das Gesamtbild und nicht nur die aktuelle Ebene. Möglicherweise haben Sie Objekte über Transparenz erzeugt und mit Schatten unterlegt – die Vorgabe Transparente Pixel begrenzt Ihr Bild auf das Hauptobjekt und erhält den Schatten perfekt.
- Mit der Vorgabe Farbe Pixel oben links werden Bildteile weggeschnitten, die exakt so gefärbt sind wie der Bildpunkt links oben.
- Wählen Sie Farbe Pixel unten rechts, um Bildteile zu kappen, die genauso gefärbt sind wie der Bildpunkt ganz rechts unten.

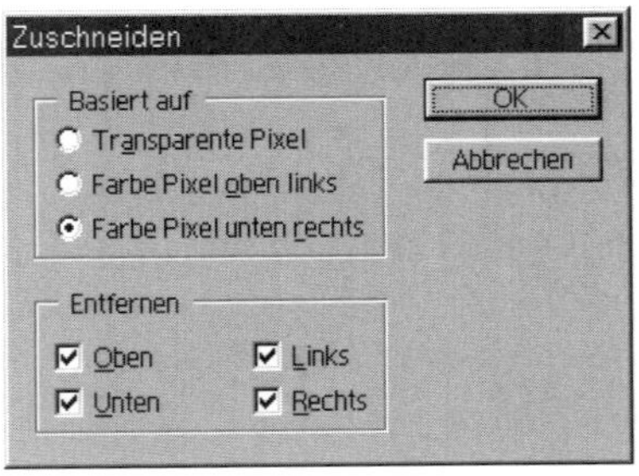

Der Befehl Bild: Zuschneiden kappt transparente oder einheitlich gefärbte Bildbereiche.

Diese Schnitte mit dem Zuschneiden-Befehl funktionieren unter einer Bedingung: Ein Streifen mit völlig einheitlicher Färbung muss sich (zum Beispiel) von links oben wirklich bis zum unteren oder bis zum rechten Bildrand ziehen. Ändert sich der Tonwert auf halber Strecke auch nur geringfügig, entfernt Photoshop gar nichts mehr. Auch für die Vorgabe Transparente Bereiche gilt: Mindestens eine Bildseite muss Transparenz auf voller Länge und auf allen Ebenen zeigen, sonst funktioniert es nicht.

Links: Das Objekt wurde über transparentem Bildbereich entworfen und mit einem Schatten unterlegt. Rechts: ZUSCHNEIDEN mit der Vorgabe TRANSPARENTE BEREICHE schneidet den komplett durchsichtigen Rand weg. Der Schatten wird jedoch nicht angetastet. Datei: Grundlagen_10

Neue Datei statt Randentfernung

Mit den BILD-Befehlen ZUSCHNEIDEN und FREISTELLEN können Sie Ihr Werk so stutzen, dass sich der Rand akkurat um das Hauptmotiv herum legt und keinen überflüssigen Hintergrund zeigt. Mitunter möchte man jedoch das Originalbild gar nicht kappen – stattdessen soll das Hauptmotiv sofort in einer neuen, maßgeschneiderten Datei erscheinen. Treffen Sie diese Vorbereitungen:

- Wenn Sie auf einer reinen »Hintergrund«-Ebene arbeiten, markieren Sie Ihr Hauptmotiv mit Auswahlfunktionen.
- Steht das Objekt Ihrer Begierde bereits sauber freigestellt auf einer eigenen Ebene, laden Sie die Konturen dieser Ebene als Auswahl; dazu klicken Sie die Ebenenminiatur bei gedrückter [Strg]-Taste an. Achten Sie darauf, dass diese Ebene aktiviert ist.

So geht es weiter:

1. Kopieren Sie den Auswahlinhalt mit [Strg]+[C] in die Zwischenablage.
2. Rufen Sie den Befehl DATEI: NEU auf. Photoshop schlägt nun im Dialogfeld NEU Pixelmaße vor, die exakt zu Ihrem kopierten Bildbereich passen.
3. Klicken Sie auf OK, so dass eine neue, leere Datei entsteht.
4. Fügen Sie den zuvor kopierten Bildteil mit [Strg]+[V] ein.

18.12 Arbeitsfläche erweitern

Häufig will man Bildfläche anbauen, um etwa mehr Platz für eine Montage zu haben. Sie erhalten dann zum Beispiel zusätzliche weiße oder transparente Fläche im Bild. Dazu eignen sich die BILD-Befehle ARBEITSFLÄCHE und NICHTS MASKIERT sowie das Freistellwerkzeug. Die bereits vorhandenen Bildpunkte werden nicht verändert. Die eingespeicherte Druck-Auflösung bleibt erhalten, Pixel-Zahl und Druckmaße erhöhen sich.

Der Befehl ARBEITSFLÄCHE

Im Dialogfeld zum Befehl BILD: ARBEITSFLÄCHE lesen Sie oben die aktuelle HÖHE und BREITE Ihres Werks. Darunter klicken Sie auf eine Größeneinheit Ihrer Wahl, etwa PIXEL, PROZENT oder ZENTIMETER. Sie können als BREITE auch SPALTEN angeben, das Maß für eine Spalte legen Sie in den VOREINSTELLUNGEN (Strg+K) fest. Dann tippen Sie die neue, erweiterte Größe ein. Beachten Sie freilich das Feld NEUE GRÖSSE: Generöse Erweiterungen blähen die Datei arg auf.

Mit einem Klick in das Neuner-Feld geben Sie an, wo innerhalb der erweiterten Fläche das bisherige Bild stehen soll. Ein Beispiel: Klicken Sie in das Rechteck rechts unten, so platziert Photoshop das ursprüngliche Foto ganz unten rechts in der vergrößerten Bilddatei. Bei einer Höhenänderung setzt Photoshop die neue Fläche oberhalb des alten Werks an, bei einer Änderung in der Breite wird die neue Fläche ausschließlich links angebaut.

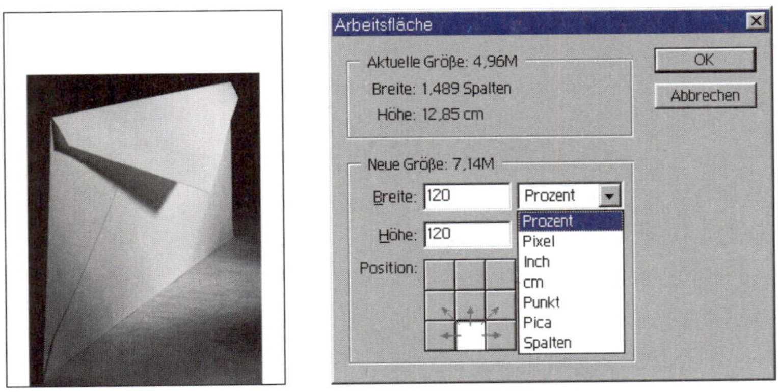

Dieses Bild wird um feste Bildpunktbeträge erweitert. In diesem Fall platzieren wir das ursprüngliche Bild mittig unten, die neue Fläche wird also links und rechts sowie oben angesetzt. Photoshop setzt hier Weiß ein, weil dies unsere aktuelle Hintergrundfarbe war und weil wir eine »Hintergrund«-Ebene und keine Montage-Ebene bearbeiten. Datei: Umschlag

INSIDER

Der ARBEITSFLÄCHE-Befehl bei ImageReady bietet zusätzlich die Option RELATIV: Wenn Sie im Arbeitsfläche-Dialog RELATIV aktivieren, müssen Sie nicht mehr die neue Gesamtzahl an Bildpunkten angeben. Stattdessen nennen Sie nur noch die Zahl derjenigen Punkte, die an die bereits vorhandene Fläche zusätzlich angebaut werden sollen. Die neue Arbeitsfläche erscheint bei ImageReady transparent und nicht in der Hintergrundfarbe.

Mehr Arbeitsfläche mit dem Freistellwerkzeug

Auch mit dem Freistellwerkzeug (siehe oben) können Sie die Arbeitsfläche vergrößern. So geht's:

1. Am besten stellen Sie das Foto im Vollschirmmodus dar; dafür gibt es die Taste [F] oder die Vollschirm-Schaltfläche unten in der Werkzeugleiste.
2. Nun ziehen Sie einen Rahmen auf, der zunächst nicht größer ist als das vorhandene Bild.
3. Ziehen Sie den Rahmen in einem zweiten Anlauf über den bisherigen Bildrand hinaus.
4. Nach dem Druck auf die [↵]-Taste oder Doppelklick in den Rahmen vergrößert Photoshop die Bildfläche und setzt in das Neuland die Hintergrundfarbe oder Transparenz ein. (Die praktische Hintergrundfarbe Weiß richten Sie schnell mit der Taste [D] ein.) ImageReady erzeugt ein transparentes Anbaugebiet.

Hier wird die Arbeitsfläche mit dem Freistellwerkzeug erweitert.

Mehr Arbeitsfläche mit dem Befehl »Nichts maskiert«

Eventuell haben Sie Bildteile außerhalb des sichtbaren Bildbereichs verborgen. Sie haben zum Beispiel Ebenen-Objekte mit dem Verschieben-Werkzeug nach außen geschoben oder das Freistellwerkzeug mit der Option AUSBLENDEN verwendet (siehe oben). Wenn Sie nun den Arbeitsbereich erweitern, kommen diese Bildteile wieder zum Vorschein. Verwenden Sie den Befehl BILD: NICHTS MASKIERT, dann erweitert Photoshop die Arbeitsfläche so, dass alle verborgenen Partien wieder voll im Bildfenster Platz finden.

Links: Die Hand-Ebene in diesem Bild ragt über die Bildränder hinaus. Mitte, rechts: Der Befehl BILD: NICHTS MASKIERT erweitert die Arbeitsfläche so, dass die zuvor verborgenen Ebenenteile sichtbar werden. Datei: Grundlagen_07

Bildhintergrund hinzuerfinden

Oft genug müssen Sie ein Bild nach oben oder zur Seite verlängern. Eventuell passt es sonst nicht ins Layout oder Sie brauchen weiteren Hintergrund, auf dem Sie Headlines platzieren. Zunächst bauen Sie Arbeitsfläche an und dann muss der leere Raum unauffällig gefüllt werden. Dazu wird meist vorhandener Hintergrund auf verschiedene Arten verlängert. Diese Verfahren bieten sich an:

- Gibt es bereits einen breiteren Rand um das Hauptmotiv herum, gehen Sie so vor: Sie wählen den Bereich bei weicher Auswahlkante aus, heben den Bereich mit Strg+J auf eine eigene Ebene, spiegeln den Bereich mit den Befehlen aus dem Untermenü BEARBEITEN: TRANSFORMIEREN und verschieben das Objekt mit dem Verschieben-Werkzeug über die neue, leere Arbeitsfläche. Experimentieren Sie mit der besten Position – das Objekt wird nahtlos an den ursprünglichen Rand anschließen, sofern keine Diagonalen an den Bildrand stoßen.
- Alternative: Sie wählen einen vorhandenen Randbereich aus und dehnen ihn mit der TRANSFORMIEREN-Funktion (Strg+T).
- Verwenden Sie den Kopierstempel (Taste S), meist mit weicher Werkzeugspitze, und übertragen Sie einzelne Bildbereiche in die neue Arbeitsfläche. Wir nutzen dieses Werkzeug in den Projekten »Pickel entfernen«, Seite 165 und »Kugel mit Polarkoordinaten«, Seite 37.

- Manchmal hilft alles nichts: Sie müssen das Hauptmotiv vor einen völlig neuen Hintergrund setzen, um mehr Fläche zu schaffen. Sie können das Hauptmotiv zum Beispiel auswählen und kopieren (Strg + C), um es vor der neuen, größeren Szenerie einzufügen (Strg + V).

Links: Bei diesem Bild haben wir die Arbeitsfläche links und oben erweitert. Den freien weißen Streifen links füllen wir, indem wir den vorhandenen Bildstreifen links mit dem Auswahlrechteck bei weicher Kante markieren, mit Strg + J auf eine neue Ebene heben und mit BEARBEITEN: TRANSFORMIEREN: HORIZONTAL SPIEGELN weiter anpassen. Das gespiegelte Stück mit weicher Kante füllt nahtlos die Lücke. Rechts: Der Himmel wird mit dem Kopierstempel bei weicher Werkzeugspitze aufgemalt. Es überträgt Kopien des vorhandenen Himmels in die weiße Fläche. Datei: Grundlagen_11

18.13 Druckmaße korrigieren

Fast jede Bilddatei hat eine eingespeicherte Druckgröße – gemeint ist die Zahl der Bildpunkte, die pro Zentimeter oder pro Zoll (Inch) zu Papier gelangen soll. In diesem Abschnitt besprechen wir, wie Sie Druckmaße Ihres Bildes verändern. Es geht hier nur um Änderungen an der Papierfläche, nicht aber um Korrekturen an der Dateigröße oder an der benötigten Monitorfläche. Sie können die Druckmaße nur für den aktuellen Ausdruck umstellen oder aber dauerhaft in der Datei speichern. Für Internet-Designer ist dieser Hauptabschnitt also uninteressant und ImageReady bietet ohnehin keine brauchbaren Druckfunktionen.

HINweis

Photoshop bietet zwei interessante Funktionen für Anwender, die teures Druckpapier optimal nutzen wollen: Der Befehl DATEI: AUTOMATISIEREN: BILDPAKET packt ein und dasselbe Bild mehrfach auf eine Seite. Der Befehl DATEI: AUTOMATISIEREN: KONTAKTABZUG II stellt Bildsammlungen als Miniaturen innerhalb von Photoshop-Bilddateien zusammen, die Sie als Katalogausdruck mit oder ohne Dateiname verwenden können.

Druckmaße für Einzelausdruck anpassen

Mit dem Befehl DATEI: DRUCKOPTIONEN (Strg+Alt+P) bestimmen Sie die Druckmaße für das Einzelbild. In der Druckbildvorschau erscheint Ihr Werk zunächst in der eingespeicherten Druckgröße. Diese lässt sich nun frei verändern: Verschieben Sie das Bild einfach frei über dem Seitenschema und ziehen Sie an den Rändern des Bildes, um die Größe zu ändern. Alternativ tippen Sie neue Koordinaten und Bildmaße in die Datenfelder unter POSITION und SKALIERTE AUSGABEGRÖSSE. Bei diesem Vorgang ändern Sie nur die Maße für das gedruckte Bild. Die ursprünglichen, in der Datei gespeicherten Druckmaße bleiben erhalten. Sie können natürlich freier gestalten, wenn Sie die Optionen BILD ZENTRIEREN und AUF MEDIENGRÖSSE SKALIEREN abschalten.

Die Option BEGRENZUNGSRAHMEN EINBLENDEN spendiert Ihrer Druckbildvorschau überdies einen Rechteckrahmen mit Anfasspunkten – nützlich zum Beispiel bei Bildern mit sehr hellem oder weißem Randbereich. Wählen Sie AUF MEDIENGRÖSSE SKALIEREN, um Ihr Papier möglichst flächendeckend zu bedrucken. Fertig? Die DRUCKEN-Schaltfläche bringt Ihr Werk zu Papier.

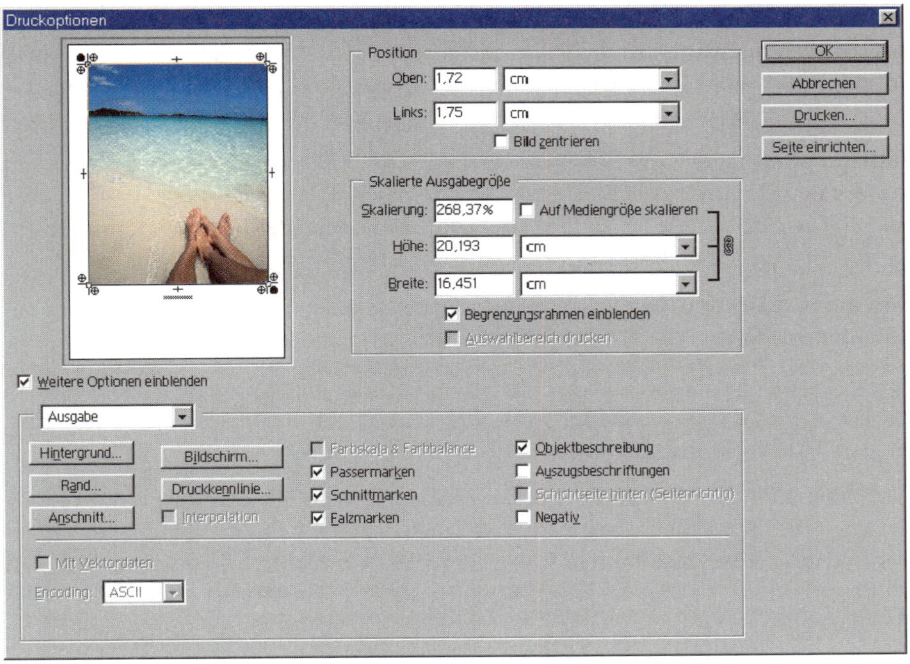

Mit dem Befehl DATEI: DRUCKOPTIONEN legen Sie die Druckmaße für den aktuellen Druck fest. Hier wurden auch PASSERMARKEN und andere Eigenschaften im Bereich AUSGABE angewählt.

Wenn Sie WEITERE OPTIONEN EINBLENDEN, können Sie im Klappmenü die AUSGABE wählen. Hier lassen sich verschiedene Druckeigenschaften steuern. (Viele dieser Optionen bietet auch der Befehl DATEI: SEITE EINRICHTEN aufrufen.) Allemal gilt – Sie verändern nur den Ausdruck, nicht aber die Datei selbst. Unter anderem haben Sie diese Möglichkeiten:

- Mit der DRUCKKENNLINIE korrigieren Sie die Helligkeitsverteilung eines Bildes nur für den Ausdruck – die eigentliche Datei ändert sich nicht. Für jeden Tonwert innerhalb einer Bilddatei wird eine neue Ausgabedichte festgelegt. Das geschieht über eine Gradationskurve, wie sie das Projekt »Ein flaues Bild korrigieren« beschreibt (ab Seite 75).
- In der RASTERUNG stellen Sie ein, wie viele Bildpunkte pro Zentimeter oder Inch Sie ausgeben wollen (RASTERWEITE). Die Datei hat idealerweise die doppelte oder wenigstens eineinhalbfache Auflösung, um Detailverluste durch schräge Rasterwinkel auszugleichen.
- Einige Bildelemente basieren nicht auf einzelnen Bildpunkten, sondern auf Pfaden und Vektoren – zum Beispiel Textebenen oder Formebenen wie aus dem Projekt »Form-Werkzeug« (Seite 153). Die Option MIT VEKTORDATEN verhindert bei PostScript-Druckern, dass dieses Material bereits beim Aufbau des Druckbilds in Druckpunkte gerastert wird. Stattdessen gelangt es als auflösungsunabhängiges Vektormaterial zum Ausgabegerät und wird über das Rasterbild gedruckt. So erhalten Sie eventuell schärfere Konturen, aber auch größere Druckdateien.
- In der Regel sollten Sie die Speicherplatz und damit Zeit und Geld sparende binäre Codierung verwenden, um Druckdaten zum Rechner zu schicken. Nur für einige sehr alte Geräte oder für einige Netzwerke schalten Sie auf das ausladendere ASCII um. Noch kleiner und schneller werden JPG-codierte Druckdateien; diese Option sollten Sie nur für Drucker ab PostScript Level 2 verwenden.
- Die Option AUSZUGSBESCHRIFTUNGEN verewigt den Namen des Dokuments und des Kanals auf dem Papier.
- Bei der INTERPOLATION können Sie verlangen, dass das pixelige Aussehen von Bildern mit geringer Auflösung geglättet wird; dies geht jedoch nur bei einigen PostScript-Level-II-Druckern, ansonsten wird der Befehl ignoriert.
- Erreichbar über die Schaltfläche RAND, verpassen Sie dem Bild einen schwarzen Rand. Sie geben die Maßeinheit und einen Wert (auch dezimal) vor. Häufig wirkt es bequemer und vielseitiger, den Rand in Photoshop selbst anzubringen – entweder dauerhaft (AUSWAHL: ALLES AUSWÄHLEN, dann BEARBEITEN: KONTUR FÜLLEN) oder als KONTUR-Ebeneneffekt.
- Als BILDUNTERSCHRIFT druckt Photoshop auf Wunsch jenen Text, den Sie mit dem Befehl DATEI: DATEI-INFORMATION im Feld OBJEKTBESCHREIBUNG eingetippt haben, und zwar in 9punkt Helvetica. Dieses Dialogfeld lernen Sie im Projekt Web-Fotogalerie kennen (Seite 189).

- Auf Wunsch füllt Ihr Bildprogramm die Seite mit einer HINTERGRUND-Farbe um das Bild herum. Das kann etwa bei Dias nützlich sein, wenn Sie nicht genau wissen, ob die Bilddatei das Format des Diarahmens komplett füllt. Ohne mitgelieferte Hintergrundfarbe erhalten Sie rings um das Bild Weiß.

Druckmaße dauerhaft einspeichern

Sie können Ihre Wunschdruckmaße auch dauerhaft in der Datei einspeichern. Das bedeutet:

- Wenn Sie die Datei unverändert drucken, gelangt sie jedes Mal mit den eingespeicherten Maßen aufs Papier.
- Die Bilddatei erscheint auch in Layout-, Text- oder Grafikprogrammen mit den eingespeicherten Werten.

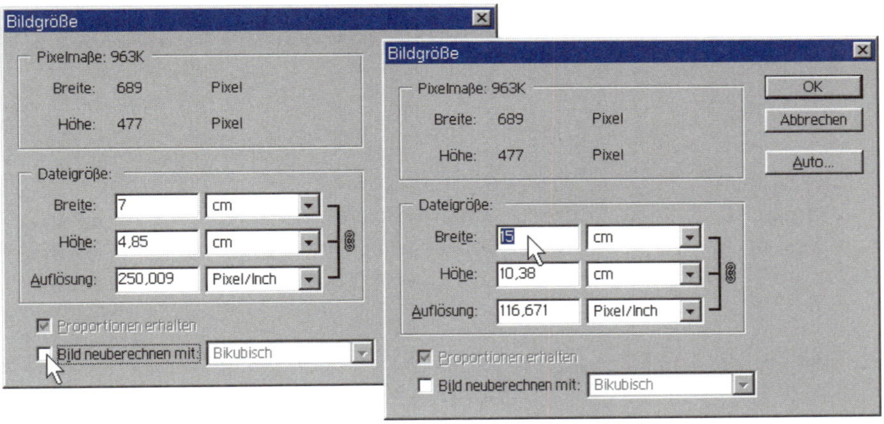

Wenn Sie beim Befehl BILD: BILDGRÖSSE die Option NEUBERECHNEN MIT abschalten, können Sie die Druckmaße neu einstellen. Die Zahl der Bildpunkte und damit die Dateigröße und -qualität ändern sich nicht, wie Sie oben im Bereich PIXELMASSE erkennen. Links: Unsere Testdatei »Strand_01« hat beim Öffnen Druckmaße von 7x4,85 Zentimeter; daraus resultiert eine AUFLÖSUNG von 250 dpi (PIXEL/INCH), die meist für gute Druckergebnisse sorgt. Rechts: Wir erhöhen die Druckmaße auf 15 Zentimeter. Photoshop passt die Höhe automatisch an. Zwangsläufig sinkt auch die AUFLÖSUNG, also die Zahl der Bildpunkte pro Zentimeter oder Zoll (Inch). Hier entsteht eine Verteilung von nur noch 116 Bildpunkten pro Zoll – dies wirkt eventuell schon grob im Ausdruck.

So ändern Sie die Druckmaße in Photoshop:

1. Öffnen Sie die gewünschte Datei.
2. Wählen Sie BILD: BILDGRÖSSE.
3. Schalten Sie zuerst die Option BILD NEUBERECHNEN aus. So vermeiden Sie, dass Bildpunkte hineingerechnet oder entfernt werden. Die Bildqualität bleibt also gänzlich unverändert; nur die Verteilung (Auflösung) der Bildpunkte beim Ausdruck ändert sich.
4. Wählen Sie in den Bereichen BREITE und HÖHE die gewünschte Maßeinheit, zum Beispiel CM oder PROZENT.
5. Tippen Sie die neue, gewünschte BREITE ein – die HÖHE ändert sich automatisch mit.
6. Beachten Sie den neuen Wert für AUFLÖSUNG: Haben Sie die Druckmaße verringert, steigt der AUFLÖSUNG-Wert, das ist meist unproblematisch. Setzen Sie die Druckmaße dagegen herauf, sinkt die Zahl der Bildpunkte pro Zentimeter, das Druckergebnis kann eventuell grobpixelig oder unscharf wirken (die Bilddatei selbst verändert sich ja in keiner Weise).
7. Klicken Sie auf OK.
8. Speichern Sie das Bild, zum Beispiel mit DATEI: SPEICHERN.

Natürlich können Sie auch so vorgehen: Ändern Sie erst die AUFLÖSUNG auf einen gewünschten Wert und beachten Sie die geänderten Angaben für BREITE und HÖHE. So finden Sie heraus, wie groß sich die Datei bei einer gewünschten Auflösung drucken lässt.

Empfohlene Auflösungen

Die folgenden Empfehlungen gelten für den Fall, dass Sie Ihre Datei nicht mehr verkleinert oder vergrößert ausgeben wollen. Generell gilt: Ein 1440-dpi-Farbtintenstrahler oder ein 600-dpi-Laserdrucker benötigen nicht 1440-dpi- oder 600-dpi-Bilddateien, der Wert in der Bilddatei kann viel niedriger liegen. Der Hintergrund: Die meisten Drucker setzen einen Bildpunkt aus vielen Druckerpunkten zusammen, um mit ihren wenigen Druckfarben unterschiedlichste Farben und Helligkeiten bilden zu können. Ein Bildpunkt kostet mitunter die Kapazität von 8 oder 16 Druckerpunkten. Unsere Empfehlungen:

- Für übliche Farbtintenstrahldrucker mit 720 oder 1440 dpi Druckpunktauflösung empfehlen wir eine Bildauflösung von maximal 200 dpi (Pixel/Inch).
- Für einen 600-dpi-Laserdrucker reichen meist 100 dpi.
- Im klassischen Offset-Druck liefern Sie 250 bis 300 dpi an.

Pixel: 472x383
Bildauflösung: 300 dpi/118 dpcm
Größe als RGB: 530 Kbyte

Pixel: 315x256
Bildauflösung: 200 dpi/78 dpcm
Größe als RGB: 237 Kbyte

Pixel: 157x128
Bildauflösung: 100 dpi/39 dpcm
Größe als RGB: 59 Kbyte

Pixel: 113x92
Bildauflösung: 72 dpi/28 dpcm
Größe als RGB: 31 Kbyte

Diese Bilder haben alle dieselbe Druckgröße – 4x3,25 Zentimeter –, aber unterschiedliche Druckauflösungen und damit bei gleicher Druckgröße unterschiedliche Dateigrößen und unterschiedlichen Detailreichtum. Gedruckt werden sie mit einer Halbton-Belichterauflösung von 160 dpi (60er-Raster). Ob dabei 300 oder 200 dpi angeliefert werden, macht bei diesem Buch offenbar keinen Unterschied. Erst ab 100 dpi Druckauflösung treten Schwächen hervor. Datei: Grundlagen_12

18.14 Dateigröße ändern

Oft will man nicht nur die Maße im Druck verändern, sondern auch die Zahl der Bildpunkte und damit die Dateigröße. Das heißt, die Bildinformation wird durch weniger oder mehr Bildpunkte dargestellt. Unter anderem in folgenden Situationen wird man die Dateigröße ändern:

- Das Bild benötigt zuviel Platz auf der Festplatte bzw. im Arbeitsspeicher und zuviel Zeit beim Drucken und bei der Datenübertragung.

- Das Bild bremst erst recht Layout-Programme oder Grafik-Programme aus, wenn es dort in einer Seite eingebaut wird.
- Für das Internet-Design benötigen Sie oft eine festgelegte Anzahl von Bildpunkten, die Druckmaße spielen dagegen keine Rolle.
- Um langsame Filter-Befehle wie Radialer Weichzeichner (vergleiche Seite 113) zu testen, arbeitet man oft mit einer stark verkleinerten Dateiversion.

WARNUNG Eine Verkleinerung der Bilddatei ist oft sinnvoll. Weniger bringt dagegen eine Erhöhung der Bildpunktzahl. Sie steigern dadurch in keiner Weise den Detailreichtum, sondern erzeugen nur Zwischentöne; die weichen eventuell das Bild auf und bringen keinerlei Gewinn. Sollte eine höhere Bildpunktzahl für Ihren Drucker erforderlich sein, so sorgt meist die Drucker-Software intern für die erforderliche Steigerung.

Interpolationsverfahren

Um die Dateigröße zu ändern, verwenden Sie den Befehl Bild: Bildgrösse und schalten die Option Bild neuberechnen ein. Hier bietet Photoshop mehrere so genannte Interpolationsverfahren, nach denen Bildpunkte aus der Datei herausfliegen oder hineingerechnet werden:

- Für übliche Fotos nimmt man meist Bikubisch, das auf Basis von Mittelwerten besonders schonend, aber auch langsamer arbeitet. Sie sollten einen Scharfzeichner aus dem Untermenü Filter: Scharfzeichnungsfilter anschließen; am besten arbeitet der Befehl Unscharf maskieren, den Sie im Projekt »Ein flaues Bild auffrischen« näher kennen lernen (Seite 75).
- Pixelwiederholung eignet sich nur für Schriften oder plakative Grafiken, die ohne jede Kantenglättung entstanden sind. Hier wirkt die Mittelwertbildung des Verfahrens Bikubisch zu aufweichend.
- Bilinear liegt in Qualität und Zeitbedarf genau dazwischen. Auch hier sollte ein Scharfzeichner folgen.

Dieselben Interpolationsverfahren wendet Photoshop auch bei verschiedenen anderen Befehlen an, etwa Bild: Arbeitsfläche drehen oder Bearbeiten: Frei Transformieren. Für diese Befehle legen Sie das Interpolationsverfahren mit dem Befehl Bearbeiten: Voreinstellungen: Allgemeine fest. In aller Regel verwendet man Bikubisch und lässt einen Scharfzeichner folgen.

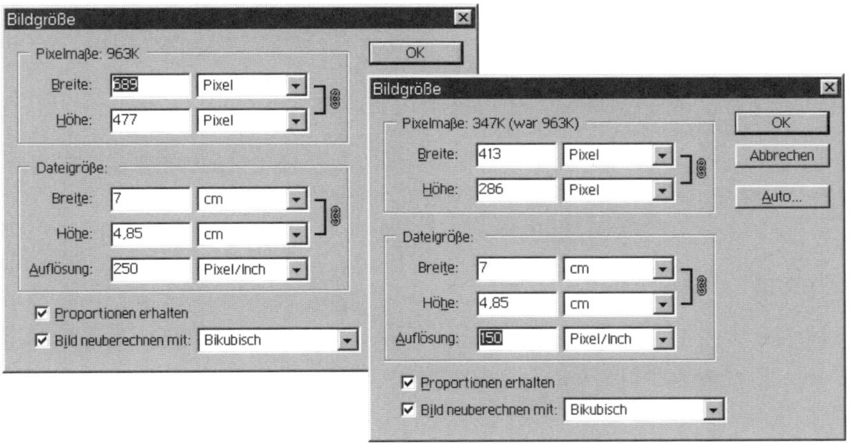

Wir ändern die Druckauflösung für die Datei »Strand_01« von 250 auf 150 dpi, das reicht für Farbtintenstrahler meist aus. Weil die Option Neuberechnen mit eingeschaltet ist, bleiben die Druckmaße unverändert. Wie Sie oben im Bereich Pixelmasse erkennen, sinkt die Zahl der Bildpunkte und damit die Dateigröße. Das Resultat benötigt nach dieser Änderung weniger Speicherplatz, Monitorfläche, Druck- und Datenübertragungszeit.

Bildgrösse ändern

Noch einmal: Eine Änderung der Dateigröße macht nur Sinn, wenn Sie das Bild deutlich verkleinern wollen. Statt einer geringen Verkleinerung oder einer Erhöhung der Bildpunktzahl sollten Sie meist die Druckmaße ändern, ohne die Bildpunktzahl anzutasten. Sie lassen also die Option Neuberechnen mit ausgeschaltet. Wenn Sie den Bildgrösse-Dialog aufgerufen und die Option Bild neuberechnen eingeschaltet haben, können Sie Ihr Bild nach verschiedenen Kriterien bearbeiten:

- Verwenden Sie die Vorgabe Proportionen erhalten, damit Photoshop bei einer Änderung der Breite automatisch die Höhe mit anpasst. So wahren Sie das Seitenverhältnis und dehnen oder stauchen Ihre Vorlage nicht.
- Tragen Sie oben im Bereich Pixelmasse neue Pixelwerte für Breite oder Höhe ein, wenn Sie bestimmte Pixelzahlen anpeilen; dies ist optimal für Internet-Designer.
- Notieren Sie im Bereich Dateigrösse eine neue Breite in cm, wenn das Bild bei unveränderter Auflösung deutlich kleiner als bisher gedruckt werden soll.
- Setzen Sie die Auflösung herab, wenn Sie für die bereits vorhandenen Druckmaße deutlich weniger Bildpunkte pro Zentimeter beziehungsweise pro Zoll (Inch) benötigen.
- Ändern Sie Druckmaße und Auflösung zugleich auf die gewünschten Werte.

Beachten Sie dabei jeweils die entstehende neue Dateigröße, die Photoshop ganz oben neben dem Wort PIXELMASSE nennt.

HINweis

Wenn Sie mit dem Befehl BILD: BILDGRÖSSE neue Bildpunktzahlen errechnen, muss Photoshop jede einzelne Ebene, jede Ebenenmaske und jeden Alphakanal einzeln berechnen. Sie sparen Zeit, wenn Sie vor dem BILDGRÖSSE-Befehl Ebenen, Ebenenmasken und Alphakanäle löschen oder verschmelzen.

Hilfsfunktionen

Der Befehl BILDGRÖSSE verlangt zuweilen etwas Denksport. Erleichterung sollen einige Photoshop-Befehle bringen, die nach »Assistenten«-Art Schritt für Schritt durch das Prozedere lotsen.

- Die Funktion HILFE: BILD SKALIEREN führt Sie Schritt für Schritt durch die Bildgrößenänderung. Sie klicken Antworten an. Das Original verändert sich nicht: Photoshop erzeugt zum Schluss eine Neuausgabe der aktuellen Datei mit Namen »Bild-skalieren-Assistent 1«, herauf- oder heruntergerechnet nach Ihren Vorgaben. Attraktiv wirkt hier die Möglichkeit, bei geplanter ONLINE-Verwendung verschiedene Pixelgrößen des Bildes direkt in der Vorschau zu sehen – das kann der Befehl BILDGRÖSSE nicht. Photoshop schaltet hier grundsätzlich zur 100-Prozent-Zoomstufe, das ist sinnvoll.
- Der Befehl DATEI: AUTOMATISIEREN: BILD EINPASSEN rechnet das Bild ohne viel Federlesens auf die gewünschte Pixelzahl herunter und wahrt das Seitenverhältnis. Dabei kann der Befehl zwangsläufig nur Ihre Vorgabe entweder für Höhe oder für Breite berücksichtigen, den andere Wert gleicht Photoshop automatisch an. Es wird also keine Bildzone abgeschnitten und es wird nicht unproportional verzerrt. Anschließendes Scharfzeichnen empfiehlt sich. Dies ist ein abgespeckter BILDGRÖSSE-Befehl mit NEUBERECHNEN, der nur Pixel-, aber keine Zentimeter- oder Prozentangaben annimmt; er zielt damit auf Online-Designer.

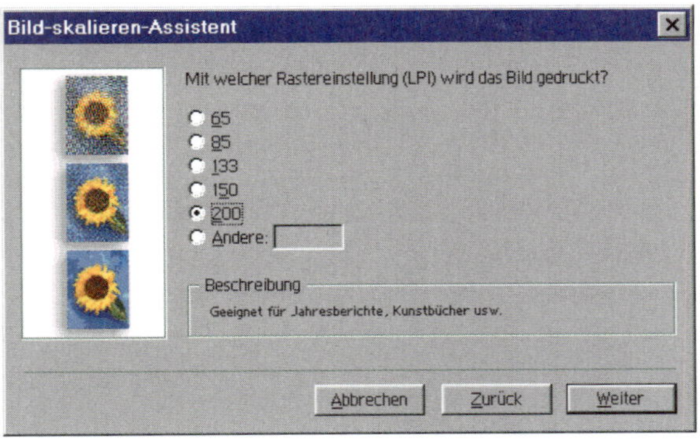

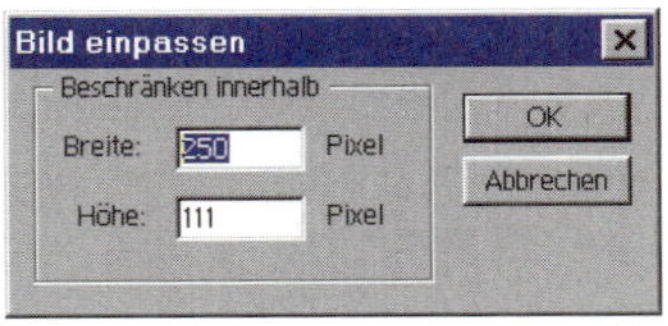

Links: Der Befehl HILFE: BILD SKALIEREN hilft Schritt für Schritt bei der Neuberechnung der Datei. Rechts: Der Befehl BILD EINPASSEN gibt sich dagegen betont spartanisch.

Service

19

In diesem Abschnitt finden Sie Hinweise zu Bildern und Programmen auf der CD, das Stichwortverzeichnis und ein Glossar.

19.1 Zur beiliegenden CD

Die beiliegende CD enthält die Übungsfotos aus dem Buch. Außerdem: professionelle Agenturfotos von PhotoDisc und Demoversionen etablierter Programme und Zusatzmodule, die für anspruchsvolle Bildbearbeiter interessant sind. Fahnden Sie in den einzelnen Verzeichnissen nach Textdateien, die Ihnen nähere Erklärungen zu Bildern und Software bieten und die Lizenzbedingungen erläutern.

Das Verzeichnis »Projekte«

Praktisch alle Bilder aus diesem Buch, insgesamt über 100, finden Sie auf der beiliegenden CD im Verzeichnis »Projekte«; Sie können also die Beispiele sofort nachvollziehen. Die Dateinamen erscheinen jeweils in der Bildunterschrift. Als Dateiformate finden Sie vor allem:

- JPG, das besonders wenig Platz auf der Festplatte kostet und Pfade mitspeichert,
- TIFF, das Alphakanäle mitspeichert, und
- Photoshop für Bilder mit Ebenen und Effekten für Internet-Seiten.

Die »Web-Fotogalerien« wurden jeweils in Unterverzeichnissen gespeichert, ebenso wie die »Sammlungen« mit verschiedenen Vorlagen für eben diese »Fotogalerien«.

Prüfen Sie, ob ein Bild Pfade oder Alphakanäle enthält, aus denen Sie Auswahlen laden können, oder ob ein Photoshop-Bild Ebenen – auch verborgene – oder Ebenenmasken enthält, die Bildbereiche verbergen können. Sie können einige oder alle Dateien auf den eigenen Rechner überspielen, um Zeit beim Öffnen zu sparen und das CD-ROM-Laufwerk für andere Aufgaben freizuhalten.

Die Bilder im »Projekte«-Teil sind ausschließlich für den privaten Gebrauch und nicht zur Weitergabe oder zur professionellen Nutzung gedacht. Wenn Sie Letzteres möchten, wenden Sie sich an PhotoDisc (siehe unten). Zur Verwendung der Bilder in anderen CD-Verzeichnissen lesen Sie bitte die zugehörigen Informationen.

Das Verzeichnis »PhotoDisc«

Hier erhalten Sie Bilder aus dem digitalen Bildarchiv »PhotoDisc« in 10-Mbyte-Auflösung. Diese Bilder sind ausschließlich zum privaten, nicht gewerblichen Gebrauch gedacht. Viele Beispielbilder in diesem Buch wurden von PhotoDisc zur Verfügung gestellt. Wenn Sie damit kommerziell arbeiten wollen, melden Sie sich bei PhotoDisc. Die Adresse lautet:

Photo Disc – Getty One GmbH
Bahrenfelder Chaussee 49
22761 Hamburg
00800-20003030
(gebührenfrei in A, CH, D)
Fax: 00800-20003031
http://www.photodisc.de
E-Mail: service@photodisc.de

Das Verzeichnis »Ulead«

Interessante Windows-Demo-Programme der Software-Schmiede Ulead, die Photoshop gut ergänzen, finden Sie im »Ulead«-Verzeichnis. Sie erhalten unter anderem die leistungsfähige Bilddatenbank PhotoImpact Album 6, die Bildbearbeitung PhotoImpact 6, den Gif Animator 4, dazu Java Razor, Smart Saver Pro 2 und WebRazor Pro 2. Mehr Informationen gibt es unter www.ulead.de.

Das Verzeichnis »Softline«

Softline ist ein Software-Händler mit Schwerpunkt bei Grafiksoftware, der auch berät und einen interessanten Katalog herausgibt. Die Adresse:

Softline AG
Lange Straße 51
77652 Offenburg
Telefon 0781-9293-222
Fax 0781-9293-240
www.softline.de

Für dieses Buch haben Autor und Softline eine Reihe von Demoversionen interessanter Software zusammengestellt, die Sie innerhalb des Softline-Ordners finden und zum guten Teil gleichermaßen unter Windows und am Mac nutzen können. Es handelt sich um Programme und Plug-ins, die Photoshop gut ergänzen oder teilweise mit Photoshop konkurrieren. Darunter sind auch Zusatzmodule (Plug-ins); Hinweise zur Installation von Zusatzmodulen erhalten Sie ab Seite 290.

Demo-Versionen im »Softline«-Ordner

So prüfen Sie die Demo-Versionen im »Softline«-Ordner:

- Am einfachsten: Klicken Sie im »Softline«-Ordner doppelt auf die Datei »softline_service.html«. Damit öffnet sich der Internet-Browser mit Informationen von Softline direkt zu den verschiedenen Programmen, die Sie über die Navigationsleiste links auswählen. Aus dem Internet-Browser heraus können Sie die Programme und Zusatzmodule auch installieren.
- Alternative: Gehen Sie sofort in den Ordner »Softline/Applications/Demo«; dort liegen die Programmdateien.

Unter anderem finden Sie diese Anbieter und Produkte:

- Nik: Von Nils Kokemohr, Chef-Programmierer der Firma Tech-nik, erhalten Sie »Color Efex Pro« für reizvolle, wenig aufdringliche Farbbearbeitungen sowie den »Sharpener Pro« für anspruchsvolles Scharfzeichnen (für Windows und Mac).
- Eclipse 3.1.4: Das Bildprogramm Eclipse lief einst nur unter Unix. Zu den Highlights dieser Windows-Version gehören die Arbeit mit reinen Vorschaudaten, ohne die Originaldaten in den Speicher zu laden, und vielseitiges Verzerren per Gitternetz.
- Photo/Graphic Edges: Mit dieser Rahmensammlung stellen Sie Ihre Bilder in Rahmen oder lassen die Bildumrisse wie hingepinselt ausfransen (für Windows und Mac).
- Das kleine Windows-Programm S-Spline vergrößert die Pixelzahl von Bildern und will dabei die Originalinformation besonders intelligent hochrechnen.
- Auto-Eye: Das Zusatzmodul sorgt für schnelle Kontrastverbesserung (für Windows und Mac).

19.2 Lexikon

Additive Grundfarben

Siehe RGB.

Alphakanal

Alphakanäle werden in Photoshop zusätzlich zu den Kanälen für die Grundfarben Schwarz, RGB oder CMYK eingerichtet; Bildprogramme legen Alphakanäle an, wenn eine Auswahl gespeichert wird. Weiße Flächen im Alphakanal repräsentieren zum Beispiel ausgewählte Bildbereiche, schwarze Flächen nicht ausgewählte. Die Informationstiefe je Bildpunkt ist acht Bit, so dass 256 unterschiedliche Auswahlintensitäten je Bildpunkt gespeichert werden können. Die Kanäle werden über die Kanäle-Palette kontrolliert; auf diesem Schaltfeld werden Kanäle unabhängig voneinander zur Ansicht und/oder zur Bearbeitung freigegeben. Ein Alphakanal erhöht die Dateigröße um den Betrag einer Graustufenversion des Bildes.

Animation

Eine Folge von Bildern, die aneinander gereiht wie ein Film wirken, nennt man Animation. Bei jedem Bild wird nur ein Detail geändert.

Anti-Aliasing

Siehe GLÄTTEN.

Arbeitsspeicher

Der Arbeitsspeicher enthält die Daten, die vom geöffneten Programm unmittelbar bearbeitet werden. Wenn Sie mehr Arbeitsspeicher installieren, können Sie größere Bilder bearbeiten und der Rechner wird entlastet. Weitere Ausdrücke für Arbeitsspeicher sind Hauptspeicher oder RAM (Random Access Memory). Die Daten im Arbeitsspeicher (RAM) sind flüchtig, das heißt, sie gehen bei Ausschalten des Geräts verloren und müssen also zum Beispiel auf der Festplatte gespeichert werden. Da der Zugriff auf einen Arbeitsspeicher auf Halbleiterbasis viel schneller ist als auf einen elektromagnetischen Speicher, wird heute mit Arbeitsspeicherchips auf Halbleiterbasis gearbeitet.

Auflösung

Die Zahl der Bildpunkte pro Längeneinheit bestimmt die Auflösung und damit die Detailgenauigkeit der Bildwiedergabe. Typische Flachbettscanner lösen 400 Pixel pro Zoll (dpi) auf, Computermonitore meist 72 bis 120 dpi. Bei Scannern wird meist eine physikalische Auflösung angegeben, die das Gerät tatsächlich aufgrund seiner Bestückung mit CCD-Elementen erreicht, sowie ein höherer Wert, der jedoch nur durch Hochrechnung (Interpolation) von Bildinhalt ohne Informationsgewinn zustande kommt. Bei Scannern oder Faxgeräten kann die Auflösung in vertikaler und horizontaler Richtung unterschiedlich groß sein.

Auswählen

Beim »Auswählen« wird ein Pixelbereich festgelegt, der nach dem Auswahlvorgang unabhängig von der Umgebung bearbeitet, bewegt, kopiert oder montiert werden kann. Typische Auswahlwerkzeuge sind Lasso oder Zauberstab. Ausgewählte Bereiche werden in der Bildschirmdarstellung von einer Fließmarkierung eingefasst – eine gestrichelte, schillernde Linie. Sie kann verborgen werden, um den Übergang zwischen dem markierten, bearbeiteten und außerhalb liegenden Bildteil besser zu beurteilen. Auswahlen können als Alphakanal gespeichert werden. Siehe auch »Alphakanal«.

BMP

Das BMP-Format (Bitmap) ist nur bei den Betriebssystemen MS-DOS/Windows und OS/2 auf IBM-kompatiblen Computern gebräuchlich. Dabei können Sie die Farbinformation auf acht oder vier Bit pro Pixel reduzieren. Zum Beispiel müssen die Hintergrund-Bilder für den Windows-Desktop im BMP-Format gesichert sein, dem »Hausformat« von Windows. Stellen Sie das gewünschte Hintergrundbild ins Windows-Verzeichnis und rufen Sie es mit dem Desktop-Kontrollfeld aus der Systemsteuerung auf. Sonderformen des BMP-Formats sind RLE und DIB: RLE ist eine einfache Kompression mit Lauflängenkodierung (Run Length Encoding), die aber nur bis acht Bit Farbtiefe angeboten wird. Das Windows-Logo beim Windows- Programmstart liegt im RLE-Format auf der Platte. DIB für Device Independent Bitmap, geräteunabhängiges Pixelbild, ist identisch aufgebaut wie BMP; Sie benötigen es zur Integration von Pixelbildern in Programmfenster oder Multimedia-Anwendungen.

Beschneidung

Im Photoshop-Sprachgebrauch meint »Beschneidung« eine Einschränkung des Tonwertbereichs, wobei Differenzierung verloren geht, weil unterschiedliche vorhandene Tonwerte auf einen einzigen Tonwert, zum Beispiel Schwarz oder Weiß, gesetzt werden. Zu Beschneidung kann es etwa bei den Photoshop-Befehlen »Variationen« oder »Tonwertkorrektur« kommen, aber auch bei der Farbseparation. Das Photoshop-Feld »Variationen« bietet die Option »Beschneidung anzeigen«.

Betriebssystem

Das Betriebssystem ist diejenige Software, die unmittelbar zwischen dem Anwendungsprogramm etwa zur Bildbearbeitung und den Rechner-Chips vermittelt. Bekannte Betriebssysteme sind etwa Windows 98, Windows NT oder MacOS 9 (wenn es auch Diskussionen darum gibt, was nun exakt als »Betriebssystem« bezeichnet werden darf). Das Betriebssystem erfordert bestimmte, kompatible Geräte; so läuft Apples MacOS nicht auf Rechnern mit Intel-Prozessor. Andere Bezeichnung: OS (Operating System).

Bildspeicher

Siehe Videospeicher

Bildwiederholfrequenz

Siehe Monitor

Bit

Acht Bits bilden ein Byte, die kleinste adressierbare Speichereinheit. Je mehr Bit ein Pixel darstellen, umso mehr verschiedene Graustufen können abgebildet werden (Datentiefe). Wenn nur ein Bit – also »0« oder »1« – für ein Pixel steht, können nur zwei Tonwerte, nämlich Schwarz oder Weiß, gezeigt werden. Schon zwei Bit je Pixel ermöglichen 2^2 Tonwerte.

Bitmap

Ein aus einzelnen Pixeln – und nicht aus Kurven, Objekten und Flächen – bestehendes Bild wird allgemein Bitmap genannt. Jedes einzelne Pixel drückt bestimmte Farb- oder Dichtewerte aus. Bildverarbeitungsprogramme arbeiten mit Bitmaps wie dem TIFF-Format. Im Apple-Bereich und im Programm Photoshop versteht man unter Bitmap auch eine Strichgrafik (Line-Art, 1-Bit-Grafik), die nur aus schwarzen und weißen Bildpunkten besteht.

Byte

Siehe Bit

Bézierkurve

Eine durch Ankerpunkte kontrollierte Kurve in einem Pfad. Die Formen einer Bézierkurve werden verändert durch Verschieben von vier Kontrollpunkten, die sich jeweils an den Enden von zwei geraden, variabel langen Linien befinden. Jede Linie geht von einem Ankerpunkt aus. Ein Verschieben dieser Linien drückt die Kurve in eine andere Richtung. Der Ingenieur Pierre Bézier entwickelte diese Art der Kurvenbeschreibung bei Renault, um die Rundungen an einem Autochassis korrekt zu beschreiben. Bézierkurven werden vor allem von objektorientierten Grafikprogrammen wie Adobe Illustrator oder CorelDraw verwendet, aber auch Photoshops Zeichenstift-Werkzeug arbeitet mit Bézierkurven.

CCD

Charge Coupled Device, ladungsgekoppelte Speicher. CCD-Elemente werden in billigeren Scannern eingesetzt: Auf einer Zeile sitzen spezielle optoelektronische Sensoren, die auf die auftreffenden Helligkeiten mit unterschiedlichen Spannungszuständen reagieren; diese werden dann in ein digitales Format übersetzt.

CIE-Lab

Farbmodell mit Helligkeit (L für Luminanz) und zwei Farbkomponenten (a, b). Siehe Lab.

CMYK

CMYK ist das Farbmodell der Druckvorstufe. Offset-Druckmaschinen arbeiten mit den deckenden, subtraktiven Grundfarben, die, übereinander gedruckt, Schwarz ergeben. Es sind Grünblau, Gelb und Purpur sowie Schwarz (Cyan, Yellow, Magenta, Black). Gelb, Grünblau und Magenta entstehen durch Mischung von jeweils zwei der additiven Primärfarben Rot, Grün und Blau zu gleichen Teilen. Grünblau, Gelb und Purpur übereinander ergeben theoretisch bereits Schwarz, aus drucktechnischen Gründen jedoch ein dunkles Grau oder Braun. Die eigene Druckfarbe Schwarz verstärkt deshalb den Tiefeeindruck. Außerdem spart es Druckfarbe und macht den Druckprozess stabiler, wenn statt der drei Druckfarben Cyan, Yellow und Magenta übereinander lediglich ein gleichwertiger Schwarzanteil gedruckt wird. Andere Farbmodelle, die von Photoshop ebenfalls unterstützt werden, sind RGB und Lab.

CPU

Zentraler Rechenprozessor, Central Processing Unit.

Cache

Cache ist allgemein ein Zwischenspeicher, der häufig benutzte Daten besonders schnell zugänglich macht. Internet-Browser legen Cache-Speicher auf der Festplatte an, Prozessoren haben Cache-Speicher. Photoshop verwendet einen »Bild- Cache«, der mit verkleinerten Versionen des Bildes arbeitet, um die Vorschau zu beschleunigen.

Chrominanz

Farbanteil des Videosignals, zum Beispiel bei dem Farbmodell Lab.

Clip-Art

Digitalisierte Grafiken und Logos zu verschiedenen Themengebieten, die Grafikprogrammen beiliegen oder auf CD-ROM zu kaufen sind.

Cromalin

Im Cromalin-Verfahren werden Einzelblätter von Vierfarb-Druckfilmen zur Farbprüfung gedruckt (Proof).

Cursor

Eingabepunkt, an dem eine Datei verändert wird. In der Bildverarbeitung wird der Cursor meist durch einen Pfeil, durch ein Werkzeugsymbol oder durch ein Kreuz dargestellt. In Photoshop wird die Cursorposition durch ein Werkzeug angezeigt, das nur an seinem »Hot Spot« aktiv ist, oder durch einen Umriss in der Größe des aktiven Mal- oder Retusche-Werkzeugs.

DCS
Eine in vier CMYK-Farbauszüge separierte Grafik im Dateiformat EPS.

Dateiformat
Ein Bild kann in verschiedenen Datenstrukturen – Dateiformaten – abgespeichert werden, so etwa in TIFF, EPS oder JPEG. Ein Programm muss eine Importfunktion für das jeweilige Format besitzen, um es öffnen zu können.

Dateinamenserweiterung
Die drei Buchstaben nach dem Punkt hinter einem maximal achtstelligen Dateinamen bilden die Dateinamenserweiterung (auch Extension), die zugleich auf die Dateiart verweist. Zu den wichtigsten Erweiterungen für Bilddateien gehören .TIF und .BMP, Textdateien enden häufig auf .TXT oder .DOC, ausführbare Programmdateien auf .EXE.

Densitometer
Gerät zum Messen des Schwärzungsgrads etwa auf Fotopapieren, Andrucken oder Monitoren. Das Densitometer erfasst den Dichteumfang einer Vorlage und hilft bei Qualitätskontrolle und Belichterkalibrierung.

Dithering
Kann eine bestimmte Farbe oder ein Tonwert nicht dargestellt werden, werden nebeneinander liegenden Pixeln in einem Streumuster verfügbare andere Farben zugewiesen, um die fehlende Farbe zu simulieren. Unterstützt zum Beispiel ein Monitor nicht mehr als 256 Farben, simuliert er weitere Farben durch Aneinandersetzen ähnlicher, verfügbarer Farbpunkte (Dithering, Streuraster). In Photoshop sind mehrere Arten von Streuraster etwa für die Monitordarstellung, aber auch beim Rastern der Bilddateien selbst wählbar. Im Gegensatz zum Rastern sind beim Dithern alle Punkte gleich groß, Tonwertunterschiede werden durch die Zahl der Druckpunkte pro Flächeneinheit, nicht durch die Größe der Druckpunkte simuliert.

Dot Pitch
Siehe Monitor.

dpi
Auflösungen werden meist mit dots per inch (dpi), Bildpunkten pro Inch, angegeben. Tageszeitungen drucken meist mit 32 Pixeln pro Inch, Hochglanzmagazine mit 200. Hochwertige Farbdrucker, die zum Beispiel auf Fotopapier belichten, drucken mit 300 dpi. Eine Verdoppelung der Auflösung vervierfacht die Zahl der Bildpunkte.

EBV
Elektronische Bildverarbeitung.

EPS

Beim Sichern mit der Endung EPS für Encapsulated PostScript verwandeln Sie das Bild in eine Datei, die nur noch zum Einbau in Layout-Programme oder zum Ausbelichten gedacht ist, aber nicht mehr zum Bearbeiten. Nur die Größe des gedruckten Bildes lässt sich noch ändern. Beim Speichern einer separierten EPS-Bilddatei kann man ein kleines TIFF-Bild mitsichern, damit das Werk im Layout nicht nur als leerer Rahmen angezeigt wird. Viele Bildprogramme können EPS zwar schreiben, aber öffnen höchstens, wenn sie es selbst erstellt haben. EPS-Dateien können zusätzlich zum Pixelbild auch Kurvengrafiken oder Schriften enthalten, die unabhängig von der Bildauflösung in höchster Druckerauflösung ausgegeben werden. Zusätzlich nimmt EPS auch Freistell-Pfade auf – Auswahlkonturen um ein Motiv herum. Die EPS-Kodierungsoption »binär« kostet weniger Speicherplatz und Belichterzeit, wird aber nicht von allen Programmen geöffnet. Im Zweifelsfall verwendet man die ASCII-Variante, die extrem viel Speicherplatz benötigt. EPS-Dateien sind in verschiedenen Rechnerwelten zuhause. Das EPS-Format ist vor allem in der professionellen Druckvorstufe wichtig.

Farbauszug

Ein Farbauszug enthält Informationen über eine Grundfarbe oder einen Farbkanal eines Farbbildes als Graustufendarstellung. Farbauszüge werden bei der Farbseparation erzeugt.

Farbmodell

Farbspektren können in verschiedenen Farbmodellen abgebildet werden. Die gängigsten sind RGB und CMYK, dazu kommen HSV (auch HSL oder HSB), im professionellen Bereich Lab und YCC. Bilddateien und Monitore arbeiten mit RGB, aber viele EBV-Programme bieten auch die Farbmischung nach HSV und YMCK an. Massendruckwerke entstehen im CMYK-Modus.

Farbpalette

In der EBV ist die Farbpalette eine individuelle oder vorgefertigte Palette von Farben, die mit der Farbsonde aufgegriffen und in eine Bilddatei übertragen werden können. Bei Bilddateien mit indizierten Farben werden aus einem Angebot von zum Beispiel 16,7 Millionen Farben 256 zu einer Palette zusammengestellt, mit der das Bild gezeigt werden kann.

Farbseparation

Für den Mehrfarben-Offset-Druck werden Farbbilder in vier Graustufenbilder für die Druckfarben Schwarz, Gelb, Magenta und Blaugrün (CMYK) separiert.

Farbtemperatur

Die Farbtemperatur gibt die farbliche Zusammensetzung des Lichts an und wird in der Maßeinheit Kelvin gemessen. Je niedriger der K-Wert, desto mehr tendiert das Licht gegen Rot. Höhere K-Werte machen das Licht blauer. Abendrot hat um 3000 Kelvin, das

Normlicht der Druckindustrie mit 5500 Kelvin soll normales Mittagslicht simulieren, Tageslicht bei klar blauem Himmel hat über 10.000 Kelvin.

Farbtiefe

Die Farbtiefe bezeichnet die Anzahl von Bits, mit der die Farbinformationen eines einzelnen Bildpunkts codiert werden. Je mehr Bits pro Bildpunkt, umso differenzierter und feiner gerät das Bildergebnis. Im Desktop-Bereich verbreitet ist eine Farbtiefe von 24 Bit (28 = 16,7 Mio. Farben, so genanntes Truecolor), doch Hi-End-Scanner digitalisieren auch mit weit höheren Farbtiefen, um vor allem eine noch präzisere Schattendurchzeichnung zu erreichen.

Farbwert

Jeder Farbe ist ein numerischer Wert zugeordnet, der vom verwendeten Farbmodell abhängt. So hat Rot im RGB-Modell die Werte 100/0/0 Prozent, im CMYK-Schema wird es mit 0/100/100/0 Prozent angegeben

Festplatte

Auf der elektromagnetisch speichernden Festplatte werden Daten abgelegt, die Sie nicht aktuell bearbeiten. Neben der Speicherkapazität (zum Beispiel 4, 8 oder 16 Gbyte) sind Zugriffsgeschwindigkeit, Lautstärke und Anschlussart (SCSI-Arten oder EIDE) Kriterien bei der Kaufentscheidung. Weitere Bezeichnungen: Massenspeicher, Festspeicher oder HDD (Hard Disk Drive).

Filter

In der elektronischen Bildverarbeitung sind Filter Befehle, die jedes einzelne Pixel nach einem festgelegten Schema verändern. Zu den gebräuchlichsten Filtern gehören Schärfe- und Weichzeichnerfilter, verbreitet sind aber auch Effektfilter wie »Relief«, »Mosaik«, »Wellen« oder »Wölben«.

Fixieren

Die aktivierte Ebene lässt sich gegen verschiedene Veränderungen schützen, bei Photoshop FIXIEREN genannt. Klicken Sie die gewünschten Merkmale oben in der Ebenenpalette an. Wahlweise schützen Sie nur den transparenten Bereich oder nur die Bildfüllung. Alternativ nageln Sie das Objekt an der aktuellen Position fest oder sperren es gegen jegliche Veränderung. Fixierte Ebenen zeigen ein Vorhängeschloss neben der Miniatur.

Flachbettscanner

Preisgünstiges Tischgerät zur Digitalisierung von Papierbildern und teilweise auch Dias. Siehe Scanner.

Font

Schriftart (wie etwa Times oder Helvetica), die in einem bestimmten digitalen Format wie Adobe Type 1, OpenTye oder TrueType vorliegt. In Photoshop können Schriften sowohl im Type-1-Format als auch TrueType eingesetzt werden.

Füllebene

Die Füllebene belegt die komplette Ebene mit einer Einzelfarbe, mit einem Muster oder einem Verlauf. Die Eigenschaften der Füllung lassen sich jederzeit bearbeiten. Sie können hier zum Beispiel die Wirkung von Nahtlos-Mustern oder Verläufen testen. Füllebenen entstehen jedoch überwiegend in Verbindung mit Formebenen.

Formebene

Die Formebene kombiniert eine Füllebene mit dem Ebenen-Beschneidungspfad. Das heißt, die Füllung der Ebene ist nur in dem Teilbereich sichtbar, den der Ebenen-Beschneidungspfad freigibt. Formebenen entstehen automatisch, wenn Sie ein Form-Werkzeug wie Linienzeichner, Abgerundetes Rechteck oder Eigene Form mit der Option NEUE FORMEBENE einsetzen. Umriss wie Füllung der Figur lassen sich jederzeit völlig verlustfrei ändern.

GCR

Das »Grey Component Replacement« (GCR), wie es auch Photoshop anbietet, steht für das völlige oder teilweise Ersetzen der aus Cyan, Magenta und Gelb gebildeten Grautöne eines Bildes durch Schwarz. Gezielter GCR-Einsatz kann auch verhindern, dass dunkles Grau oder Schwarz, das nur durch CMY gebildet wird, im Druck braun oder sonst irgendwie farbstichig wirkt. Im Gegensatz zu UCR (Under Color Removal) wirkt GCR auf den ganzen Tonwertbereich eines Bildes und nicht nur auf die Schatten.

Gamma-Korrektur

Siehe Gradationskurve

Glätten

Die Photoshop-Option »Glätten« erstellt einen weicheren Übergang unmittelbar am Rand einer Auswahl. »Glätten« verhindert Treppeneffekte oder harte Kanten beim Einsetzen von Pixelbereichen. Dabei werden zum Beispiel harte Übergänge zwischen einem montierten Bildteil und dem Hintergrund halbtransparent gefüllt; nur die äußersten Randpixel erhalten zu 50 Prozent den Wert der unmittelbar benachbarten, nicht ausgewählten Bildpunkte. Das ist meist die ideale Einstellung, um Schnittkanten bei Montagen zu vermeiden.

Gradationskurve

Die Gradationskurve zeigt das Verhältnis zwischen vorhandener Lichtmenge und durch Bearbeitung erzeugter Schwärzung. Eine Gerade in einem Winkel von 45° zeigt, dass Ein- und Ausgabewerte unverändert bleiben. Durch Manipulation der Kurve werden die Dichten des Bildes in erster Linie nicht erweitert, sondern umverteilt. Die Gradationskurve stellt über ihren Graphen dar, welche früheren Tonwerte (»Eingabe«) auf welche neuen Werte (»Ausgabewerte«) korrigiert werden. Ein spezieller Fall ist die Gamma-Kurve, die nur die mittleren Tonwerte anhebt oder senkt, ohne die wichtigen Lichter oder Schatten zu verschieben.

Grafikkarte

Die Grafikkarte, die auf der Hauptplatine des PC eingesteckt wird, setzt die Computersignale in ein für den Monitor verständliches Datenformat um. Ein Arbeitsspeicher (RAM) auf der Grafikkarte speichert die Bildschirmsignale zwischen. Je größer der Videospeicher, umso höher die Zahl der darstellbaren Farben bei höchster Auflösung. Eine Grafikkarte mit 1 MB Video-RAM kann 256 Farben in 1024x768 Punkten oder 32.000 Farben in 640x480 Punkten zeigen.

Grafiktablett

Mit einem Grafiktablett (auch: Digitalisiertablett) kann wesentlich präziser gearbeitet werden als mit einer Maus. Beim Grafiktablett wird ein Stift über eine Fläche bewegt, umso zum Beispiel bestimmte Bildbereiche zu bemalen oder zu maskieren. Kriterien für Grafiktabletts sind Größe und Druckempfindlichkeit. Tabletts mit druckempfindlichen Stiften variieren je nach Vorgabe im Bildprogramm in Breite, Transparenz oder Farbe eines Pinselstrichs – so entstehen sehr lebendige Retuschen, und die dauernde Änderung des aktuellen Tonwerts entfällt.

Graukeil

Der Graukeil zeigt genormte Grauwerte in einem festgelegten, abgestuften Verhältnis. Er kann zur Überprüfung von Farb- und Kontrasttreue gescannt, auf dem Monitor abgebildet und gedruckt werden.

Graustufen

GRAUSTUFEN meint in der digitalen Bildbearbeitung einen Farbmodus, in dem die Pixel eines Bildes zum Beispiel 256 Zwischentöne zwischen Schwarz und Weiß darstellen können. Davon zu unterscheiden ist zum Beispiel der »Bitmap«-Modus, der nur zwei Tonwerte trennt: Schwarz und Weiß.

HDTV

High Definition Television ist eine neue, hochauflösende Übertragungsnorm für TV-Signale. Das Bild hat ein Seitenverhältnis von 16:9.

HSV-Modell

Das HSB-Farbmodell definiert Farben durch Farbton (Hue), Sättigung (Saturation) und Helligkeit (Brightness). Der Farbton nennt die genaue Lage des Farbtons im Farbspektrum, gedacht als 360-Grad-Kreis: Rot liegt bei 0 Grad, Blau bei 120, Cyan bei 180, Grün bei 240. Die Sättigung wird auf einer Skala von Grau bis zur Reinfarbe gemessen. Ein auf Null reduzierter Sättigungsgrad führt zu Grau; ein hoher Sättigungsgrad lässt Farben leuchtend wirken. Helligkeit gibt die sichtbare Helligkeit verglichen mit einer Grauskala an, anders ausgedrückt, den Anteil an Licht, den wir bei einer Farbe wahrnehmen. 100 Prozent steht für Weiß, 0 Prozent für Schwarz; der reine Farbton hat 50 Prozent. Das HSB-Modell gilt als eingängigste Farbbeschreibung.

Halbton-Bild

Bei einem Halbtonbild gehen die Dichtestufen kontinuierlich ineinander über. Da jedoch Laserdrucker oder Offset- Druckmaschinen nur Schwarz drucken können, müssen die Bilder erst gerastert werden; die Aufrasterung in unterschiedlich große schwarze Punkte – meist 20 bis 70 pro Zentimeter – täuscht Halbtöne vor. Diabelichter oder Fotopapierbelichter geben verschiedene Halbtöne direkt ohne Rastern aus. Pro Schwarzweißbild oder pro Grundfarbe werden meist 256 Halbtöne unterschieden.

Helligkeit

Komponente des HSB-Farbmodells, siehe dort.

Hicolor

Eine Farbtiefe von 16 Bit (64.000 Farben) wird Hicolor genannt. Vergleiche Truecolor.

High Sierra

Die High-Sierra-Norm beschreibt den als ISO-9660 festgelegten Standard für das Dateisystem von CD-ROMs.

Histogramm

Das Histogramm stellt in einer Balkengrafik die Häufigkeit bestimmter Helligkeitswerte innerhalb eines Bildes dar. Jeder Balken steht für eine der 256 Dichtestufen eines Bildes; je höher der Balken, umso mehr Pixel dieser Dichte sind vorhanden. Das Histogramm gibt Aufschlüsse darüber, ob neue Schwarz- und Weißpunkte gesetzt werden sollten.

Horizontalfrequenz

Die Horizontalfrequenz eines Monitors oder einer Grafikkarte gibt Aufschluss über die Vertikalfrequenz bei einer bestimmten Auflösung und damit über die Qualität der Bilddarstellung; als untere Grenze für die Vertikalfrequenz gelten 70 Hertz, wesentlich besser sind jedoch Werte über 85 Hertz. Die Formel: Horizontalfrequenz / (Vertikalauflösung + fünf Prozent). Dabei sind die fünf Prozent der nicht sichtbare Bildteil, der bei der Berechnung mit zu berücksichtigen ist. Eine mögliche Horizontalfrequenz von 69 Kilohertz führt also auf einem Monitor mit 768 Linien (= Vertikalauflösung) zu einer hochwertigen Bildwiederholrate von gut 85 Hertz. Die Formel: 69.000 / (768+38).

Hyperlink

Auf einer Internet-Seite ist ein Hyperlink (oft kurz Link genannt) eine Sprungmarke zu einer anderen Seite oder zu einer anderen Datei. Man klickt zum Beispiel eine Schaltfläche, ein Bild oder ein Wort an, das im zugehörigen (nicht sichtbaren) HTML-Code der Seite als Hyperlink definiert wurde. Damit wird die entsprechende Datei aufgerufen, zum Beispiel eine Internet-Seite, ein einzelnes Bild oder eine Datei zum Herunterladen. Wichtig ist die Unterscheidung zwischen »relativen« und »absoluten« Hyperlinks.

ICC-Geräteprofil

Ein ICC-Profil beschreibt, wie ein bestimmtes Gerät – Monitor, Scanner, Drucker – Farben wiedergibt. Es gibt Profile für einen bestimmten Bautyp oder für ein spezielles Einzelgerät beim Anwender.

Imagemap

Eine Imagemap (auch Clickable Map) ist ein Bild auf einer Seite im World Wide Web des Internets, bei dem verschiedene Bildteile per Hyperlink (siehe dort) zu unterschiedlichen anderen Dokumenten weiterleiten.

ImagePack

Ein Satz aus fünf oder sechs unterschiedlich aufgelösten Versionen eines Bildes auf der Photo CD, vergleiche Photo CD.

Inch

Ein Inch (Zoll) = 2,54 Zentimeter.

Indizierte Farben

Bilder mit »indizierten Farben« sind ein Sonderfall in der Bildbearbeitung. Manche Programme, etwa Präsentationsprogramme für Diashows am PC, unterstützen keine 24-Bit-Vollfarbdateien. Sie akzeptieren zum Beispiel nur 8-Bit-Farbbilder, die für Rot-, Grün- und Blautonwerte je Pixel insgesamt nur acht Bit übrig haben; das ergibt total 256 verschiedene Farben. Auch das GIF-Format, das für Web-Seiten im Internet wichtig ist, akzeptiert aus Speicherplatzgründen nur 256 Farbtöne. Beim Umrechnen einer Echtfarben-Datei in eine 256-Farben-Datei, also in eine Indizierte-Farben-Datei, können die Systemfarben oder eine dem Bildinhalt möglichst angepasste Palette gewählt werden. Das Verfahren spart Speicherplatz.

Interlaced

Beschleunigte Darstellung eines Bildes durch Anzeigen von zum Beispiel nur jeder zweiten oder vierten Bildzeile; die fehlenden Bildzeilen werden eventuell durch Verdoppelung der gezeigten Zeilen ersetzt (Zeilensprung).

Interpolation

Beim Neuberechnen der Größe gerasterter Bilder wird die Zahl der vorhandenen Pixel je nach Vergrößerungsfaktor umgerechnet zu einer kleineren oder größeren Anzahl. Dabei werden aus den Farbübergängen zwischen den ursprünglichen Bildpunkten geeignete Mittelwerte gebildet; Unschärfe kann die Folge sein.

Invertieren

Beim Invertieren werden alle Dichte- und Farbwerte eines Bildes ins Negativ umgekehrt.

Invertieren

Beim Invertieren werden alle Dichte- und Farbwerte eines Bildes ins Negativ umgekehrt.

Java

Das US-Unternehmen Sun hat die Programmiersprache Java entwickelt (benannt nach der Kaffeebohne der gleichnamigen indonesischen Hauptinsel). Eine Besonderheit: Java-Programme lassen sich auf unterschiedlichsten Betriebssystemen einsetzen. Java ermöglicht auch die Verwendung so genannter Java-Applets – Programme, die innerhalb eines Internet-Browsers ablaufen (sofern Java aktiviert ist) und über das Internet geladen werden.

JavaScript

Die Scriptsprache JavaScript erinnert an Java, wurde jedoch unabhängig davon bei der Firma Netscape entwickelt. JavaScript lässt sich ohne Lizenzkosten verwenden und eignet sich allgemein, um Dynamik und Interaktion auf Internet-Seiten zu bringen – zum Beispiel bei Rollover-Effekten.

JPEG

Das JPEG-Dateiformat (Joint Photographers' Expert Group) spart drastisch Speicherplatz, indem es feine Farbinformationen abschnittweise tilgt und erst beim Öffnen des Bildes durch Mittelwertberechnung wieder erzeugt.

Kalibrieren

Beim Kalibrieren wird gemessen, wie stark Scanner, Monitor und Drucker von den gewünschten Tonwerten abweichen. Anschließend werden die Komponenten korrigiert.

Komprimierung

Durch Komprimieren können Bilddateien auf weniger Speicherplatz zusammengedrängt werden. Das Verfahren TIFF arbeitet verlustfrei, während die hocheffektive JPEG-Kompression Information tilgt. Einfluss hat das nur auf den Speicherplatzbedarf auf Festplatte, nicht im Arbeitsspeicher.

Konvergenz

Im Videobereich versteht man unter Konvergenz das deckungsgleiche Aufeinandertreffen von Rot-, Grün- und Blausignal innerhalb einer Farbbildröhre. Fortschrittliche Farbmonitore haben einen Konvergenzregler. Bei fehlerhafter Konvergenz erscheinen weiße Linien und Flächen mit Farbsäumen.

Konvertieren

Im PC-Bereich versteht man unter »Konvertieren« Folgendes: Ein EBV-Programm sollte Bilddateien in andere Datenformate konvertieren, also umwandeln können, um nach allen Seiten offen zu sein.

Lab

Das Farbmodell Lab wurde 1931 vom Centre Internationale d'Eclairage (CIE) entwickelt; es dient der geräteunabhängigen Farbbeschreibung und umfasst die Farbräume des RGB- und CMYK-Modells. Lab-Bilder setzen sich zusammen aus der Helligkeit ([L]) und zwei Farbkomponenten, a von Grün bis Magenta, b von Blau bis Gelb. Photoshop arbeitet intern mit dem Lab-Modus, ebenso wie der Druckstandard PostScript Level II.

Laserdrucker

Ein Laserdrucker schreibt die Pixeldaten durch punktförmige Entladung auf eine elektrostatisch aufgeladene Fotoleitertrommel. Dieses Bild wird mit Toner geschwärzt und auf das Papier übertragen. Die typische Auflösung von 300 oder 600 dpi eines SW-Laserdruckers aus dem Bürobereich reicht nicht für gute Halbtonwiedergabe, da erst Blöcke von 4x4 oder 8x8 Punkten einen einzigen Bildrasterpunkt bilden, so dass pro Inch nur 75 oder 37 Bildpunkte übrigbleiben.

lpi

Die Rasterweite beim Druck wird oft in lines per inch (lpi), Linien pro Zoll, angegeben. Je größer die Rasterweite, desto kleiner die Punkte, desto höher Auflösung und Qualität.

Modem

Ein Modem (Modulator/Demodulator) wandelt die digitalen Daten eines PC in analoge Signale um, die über die Telefonleitung übertragen werden können und beim empfangenden PC durch ein weiteres Modem wieder digitalisiert werden. Modems sind erforderlich für die Datenübertragung in analogen Telefonnetzen. Wichtigstes Kriterium ist die Geschwindigkeit, zum Beispiel 14,4, 28,8, 33,6 oder 56 Kilobit pro Sekunde. ISDN-Geräte für die Datenübertragung werden nicht als Modems bezeichnet.

Moiré

Durch die Überlagerung mehrerer Rastermuster entsteht ein schillernder, unerwünschter optischer Effekt. Moirés entstehen zum Beispiel beim Scannen von gedruckten, also bereits gerasterten Vorlagen.

Monitor

Je öfter ein Monitor das Bild in der Sekunde neu aufbaut, desto ruhiger wirkt es. Sinnvoll sind Bildwiederholfrequenzen oberhalb von 74 Hertz (Wiederholungen pro Sekunde). Je näher die Mittelpunkte benachbarter Pixel (dot pitches) auf der Lochmaske eines Monitors nebeneinander liegen, desto feiner die mögliche Bildschirmauflösung. Aktuelle Monitore bieten ein dot pitch von 0,26 Millimeter und weniger. Die Horizontalfrequenz gibt an, wie oft eine Bildzeile auf der Innenseite der Bildschirmoberfläche aufgebaut wird. Multiscan-Monitore können mit verschiedenen Bildwiederholfrequenzen und so mit verschiedenen Grafikkarten zusammenarbeiten.

Neutralgrau

Ein Bildbereich ist neutralgrau, wenn er keinerlei (sichtbare) Farbanteile enthält. Farbverfälschungen von Filmen, Scannern oder Druckern können durch Reproduktion einer garantiert neutralgrauen Fläche kontrolliert werden.

Non-interlaced

Im Non-Interlaced-Verfahren zeigen Monitore das Bild ohne Zeilensprung, sie bilden also die geraden und ungeraden Zeilen gleichzeitig ab. Im interlaced-Modus dagegen zeichnet der Kathodenstrahl erst alle geraden, dann alle ungeraden Zeilen. Deshalb wirkt der interlaced-Modus bei gleicher Bildwiederholfrequenz wesentlich unruhiger; er eignet sich für den Videobereich, wo er herkommt.

OPI (Open Press Interface)

Dieses Verfahren tauscht für Layout-Zwecke hochaufgelöste Bilddateien gegen eine niedrigaufgelöste Version des gleichen Bildes; das beschleunigt die Bearbeitung und den Druck eines Ganzseiten-Layouts einschließlich Bildvorschau und spart Speicherplatz. Das hochaufgelöste Bild wird in der Regel beim Dienstleistungsbetrieb gespeichert und bei der Belichtung automatisch für den Platzhalter eingesetzt.

On the fly

Bearbeitungen, die stattfinden, noch während eine vorhergehende Bearbeitung läuft, finden »on the fly« statt – zum Beispiel das Umrechnen von RGB-Scanner-Daten in CMYK noch während des Scan-Vorgangs.

PCL

PCL (Printing Command Language) von Hewlett-Packard ist neben PostScript (siehe dort) die gebräuchlichste Druckersprache. Laserdrucker zahlreicher Hersteller werden mit dieser Sprache angesteuert, die in Version 5 außer skalierbaren Schriften auch grafische Möglichkeiten und die Plottersprache HPGL 2 bietet.

PICT

Im PICT-Dateiformat werden Grafiken zwischen Programmen auf dem Apple-Macintosh-Computer übertragen. PICT2 kann 8- oder 24-Bit-Bilder verarbeiten. Auf IBM-kompatiblen Computern ist PICT wenig gebräuchlich.

Passerkreuze

Passerkreuze sind Fadenkreuzmarkierungen, die auf den Druckplatten für die einzelnen CMYK-Druckfarben jeweils an der gleichen Stelle angebracht werden; beim Übereinanderlegen lässt sich feststellen, ob die einzelnen Farbplatten beim Drucken passgenau sitzen. Beim Drucken mit EBV-Programmen können Passerkreuze wahlweise mitgedruckt werden.

Pfad

In Illustrationsprogrammen setzt sich die Linie eines Pfads nicht zusammen aus einzelnen Pixeln, sondern aus Ankerpunkten und den Kurvenzügen dazwischen. Diese Bézierkurven werden durch Geraden kontrolliert, die die Ankerpunkte wie Tangenten schneiden. Eine Bewegung dieser Geraden verändert die Kurvenform. Pfade in Photoshop können als Maske, Clippingpfad oder gemalte Linie genutzt werden.

Photo CD

Auf der verbreiteten Photo CD Master werden digitalisierte Bilder gespeichert, zur Zeit bis zu 100 Bilder in jeweils fünf Auflösungen zwischen 128x192 und 2048x3072 Bildpunkten; sie speichert Scans von Kleinbild-Dias und –Negativen. Das dazugehörige Dateiformat heißt ebenfalls Photo CD, die Dateiendung PCD. Die seltenere Pro Photo CD Master nimmt wahlweise auch das Format 4000x6000 Pixel auf und akzeptiert Durchlichtvorlagen bis 10x13 Zentimeter.

Pixel

Ein Pixel (picture element, Bildpunkt) ist die kleinste Einheit in einem als Bitmap gespeicherten Bild. Durch stark vergrößerte Darstellung auf dem Monitor können die quadratischen Pixel einzeln beurteilt und korrigiert werden. Je höher die Auflösung eines Scanners, desto höher die Zahl der Pixel pro Inch (ppi) und desto detailreicher die Darstellung.

Polygon

Das geschlossene Vieleck (Polygon) gehört zu den Grundfiguren der Computergrafik. Polygone können mit EBV-Programmen sehr einfach erzeugt werden.

PostScript

Die von Adobe entwickelte Seitenbeschreibungssprache PostScript stellt Schriftzeichen und grafische Elemente so dar, dass sie unabhängig von der Größe in der höchstmöglichen Auflösung des Druckers oder Belichters ausgegeben werden können. PostScript-Elemente können auch mit grundsätzlich größenabhängigen Pixelbildern kombiniert werden. Das PostScript- Dateiformat heißt EPS (Encapsulated PostScript). Zum EPS-Bild gehört teilweise noch eine niedrig aufgelöste pixelorientierte Bitmap für die Anzeige des Bildes. Bereits in vier Farbauszüge vorsepariert ist das EPS/DCS-Format, auch hier gehört ein Platzhalter-Pixelbild dazu.

Posterizing

Siehe Tontrennung

ppi

Die Maßeinheit ppi (pixel per inch) gibt an, wie viele Bildpunkte ein Scanner je Zoll des Originals erfasst.

Prescan

Beim Prescan, dem Vorab-Scan, wird die gesamte zu scannende Vorlage mit niedriger Auflösung gescannt, um sie in ein Vorschau-Fenster zu laden; danach wird der eigentlich benötigte Bildausschnitt gewählt (siehe Scanner).

Proof

Bevor ein Bild in Massenauflage erscheint, soll ein Proof gedruckt werden – ein Einzeldruck, der verbindlichen Aufschluss über die zu erwartende Bildqualität gibt, am besten auf Auflagenpapier. Zu den bekanntesten Proof-Verfahren zählt Cromalin.

Prozessor

Der Prozessor ist der zentrale Rechen-Chip eines Computers. Neben der Rechengeschwindigkeit (zum Beispiel 433 Megahertz) zählen auch Datenbreite (beispielsweise 64 Bit), Fließkommaeinheit, Hitzeentwicklung und integrierter Zwischenspeicher (Cache) zu den Kriterien. Weitere Bezeichnung: CPU (Central Processing Unit).

Punkt

Schriftgrößen werden in der Typografie in der Einheit »Punkt« gemessen. Der in Europa gebräuchliche Didotpunkt misst 0,375 mm, der Pica-Punkt 0,351 mm. Auch bei der Texteingabe in EBV-Programmen wie Photoshop kann die Schriftgröße in Punkt vorgegeben werden; die daraus entstehende Pixelfläche hängt von der vorgegebenen Druckauflösung der Datei ab.

Punktschluss

Je größer ein einzelner Bildpunkt, desto eher stößt er an den Nachbarpunkt. Sobald dieser so genannte Punktschluss eintritt, erhöht sich der Grauwert deutlich. Sichtbar wird das allerdings höchstens bei feinen Grauverläufen. Die Rasterform entscheidet, wie schnell ein Bild dunkel zuläuft. Bei einem quadratischen Punkt tritt der Punktschluss bei rund 40 Prozent Grauwert ein, bei einem runden Punkt erst bei 65 Prozent, bei elliptischen Punkten bei 50 und 75 Prozent. Gröbere Raster, etwa vom Laserdrucker, zeigen den Punktschluss weniger deutlich.

RAM

Random Access Memory. Siehe Arbeitsspeicher.

RGB

Wenn die additiven Leuchtfarben Rot, Grün und Blau übereinander projiziert werden, addieren sie sich zu Weiß. Nach diesem Prinzip arbeiten Farbmonitore. Strahlen Rot, Grün und Blau mit voller Leuchtkraft (also Tonwert 255) übereinander, zeigt der Monitor Weiß. Eine Null-Dichte von Rot, Grün und Blau führt zu Schwarz; jeder Gleichstand der drei Grundfarben zeigt einen reinen Grauwert dazwischen an. Auch Farbdateien in PC-Bildverarbeitungsprogrammen sind meist nach dem RGB-Schema aufgebaut, in Photoshop sind aber auch CMYK oder LAB möglich. Dia- und Fotopapierbelichter arbeiten nach dem RGB- Schema, indem sie nacheinander den Diafilm mit den Grundfarben Rot, Grün und Blau bestrahlen.

Raster

Viele Drucker (etwa Laserdrucker oder Filmbelichter für den Offset-Druck) können nur Schwarz drucken, keine Halbtöne. Deswegen muss das Bild gerastert werden: Hellere Bildwerte werden durch kleinere, größere Bildwerte durch größere Bildpunkte dargestellt, alle jeweils schwarz, dazwischen liegt jeweils weiße Fläche. Der Punktabstand bleibt dabei konstant. Der unterschiedliche Schwarzweißanteil auf jedem Quadratzentimeter simuliert Graustufen. Jeder Bildrasterpunkt setzt sich aus wesentlich kleineren, jeweils gleich großen Belichterpunkten zusammen.

Rastertiefe

Die Zahl der verschiedenen Grauwerte in einem Bild hängt davon ab, wie viele Pixel einen Rasterpunkt im Druck bilden. Je mehr Pixel einen Rasterpunkt bilden, zum Beispiel 8x8, umso besser die Rastertiefe, also die Zahl der Halbtöne; damit sinkt jedoch automatisch die Auflösung.

Rasterweite

Die Zahl der Bildpunkte pro Zentimeter oder Inch (Zoll) beim Druck von Fotos. Unterschiedlich große Rasterpunkte je Flächeneinheit stellen helle oder dunkle Bildteile dar; die unterschiedlich großen Rasterpunkte werden aus vielen Druckerpunkten zusammengesetzt. Hochwertiger Druck verlangt 60 bis 80 Linien pro Zentimeter auf gestrichenem Papier. Tageszeitungen kommen mit 32 Linien aus

Rasterwinkel

Im Offset-Druck werden Rasterpunkte schräg versetzt und nicht in horizontalen und vertikalen Linien gedruckt, weil sonst gerade Kanten im Bild und auch das Raster selber mehr auffallen würden. Im SW-Druck ist ein 45°-Rasterwinkel üblich; die vier Farbauszüge einer Vierfarbdatei werden zur Vermeidung von Moiré mit unterschiedlichen Rasterwinkeln gedruckt.

Rollover-Effekte

Ruht der Mauszeiger über einem definierten Bereich einer Internet-Seite, verändert sich dieser Bereich oder es erscheint eine Laufschrift in der Statuszeile des Internet-Browsers. Dieser Effekt, der mit der Programmiersprache JavaScript erzeugt wird, heißt Rollover-Effekt oder auch Mouseover-Effekt.

SCSI

Das Small Computer System Interface (SCSI) ist eine genormte Schnittstelle, mit der sich interne und externe Geräte wie Scanner oder Wechselspeicher untereinander und mit dem Rechner verbinden lassen. Apple-Rechner haben eine SCSI-Buchse ab Werk, Windows-Kompatible müssen mit einem SCSI-Controller ausgerüstet werden. Kostengünstiger, aber technisch teils schlechter, ist die EIDE-Schnittstelle mit ATAPI-Software-Treiber.

Scanner

Scanner leuchten Vorlagen ab und setzen die gemessenen Helligkeitswerte in ein digitales Format um. Dabei werden je nach Scanner-Auflösung die Informationen der Vorlage in eine bestimmte Zahl von Pixeln je Zoll umgesetzt. Jedes Pixel enthält Informationen über seine Helligkeit und Farbe. Das Ergebnis des Scans liegt als RGB-Datei vor und kann in einem Bildverarbeitungsprogramm verändert werden. Am billigsten sind Hand- und Flachbettscanner; sie arbeiten mit CCD-Elementen, deren innerer elektrischer Widerstand sich in Abhängigkeit vom einfallenden Licht verändert. Professionelle Trommelscanner, die von Verlagen eingesetzt werden, kosten mindestens fünfstellige Beträge; hier wird die Vorlage auf eine rotierende Trommel gespannt, in Photo-Multiplier-Technik abgetastet und von einem Wandler direkt in CMYK umgerechnet.

Schnappschuss

Der Schnappschuss ist eine Momentaufnahme des Zustands einer Datei während einer Bearbeitung. In Photoshop erstellt man einen Schnappschuss seit der Version 5 mit der Protokollpalette. Man kann später zu dem Bildzustand, wie er im Schnappschuss festgehalten ist, zurückkehren; dabei ändert man entweder das komplette Bild oder nur Teile.

Schwellenwert

Die Graustufe, oberhalb der ein Scanner oder ein EBV-Programm schwarze Pixel anordnet. Das Setzen eines Schwellenwerts verwandelt ein Halbtonbild in eine reine Schwarzweißvorlage (Strichbild). Je nach Schwellenwert enthält das neue Bild mehr Schwarz oder mehr Weiß. Auf Farbe bezogen bedeutet das: Werte, deren Reinheitsgrad über dem gesetzten Reinheitsgrad liegen, werden beibehalten, die anderen gelöscht.

Seitenverhältnis

Das Verhältnis zwischen der Länge einer Quer- und einer Längskante eines Bildes. Das Seitenverhältnis ist zum Beispiel wichtig bei der Vorbereitung einer Datei für die Ausbelichtung auf Diamaterial.

Skalenfarben

Siehe Spotfarben

Skalierung

Veränderung der Außenmaße eines Bildinhalts oder Bildteils, also Vergrößerung oder Verkleinerung.

Slice

Man kann größere Bilder in mehrere kleine Bilder – Slices – zerlegen, um diese Elemente dann je nach Bildinhalt optimiert zu speichern, separat zu übertragen und erst auf der Internet-Seite beim Betrachter wieder mit Hilfe einer HTML-Tabelle zusammenzusetzen. Die einzelnen Slices lassen sich überdies mit Hyperlinks oder Rollover-Effekten ausstatten (siehe Hyperlinks, siehe Rollover-Effekte).

Spotfarben

Während die Skalenfarben aus der Mischung von Cyan, Yellow, Magenta und Black (CMYK, subtraktive Farbmischung) entstehen, werden die Spotfarben (auch Vollfarben) einzeln aus Tabellen von Anbietern wie Pantone oder HKS ausgewählt und als Schmuckfarben zusätzlich oder ausschließlich gedruckt.

Strichzeichnung

Eine Strichzeichnung (Line-Art) enthält nur die Tonwerte Schwarz und Weiß. Jeder Bildpunkt braucht damit nur ein Bit.

Subtraktive Grundfarben

Siehe »CMYK«

Sättigung

Farbintensität im Gegensatz zu Farbwert und Helligkeit. Genannt wird das Verhältnis zwischen reiner Farbe und gleich hellem Grau (siehe »HSV«).

Thermosublimationsdrucker
Der Farb-Thermosublimationsdrucker (wie Kodak XL 7720) bringt Bildpunkte durch punktuelle Erhitzung eines wärmeempfindlichen Farbbands zu Papier. Als Farbträger dient eine mit den CMYK-Grundfarben beschichtete Polyesterfolie. Die Druckauflösung wird durch die Anzahl der Halbleiterelemente auf der Thermoschiene bestimmt, der Grad der Erhitzung legt den Halbton fest. Thermotransferdrucker arbeiten mit einer ähnlichen Technik, können aber keine Halbtöne unterscheiden; sie müssen rastern, was die Auflösung herabsetzt.

Thermotransferdrucker
Siehe »Thermosublimationsdrucker«

Thumbnails (Miniaturen)
Starke Verkleinerungen von Bildern, Ebenen oder Seitenlayouts zur Übersicht und Dateiauswahl zum Beispiel in Bilddatenbanken oder in Photoshops Paletten für Ebenen, Kanäle und Pfade.

TIFF
Das Tagged Image File Format TIFF ist ein weit verbreitetes Dateiformat für Pixelbilder. TIFF nimmt auch Alphakanäle auf und verarbeitet zahlreiche Farbmodi. Die LZW-Kompression innerhalb des TIFF-Formats spart verlustfrei Festplattenplatz.

Tontrennung
Die Tontrennung, auch »Posterizing« oder »Postereffekt« genannt, reduziert ein Bild auf wenige Graustufen oder Farbtöne und erzeugt so eine plakative Wirkung.

Tonwertzuwachs
Der Tonwertzuwachs wird definiert als Helligkeitsunterschied zwischen der Filmvorlage und dem fertigen Druckergebnis. Durch das Saugverhalten des Papiers nimmt die Größe von Rasterpunkten im Ausdruck zu. Dieser Tonwertzuwachs (oder Punktüberhang oder Punktzuwachs) macht die Reproduktion vor allem in den mittleren Tönen dunkler als geplant. Der Tonwertzuwachs kann in den Photoshop-Grundeinstellungen für Druckfarben ausgeglichen werden.

Trommelscanner
Siehe « Scanner«.

Truecolor
Der Begriff Truecolor meint die Fähigkeit einer Grafikkarte, Farben mit einer Datentiefe von 24 Bit darzustellen. Das ermöglicht pro RGB-Grundfarbe acht Bit beziehungsweise 256 verschiedene Dichtestufen. So können 256x256x256 = 16,7 Millionen Farben angezeigt werden. 16-Bit-Karten zeigen rund 64.000 Farben; das ist die Kategorie Hicolor.

Twain

Der Twain-Standard soll Scanner und Bildverarbeitungsprogramme (aber auch DTP-, Grafik- und Textsoftware) universell miteinander verbinden. Anbieter von EBV- oder sonstiger Grafiksoftware schreiben keine spezialisierten Treiber für jeden einzelnen Scanner. Sie bauen nur eine Twain-Schnittstelle ein, über die man eine Scansoftware lädt, die der Scannerhersteller mitliefert – universell passend für alle Twain-kompatiblen Programme. Über den Befehl »Anbinden« beziehungsweise »Acquire« wird die Treibersoftware für den Scanner als eigenes Fenster im EBV-Programm aufgerufen. Problemlos werden mehrere Twain-Scanner aus einem Programm heraus angesprochen; ebenso kann ein Scanner in mehreren Programmen verwendet werden. Sobald der Vorgang abgeschlossen ist, erscheint das neue Bild automatisch im EBV-Programm – unabhängig von möglichen Dateiformaten. Gerüchteweise steht »Twain« für »Tool without an important name«. Doch die Twain-Erfinder von Aldus, Caere, Kodak, Logi und Hewlett-Packard wählten die Vokabel »Twain«, eine veraltete englische Form für »zwei«, nach einem Rudyard-Kipling-Zitat: »...and never shall the twain meet«. Mit Twain sollen Scanner und Software endlich doch zusammenarbeiten.

UCA (Unterfarbenzugabe)

Im Druck können dunkle Bereiche flach wirken, wenn die Schatten überwiegend mit der Druckfarbe Schwarz erzeugt werden. Hier verwendet man bei der Farbseparation von RGB- in CMYK-Daten die Unterfarbenzugabe (UCA), die in den Schatten auch Cyan-, Magenta- und Gelbanteile hinzufügt und entsprechenden Schwarzanteil entfernt. Die Unterfarbenzugabe verhindert einen Tontrennungseffekt in detailreichen dunklen Bildteilen. Sie ist nur bei Farbseparation nach dem GCR-Schema möglich.

UCR

Wenn bei der Farbseparation Cyan-, Yellow- und Magentawerte übereinanderliegen, um Schwarz oder Grau zu bilden, druckt man in dunklen Bildteilen nur zwei Farben und einen entsprechenden Schwarzanteil, um Druckfarbe zu sparen. Dafür wird die Unterfarbenkorrektur (UCR, Under Color Removal) eingesetzt, wie sie auch Photoshop anbietet. In den Teilfarbauszügen werden die Anteile von Cyan, Magenta und Gelb reduziert und durch Schwarz ersetzt. Während UCR nur auf die Schattenbereiche eines Bildes wirkt, bearbeitet das Gray Component Replacement, GCR, den gesamten Tonwertumfang.

Überfüllung

Beim Drucken entstehen unerwünschte weiße Blitzer zwischen Farbflächen, wenn das Papier sich beim Lauf durch die Druckmaschine verzieht. Darum werden mit einer Überfüllung die vorgegebenen Maße der jeweiligen Farbflächen um minimale Beträge, meist nicht mehr als 0,25 Millimeter, erhöht. Die Überlappungszonen werden vom Betrachter nicht wahrgenommen, gleichen aber den Papierverzug aus.

Unbuntaufbau

Gleiche Anteile der Druckfarben Cyan, Gelb und Magenta sollten theoretisch Grau ergeben, so dass bei jeweils 100 Prozent Farbdeckung Schwarz zustande kommt. Beim dreifarbigen Aufbau eines Bildes ergibt der Anteil, der in allen drei Farben vorkommt, Grau. Dazu kommt noch die Tatsache, dass in der Druckpraxis die drei Grundfarben sich durchaus nicht zu neutralem Grau mischen, sondern eher zu Braun oder Grün. Darum kann man die Farbe auch gleich durch zwei Buntauszüge und einen Grauwert darstellen, also als vierte Druckfarbe Schwarz verwenden. Dieser Unbunt-Anteil wird jedoch in der Praxis nicht vollständig durch Schwarz übernommen, weil dies zu Detailverlusten im Schattenbereich unbunter und stark gebrochener Farben führt. Wird der Unbuntaufbau auf die Tiefen eines Bildes beschränkt, redet man von Under Color Removal, UCR. Erstreckt sich der Ausgleich auf alle Dichtebereiche, nennt man das Verfahren Gray Component Replacement, GCR. Im Druckprozess reduziert der Unbuntaufbau die Farbmenge, wodurch sich der Vorgang beschleunigt.

URL

Der »Unique Resource Locator« ist die weltweit gültige, eindeutige Speicheradresse einer Datei, zum Beispiel einer Internet-Seite im HTML-Format. Jede Internet-Adresse wie »http://www.mut.de/index.htm« gilt als URL, es kann aber auch der Pfad einer Datei auf Ihrer lokalen Festplatte sein.

Vektorisieren

Die Umwandlung eines pixelorientierten Bildes (Bitmap) in eine Menge von Geraden mit definierten Anfangs- und Endpunkten (Vektoren) sowie Kurven und Flächen. In einem vektorisierten Bild werden Formen durch Setzen von Ankerpunkten verändert. Das Umwandeln von Bitmap zu Grafik (auch Tracing genannt) kann durch manuelles Nachzeichnen oder automatisch geschehen. Zum Vektorisieren dienen spezialisierte Programme. Vektorgrafiken benötigen meist weniger Speicherplatz als entsprechende pixelorientierte Bitmaps und können ohne Qualitätsverlust beliebig groß mit der Höchstauflösung des Druckers ausgegeben werden.

Verlauf

Eine allmähliche, stufenlose Änderung der Farbintensität oder ein gleitender Übergang von einer Farbe zur anderen. Photoshop bietet dafür das Verlaufswerkzeug.

Video-Bandbreite

Die Video-Bandbreite einer Grafikkarte errechnet sich aus der Formel Horizontalfrequenz x (Horizontalauflösung + 10 Prozent). Leistungsfähige Platinen erreichen hier zum Beispiel 77 Megahertz. Am Beispiel eines Bildes mit 1024x768 Pixeln errechnet sich dies folgendermaßen: 69.000 x (1024 + 102) = 77 Mio. Diese Video-Bandbreite von 77 Megahertz erweist sich als zu karg, wenn 1280x1024 Pixel dargestellt werden: Die Formel 77 Mio. /

(1280 + 128) führt zu einer Horizontalfrequenz von nur noch 54 Kilohertz; und dieser Wert ergibt bei 1280x1024 Bildpunkten eine unruhige Vertikalfrequenz von nur 50 Hertz.

Videodigitzer

Videodigitizer, auch Framegrabber, sind Platinen, die in freie Slots eines PC eingesetzt werden. Sie setzen die analogen Signale eines Fernsehers, einer Videokamera oder einer Still-Video-Kamera in PC-taugliche digitale Signale um. Die Auflösung liegt meist bei 640x576 Punkten bis 1024x768 Punkten und ist damit sehr niedrig. Die zugehörige Software ermöglicht, aus einer Filmsequenz einzelne Bilder in gängigen Formaten wie TIFF abzuspeichern.

Videospeicher

Grafikkarte.

Virtueller Speicher

Der virtuelle Speicher (swapfilem, Auslagerungsspeicher) simuliert einen größeren Arbeitsspeicher (RAM), als physikalisch tatsächlich vorhanden ist. Der Arbeitsspeicher wird dabei durch Teile zum Beispiel der Festplatte erweitert. Photoshop verwendet unabhängig vom Betriebssystem einen eigenen virtuellen Speicher (Arbeitsvolume), der in den Grundeinstellungen festgelegt wird. Der Zugriff auf den virtuellen Speicher verlangsamt Photoshop deutlich.

Volltonfarben

Siehe Spotfarben.

Weiche Auswahlkante

In Photoshop lässt sich eine »weiche Kante« definieren; damit franst der Auswahlrand weich aus und geht, bei einer Montage, fließend in den neuen Hintergrund über; auch wenn der Bildausschnitt gefiltert oder mit Farbe gefüllt wird, endet die Wirkung weich im Bereich der Auswahlgrenze. Fünf Pixel Radius bedeuten fünf Pixel weichen Rand auf jeder Seite der Auswahllinie (siehe »Glätten« und »Auswählen«).

Zwischenablage

Über die Zwischenablage des Betriebssystems werden markierte Dateiausschnitte von einem Programm ins andere oder von einer Datei in die andere übertragen. Der Befehl »Kopieren« überträgt den markierten Bereich, ohne dass die Datei im aktiven Fenster verändert wird. Der Befehl »Ausschneiden« entfernt dagegen den markierten Teil aus der Ursprungsdatei. Mit dem Befehl »Einfügen« wird der Inhalt der Zwischenablage in eine neue Datei eingesetzt. Photoshop verwendet eine programmeigene Zwischenablage unabhängig vom Betriebssystem; beim Wechsel zu einem anderen Programm kann Photoshop die Daten aus der Photoshop-Zwischenablage an die Zwischenablage des Betriebssystems übergeben.

Stichwortverzeichnis

D

E

F

U

V

W

Z